"十三五"国家重点出版物出版规划项目

南水北调中线工程河南省考古发掘报告

河南省文物局　主编

第36号

荥阳后真村

河南省文物局　编 著

科学出版社

北 京

内 容 简 介

本书是南水北调中线工程河南段文物保护项目——荥阳后真村的考古发掘报告。全书分为七章，另有附录5个，共发表墓葬、陶窑、灰坑、水井、窖穴等各类遗迹，时代包括汉、唐、宋金及清代。其中宋金时期和清代遗存最为丰富，宋金时期遗存以水井为主，为研究该时期该地区的水文情况提供了详实的资料；清代遗存以墓葬为主，为研究当地民俗风貌大有裨益。

本书可供从事文物考古、历史学、民俗学及相关学科的研究者和大专院校相关专业师生阅读、参考。

图书在版编目（CIP）数据

荥阳后真村 / 河南省文物局编著. —北京：科学出版社，2018.3
（南水北调中线工程文物保护项目河南省考古发掘报告；第36号）
"十三五"国家重点出版物出版规划项目
ISBN 978-7-03-056988-2

Ⅰ.①荥… Ⅱ.①河… Ⅲ.①战国墓-发掘报告-河南 Ⅳ.①K878.85

中国版本图书馆CIP数据核字（2018）第051987号

责任编辑：张亚娜 赵 越 / 责任校对：邹慧卿
责任印制：肖 兴 / 封面设计：陈 敬

科学出版社 出版
北京东黄城根北街16号
邮政编码：100717
http：//www.sciencep.com
中国科学院印刷厂 印刷
科学出版社发行 各地新华书店经销
*
2018年3月第 一 版 开本：889×1194 1/16
2018年3月第一次印刷 印张：15 1/4 插页：20
字数：400 000

定价：268.00元

（如有印装质量问题，我社负责调换）

"13th Five-Year Plan" National Key Publications Publishing and Planning Project

Reports on the Cultural Relics Conservation
in the South-to-North Water Diversion Project
Administration of Cultural Heritage of Henan Province
Henan Vol.36

Houzhencun Cemetery in Xingyang

Administration of Cultural Heritage of Henan Province

Science Press
Beijing

南水北调中线工程文物保护项目

河南省考古发掘报告编辑委员会

南水北调中线工程文物保护项目

河南省考古发掘报告第36号

《荥阳后真村》

主　编

靳松安　孙　凯

副主编

王富国　张　建　杨　剑　王洪领　郑龙龙

项目承担单位

郑州大学历史学院

前　言

作为举世瞩目的特大型水利建设项目，南水北调中线工程的文物保护工作在河南是史无前例的。无论是工程涉及区域之广大，还是文物点分布的密集程度和价值之高，在河南的考古史上都是前所未有的。因此，当黄河小浪底水利枢纽工程和长江三峡库区的文物保护工作结束后不久，随着南水北调中线工程设计规划和施工的渐次展开，世人的目光便开始聚焦古老的中原大地。如何在配合特大型工程建设的同时，使中原大地珍贵的文化遗产得到有效保护，成为河南文物部门的重要任务。

南水北调中线工程包括水源地和总干渠两个主要项目。水源地丹江口水库地跨河南、湖北两省，总淹没面积达370平方千米，其中河南省境内占170平方千米，约占总面积的46%。总干渠起自河南省淅川县的陶岔，流经河南、河北、北京、天津等省市，全长1276千米，其中河南境内达731千米，约占总长度的58%。从南阳盆地沿太行山东麓北行，流经南阳、平顶山、许昌、郑州、焦作、新乡、鹤壁、安阳8个省辖市32个县（市、区），南水北调中线工程纵贯了古代中原的核心区域。在淹没区和总干渠沿线及其附近分布的文物点，既有旧石器时代的化石地点和古人类遗迹，也有新石器时代的大型聚落，更有数量众多、内涵丰富的反映不同文化风格及其交融过程的历史时期的城址、墓葬群、古代建筑和石刻艺术等。可以说，纵贯河南南北的总干渠，在中原大地形成了一条极为难得的融汇各个文化发展时期和各种文化因素的古代文化廊道。

南水北调中线工程河南段的文物保护工作，有以下几个显著特点：

一是全国文物考古队伍积极参与。1994～2005年，河南省组织协调省内外有关文物考古、科研和工程设计单位，对南水北调中线工程丹江口河南淹没区和总干渠沿线进行文物调查、复核和确认工作。经国家有关部门复核确认，南水北调中线工程共涉及河南境内文物点330处。2005年，南水北调中线工程河南段文物保护抢救工作正式启动。河南省文物考古研究院和中国社会科学院考古研究所、武汉大学历史系、陕西省考古研究院等来自全国各地的50余家文物考古单位，先后参加南水北调中线工程河南段的文物保护抢救工作。河南省文物局积极组织协调，在工作中强化大局意识、质量意识、安全意识和服务意识，组织专家现场指导，安排部署市县文物部门进行巡视，为考古发掘单位提供优良的工作环境，确保工程建设和文物保护工程顺利进行。

二是保护抢救了一大批珍贵文物。南水北调文物保护不仅工程浩大，而且总干渠绝大部分是开挖明渠，更容易造成文物的破坏和损害。我们组织考古队伍提前介入，对将要开工渠段的已知文物点进行抢救发掘，有效地保护了文物。其中不乏历史价值、科学价值、艺术价值颇高的珍贵文物。如徐家岭墓地清理的一座战国早期楚国贵族墓葬，出土的一件小口鼎上铸有多达

49字的清晰铭文，铭文上有岁星纪年和墓主人身份等，对于研究墓葬年代及墓主人身份提供了重要资料；鹤壁关庄墓地发现的清代西安府守备之墓，出土了一批金质头饰，造型优美，制作精细，特别是一件印有喜鹊登梅图案的金冠，工艺精良，有极高的艺术价值；博爱聂村墓地出土的4件唐代三彩钵，做工精湛，造型精美，是唐三彩器物中不可多得的精品。

三是考古发现具有重要的科学研究价值。如鹤壁刘庄遗址在全国首次发现分布密集、排列规律的大面积先商文化墓地，填补了先商文化发掘和研究工作的一项空白，是该研究领域的重大学术突破；安阳固岸墓地在我国第一次发现了以二十四孝为题材的东魏时期围屏石榻，首次发现了明确纪年的东魏墓葬，出土了大批北齐时期陶俑、瓷器和多方北齐、东魏墓志等重要文物，是研究豫北地区北朝时期的丧葬习俗和陶塑艺术，白瓷、黑瓷的起源和制作工艺，以及北齐和东魏时期的书法艺术的宝贵资料；卫辉大司马墓地唐代乞扶令和夫妇合葬墓的发掘，为研究我国隋唐时期的官吏体制、书法艺术和社会的繁盛提供了新证据；温县徐堡发现了龙山、西周、春秋、战国、汉、宋、明和清时期连续叠压的古城址，是目前黄河流域所发现的龙山文化城址中保存较好、规模较大的一座城址，填补了豫西北龙山城址发现的空白；荥阳薛村遗址为二里头文化晚期到早商文化时期的大型遗址，该遗址的发掘保护工作，对于研究薛村遗址聚落的结构、内部功能区的划分及其特点，探讨夏、商文化的演变的态势和更替有重要的学术意义和科学研究价值；荥阳关帝庙遗址发现了保存完整的商代晚期小型聚落，聚落功能齐全，分居住区、制陶区、祭祀区、墓葬区四部分，在我国商代考古发掘中尚属首次；新郑唐户遗址发现了大面积裴李岗文化时期的居住基址，房址形制结构特点和排水系统的使用，反映了裴李岗文化时期较为先进的建筑理念。

四是考古发掘与课题研究有机结合。在发掘过程中，不仅注重各类文物的抢救保护，而且采用现代科技手段，最大可能地采集各类标本。特别是对于出土的人骨、兽骨进行了性别、年龄、病理以及DNA等方面的鉴定；按照国家地理信息标准，对每处文物点都测量绘制了要素齐全的总平面图，为今后文物普查和保护奠定了基础。如武汉大学历史系对辉县大官庄墓地的一座9个墓室的大型汉墓，进行了发掘现场三维重建和近景摄影测绘技术的全面测绘，通过数字测绘技术、计算机虚拟现实技术，建立了三维的考古对象模型；山东大学在博爱西金城遗址发掘中，设立了主要涉及古地貌、动物、植物、石器、陶器以及遗址资源域十余个子课题的环境考古课题，是开展多学科综合研究的一次重大尝试。

河南省南水北调工程文物保护工作走过了艰辛而光荣的历程。我们积极探索大型项目建设中文物保护抢救工作的新路子，更新管理理念，创新管理机制，培育专业队伍，提升研究层次，取得了非凡的荣誉。安阳固岸墓地、鹤壁刘庄遗址、荥阳娘娘寨遗址、荥阳关帝庙遗址、新郑唐户遗址、新郑胡庄墓地等6个项目先后被评为“全国十大考古新发现”。鹤壁刘庄遗址、荥阳娘娘寨遗址、荥阳关帝庙遗址、新郑唐户遗址、新郑胡庄墓地、淅川沟湾遗址等6个项目荣获“全国田野考古质量奖”。国家文物局授予河南省文物局南水北调文物保护办公室“全国文化遗产保护工作先进集体”荣誉称号。

河南省南水北调中线工程文物保护工作一直受到各级领导的关心和社会各界的支持。全国政协张思卿副主席曾率团视察河南省南水北调工程文物保护工作。国务院南水北调办公室和国家文物局各位领导多次亲临一线检查指导，帮助排忧解难。河南省委、省政府多次召开会议，研究解决文物抢救保护工程中的重大问题。南水北调中线干线工程建设管理局、南水北调中线水源有限责任公司、河南省南水北调中线干线工程领导小组办公室、河南省人民政府移民工作领导小组办公室对南水北调文物保护工作也给予了大力支持和帮助。国内诸多考古学家多次深入到文物保护抢救现场，对重大学术问题和考古发掘质量给予帮助指导。社会各界特别是新闻媒体给予极大关注和广泛宣传。

为了更好地利用考古资料开展学术研究，充分展示河南省南水北调中线工程文物保护项目考古发掘的巨大成果，河南省文物局积极组织考古发掘单位及时对考古发掘资料进行整理和研究，编辑出版考古发掘报告，以期进一步推动文物保护和考古学研究工作。

河南省文物局

2010年5月

目　录

插图目录

彩版目录

图版目录

第一章　绪　论

第一节　墓地位置与地理环境

后真村墓地位于郑州荥阳市高村镇后真村与前真村之间的两处岗地上，地势较周围略高，所在地属黄淮平原的西部边缘地带。墓地北约12千米为黄河河道，向西约13千米进入浅山区，向南约16千米为丘陵地带，枯河自西南向东北流经墓地中东部。地理坐标为北纬34°51′28.88″，东经113°20′37.54″，海拔120米（图一）。

图一　荥阳后真村墓地及周边主要遗址位置示意图

1. 西司马遗址　2. 竖河遗址　3. 官庄遗址　4. 青台遗址　5. 娘娘寨遗址　6. 蒋寨遗址　7. 关帝庙遗址

荥阳东邻郑州市中原区、高新技术开发区和惠济区，西邻巩义市，北濒黄河，隔河同焦作市的温县、武陟县相望，南至尖山、马头山、大周山一线与新密市交界，南北最长40千米，东西最宽35千米，面积908平方千米。荥阳地理位置优越，交通便利。陇海铁路、310国道、连霍高速等横贯全境，形成铁路、公路、航空立体交通网络。该地地势险要，群峰峙其南，黄河横其北，东临省会郑州，西跨虎牢。地势东、中部低，西、南、北部稍高，自西向东逐渐倾斜，形成了向东开放的盆地。主要河流有汜河、枯河、索河、寺河等，分属黄河、淮河水系。属北温带大陆性季风气候，年平均降水量645.5毫米，日照充足，年均气温14.3℃。四季分明并各具特色，一年中7月最热，平均气温27.3℃，1月最冷，平均气温-5.5℃。藏有煤、铝土、黏土、黄铁、石灰石、白云石、大理石等丰富的资源。

第二节　历史沿革

荥阳的辖境在历史上经历了多次改变。在两汉至北朝时期，存在过以古荥阳城（今郑州市惠济区古荥镇）为治所的荥阳县和以京襄城为治所的京县等。北魏太和十七年（493年）以后，荥阳县治所移置于大栅城（即今荥阳老城），从此便长期存在着以大栅城为治所的荥阳县。在原荥阳以西，还存在着一个几乎与荥阳同时筑城的成皋，隋改成皋为汜水，又析荥阳县置荥泽县（初名广武），唐又析汜水、荥泽两地和武陟县部分地区置河阴县。同时汜水、荥阳又数次更改名称。这些行政区划的设置与名称的改变，往往伴随着辖境或大或小的分析和并合。虽然由于历史久远，资料匮乏，上述各历史时期各县辖境的确切范围均已难确指，但具体到北部边境，则长期跨过黄河以北至今武陟县南部一带，却有大量文献资料记载。荥阳现在辖境的形成，同清代、中华民国以及中华人民共和国成立以后的几次政区分合关系尤大，变化情况也有明确载述[①]。

荥阳历史悠久，考古资料表明，早在旧石器时代中晚期，荥阳南部崔庙镇王宗店村北的一座大型自然山洞——织机洞[②]，就有古人生存。至新石器时代中期，古人生存的地区范围逐渐扩展；到新石器时代晚期，荥阳地区发现了较多的仰韶文化遗址，出土了大量遗迹和遗物，

---

① 参考荥阳市志编纂委员会：《荥阳市志》，新华出版社，1996年；荥阳文物志编纂委员会：《荥阳文物志》，中州古籍出版社，2011年；陈万卿校注：《嘉靖荥阳县志》，广陵书社，2006年；李煦撰修：《荥阳县志》，点校本，荥阳县志编纂委员会总编室，1989年；卢以洽撰修：《续荥阳县志》，点校本，荥阳县志编纂委员会总编室，1989年；陈万卿校注：《嘉靖汜水县志》，广陵书社，2014年；赵东阶等纂修：《续汜水县志》，点校本，荥阳县志编纂委员会总编室，1991年；高廷璋、胡荃修，蒋藩纂：《河阴县志》，影印本，广陵书社，2016年。

② 郑州市文物考古研究所：《织机洞旧石器时代遗址发掘报告》，《人类学学报》2003年第22卷第1期。

较著名的有秦王寨遗址[①]、青台遗址[②]、点军台遗址[③]等；稍晚的龙山文化时期，继续保持了仰韶文化时期物质文化繁荣的景象，著名的有竖河遗址[④]等。到了二里头文化时期，荥阳发现了大师姑城址[⑤]，是我国发现的第一座夏代城址。商代中期，帝仲丁（商汤以后第十王）迁都于隞，隞城的地望目前虽不能确指，但隞地在荥阳却无争议。到了商代晚期，荥阳关帝庙遗址的发掘成为黄河南岸地区首次完整揭露的商代晚期小型聚落遗址[⑥]，小胡村商代晚期“舌”族墓地的发现，对研究商代晚期丧葬习俗、族属及相关历史地理等问题具有重要的学术意义[⑦]。

西周初年，周武王之叔父姬仲被封于虢地建国，史称东虢国，其国都学界认为应在荥阳境内，近年发现的娘娘寨城址[⑧]、官庄城址[⑨]或与其相关。春秋时期，荥阳属郑国，战国时期韩哀侯灭郑后，属韩国。公元前249年，秦伐韩取成皋（在今汜水镇大伾山上）后，始属三川郡。西汉初，改三川郡为河南郡，置荥阳县。又置京县（治所在今豫龙镇京城内）、成皋县（治所在今汜水镇成皋城内），三县均属河南郡。东汉属司隶河南尹。三国魏属司州河南尹荥阳郡，西晋因之。南朝刘宋时属司州荥阳郡。北魏于太和十七年（493年）将荥阳郡和荥阳县的治所均设在大栅城（即今之荥阳老城），辖荥阳、成皋、新密等五县。东魏属北豫州荥阳、成皋二郡。北齐改荥阳郡为成皋郡，废京县并入荥阳县。北周属荥州。

隋初属荥阳郡，不久废郡、置州，属郑州。炀帝即位，再改州为郡。开皇四年（584年）划荥阳县东北部置广武县，仁寿元年（601年）改名荥泽县。开皇十八年（598年）改成皋县为汜水县。唐初属河南道郑州荥阳郡、河北道孟州。高祖武德四年（621年），在虎牢置郑州荥阳郡，以汜水县附郭，并分置成皋县。贞观初，又废成皋县并入汜水县。贞观七年（633年）徙郑州治于管城。武则天时，改荥阳为武泰县，改汜水为广武县。中宗神龙元年（705年）复旧名。玄宗开元二十二年（734年），从汜水、荥泽、武陟三县各划出部分地域，设立河阴县，属河北道孟州，辖境在今荥阳北部，地跨黄河北岸的部分地区，主要目的是为管理运河上重要的粮食转运设施——河阴仓、输场、转运院等的事务。其治所约在今高村乡北部刘沟村东北附近的黄河故道中。五代十国时期，荥阳、汜水、河阴、荥泽因袭仍旧，分属郑州和孟州管

---

① 考古研究所河南调查团：《河南成皋广武区考古纪略》，《科学通报》1951年第2卷第7期；李昌韬：《秦王寨遗址与秦王寨类型》，《中原文物》1981年第3期；孙祖初：《秦王寨文化研究》，《华夏考古》1991年第3期。

② 郑州市文物工作队：《青台仰韶文化遗址1981年上半年发掘简报》，《中原文物》1987年第1期。

③ 郑州市博物馆：《荥阳点军台遗址1980年发掘报告》，《中原文物》1982年第4期。

④ 河南省文物考古研究所：《河南荥阳竖河遗址发掘报告》，《考古学辑刊》第10辑，1996年。

⑤ 郑州市文物考古研究所：《郑州大师姑2002～2003》，科学出版社，2004年。

⑥ 河南省文物考古研究所：《河南荥阳关帝庙遗址商代晚期遗存发掘简报》，《考古》2008年第7期。

⑦ 河南省文物考古研究所：《河南荥阳小胡村墓地商代墓葬发掘简报》，《华夏考古》2015年第1期。

⑧ 张松林等：《河南荥阳娘娘寨遗址发掘出两周重要城址》，《中国文物报》2009年2月18日；马世之：《娘娘寨城址性质问题试探》，《中原文物》2010年第5期。

⑨ 郑州大学历史学院考古系等：《河南荥阳市官庄遗址西周遗存发掘简报》，《考古》2014年第8期；河南省文物局：《荥阳官庄遗址》，科学出版社，2015年。

辖。北宋属京西路北路府孟州和郑州，有荥阳、河阴、汜水等县。汜水县于宋熙宁五年（1072年）并入河阴县，元丰二年（1079年）复置。金时属南京路郑州。元属河南江北等处行中书省（河南省）汴梁路郑州。明属河南布政使司开封府郑州。洪武初年，河阴因大峪口河阴县治所遭河患，废，河阴县治所迁广武山南之黄家店（黄店街），即今广武镇。洪武初复置汜水县。清初属河南开封府。雍正二年（1724年）升郑州为直隶州，辖荥阳、荥泽、河阴、汜水四县，十二年（一说十三年）复归开封府。乾隆二十九年（1764年），并河阴县入荥泽县（治所设古荥阳城中）。光绪三十一年（1905年），郑州又升为直隶州，辖县如前。

民国初属河南省开封道，后属第一行政督察专员区。民国元年（1912年），恢复河阴县。民国二十年（1931年），合并荥泽、河阴二县，成立广武县。民国三十七年（1948年），汜水、广武两县合并，成立成皋县，治所设于广武城。民国三十八年（1949年），中共郑州地委与郑州专员公署成立，办公地由登封大金店迁荥阳，辖新郑、郑县、密县、登封、巩县、荥阳、成皋7县。建国之初属郑州专员公署，后属开封地区，再改属郑州市至今。

第三节　发掘经过

为配合南水北调中线工程总干渠的建设，抢救保护地下文物，2010年10月至2011年1月，郑州大学历史学院考古系受河南省文物局南水北调文物保护管理办公室委托，经报请国家文物局批准，在郑州市文物局和荥阳市旅游与文物局的协同下，对南水北调中线工程干渠经过的后真村墓地部分进行了考古勘探与发掘。

按照《田野考古工作规程》的要求，2010年10月12日开始从墓地西部进行钻探，探孔行距2米，孔距2米，到10月28日结束，钻探面积约26万平方米。经钻探，墓地东西长约2400米，南北宽100～150米，面积约30万平方米。

根据钻探结果，2010年10月29日开始用全站仪测绘布方进行发掘。墓地设立永久性坐标基点，位于墓地中部距渠线100米处的高压线杆东北角，坐标为北纬34°51′28.88″，东经113°20′37.54″，海拔120.43米。考古发掘以此为基点，采取XY轴坐标系统覆盖整个墓地的方式进行，共布10米×10米探方90个，其中第Ⅰ象限50个、第Ⅱ象限38个、第Ⅳ象限2个，探方方向为磁北方向。由于遗迹扩方部分的探方未全部发掘，实际发掘面积6000平方米（图二）。墓地代号XGH，其中X代表“荥阳市”、G代表“高村镇”、H代表“后真村”，探方号四位数顺序统编，编号前冠以发掘年度和所在象限，如“2010XGHⅡT7426”。

此次考古发掘领队为靳松安，主要工作人员有郑州大学考古专业研究生王富国、杨剑、李小彬、张智尚、孙凯、郑龙龙、王洪领，本科生岳超龙、刘文晖、石俊鹏、袁文明，此外还有河南省文物考古研究院技术员张志亮、徐建勋等人。

整个工地的考古勘探与发掘工作到2011年1月12日全部结束，历时93天，共清理各类遗迹92个，包括墓葬43座，水井29眼，陶窑6座，灰坑12个（其中窖穴1个），沟2条（图三、图四；彩版一），出土了陶、瓷、金、银、铜、铁器等大批遗物。

第四节 地层堆积

从发掘情况来看，墓地地层堆积可分为3层，以ⅡT5924西壁为例介绍如下（图五）。

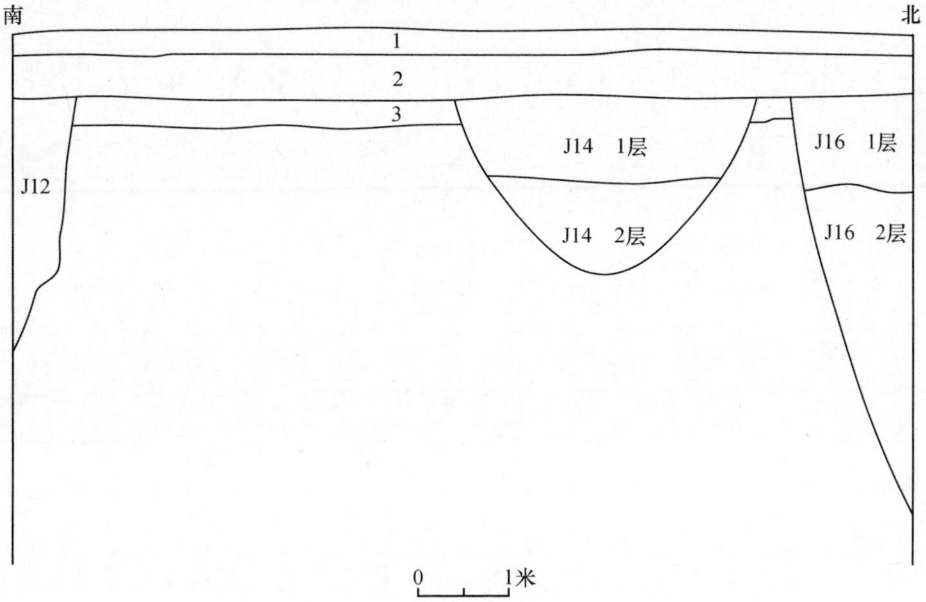

图五 ⅡT5924西壁剖面图

第1层：现代农耕土层。深灰色，土质较软，结构疏松，根系较多。厚0.2～0.3米。包含有现代砖瓦、瓷片、铁丝等。

第2层：淤积层。黄色，土质较软，结构疏松。厚0.5～0.65米。包含有植物根系等。该层下发现的遗迹有J12、J14、J16。

第3层：次生土层。浅褐色，土质较硬，结构较致密。厚0.25～0.35米。包含有植物根系和料姜石等。

第3层以下为生土，黄色夹杂褐色斑块，土质硬，结构致密，包含有大量的料姜石。

第二章 汉代遗存

汉代遗迹共19个，其中墓葬2座、陶窑6座、灰坑6个、水井4眼、沟1条。

第一节 墓 葬

共2座，编号M4、M5。均为带台阶的长斜坡墓道砖券单室墓，皆被盗严重。

一、M4

1. 墓葬概况

位于ⅣT8001东部，方向188°。开口于第3层下，打破生土。墓口距现存地表深0.3米。由墓道、甬道、墓室三部分组成（图六）。墓道填土为褐色杂土，土质较软，结构较疏松，含有少量料姜石；甬道、墓室填土与墓道一致，唯墓室填土包含有碎砖块，并在墓室底部发现一层浅黄色淤土。

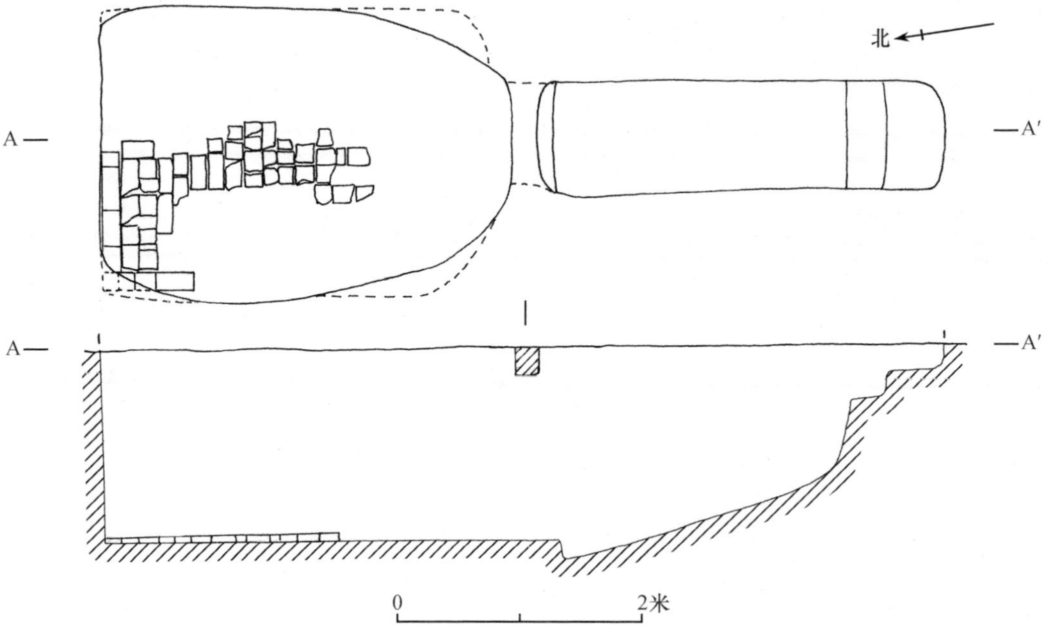

图六 M4平、剖面图

墓道　斜坡式，口部平面形状略呈圆角长方形，北宽南窄，两侧壁较直，南端残存两级台阶，北半部为斜坡，南高北低。口部残长3.3米，宽0.8～1米；坡长2.42米；残深0.2～1.59米。台阶长0.8米，宽0.28～0.48米，高0.2～0.54米。

甬道　直壁，平底，拱顶。残存部分进深0.2米，宽0.72米，高1.24米。

墓室　底部平面形状呈圆角长方形，直壁，平底，四壁加工比较规整，墓底比墓道底部略高。长3.4米，宽2.24米。墓室西北部残存有铺地砖，整砖长0.26米，宽0.12米，厚0.06米。顶部已坍塌，疑为券顶。

葬具　未发现葬具痕迹。

葬式、性别及年龄　由于被盗严重，墓室中未发现人骨。

2. 随葬品

仅在墓室淤土中发现陶灶残片和铜帽钉各1件。

陶灶　1件。M4∶2，泥质灰陶，单眼灶。灶台呈长方形，制作较为规整，残损严重，仅存灶台三个拐角与火眼，火眼与灶面模制而成，陶釜则系单件模制之后粘接于火眼之上，灶面边缘模印两周凸棱及鱼、树等图案。拱顶灶门。灶下无底。灶台高7.8厘米，长宽不详（图七，1）。

铜帽钉　1件。M4∶1，半球形，背部中间下垂一钉。钉帽直径2.8厘米，钉残长1.3厘米（图七，2）。

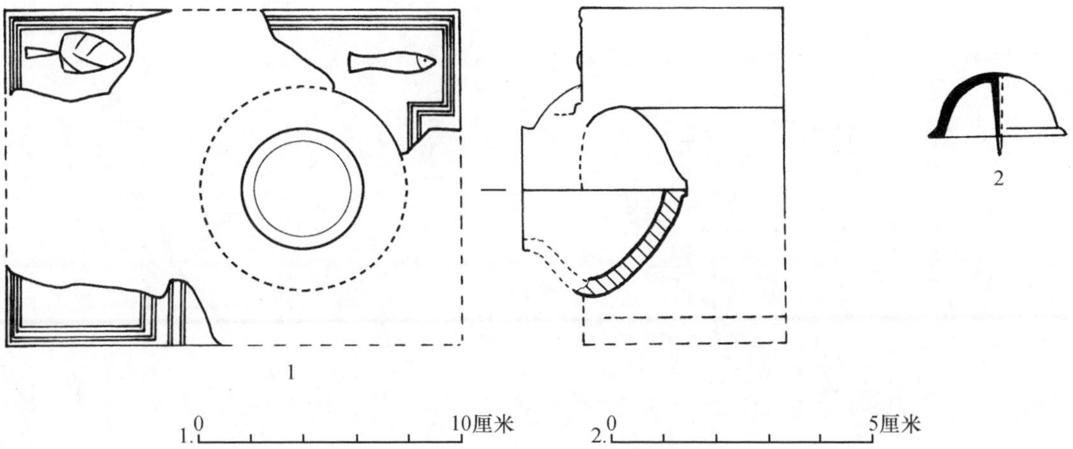

图七　M4出土器物

1. 陶灶（M4∶2）　2. 铜帽钉（M4∶1）

二、M5

1. 墓葬概况

位于ⅣT8101西部和ⅠT8101西南部，方向188°。开口于第3层下，打破生土。墓口距地表深0.35米。由墓道、封门、甬道、墓室四部分组成（图八）。墓道填土为褐色杂土，土质较

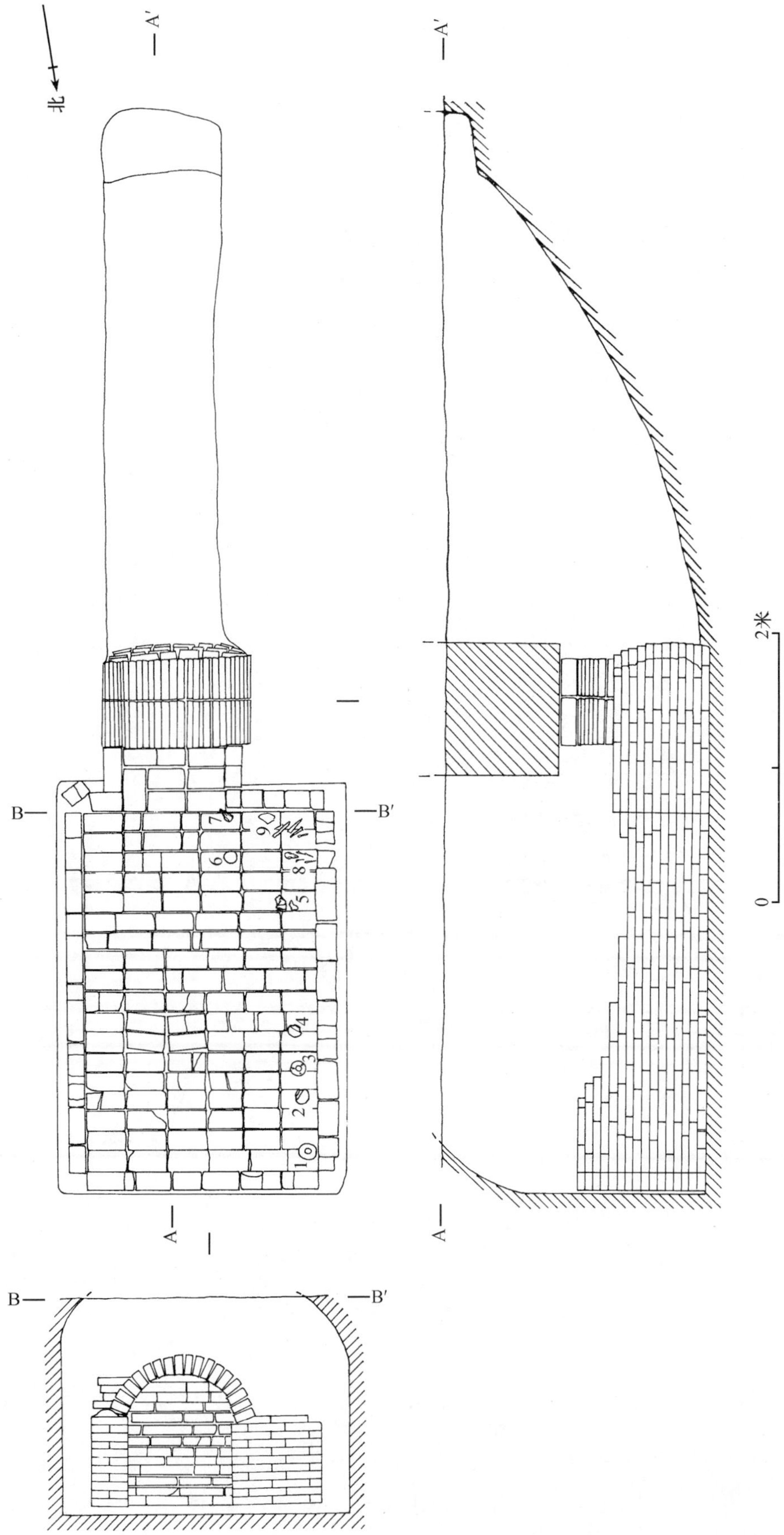

图八　M5平、剖面图
1～5. 陶罐　6. 铜镜　7、8. 狗獾骨　9. 人骨

软，结构较疏松，含有少量料姜石；甬道、墓室填土与墓道一致，唯墓室底部有一层浅黄色淤土。

墓道　斜坡式，口部平面形状呈圆角长方形，两侧壁较直，南端残存一级台阶，北半部为斜坡，南高北低。口部残长3.91米，宽0.84～0.89米；坡长3.48米；残深0.16～1.86米。台阶长0.86米，宽0.45米，高0.16米。

封门　保存基本完好，封门砖高不及顶，共分12层，横向错缝平砌，朝向墓道一侧外鼓，呈弧形。宽0.75米，高约0.94米。整砖长0.26米，宽0.13米，厚0.06米。

甬道　直壁，平底，拱顶。进深0.99米，宽0.78米，高0.96米。

墓室　底部平面形状呈长方形，直壁，平底，四壁加工规整。长2.68米，宽1.78米。四壁残存有壁砖，错缝叠层垒砌，最高处残存15层。墓底铺地砖东西向顺铺而成（彩版二，1）。整砖长0.26米，宽0.13米，厚0.06米。顶部已坍塌，疑为券顶。

葬具　从残存铁质棺钉的位置来看，墓室西侧应有木棺。

葬式、性别及年龄　墓室内发现极少量人骨，经鉴定为壮年，性别不详。

2. 随葬品

墓室西壁下及近甬道处发现有随葬品，计有陶罐5件、铜镜1面。

陶罐　5件。均为泥质灰陶。直口，圆唇，圆肩，鼓腹，平底。肩部多饰一周凹弦纹。标本M5：1，器表磨光，口径10厘米，底径9.6厘米，高14.6厘米（图九，1；图版五，1）。标本M5：2，肩部三系皆残。口径11厘米，底径9.8厘米，高14.4厘米（图九，2；图版五，2）。标本M5：3，肩部有三系，呈桥形，系孔呈长方形。口径10.4厘米，底径11厘米，高13.6厘米（图九，3；图版五，3）。标本M5：4，口径10.5厘米，底径11.4厘米，高15.3厘米（图九，

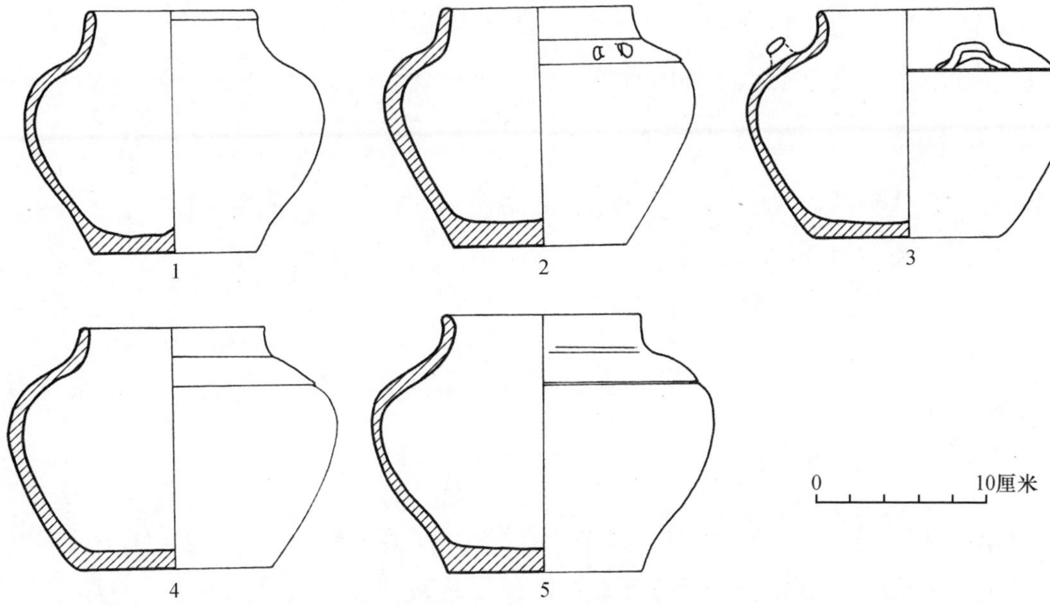

图九　M5出土陶罐

1. M5：1　2. M5：2　3. M5：3　4. M5：4　5. M5：5

4；图版五，4）。标本M5：5，口径10.8厘米，底径11.2厘米，高14.6厘米（图九，5；图版五，5）。

铜镜　1面。M5：6，四乳镜，圆形，镜面微鼓，半球状纽，纽中一扁形孔，圆座，座外四乳，每两乳之间各有一昂首之鸟，边缘饰三角形纹带。直径9.8厘米，缘厚0.3厘米（图一〇；彩版七，1）。

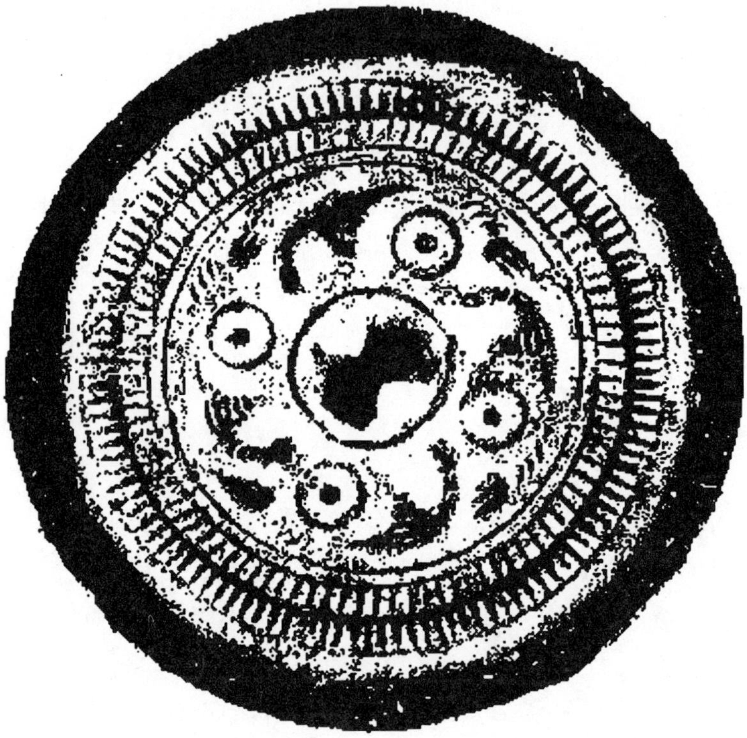

0　4厘米

图一〇　M5出土铜镜纹饰拓片（M5：6）

第二节　陶　　窑

共6座，编号Y1、Y2、Y3、Y4、Y5、Y6。结构基本相同，主要由操作坑、窑门、火膛、窑室、火道、烟道等部分组成。

一、Y1

1. 陶窑概况

位于ⅠT6409中西部，方向170°。开口于第3层下，打破生土层。窑口距现存地表深0.2米。破坏严重。操作坑填土为褐色杂土，土质较硬，结构较致密；窑室内部填土多为红烧土块，土质硬，结构致密。

操作坑 位于火膛南部，口部平面形状呈不规则形，南窄北宽，口大底小，斜壁内收，底部呈台阶状。口部长2.2米，宽0.55～1.42米，深0～0.64米。操作坑南部残存三级台阶，由南向北第一级台阶长0.55～1米，宽0.36米，残高0.11米；第二级台阶长1～1.42米，宽0.9米，高0.43米；第三级台阶长0.55～1.42米，宽0.9米，高0.18米。

窑门 位于操作坑与火膛之间，系在操作坑北壁直接掏挖而成，残存部分呈半圆形，外围有一周红烧土痕迹。残宽0.5米，残高0.56米。

火膛 位于窑室南部，底部平面形状呈半圆形，直壁，平底，底部较操作坑略低。进深1.7米，宽0.52～2.4米，残高0.9米。

窑室 底部平面形状略呈长方形，直壁，平底。残存口部长2.2米，宽2.4米，残高0.18米。顶部已坍塌。窑壁规整，保存有红色烧结面，厚0.1米。台式窑床进深2.2米，宽2.2～2.32米，高出火膛底部0.6米。

火道 因破坏严重，情况不明。

烟道 位于窑室北壁下，与窑门相对，共有三个，大小不一，底部平面形状略呈长方形。进深0.4米，宽0.15～0.3米，残高0.2米（图一一）。

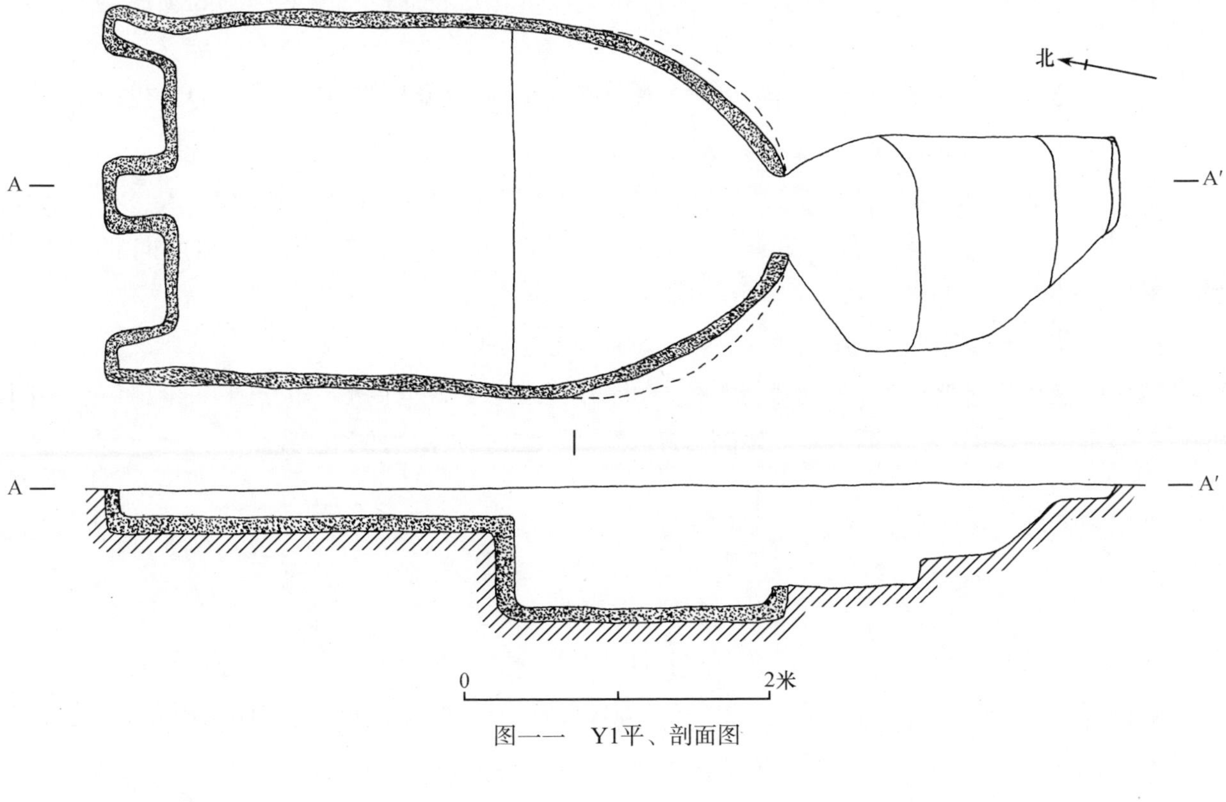

图一一 Y1平、剖面图

2. 出土遗物

填土中包含有少量中绳纹陶片，均为泥质灰陶。器形皆为板瓦。

二、Y2

1. 陶窑概况

位于ⅠT5008东部、ⅠT5108西部，向南伸至ⅠT5007东北部，方向190°。开口于第2层下，打破生土。窑口距地表深0.3～0.5米。保存较好。操作坑填土为黄褐色杂土，土质较软，结构疏松；窑室内部填土亦呈褐黄色，夹杂较多红色和青灰色烧土块，土质较硬，结构较致密（彩版二，2）。

操作坑　位于火膛南部，口部平面形状呈不规则梯形，北宽南窄，斜壁内收，壁面粗糙，北半部底部呈缓坡状，南高北低，南半部呈台阶状。底部土质较硬，应是当时工匠长期踩踏所致。口部长5.84米，宽1～2.38米，深0～1.94米。操作坑南部残存五级台阶，由南向北第一级长0.87米，宽0.81～0.94米，高0.63米；第二级长0.81米，宽0.44米，高0.2米；第三级长0.88米，宽0.44米，高0.2米；第四级长0.94米，宽0.31米，高0.2米；第五级长0.94～1.06米，宽0.56米，高0.31米；

窑门　位于操作坑与火膛之间，系在操作坑北壁直接掏挖而成，呈不规则的圆形，外围有一周红烧土痕迹。宽1.22米，高1.1米。

火膛　位于窑室南部，底部平面形状呈半圆形，拱顶，斜壁，平底，底部较操作坑略低，内存大量草木灰。进深1.3米，宽2.44米，残高1.69米。

窑室　底部平面形状呈长方形，直壁，平底。残存口部长2.74米，宽2.32～2.44米，残高1.62米。顶部已坍塌。窑壁保存有青灰色烧结面，厚0.06米。台式窑床底部由南向北稍微倾斜，进深2.8米，宽2.44米，高出火膛底部0.66米。

火道　位于窑室东西两壁之下，已残，仅存红烧土痕迹。

烟道　位于窑室北壁下，与窑门相对，底部分三道向上，呈拱形，汇集于一个出口。中间烟道呈方形，进深0.4米，宽0.4米，残高1.64米（图一二），东西两侧已残。

2. 出土遗物

出土遗物有盆、瓮、壶、转筒、筒瓦、板瓦等。

盆　2件。皆泥质灰陶。敞口，方唇，斜腹。Y2：4，平折沿，中腹以下残。素面。口径49厘米，残高8.8厘米（图一三，3）。Y2：5，卷沿微折，下腹及底残。唇面及沿面近缘处各有凹槽一周，腹饰数周凹弦纹。口径49.2厘米，残高17厘米（图一三，4）。

瓮　2件。Y2：6，泥质灰陶。直口微敛，圆唇近方，唇缘内勾，矮直领，圆肩，肩部以下残。素面。口径19.6厘米，残高4.8厘米（图一三，7）。Y2：7，泥质红陶。腹部以上残，平底微凹。素面。底径18.8厘米，残高10.4厘米（图一三，5）。

壶　1件。Y2：8，泥质红陶。侈口，卷沿微折，斜方唇，束颈，肩部以下残。素面。口

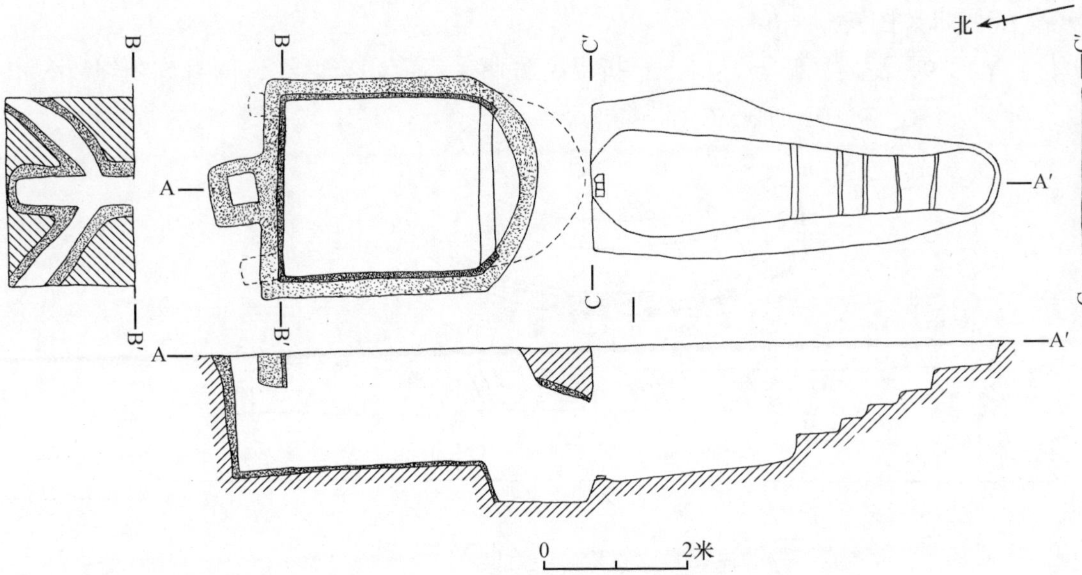

图一二 Y2平、剖面图

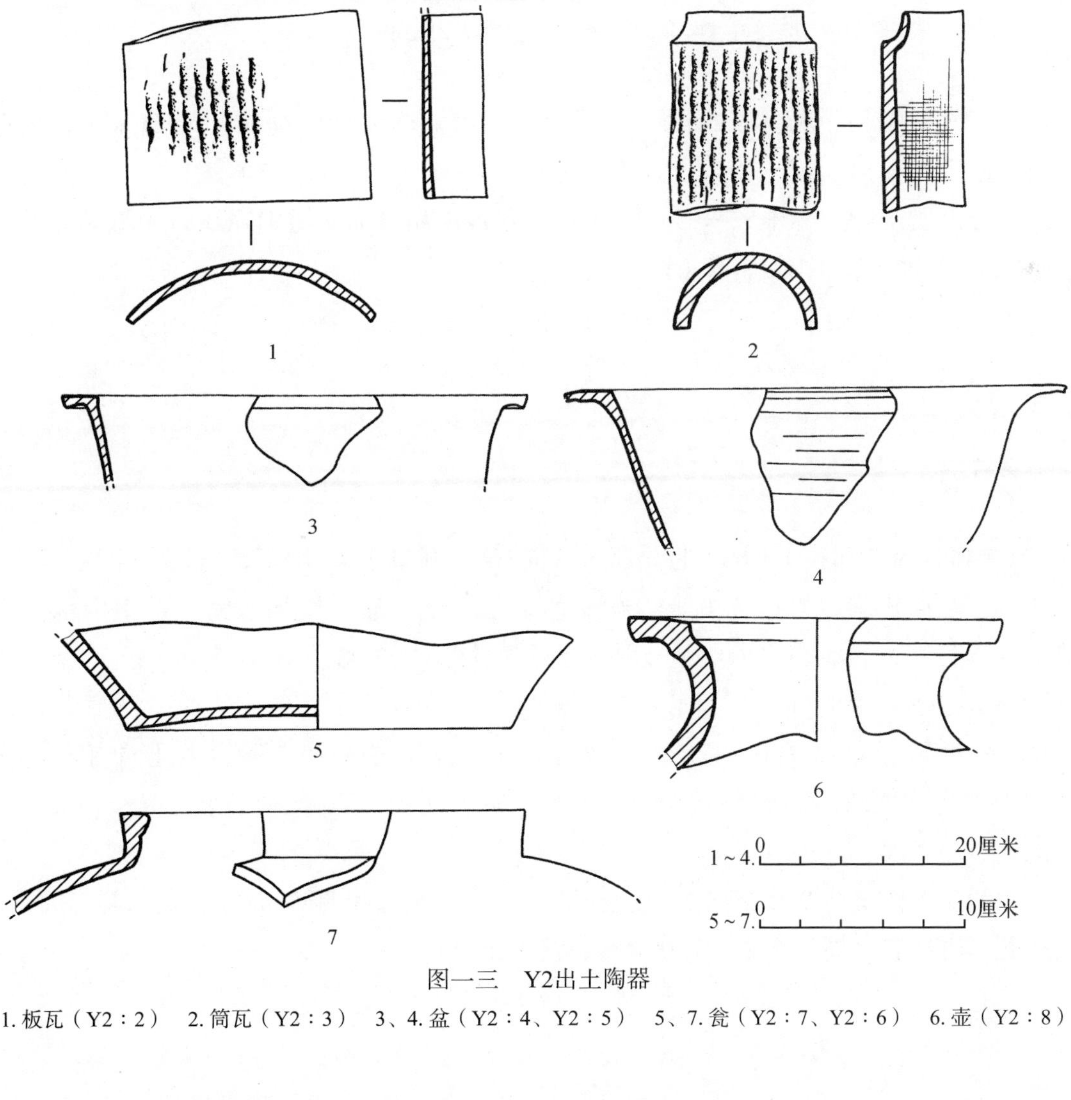

图一三 Y2出土陶器

1. 板瓦（Y2：2） 2. 筒瓦（Y2：3） 3、4. 盆（Y2：4、Y2：5） 5、7. 瓮（Y2：7、Y2：6） 6. 壶（Y2：8）

18.6厘米，残高7.8厘米（图一三，6）。

转筒　1件。Y2：9，泥质褐陶。直口，平折沿，方唇。沿面印有席纹，筒身饰粗绳纹。口径80厘米，筒径69.2厘米，残高10厘米（图一四）。

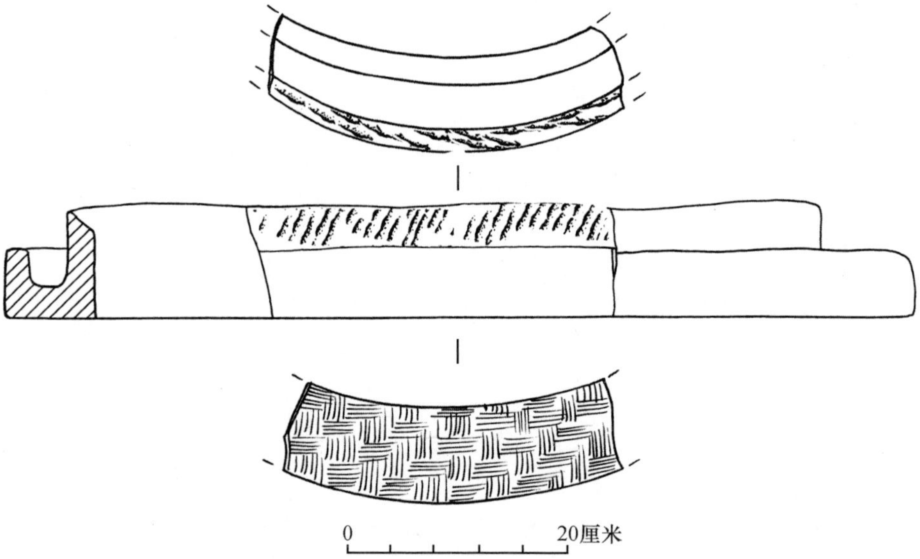

图一四　Y2出土转筒（Y2：9）

筒瓦　皆泥质灰陶。标本Y2：3，半圆形，圆唇。瓦身饰中绳纹，局部抹光，内壁施布纹。残长20厘米，宽14.8厘米，厚1.3厘米；瓦唇长3厘米（图一三，2）。

板瓦　皆泥质灰陶。标本Y2：2，长方形，方唇。瓦身饰交错中绳纹，内壁施布纹。残长18.4厘米，残宽24厘米，厚1.2厘米（图一三，1）。

三、Y3

1. 陶窑概况

位于ⅠT4409的南部和ⅠT4408的北部，方向10°。开口于第2层下，打破生土层。窑口距地表深0.35米。保存较好。操作坑填土为红褐色杂土，土质硬，结构致密；窑室内部填上与操作坑填土基本相同，含有较多的红烧土块和青灰色烧结块（彩版三，1）。

操作坑　位于窑室北部，平面形状呈不规则形，南宽北窄，斜壁内收，圜底，口部南北长2.22米，东西宽2.48米，深0～1.5米。北端自北向南依次有三级台阶，由北向南第一级长0.8米，宽0.24米，高0.22米；第二级长0.8～1.02米，宽0.24米，高0.18米；第三级长1.02～2.3米，宽0.66米，高0.3米。

窑门　系在操作坑北壁直接掏挖而成，呈半圆形，底部和西侧由青砖砌就，口部周围为青灰色烧结面，再外有一周红烧土。宽0.64米，高0.48米。

火膛　底部平面形状呈梯形，平底。进深1.64米，宽0.74～1.76米，残高0.21米。

窑室　平面形状呈长方形，窑壁壁保存较好，规整光滑。长2.32米，宽2.2～2.22米，残高1.5米。窑壁保存有青灰色烧结面，厚0.08米。台式窑床呈方形，底部平整，进深2.36米，宽2.2米，高0.9米。

火道　位于窑室东西两壁之下，向南直通烟道，已残，仅余红烧土痕迹。

烟道　位于窑室北壁，正对火门，底部用砖和板瓦砌就，横截面略呈方形。边长0.34米，进深0.36米，残高1.2米（图一五）。

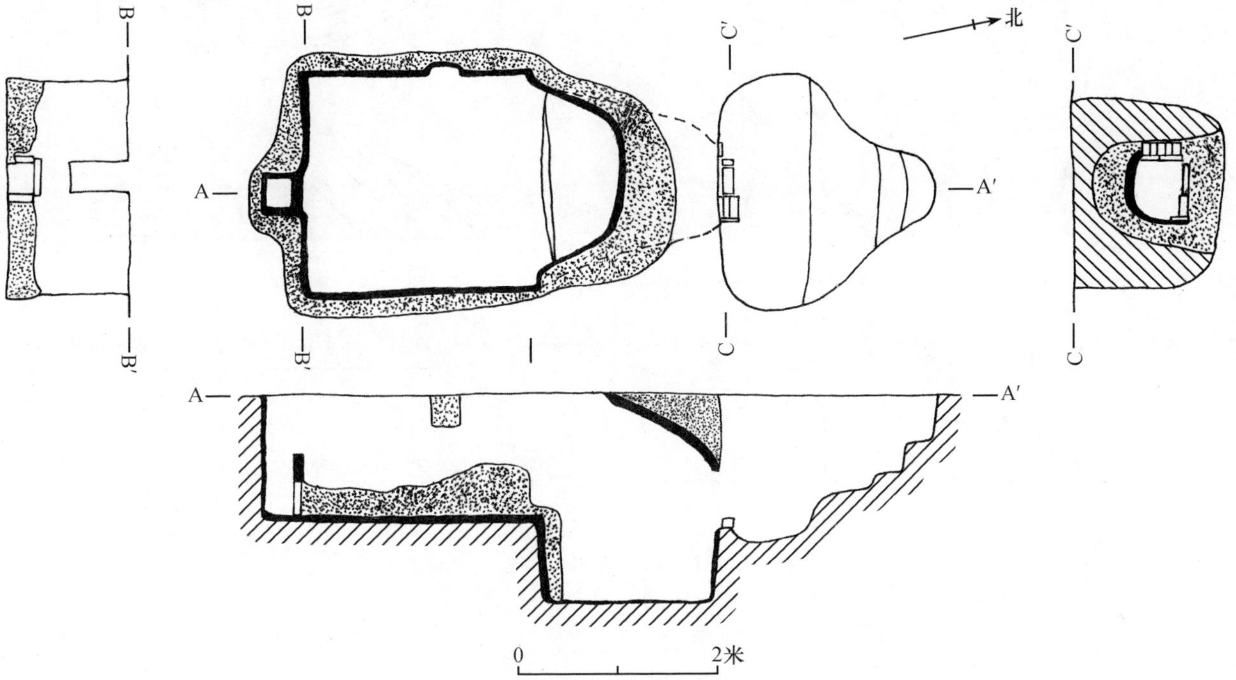

图一五　Y3平、剖面图

2. 出土遗物

出土有铁铲和陶片等，陶器均为泥质灰陶，可辨器形有瓮、纺轮等。

瓮　1件。Y3∶1，泥质灰陶，直口，卷沿，圆唇，唇面有一周凹槽，溜肩，肩部以下残，素面。口径16.8厘米，残高9.8厘米（图一六，3）。

纺轮　1件。Y3∶3，泥质褐陶，轮制，横截面略呈梯形，中部有一圆孔，身饰数周凸弦纹。底径6.9厘米，高2厘米（图一六，2）。

铁铲　1件。Y3∶2，空首，锈蚀严重，平直双面刃，刃部两角残。长15厘米，刃部残宽5厘米，銎长5厘米，宽2.2厘米，壁厚0.4厘米（图一六，1；图版七，6）。

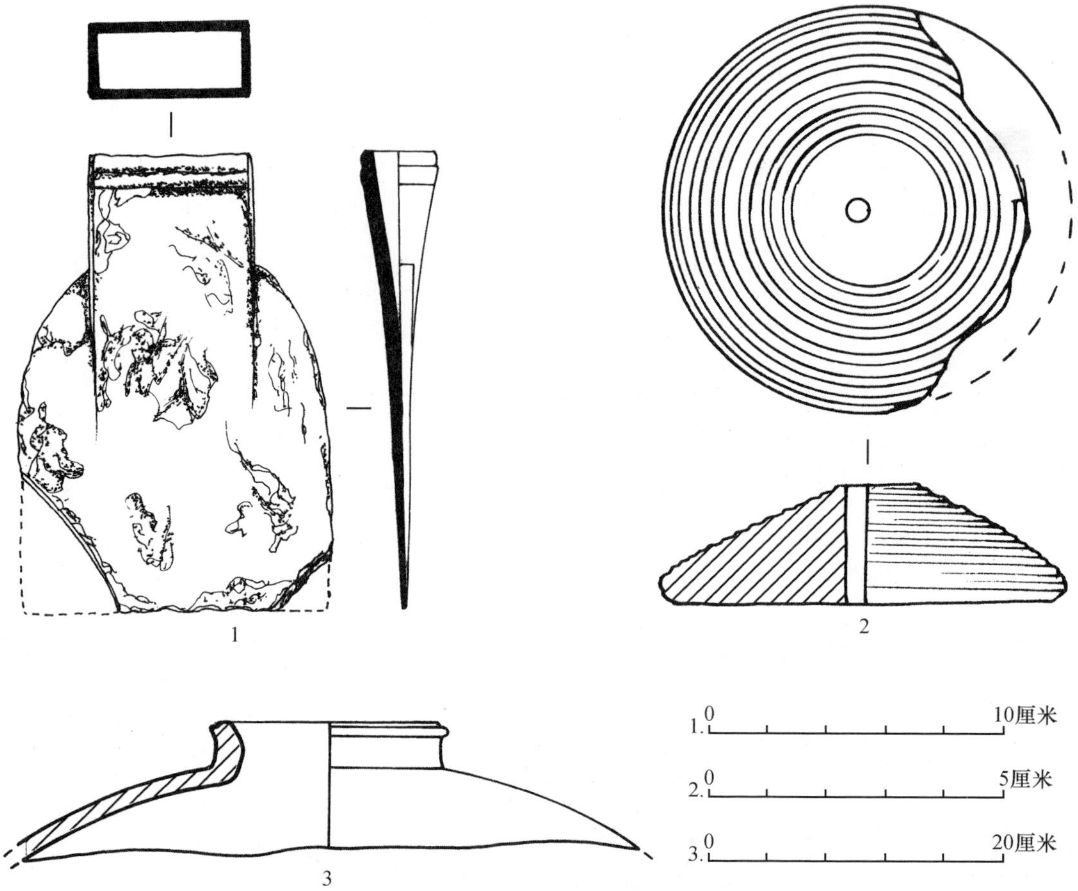

图一六　Y3出土器物

1. 铁铲（Y3：2）　2. 纺轮（Y3：3）　3. 瓮（Y3：1）

四、Y4

1. 陶窑概况

位于ⅠT4911西南部和ⅠT4910西北部，方向183°。开口于第2层下，打破生土层。窑口距地表深0.35米。保存较差。操作坑填土为浅褐色杂土，土质硬，结构致密；窑室内部填土与操作坑填土基本相同，含有较多的红烧土块和青灰色烧结块（彩版三，2）。

操作坑　位于窑室南部，平面形状呈圆角方形，斜壁内收，圜底。口部南北长3.05米，东西宽2.76米，深0～1.28米。近火门处有一圆角长方形凹坑，长1.98米，宽0.72米，深0.3米。

窑门　系在操作坑北壁直接掏挖而成，近圆形，口部为青灰色烧结面，再外有一周红烧土。宽0.48米，高0.5米。

火膛　位于窑室南部，底部平面形状略呈梯形，底呈斜坡状，较操作坑略低。进深1.17米，宽0.27～1.7米，残高1.83米。

窑室　平面形状呈方形，东西两壁保存较好，规整光滑，北壁已坍塌，仅残存部分红烧土痕迹，其余三壁保存有青灰色烧结面，厚0.05米。窑室边长1.66～1.76米，残高1.11米。台式窑床底部平整，进深2.99米，宽1.76米，高0.78米。

火道　位于窑室东西两壁之下，已残，仅存红烧土痕迹。

烟道　位于窑室北壁，正对火门，底部分三道向上，呈拱形，汇集于一个出口，中间烟道横截面呈长方形。进深0.57米，宽0.3米，残高1.02米（图一七）。

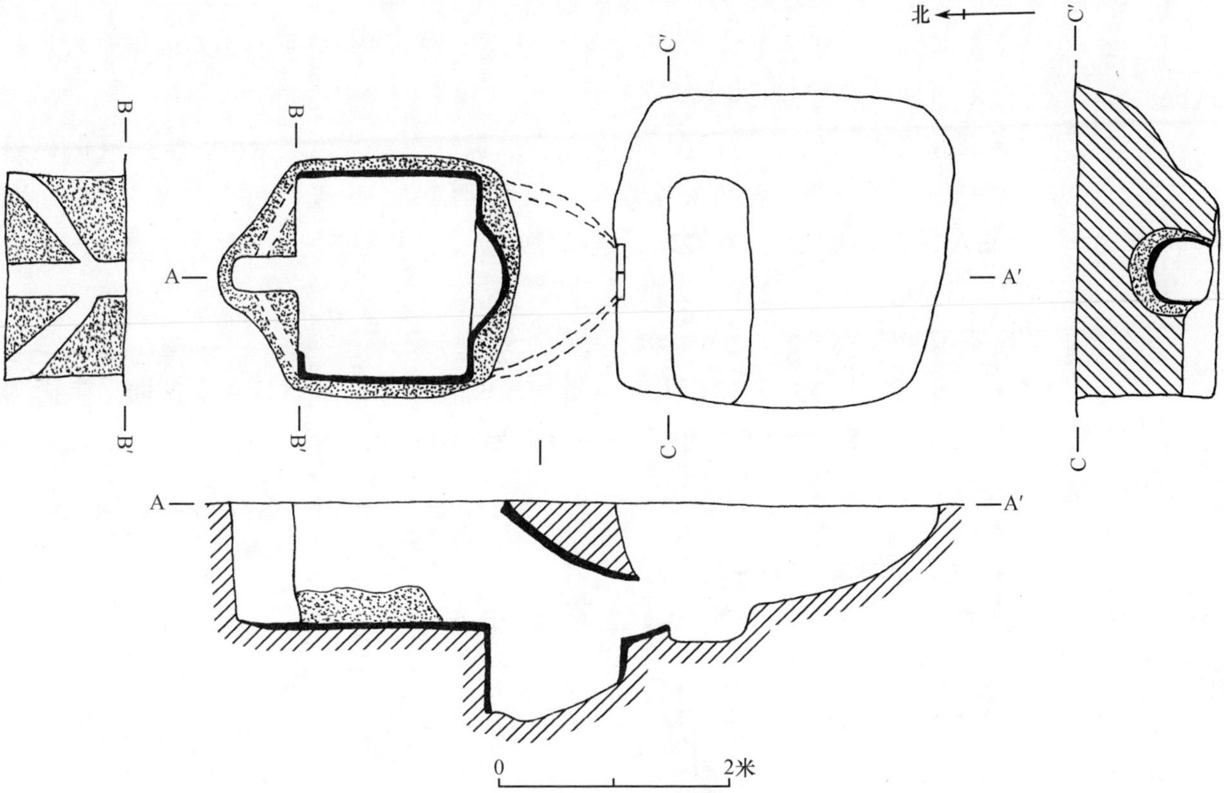

图一七　Y4平、剖面图

2. 出土遗物

出土陶片均为绳纹筒瓦和板瓦残片。

五、Y5

1. 陶窑概况

位于ⅠT3904北部，方向275°。开口于第2层下，打破生土层。窑口距地表深0.35米。保存较差。操作坑填土为浅褐色杂土，土质硬，结构致密；由于Y5塌陷严重，在窑室填土内发现有大量红烧土块、青灰色的烧结块以及少量陶片（彩版四，1）。

操作坑　坑位于窑室西部，平面形状呈不规则形，西端向北微弯曲，东宽西窄，斜壁内收，圜底，口部长4.22米，最宽1.85米，深0～1.67米；操作坑东端底部近平，西端有四级台阶，由西向东第一级长0.55～0.72米，宽0.28米，高0.25米；第二级长0.72～0.78米，宽0.33米，高0.3米；第三级长0.78～0.9米，宽0.28～0.4米，高0.32米；第四级长0.9～1.2米，宽0.55～0.72米，高0.27米。

窑门　系在操作坑东壁上直接掏挖而成，拱顶，底部平铺两块青砖，口部周围为青灰色烧结面，再外有一周红烧土，高1米，宽0.44～0.5米。

火膛　位于窑室西部，底部平面形状略呈梯形，平底，较操作坑略低，内存大量草木灰。进深1.26米，宽0.68～1.53米，残高1.89米。

窑室　平面形状呈方形，顶部已坍塌，窑壁较直，保存有青灰色烧结面，唯南壁保存相对较好，北壁因受挤压严重变形，东壁完全塌落，只残留红烧土痕迹，北壁青灰色烧结面后0.05，厚0.05～0.06米。窑室边长2.2～2.42米，残高1.22米。台式窑床底部平整，近火膛一侧弧形内收并向外倾斜，进深2.2米，宽2.32～2.43米，高0.7米。

火道　位于窑室南北两壁之下，已残，仅存红烧土痕迹。

烟道　三条，位于窑室后壁，与窑门相对，靠窑室一侧已被破坏，残存横截面呈半椭圆形，均口大底小。烟道宽0.18～0.22米，进深0.52～0.54米，残高1.22米（图一八）。

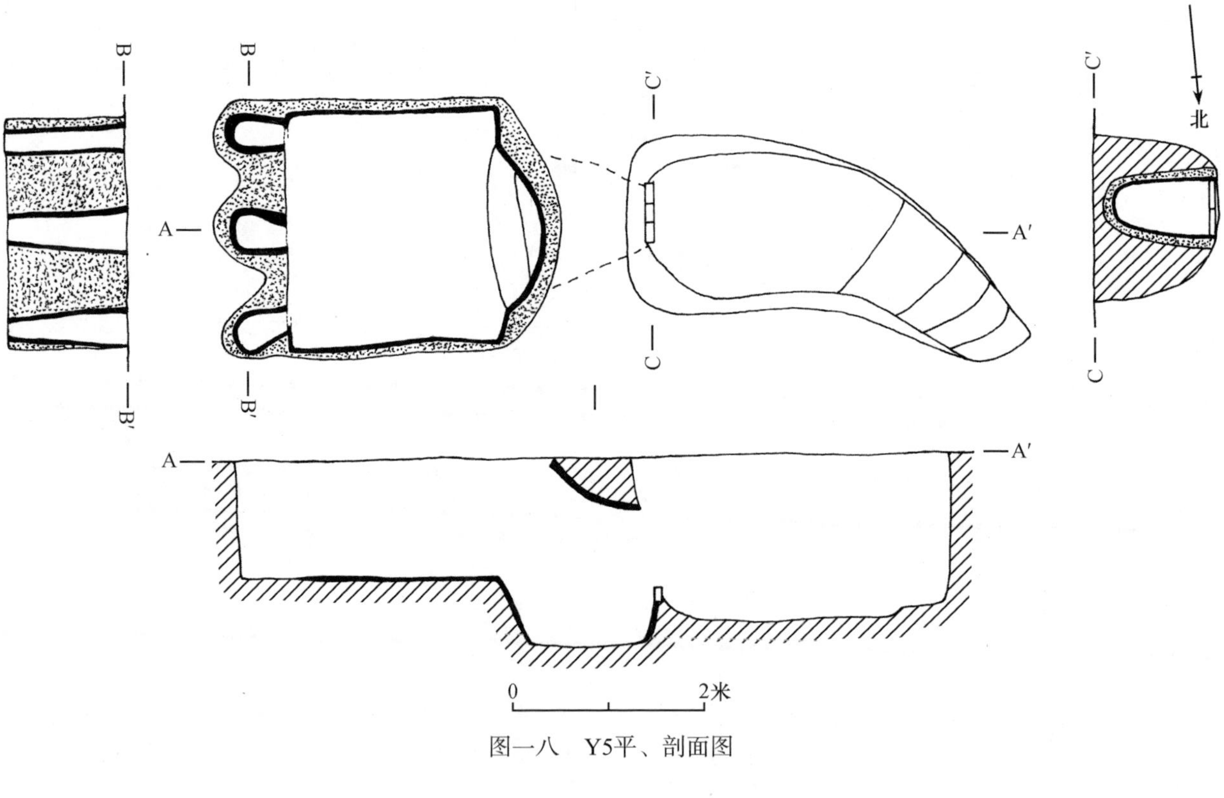

图一八　Y5平、剖面图

2. 出土遗物

出土遗物均为陶片，皆泥质灰陶，器形均为筒瓦和板瓦。

筒瓦　瓦身饰中绳纹，内壁施布纹，瓦唇背面素面。标本Y5：1，瓦身长37.4厘米，宽14厘米，厚1.2厘米，瓦唇长2厘米（图一九，1；图版六，6）。标本Y5：4，瓦身残长22厘米，宽14.8厘米，厚1.2厘米，瓦唇长2.5厘米（图一九，2）。

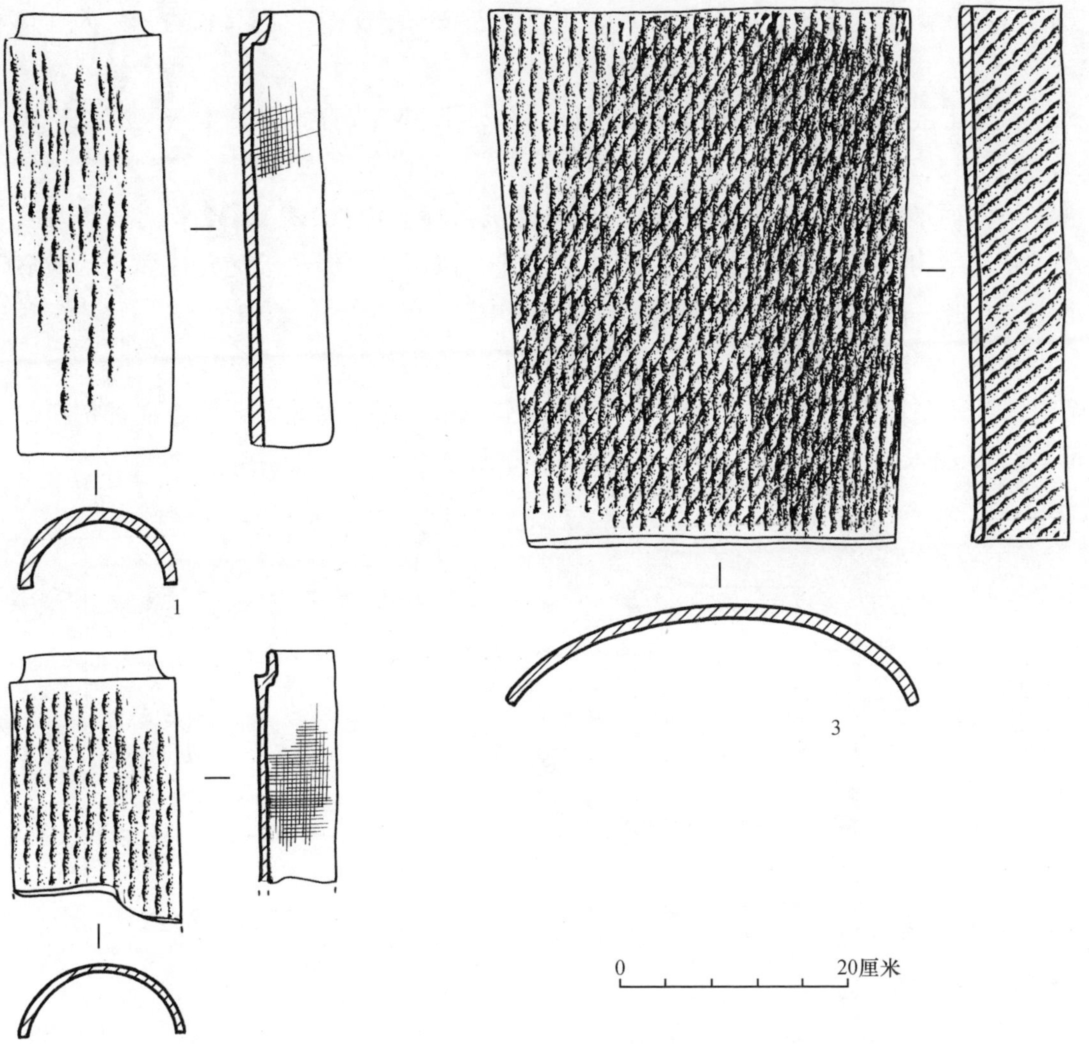

图一九　Y5出土陶瓦
1、2. 筒瓦（Y5：1、Y5：4）　3. 板瓦（Y5：3）

板瓦　瓦身饰交错中绳纹。标本Y5：2，残，内壁施方格纹。标本Y5：3，内壁施浅显中绳纹。通长49厘米，宽33～37厘米，厚1.2厘米（图一九，3）。

六、Y6

1. 陶窑概况

位于ⅠT5805中南部，南部延伸至ⅠT5804内，方向10°。开口于第2层下，打破生土层。操作坑填土为浅褐色杂土，土质硬，结构致密，包含大量红烧土块和砖块，以及少量绳纹板瓦残片等（彩版四，2）。

操作坑　位于窑室北部，平面形状呈圆角方形，斜壁内收，圜底。口部南北长3.24米，东西宽2.9米，深0～1.5米。底部近火门处有一圆角长方形凹坑。长1.46米，宽0.78米，深0.12米。

窑门　系在操作坑北壁直接掏挖而成，上部已被破坏，残存火门呈长方形。宽0.46米，残高1.3米。

火膛　位于窑室北部，底部平面形状呈漏斗状，平底，残存大量草木灰及红烧土块。进深1.45米，宽0.56～2.4米。

窑室　平面形状呈方形，窑壁陡直，部分已被破坏。边长2.3～2.32米。窑室内填土呈褐色，土质硬，结构致密，包含大量红烧土块和砖块，以及少量绳纹板瓦残片等。台式窑床呈圆角方形，近火膛一侧弧形内收并向外倾斜。进深2.4米，宽2.4米，高0.9米。

火道　位于窑室东西两壁之下，已残，仅存红烧土痕迹。

烟道　位于窑室南壁正中，正对火门，近窑室一侧用青砖砌成，下部与窑室相连，横截面呈方形。边长0.4米，进深0.4米，残高1.38米（图二〇）。

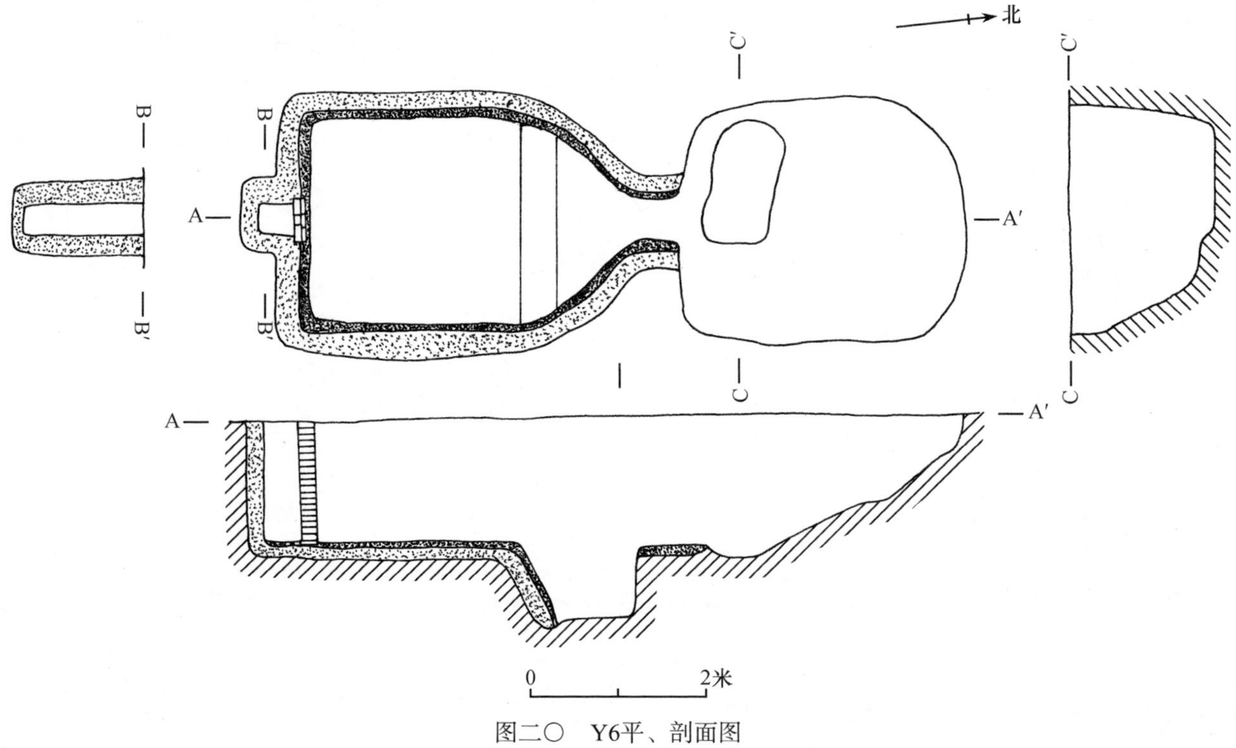

图二〇　Y6平、剖面图

2. 出土遗物

出土少量陶器及铜钱1枚。陶器均为泥质灰陶。

壶　1件。Y6∶1，侈口，平折沿，方唇，唇面有一周凹槽，溜肩，鼓腹，中腹以下残。素面。口径18厘米，残高17.2厘米（图二一，2）。

瓮　1件。Y6∶2，侈口，宽折沿，方唇，叠缘内勾，斜肩，肩部以下残。素面。口径25.6厘米，残高10.8厘米（图二一，1）。

筒瓦　2件。瓦身饰中绳纹，内壁施布纹。Y6∶3，瓦身残长24.5厘米，宽13.2厘米，厚1.2厘米，瓦唇长1.5厘米（图二一，3）。Y6∶4，瓦身长35.5厘米，残宽4.4厘米，厚1.2厘米，瓦唇长2厘米（图二一，4）。

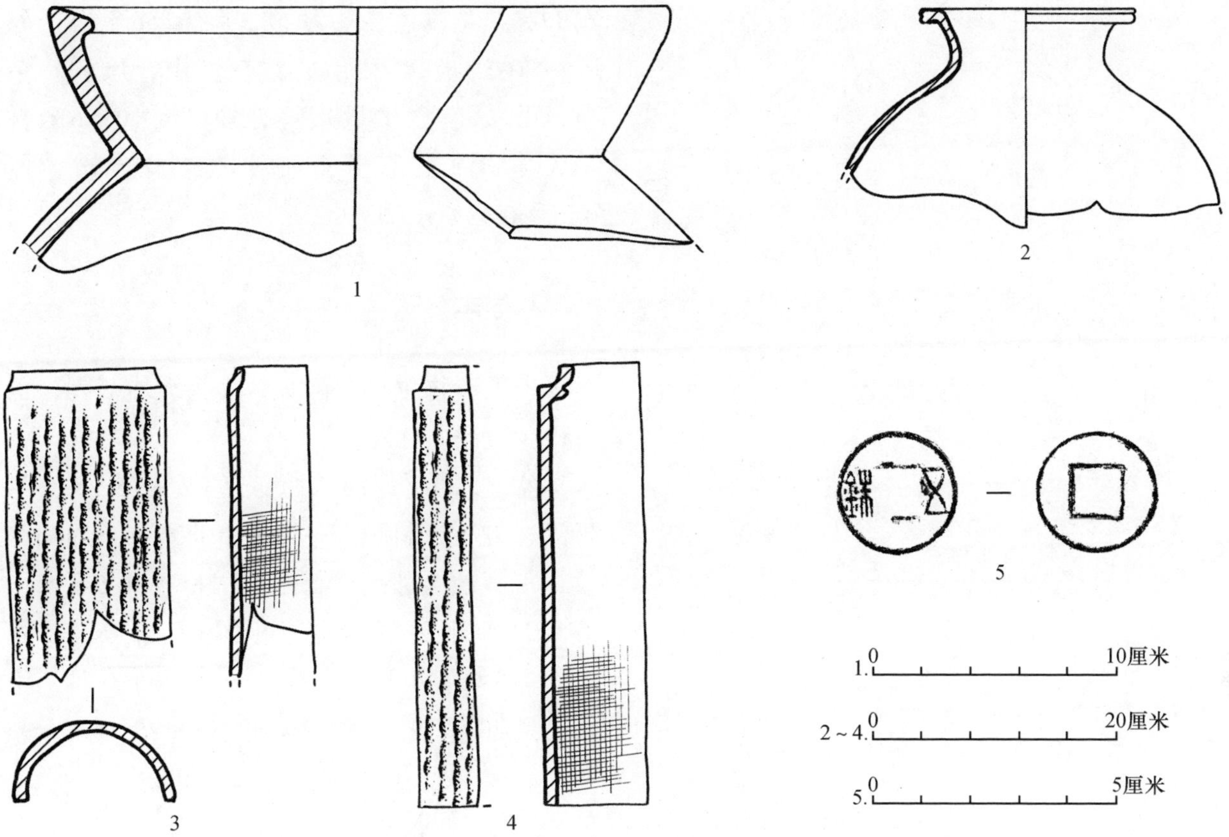

图二一　Y6出土器物

1. 瓮（Y6：2）　2. 壶（Y6：1）　3、4. 筒瓦（Y6：3、Y6：4）　5. 铜钱拓片（Y6：5）

铜钱　1枚。Y6：5，圆形方穿，背穿四周有郭。钱文为篆体，“五”字交笔缓曲，“铢”的“金”字头为等腰三角形，四短竖点，“朱”字上部方折，“五铢”二字铸造清晰。钱径2.5厘米，郭厚0.12厘米，宽0.1厘米，穿边长1.1厘米（图二一，5）。

第三节　灰　　坑

共6个，其中圆角长方形1个、圆形或近圆形2个、不规则形1个、椭圆形2个。这些灰坑多分布于陶窑附近，出土器物和临近陶窑出土器物极为相似，二者应该有密切的关系，现以H5、H6、H8、H9、H10为例介绍如下，其余灰坑情况详见附表14。

一、H5

1. 灰坑概况

位于ⅠT4710西北部，方向157°。开口于第2层下，向下打破生土层。平面形状呈不规则形，斜壁，平底。坑口长4米，宽3.1米，深1.2米；坑底长2.6米，宽2.54米。坑内填土分3层：

第1层，褐黄色土，质硬，结构较疏松，厚0.4～0.52米；第2层，浅灰色土，质软，结构疏松，包含少量炭屑，厚0.5～0.56米；第3层，深灰色土，质软，结构疏松，厚0.22～0.42米（图二二）。

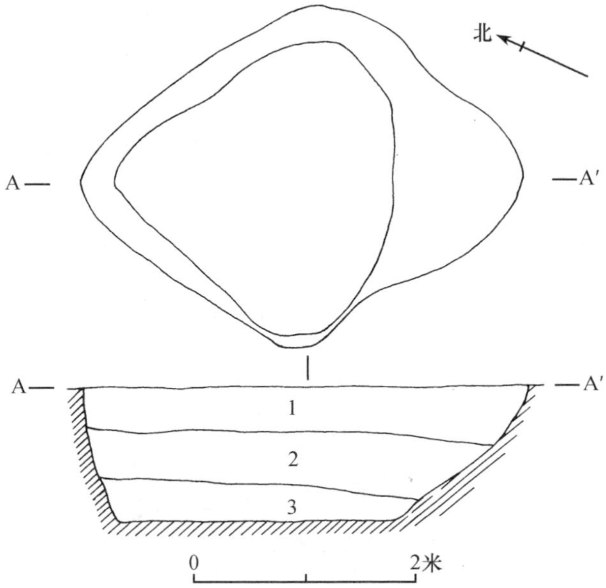

图二二　H5平、剖面图

2. 出土遗物

出土遗物主要为陶片，多为泥质灰陶，也有极少量泥质红陶。

盆　5件。泥质灰陶，敞口。H5：1，窄折沿，方唇，斜腹，平底，上腹部饰一周凹弦纹，下腹部有数周轮修痕迹。口径36.5厘米，底径18厘米，高17厘米（图二三，2；图版

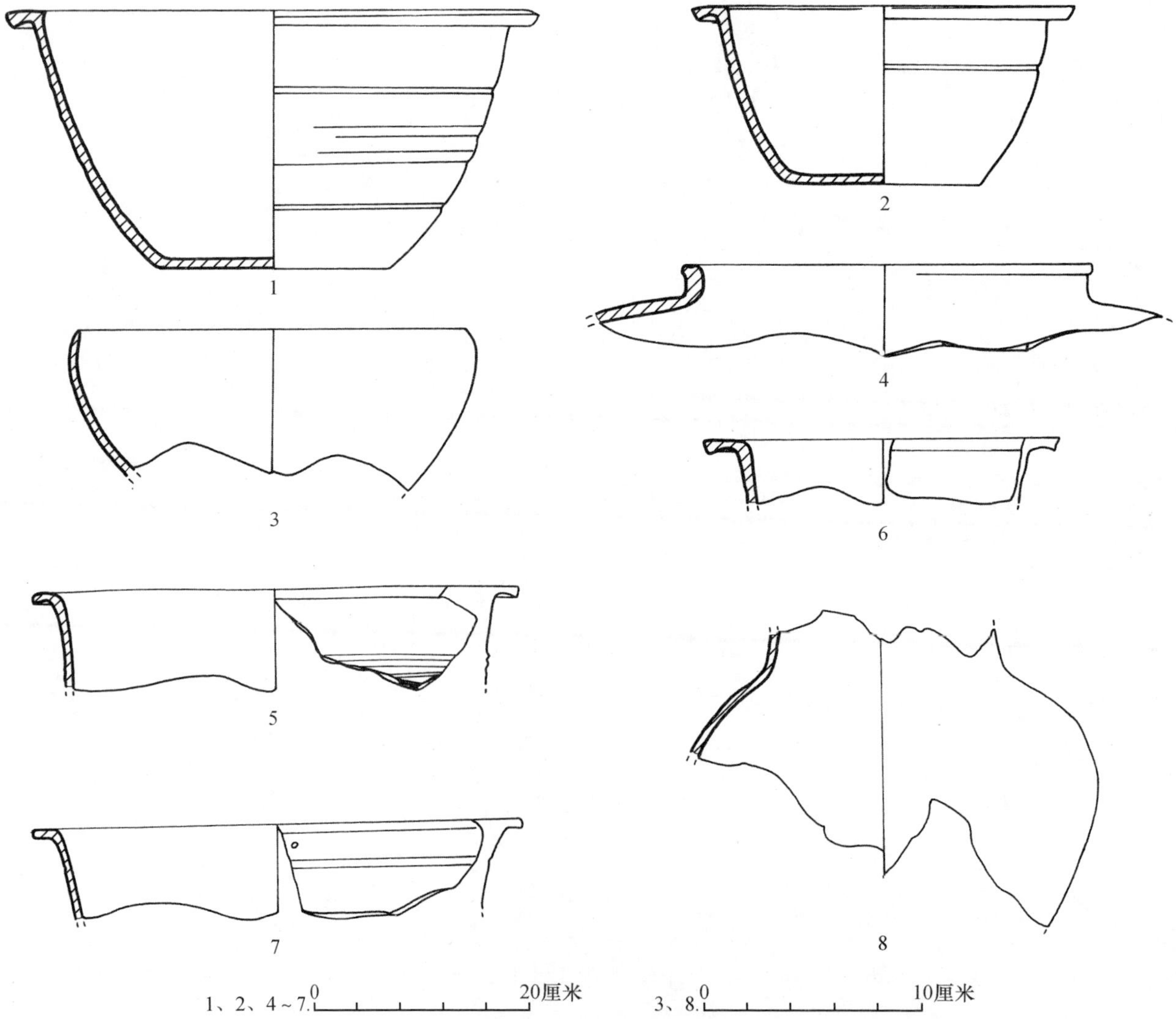

图二三　H5出土陶器

1、2、5～7. 盆（H5：2、H5：1、H5：5～H5：7）　3. 钵（H5：3）　4. 瓮（H5：4）　8. 壶（H5：11）

六，1）。H5：2，折沿，方唇，斜腹，平底，折沿处内侧有一周凸棱，器身外壁上部饰一周凹弦纹，腹部饰数周凹弦纹。口径50厘米，底径22厘米，高25厘米（图二三，1；图版六，2）。H5：5，折沿，方唇，唇面下垂，斜腹，上腹素面，中腹饰数周凹弦纹，下腹以下残。口径46厘米，残高9.2厘米（图二三，5）。H5：6，折沿，方唇，唇面稍厚，弧腹，腹部以下残，素面。口径33厘米，残高6.2厘米（图二三，6）。H5：7，卷沿，方唇，斜腹，腹部以下残，上腹两周凹弦纹。口径46.8厘米，残高9厘米（图二三，7）。

钵　1件。H5：3，泥质灰陶，敛口，尖唇，弧腹，下腹残，素面。口径18.2厘米，残高7.6厘米（图二三，3）。

瓮　1件。H5：4，泥质灰陶，直口，卷沿，圆唇，唇面有凹槽一周，溜肩，肩部以下残，素面。口径38厘米，残高8.4厘米（图二三，4）。

壶　1件。H5：11，泥质灰陶，烧制变形，口部残，束颈，溜肩，鼓腹，底残，最大腹径居上，素面。残高14.8厘米（图二三，8）。

空心砖　1件。H5：8，泥质灰陶，以粗绳纹压印边框，中部压印卷云纹和柿蒂纹（图二四）。

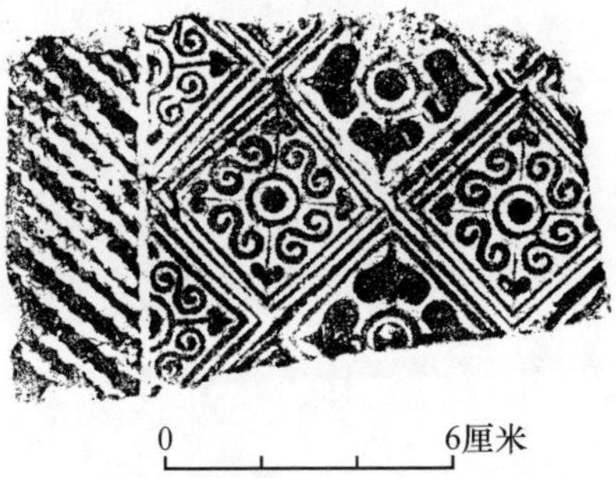

图二四　H5出土空心砖纹饰拓片（H5：8）

二、H6

1. 灰坑概况

位于ⅠT5709西南部和ⅠT5708西北部，方向0°。开口于第2层下，向下打破生土层。平面形状略呈椭圆形。坑壁内收倾斜，底部平坦。坑口南北长径2.88米，东西短径2.35米；底部南北长2.4米，东西宽2.03米，深1.78米（图二五）。

坑内填土无明显分层，呈浅灰色，土质较硬，结构较致密，包含有少量炭屑。

2. 出土遗物

出土有少量陶器、动物骨骼和铁斧1件。陶器均为泥质灰陶，可辨器形有盆、瓮等。

盆　8件。均为敞口。H6：11，平折沿，方唇，斜腹，平底微凹，唇面及口沿外缘各有一周凹槽，腹部饰数道规整凹弦纹，余素面。口径44厘米，底径25.6厘米，高17.4厘米（图二六，1；图版六，3）；H6：2，宽折沿，方唇，斜腹，平底微凹，唇面及口沿外缘各有一周凹槽，腹部饰数道规整凹弦纹，余素面。口径52厘米，底径27.4厘米，高21厘米（图二六，2；图版六，4）；H6：3，宽折沿，方唇，斜腹，腹部以下残，折沿处内侧有凸棱一周，口沿外缘有凹槽一周，腹部施数道凹弦纹，并有2个圆形穿孔。口径46厘米，残高11.6厘米（图二六，3）；H6：4，宽折沿，方唇，斜腹，沿面外缘有凹槽一周，中腹饰数周凹弦纹，中腹

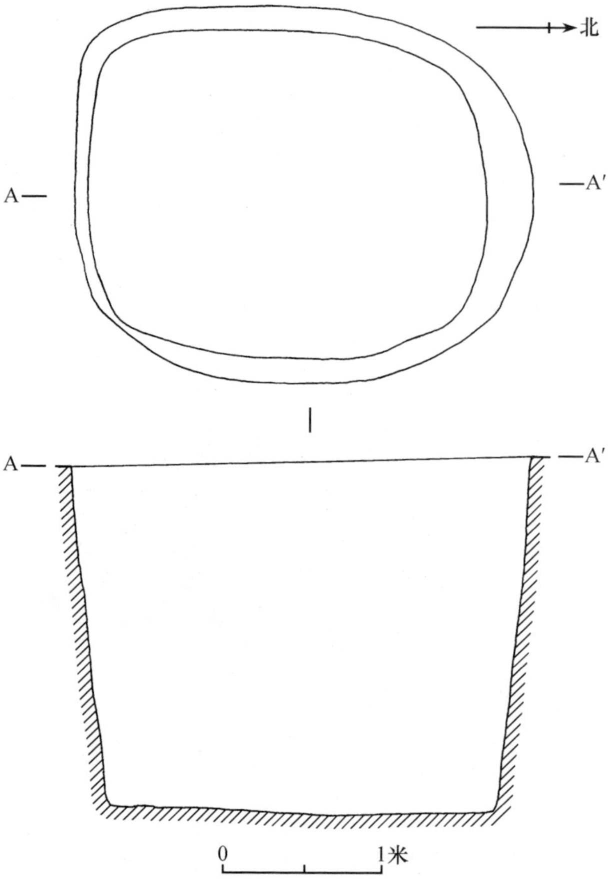

图二五　H6平、剖面图

以下残。口径61.2厘米，残高22.4厘米（图二六，5）；H6：5，卷沿，圆唇，弧腹，中腹以下残，上腹饰两周凹弦纹，余素面。口径31.6厘米，残高9.8厘米（图二六，4）；H6：6，折沿，方唇，斜腹，腹部及以下残，素面。口径48厘米，残高7厘米（图二六，7）；H6：9，宽折沿，方唇，斜弧腹，中腹以下残，沿面外缘有凹槽一周，腹饰瓦楞纹。口径41.8厘米，残高12.4厘米（图二六，8）；H6：10，宽折沿，口沿外缘有凹槽一周，方唇，斜腹，中腹以下残，余素面。口径49.2厘米，残高8.4厘米（图二六，10）。

瓮　1件。H6：8，泥质灰陶，直口，方唇，唇面内勾，溜肩，素面。口径42厘米、残高6.4厘米（图二六，9）。

泥饼装饰　1件。H6：7，泥质灰陶，模制，半圆形。高4.8厘米（图二六，6）。

转筒　1件。H6：12，泥质灰陶，仅存底部，外部饰交错中绳纹，底部外径65.2厘米，残高5.2厘米（图二六，11）。

铁斧　1件。H6：1，竖长方形，平顶，平直双面刃，横銎。长8.8厘米，顶宽5.6厘米，刃宽6厘米，銎长3.2厘米，宽0.4～0.9厘米（图二六，12；图版七，1）。

三、H8

1. 灰坑概况

H8位于ⅠT4905东北部，方向90°。开口于第2层下，向下打破生土层。平面形状呈圆角长方形，直壁，平底。坑口长1.9米，宽1～1.34米，深1.8米（图二七）。

坑内填土无明显分层，呈褐色，夹杂黄色土块，质较软，结构较疏松。

2. 出土遗物

出土遗物有砖块、板瓦和筒瓦残片。

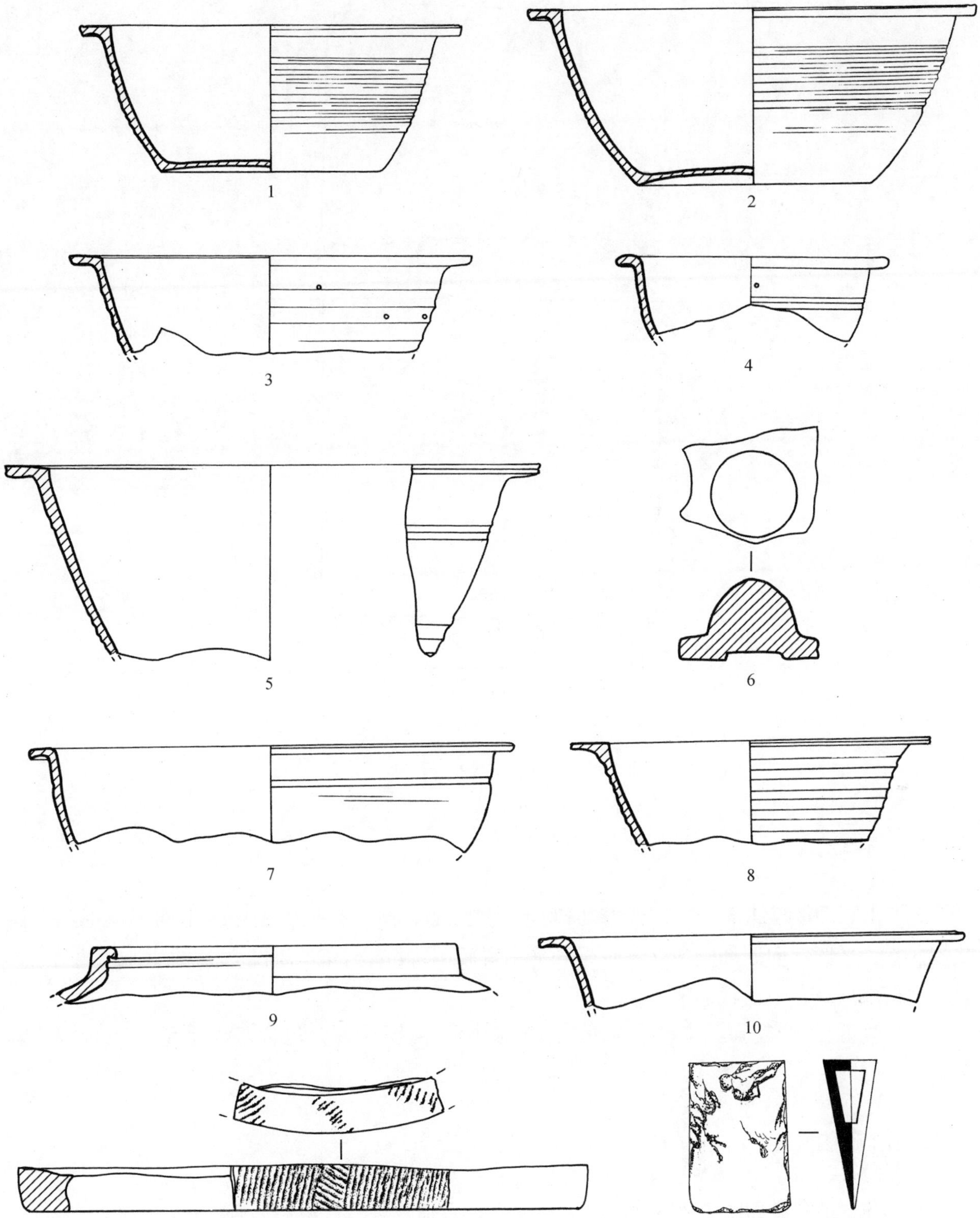

图二六　H6出土器物

1～5、7、8、10. 盆（H6：11、H6：2、H6：3、H6：5、H6：4、H6：6、H6：9、H6：10）　6. 泥饼装饰（H6：7）　9. 瓮（H6：8）　11. 转筒（H6：12）　12. 铁斧（H6：1）

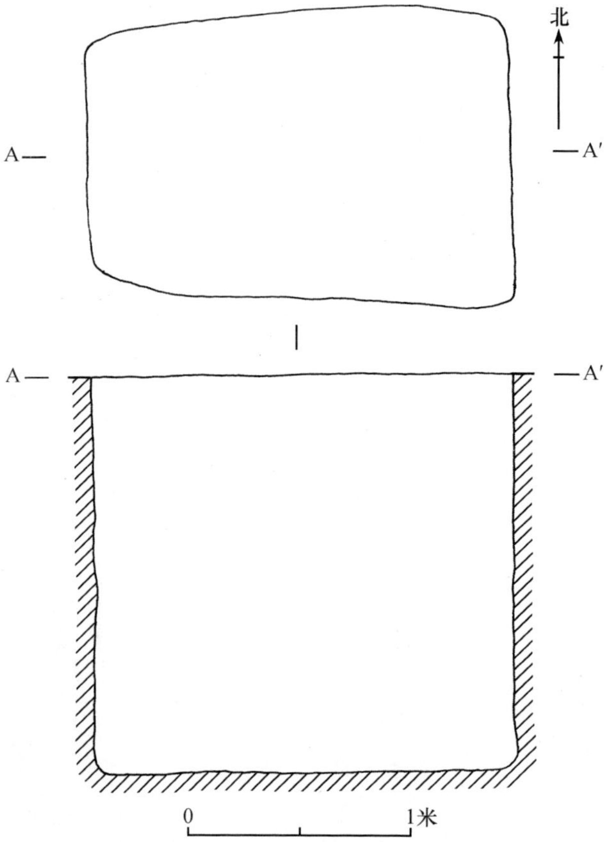

图二七　H8平、剖面图

四、H9

1. 灰坑概况

位于ⅠT5809西北部，方向90°。开口于第2层下，向下打破生土层。平面形状形状呈圆形，直壁，平底。周壁环砌横立侧砖，底部用青砖围绕坑壁平铺一周，坑底为生土。直径3.16米，深2.2米（图二八；图版一，2）。

坑内填土无明显分层，呈褐色，土质较硬，结构较致密，包含有少量草木灰、陶片及铁器。

2. 出土遗物

出土有少量陶器和铁器。陶器均为泥质灰陶，残损较甚，可辨器形有板瓦、筒瓦等。

铁锛　1件。H9：10，长条形，侧视呈鸭喙状，单面刃，横銎。长10厘米，宽3.2厘米，銎孔长2.9厘米，宽1.5厘米（图二九，1；图版七，3）。

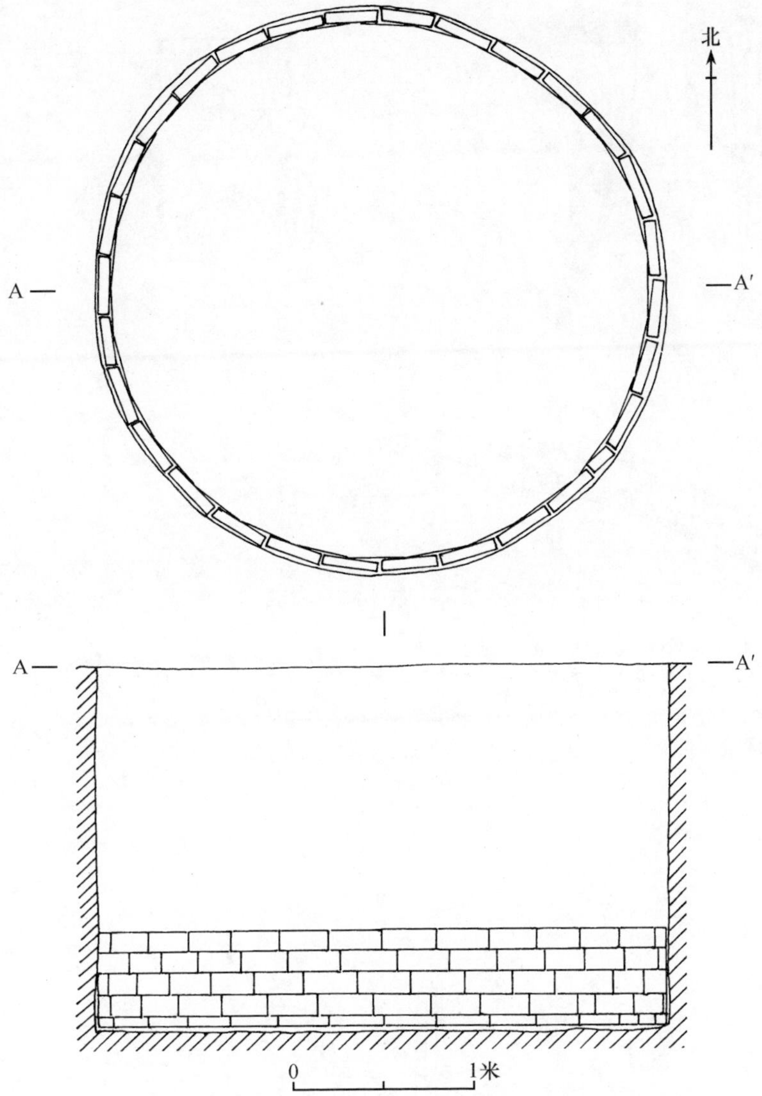

图二八 H9平、剖面图

铁铲 1件，长方形銎，正背面有两条竖脊。H9：8，残损严重，肩部以下残。残长8.7厘米，銎长4.6厘米，宽3.2厘米（图二九，2）。

铁镰 1件。H9：11，器身弯曲如新月，单面刃。残长19厘米，宽1.1～2.5厘米，厚0.1～0.3厘米（图二九，3；图版七，4）。

铁削 1件。H9：12，器身平面形状呈长条状，削首横截面呈长方形，单面刃，背部平直。残长13厘米，宽1.5厘米，厚0.1～0.3厘米（图二九，4；图版七，5）。

铁犁铧冠 1件。H9：9，锈蚀严重，器身呈“V”形，双翼，翼内侧有銎槽，刃端有隆脊。两翼残长7.4～17厘米，宽2.8厘米，两翼夹角92°（图二九，5；图版七，2）。

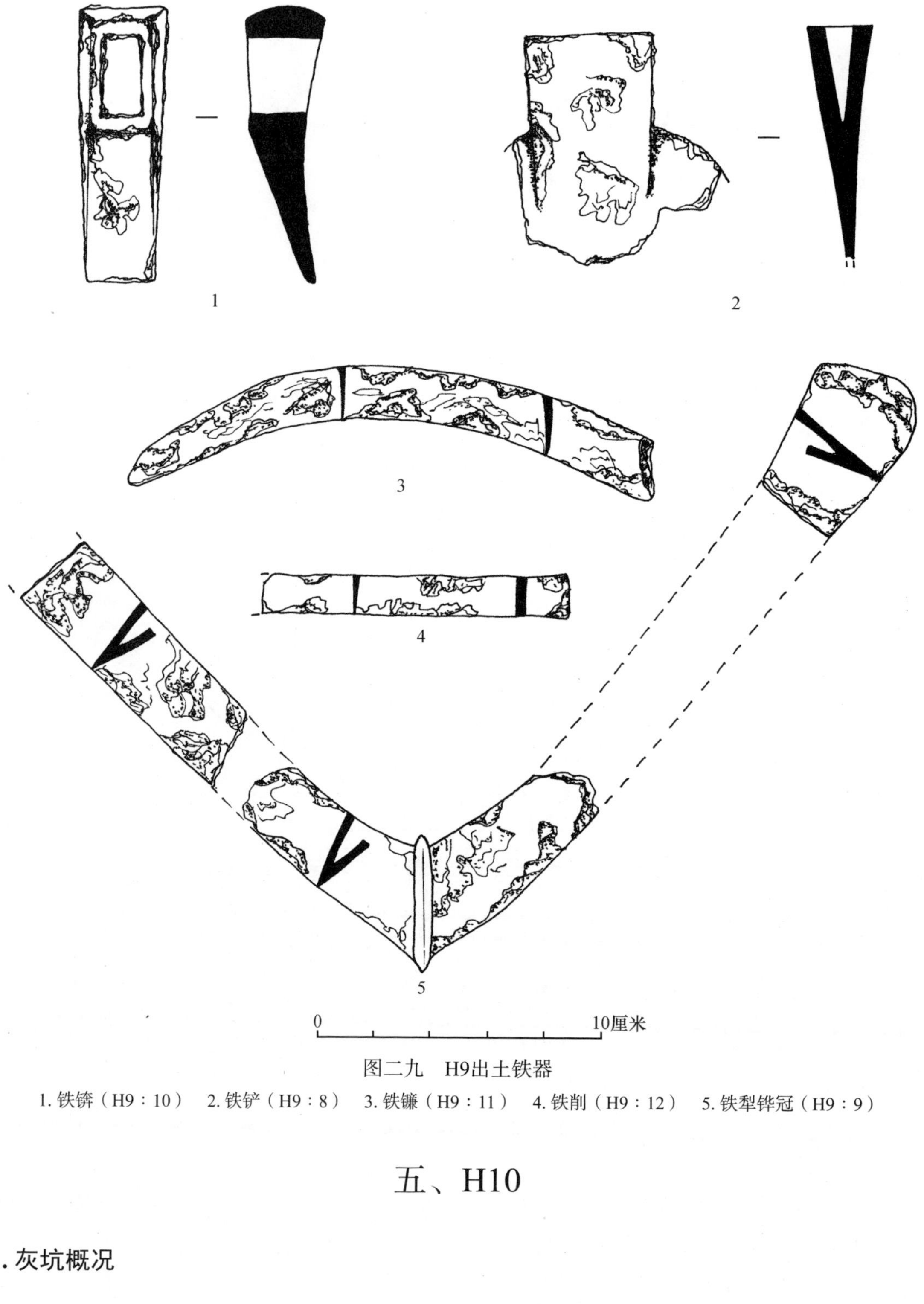

图二九　H9出土铁器

1. 铁锛（H9：10）　2. 铁铲（H9：8）　3. 铁镰（H9：11）　4. 铁削（H9：12）　5. 铁犁铧冠（H9：9）

五、H10

1. 灰坑概况

位于ⅠT3703东北部和ⅠT3704东南部，方向90°。开口于第2层下，向下打破生土层。平面形状略呈圆形，口大底小。斜壁内收，底部不平。坑口东西长径3.88米，南北短径3.7米；底部东西短径3.18米，南北长径3.19米，深0.8～0.86米（图三〇）。

坑内填土不分层，灰褐色，质硬，结构致密，包含有少量红烧土颗粒。

2. 出土遗物

出土陶器均为泥质灰陶，可辨器形有盆、甑、瓮、壶、筒瓦等。

盆　7件。敞口，宽折沿，方唇，沿面及唇面多有一周凹槽，斜腹。H10：1，平底，腹部有数周凹弦纹，余素面。口径47.2厘米，底径25.6厘米，高19厘米（图三一，1；图版六，5）。H10：2，中腹以下残，素面。口径60厘米，残高14.8厘米（图三一，2）。H10：3，中腹以下残，素面。口径48厘米，残高13.6厘米（图三一，3）。H10：4，中腹以下残，素面，器身有穿孔，中腹饰两周凹弦纹。口径48厘米，残高15.6厘米（图三一，4）。H10：5，中腹以下残，中腹饰数周凹弦纹。口径49.2厘米，残高14.4厘米（图三一，5）。H10：9，折沿处内侧有凸棱一道，腹部饰数周瓦楞纹。口径40厘米，残高14.4厘米（图三一，9）。H10：10，中腹以下残，素面。口径47.6厘米，残高16厘米（图三一，10）。

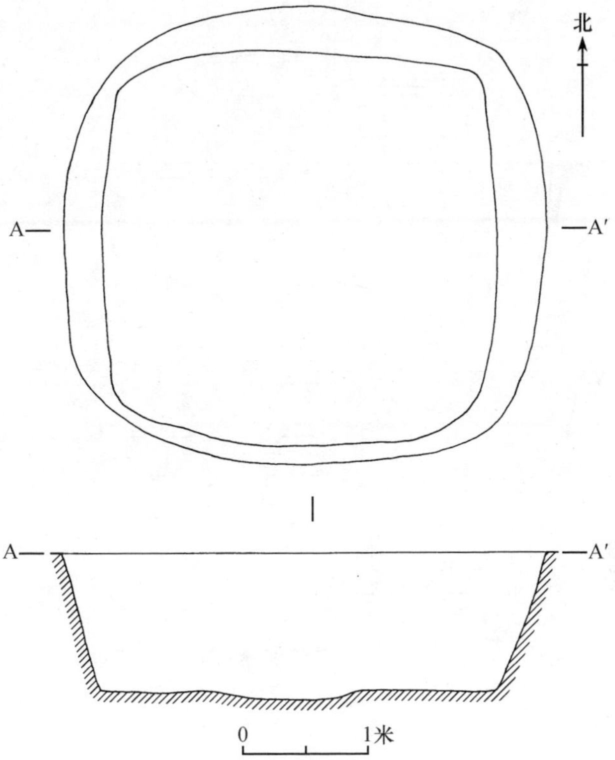

图三〇　H10平、剖面图

甑　1件。H10：6，泥质灰陶，平底微凹，仅存底部，圆形甑孔系对钻而成。底径32厘米，残高7.2厘米（图三一，6）。

瓮　1件。H10：7，泥质灰陶，直口，卷沿，沿面外翻贴于外壁，溜肩，腹部及以下残，肩部模印羽麟纹。口径32厘米，残高10.1厘米（图三一，7）。

壶　1件。H10：8，泥质灰陶，敞口，平折沿，方唇，唇面下垂，颈部以下残。口径18厘米，残高3厘米（图三一，8）。

筒瓦　2件。泥质灰陶，瓦身饰中绳纹，内壁施布纹。H10：11，瓦身与瓦唇交接处有一道凸棱，瓦唇背面素面。瓦身残长25.6厘米，宽10厘米，瓦唇长4厘米（图三一，11）。H10：12，近瓦唇处抹光，与瓦唇交界处有一周凸棱，瓦唇背部素面。瓦身残长24厘米，宽14厘米，瓦唇长3.5厘米（图三一，12）。

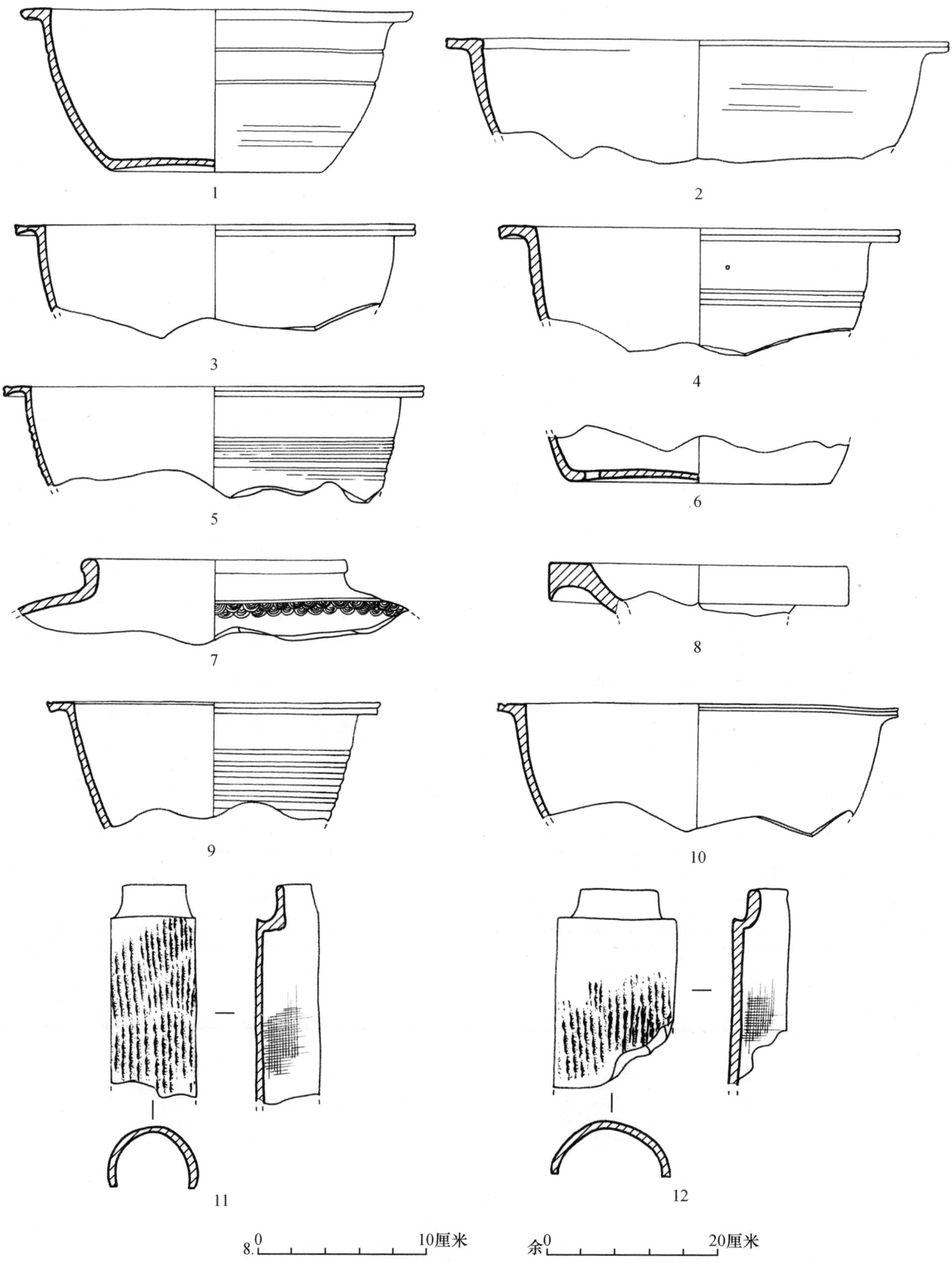

图三一　H10出土器物

1～5、9、10. 盆（H10：1～H10：5、H10：9、H10：10）　6. 甑（H10：6）　7. 瓮（H10：7）　8. 壶（H10：8）
11、12. 筒瓦（H10：11、H10：12）

第四节　水　井

共4眼，其中长方形1眼、圆形1眼、椭圆形2眼，多分布在陶窑附近。部分水井出土有陶罐、绳纹板瓦和筒瓦等。

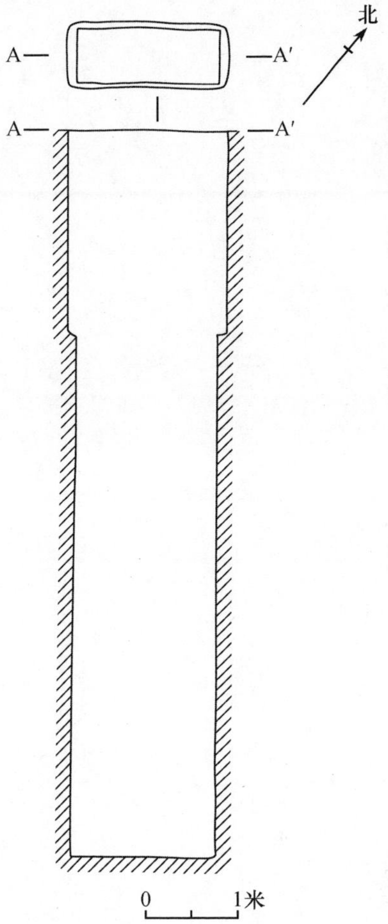

图三二　J1平、剖面图

一、J1

1. 水井概况

位于ⅠT8004中部偏西，方向50°。开口于第2层下，向下打破生土层。平面形状呈长方形，直壁，平底。井口长1.8米，宽0.64米，井底长1.6米，宽0.42米，井体通深7.8米（图三二）。

填土土色较杂，不分层，土质疏松。

2. 出土遗物

底部仅出土少量板瓦碎块，残碎较甚，不予介绍。

二、J3

1. 水井概况

位于ⅠT7802西部偏南，方向90°。开口于第2层下，打破生土层。

由上下两部分组成，上部为井坑，口部平面形状呈椭圆形。长径2.88，短径2.4米，深1.8米。下部为井体，周壁环砌有对角立砖，井体系在井坑底部掏挖而成，口部平面形状呈不规则圆形。口径0.72～0.82，发掘深度2.76米。由此推测J3的建造方法是先在地表开挖井坑以方便出土，然后在井坑底部掏挖井体并在周壁环砌立砖直至地表，最后将井坑填土压实（图三三）。

井内填土无明显分层，土色浅黄，土质较软，结构疏松，包含有较多的碎砖块和整砖。

2. 出土遗物

出土有少量陶片，均为素面，可辨认器形有罐、壶等。

罐　1件。J3∶1，泥质灰陶，中腹以上残，最大腹径居中，下腹斜收至底，平底。器身外壁素面，内壁有隐起瓦楞纹。底径10厘米，残高16厘米（图三六，1）。

壶　1件。J3∶3，泥质灰陶，侈口，束颈。口部残，溜肩，鼓腹，平底。颈肩交接处有

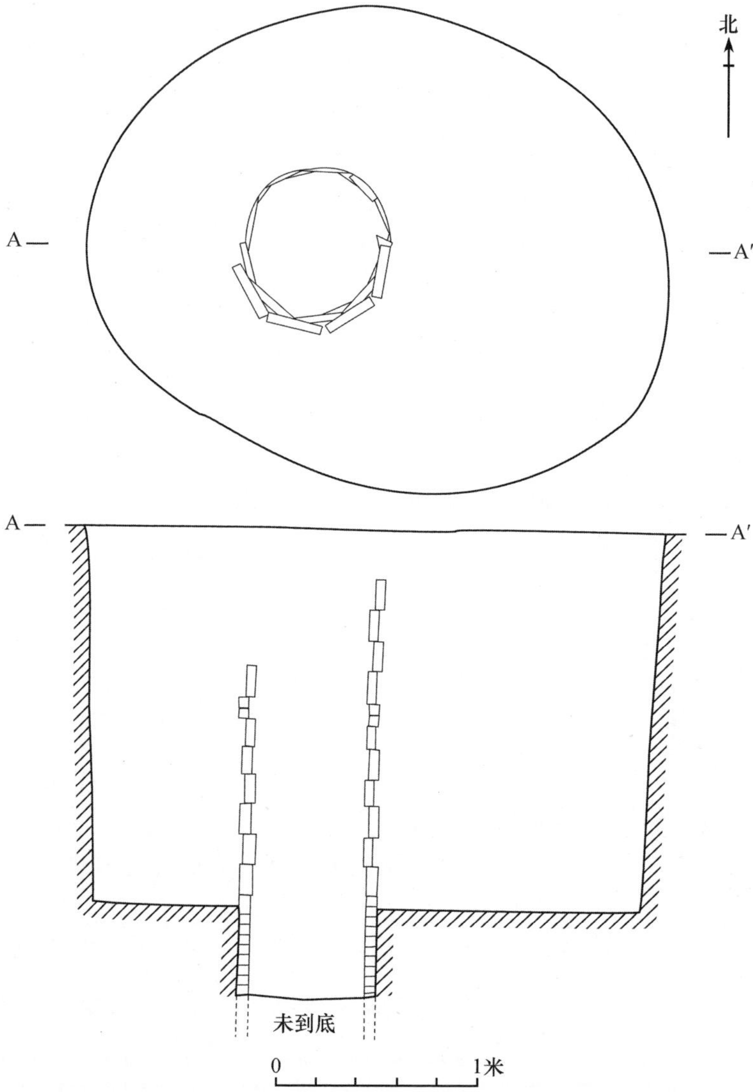

图三三　J3平、剖面图

两个对称兽耳，肩部饰三周楔形戳印纹。底径10.8厘米，残高21.4厘米（图三六，4；图版五，6）。

三、J5

1. 水井概况

位于ⅠT4805的东部和ⅠT4905西部，方向90°。开口于第2层下，打破生土层。口部平面形状呈椭圆形，距井口0.78米和2.8米处两次起台内收至底，平底。井口长径3.7米，短径3.08米；井底长径1.6米，短径1.44米；井体通深4米（图三四；图版一，1）。

填土共分3层。第1层：棕黄色土，土质较软，结构较疏松，厚2.8米；第2层：褐色土，土质硬，结构致密，厚0.5米；第3层：灰黄色土，土质较软，结构较疏松，厚0.7米。

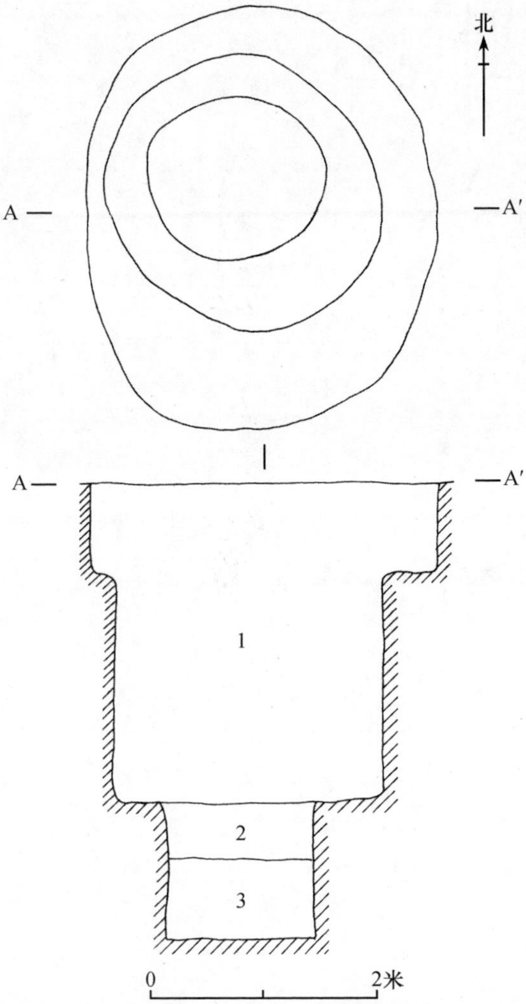

图三四　J5平、剖面图

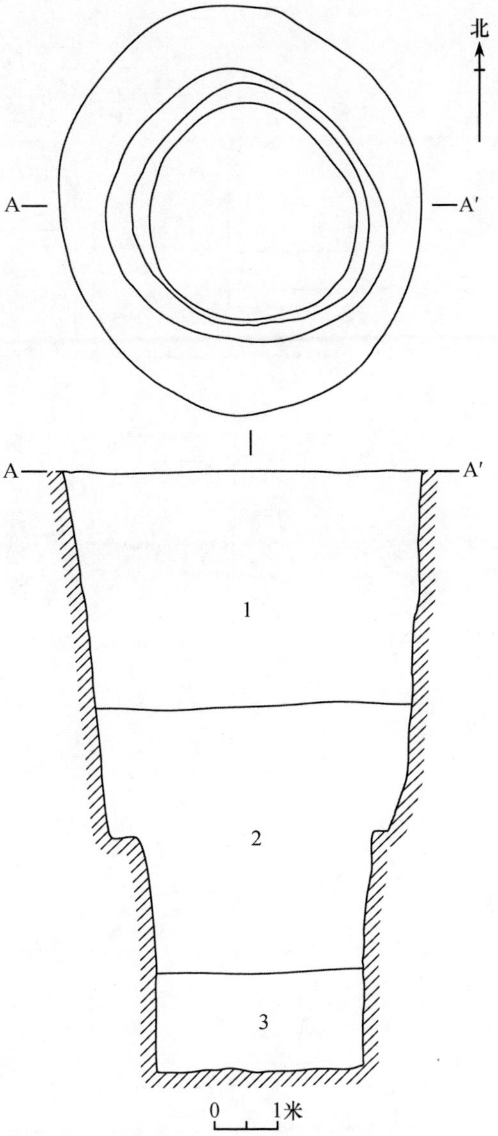

图三五　J24平、剖面图

2. 出土遗物

第3层出土少量陶片，均为泥质灰陶，器形有筒瓦、砖等，纹饰多为绳纹，少量素面。

陶球　1件。J5：1，泥质灰陶，略呈圆球状，实心。直径3.6厘米（图三六，3）。

筒瓦　标本 J5：2，泥质灰陶，瓦身饰中绳纹，内壁施布纹，瓦唇略上卷翘。瓦身残长13.5厘米，瓦唇长3厘米（图三六，2）。

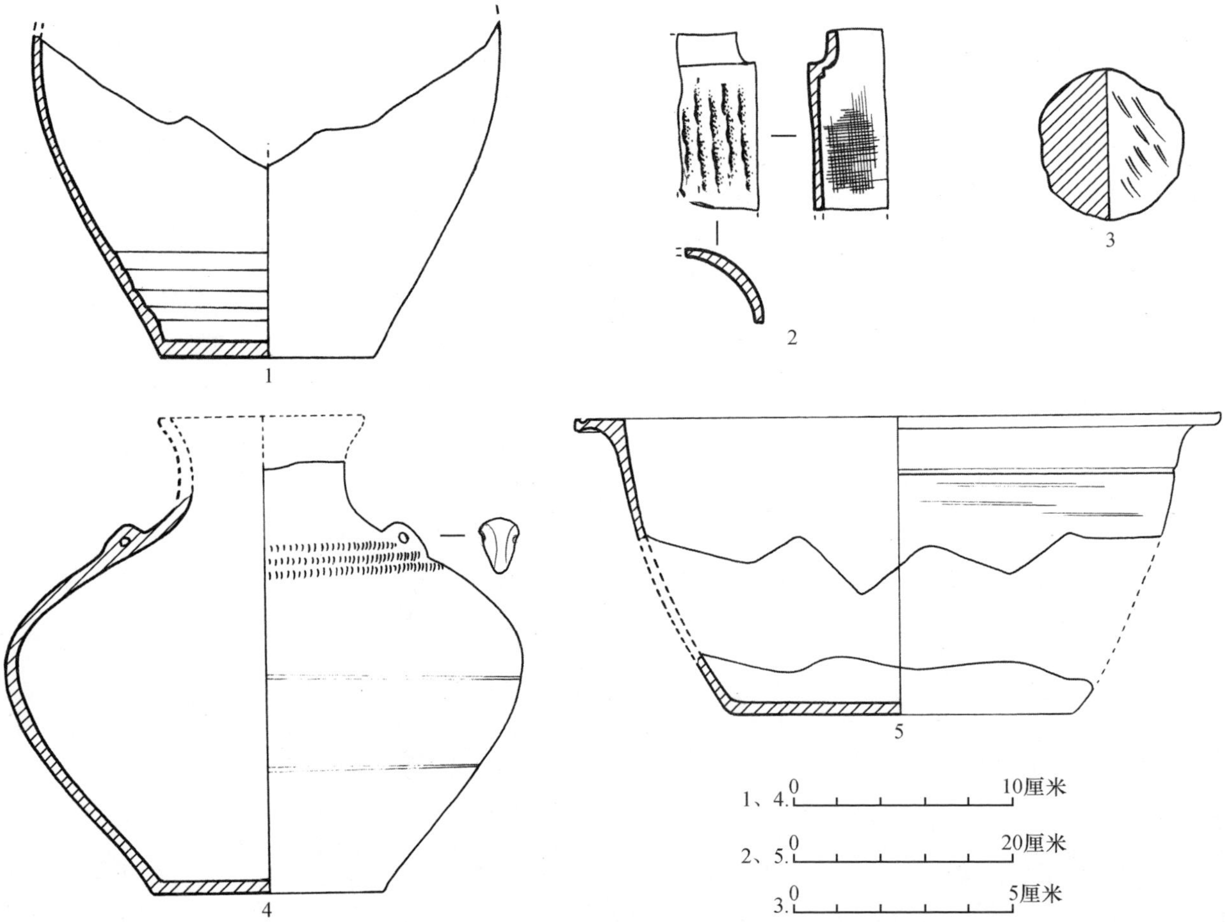

图三六　J3、J5、J24出土陶器

1. 罐（J3：1）　2. 筒瓦（J5：2）　3. 陶球（J5：1）　4. 壶（J3：3）　5. 盆（J24：1）

四、J24

1. 水井概况

位于ⅡT6026的东南部和ⅡT5926西南部，方向90°。开口于第2层下，打破生土层。井口平面形状为圆形。井口直径5.8米，井体上部为斜直壁，深至5.8米处，井圈直径缩小至4.5米，中央为直径3.86米的井圈，下部深约3.7米，井底直径3.4米，井壁保存较差。井体通深9.5米（图三五）。

填土分3层。第1层：灰色淤土，土质较软，结构疏松，包含植物根须，厚3.8米；第2层：浅褐色，土质较软，结构致密，包含少量料姜石，厚4.2米；第3层：浅黄色土，夹杂褐色斑块，较硬，较致密，包含少量料姜石，厚1.5米。

2. 出土遗物

盆　1件。J24：1，泥质灰陶，敞口，宽折沿，方唇，斜腹，平底，沿面近唇处有凹槽一周，腹部有数周凹弦纹。口径60厘米，底径32厘米，高约28厘米（图三六，5）。

第五节　灰　沟

1条，即G1。

G1

1. 灰沟概况

G1位于ⅠT5809的中部，方向0°。开口于第2层下，向下打破生土层，平面形状为长条形，直壁，底部平整。发掘部分长9米，宽0.4米，深0.4米。

填土呈褐色，土质软，结构疏松。

2. 出土遗物

包含少量板瓦碎片，残碎较甚，不予介绍。

第三章 唐代遗存

唐代遗存共2个，均为墓葬，即M21、M25，均为土洞墓，保存较好。

一、M21

1. 墓葬概况

位于ⅡT7426的中部，方向180°。墓口距地表1.13米，开口于第4层下，打破生土层。由墓道和墓室两部分组成（图三七）。

墓道　位于墓室南端，斜坡式，口部平面形状呈梯形，直壁。口部长2.7米，宽0.53～0.7米，坡长2.62米，宽0.52～0.7米，深0.9～1.44米。

墓室　土洞墓室位于墓道北端，底部平面形状呈南北向长方形，直壁，弧顶。进深2.39米，宽1米，高0.76～1.02米。墓门高1米，宽0.7米。墓室东壁近墓门处有一壁龛，高0.36米，宽0.4米，进深0.22米，内置部分随葬品。

葬具　从残存的铁质棺钉来看，葬具应为木棺。

葬式、性别及年龄　墓主为仰身直肢葬，头向南，足向北，面向上，经鉴定为壮年男性。

2. 随葬品

随葬品有瓷罐、瓷瓶、瓷盏、陶马、陶骆驼、男女侍俑各1件（彩版五，1；彩版七，5）。

瓷罐　1件。M21∶1，直口微侈，圆唇，圆肩，弧腹斜收，饼状足。素胎无釉。口径9.4厘米，底径9厘米，通高19.8厘米（图三八，3；彩版七，2）。

瓷瓶　1件。M21∶2，小口微外侈，圆唇，束颈，溜肩，圆腹，饼状足，底四周向上斜削，上腹施酱黑釉，并有粘釉现象，口部、下腹及底素胎。口径6.6厘米，底径6.4厘米，高18.4厘米（图三八，4；彩版七，3）。

瓷盏　1件。M21∶3，敞口，斜弧腹，平底。内壁施青釉，外壁素胎无釉。口径9.5厘米，底径4.4厘米，高3.2～3.6厘米（图三八，5；彩版七，4）。

陶俑　2件。M21∶4，女俑，泥质红陶，头梳半高髻，面部丰润，体态匀称，上穿开领紧身短衣，下着长裙，裙下垂至地，肩披帔巾，缓带飘垂膝下，双手隐于袖内，拱于腹前，中空。头发施黑彩。通高23.2厘米（图三八，1；彩版八，2）。M21∶7，男俑，泥质红陶，头戴黑色幞头，身着圆领紧身长衫，下着裤，束腰，足蹬高靴，双手袖于胸前，立于方形托板上。通高21.5厘米（图三八，2；彩版八，1）。

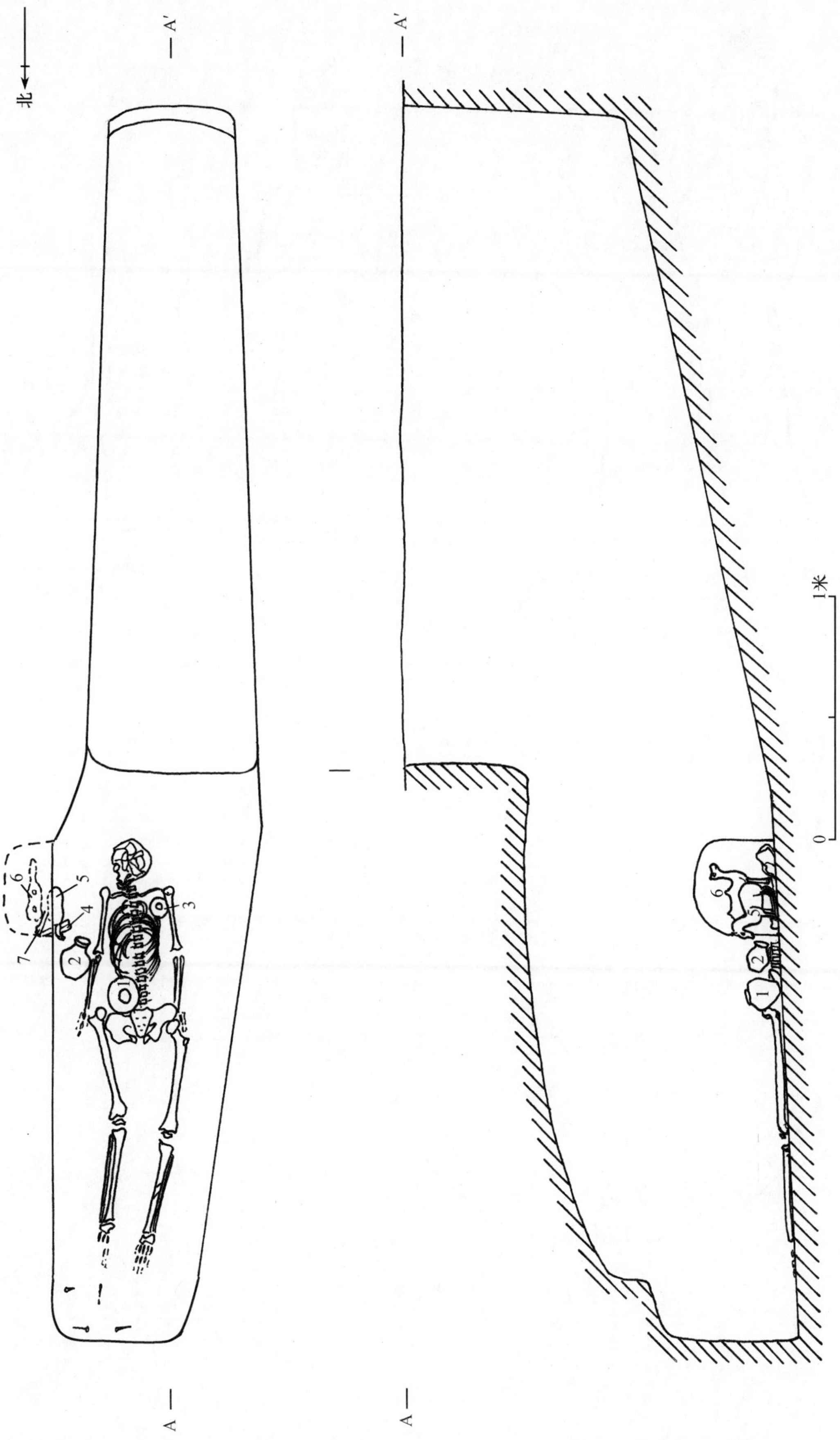

图三七　M21平、剖面图

1. 瓷罐　2. 瓷瓶　3. 瓷盏　4. 女俑　5. 陶马　6. 陶骆驼　7. 男俑

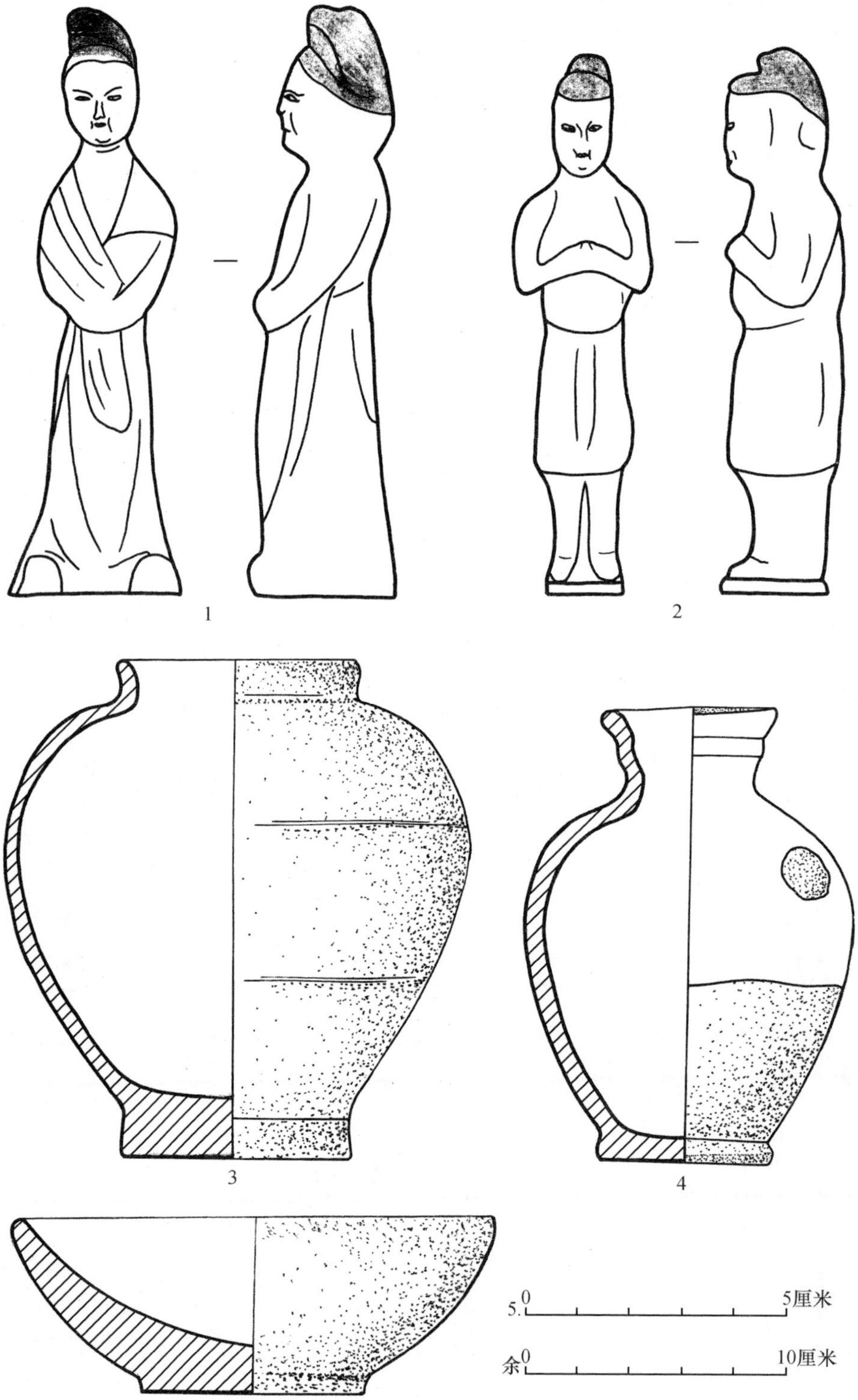

图三八　M21出土器物（一）

1、2. 陶俑（M21：4、M21：7）　3. 瓷罐（M21：1）　4. 瓷瓶（M21：2）　5. 瓷盏（M21：3）

陶马 1件。M21：5，泥质红陶，站立状，头微偏向一侧，口微张，露齿，体型肥硕，背部有鞍，短尾上翘，底部为长方形底座，空腔。通高30厘米（图三九，1；彩版八，3）。

陶骆驼 1件。M21：6，泥质红陶，站立状，引颈昂首，头偏向一侧，双峰，尾上翘，背部铺有鞍褥，底部有长方形底座，空腔。通高39.6厘米（图三九，2；彩版八，4）。

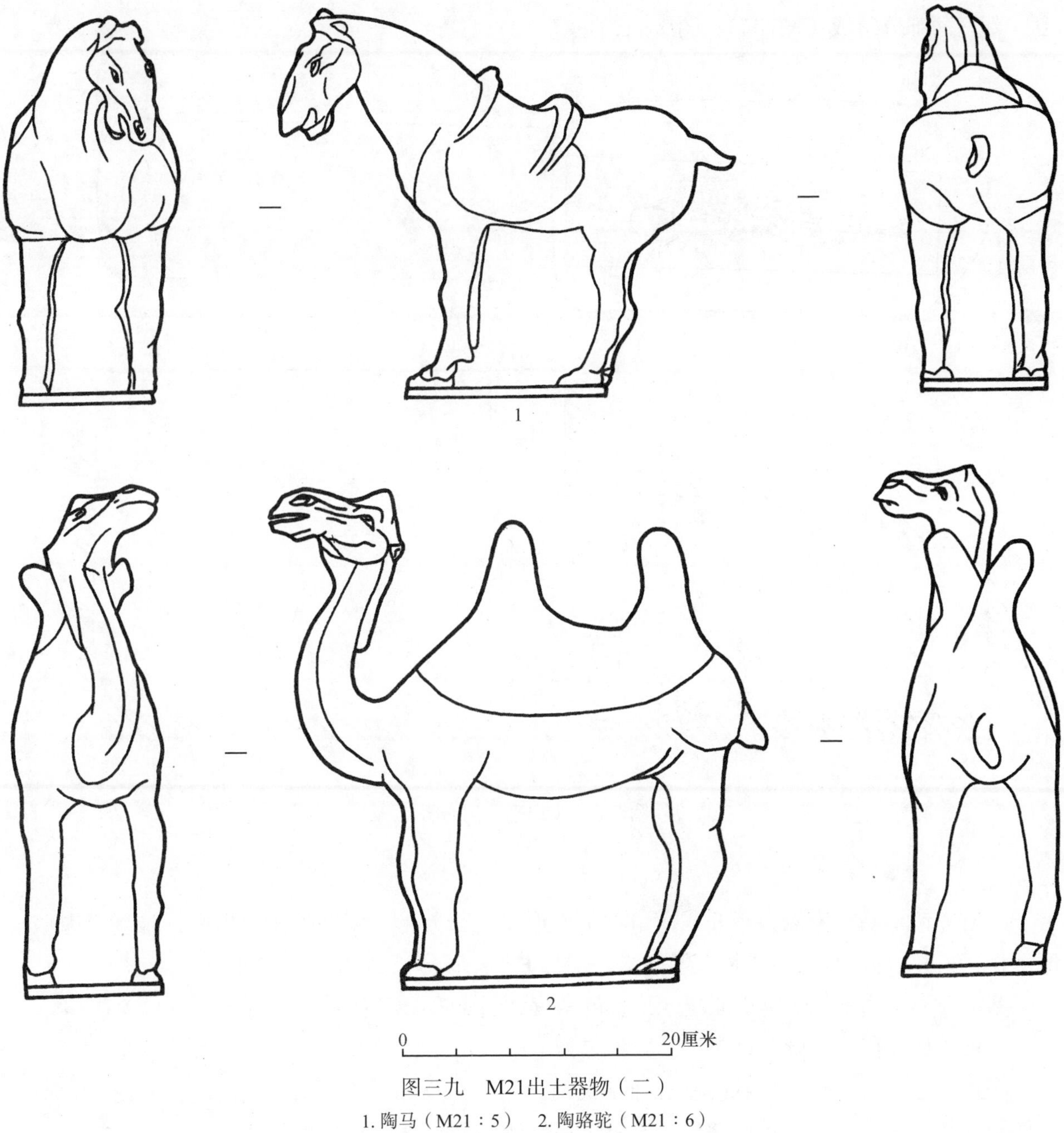

图三九 M21出土器物（二）

1. 陶马（M21：5） 2. 陶骆驼（M21：6）

二、M25

1. 墓葬概况

位于ⅠT1610东北部，方向190°。墓口距地表0.6米，开口于第2层下，打破生土层。由墓道、墓室两部分组成（图四〇；图版二，1）。

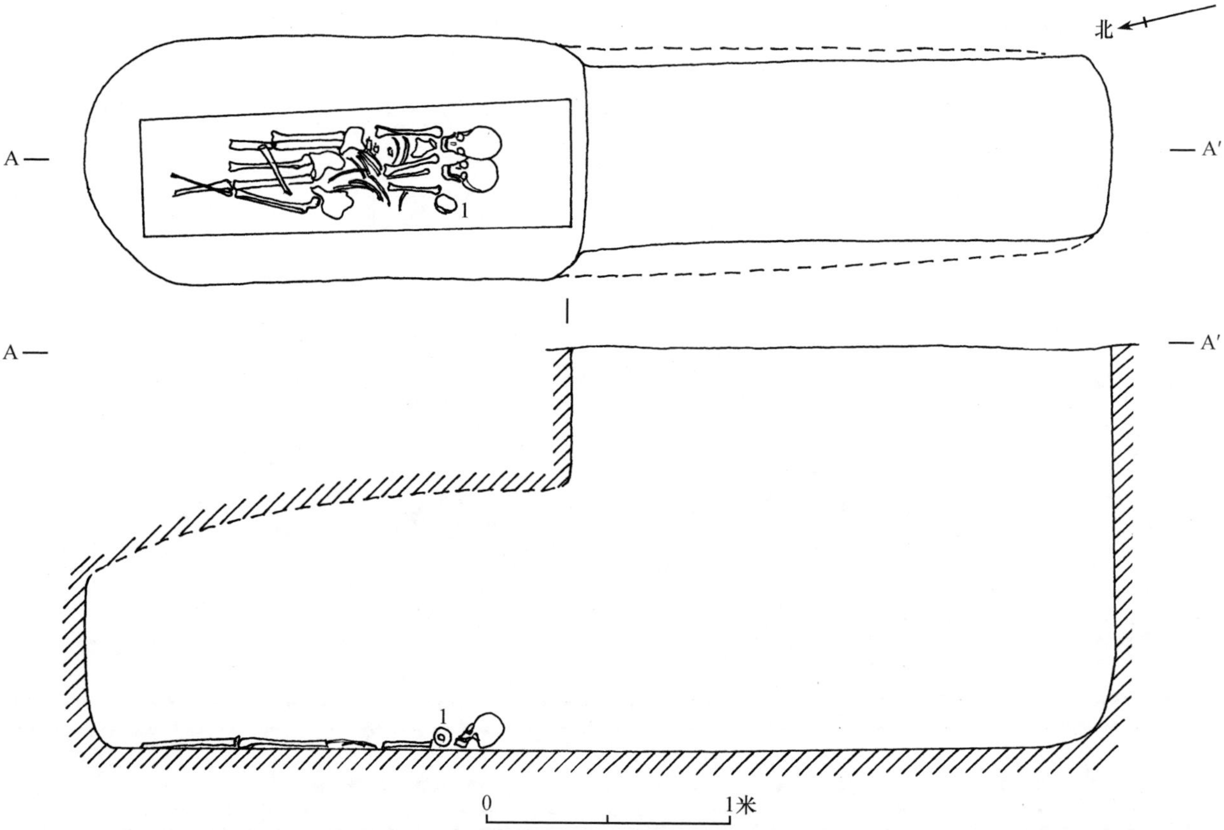

图四〇　M25平、剖面图
1. 瓷罐

墓道　位于墓室南侧，竖井式，口部平面形状呈长方形，斜壁外张，平底，唯墓道南壁与底部相接处弧收。口部长2.2米，宽0.8米，深1.68米，底部长2.02米，宽0.8～0.94米。

墓室　土洞墓室位于墓道北端，顶部已坍塌，进深2米，宽1米。墓门高1.1米，宽0.8米。

葬具　从残存的铁质棺钉来看，葬具应为木棺。棺长1.7米，宽0.48～0.52米，厚度不详。

葬式、性别及年龄　墓室内发现两具人骨，均为仰身葬，头向南，足向北，面向上。两副骨架杂乱的混在一起，应为迁葬墓。经鉴定，东侧为老年男性，西侧为老年女性。

2. 随葬品

随葬品仅有瓷罐1件，位于墓主头端左侧。

瓷罐　1件。M25：1，灰白胎，直口，卷沿，尖圆唇，溜肩，鼓腹，最大径靠上，下腹部斜收，饼形底，下腹及底部露胎，余施酱釉，肩部有四处窑变花斑，双桥形耳。口径7.6厘米，底径6.4厘米，高9厘米（图四一；彩版九；1）。

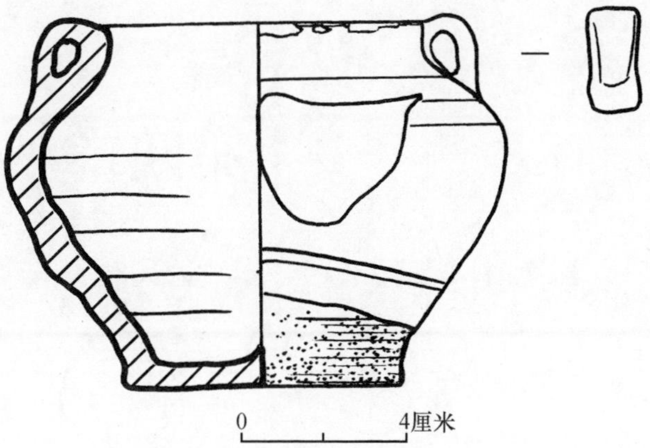

图四一　M25出土瓷罐（M25：1）

第四章　宋金遗存

宋金时期遗存共34个，其中墓葬8座，灰坑3个，水井22眼，沟1条。

第一节　墓　　葬

8座，即M1、M2、M3、M12、M22、M23、M24、M26。其中砖室墓3座，被盗严重；土洞墓5座，保存较好。

一、M1

1. 墓葬概况

位于ⅠT8205西南部，方向184°。墓口距地表0.27米，开口于耕土层下，打破生土层。破坏严重。由墓道、甬道、墓室三部分组成（图四二）。

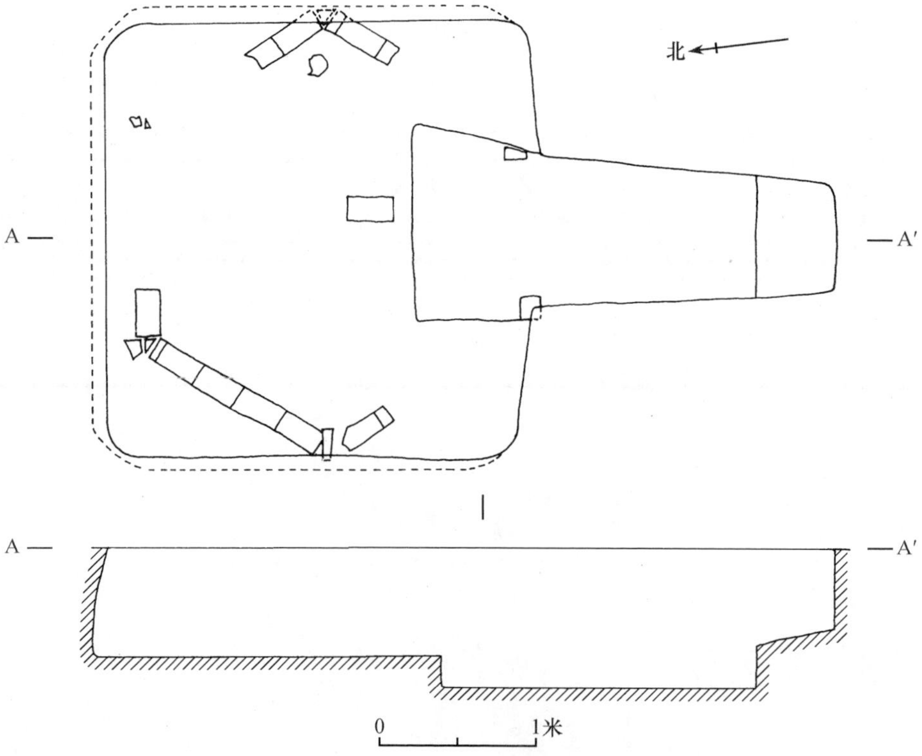

图四二　M1平、剖面图

墓道　位于墓室南部，台阶式，口部平面形状略呈梯形。残长1.96米，宽0.72～1米，残深0.9米。墓道南端残存一级台阶，长0.78米，宽0.5米，高0.28米。

甬道　进深0.8米，宽1～1.3米。

墓室　砖筑墓室平面形状呈六边形，系在圆角方形土圹内砌筑，边长1.25米。棺床平面呈多边倒"凹"字形，残存极少量铺地砖。东西长2.54米，宽1.16米，高0.2米。

葬具　不详。

葬式、性别及年龄　因盗扰严重，仅发现少量人骨，经鉴定为壮年男性。

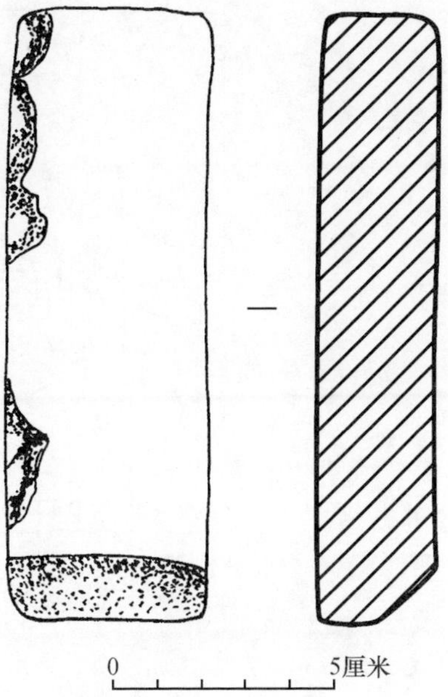

图四三　M1出土砺石（M1：1）

2. 随葬品

墓室填土中出土砺石1件。

砺石　1件。M1：1，长条形，浅褐色砂岩，一端平整，另一略有磨损。长14厘米，宽4.6厘米，厚2.6厘米（图四三）。

二、M2

1. 墓葬概况

位于ⅠT8106的南部偏西，方向170°。墓口距地表0.3米，开口于耕土层下，打破生土层。破坏严重。由墓道、墓门、甬道、墓室四部分组成（图四四；图版三，1）。

墓道　位于墓室南部，台阶式，南端残存一级台阶，墓道口部残长1.7米，宽0.8米。

墓门　宽0.8米，用青砖封堵，底部残存两层封门砖，残高0.15米。

甬道　进深0.6米，宽0.8米，高1.1米。

墓室　砖砌，底部平面形状近方形，残存少量铺地砖，墓室进深1.8米，宽1.96米。棺床平面呈倒"凹"字形，东西长1.94米，南北宽1.9米，高0.24米。

葬具　不详。

葬式、性别及年龄　发现极少量人骨，腐朽严重，上述等项均不详。

2. 随葬品

未发现随葬品。

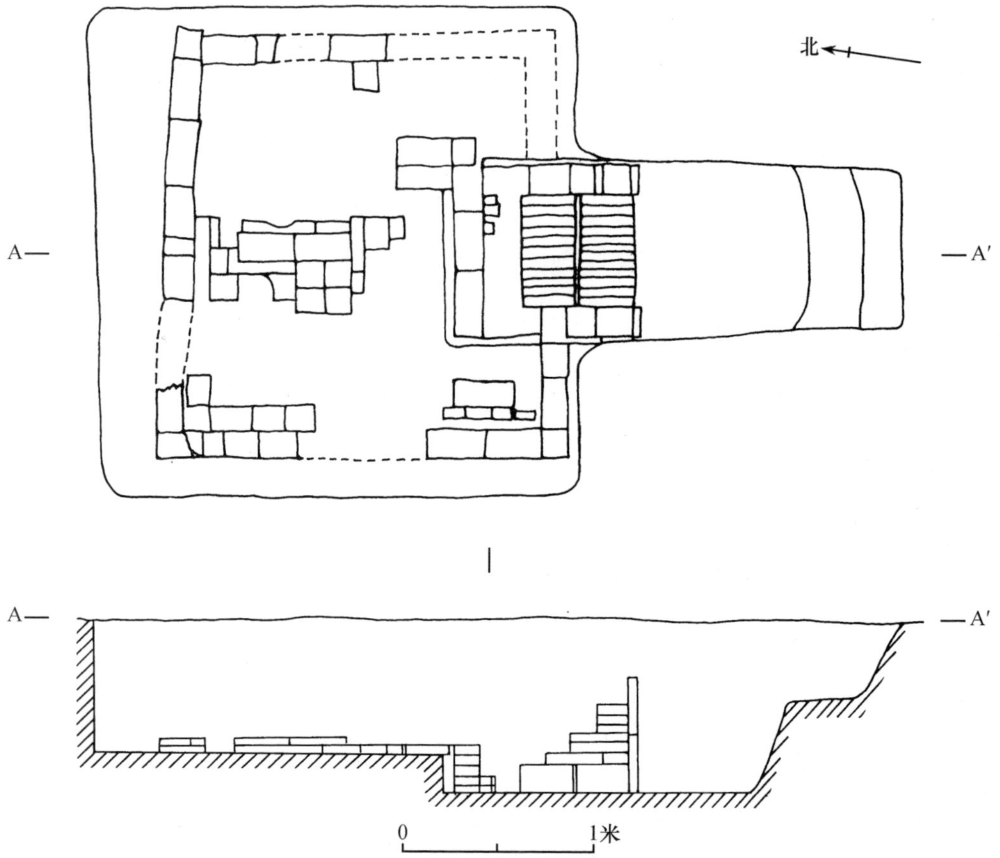

图四四　M2平、剖面图

三、M3

1. 墓葬概况

位于ⅠT8006东北部，方向170°。墓口距地表0.3米，开口于耕土层下，打破生土层。破坏严重。由墓道、甬道、墓室三部分组成（图四五）。

墓道　位于墓室南部，台阶式，口部平面形状呈长方形。残长1.42米，宽0.84米，残深1.06米。墓道南端残存两级台阶，长0.84米，宽0.3米，高0.47米。

甬道　进深0.64米，宽0.84米，高0.76米。

墓室　砖筑墓室底部平面形状呈近方形，系在圆角方形土圹内砌筑，边长1.9～2.1米。棺床平面呈倒“凹”字形，残存少量铺地砖。长1.6米，宽1.16米，高0.27米。

葬具　不详。

葬式、性别及年龄　因盗扰严重，未发现人骨，上述等项均不详。

2. 随葬品

未发现随葬品。

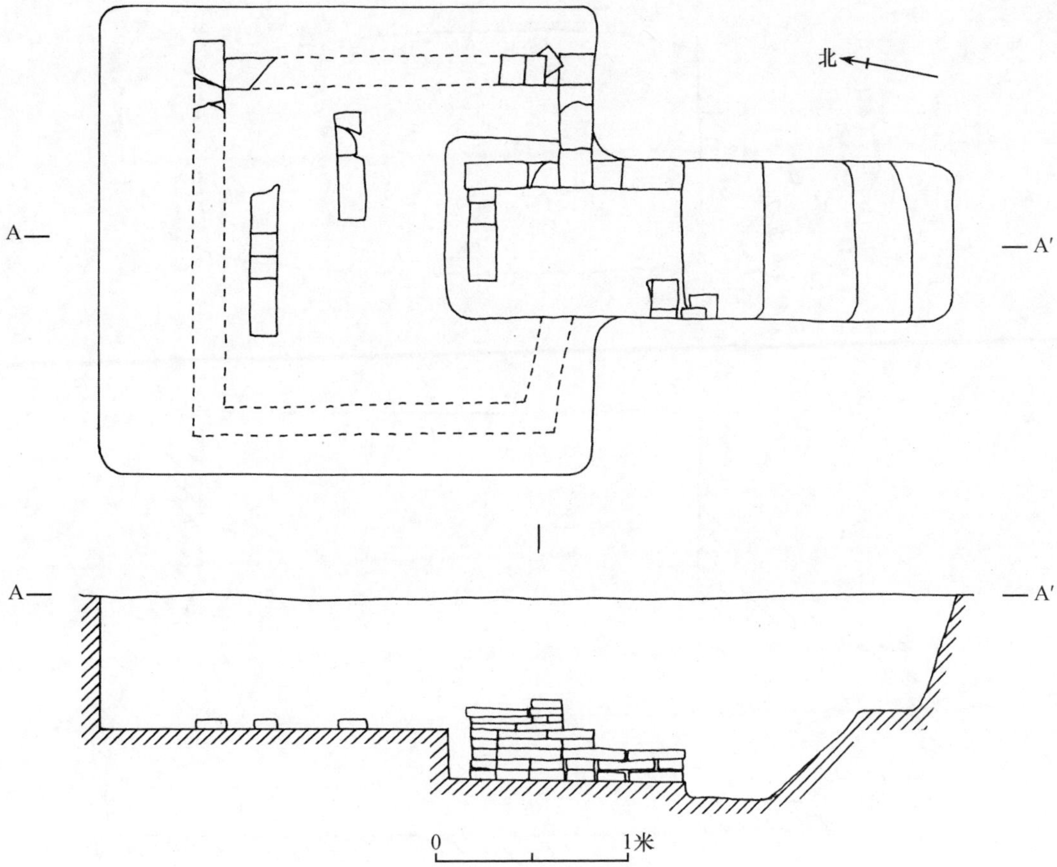

图四五　M3平、剖面图

四、M12

1. 墓葬概况

位于ⅠT4306东部偏南，方向172°。墓口距地表0.54米，开口于第2层下，打破生土层。由墓道、墓室两部分组成（图四六）。

墓道　位于墓室南端，竖井式，口部平面形状呈圆角长方形，直壁，平底，口部和底部长1.3米，宽0.42～0.63米，深1.12米。墓道底部南端有一壁龛，弧壁，进深0.22米，高0.62米。

墓室　土洞墓室位于墓道西北角，保存较好，弧壁，拱顶。进深0.6米，宽0.6米，高0.48米。

葬具　不详。

葬式、性别及年龄　墓主为仰身直肢葬，头向北，足向南，面向上。经鉴定，墓主为一幼儿，性别不详。

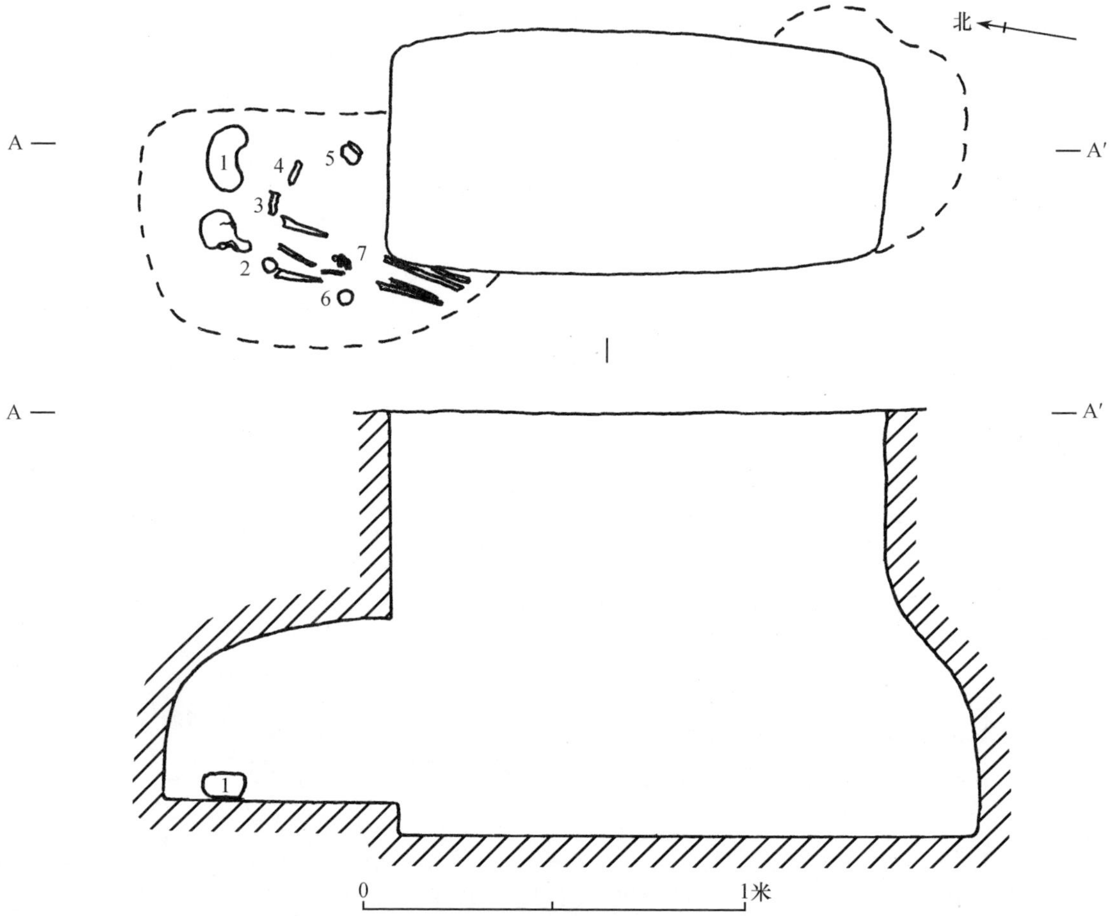

图四六　M12平、剖面图

1. 瓷枕　2. 粉盒　3. 瓷瓶　4. 骑马俑　5. 瓷罐　6. 瓷盏　7. 铜钱（5枚）

2. 随葬品

随葬有瓷枕、粉盒、瓷罐、瓷瓶、瓷盏、骑马俑各1件、铜钱5枚，散置于骨架左右两侧（彩版五，2；彩版九；5）。

瓷枕　1件。M12：1，枕面及枕底呈近椭圆形，两端翘起中间凹，前高后底。枕面边缘向内有两周阴线作边框，中央刻划一束盛开的花卉，花叶俱全。枕壁上下各有两周阴刻划线，后壁有一圆形小孔，枕底平，枕壁一侧有三个支钉痕迹，并有流釉现象。枕面施绿、黄、褐三色彩，枕壁施绿釉，底面素胎。形体较小，枕面最长16.4厘米，最宽9.8厘米，底面最长13.6厘米，最短7.8厘米，高5～5.6厘米（图四七，1；彩版一一）。

粉盒　1件。M12：2，直口，尖圆唇，直腹，平底。内外壁施酱釉，口部及底部素胎。形体较小，口部微残。口径2.7厘米，底径2.2厘米，通高2厘米（图四七，2；彩版一〇；2）。

瓷罐　1件。M12：5，侈口，卷沿，圆唇，鼓腹，平底。内外壁上部施绿釉，余皆素胎。形体较小，口部微残。口径2.8厘米，底径2厘米，高2.9厘米（图四七，4；彩版一〇；4）。

瓷瓶　1件。M12：3，侈口，卷沿，圆唇，束颈，弧腹，平底。施酱釉不及底。腹部

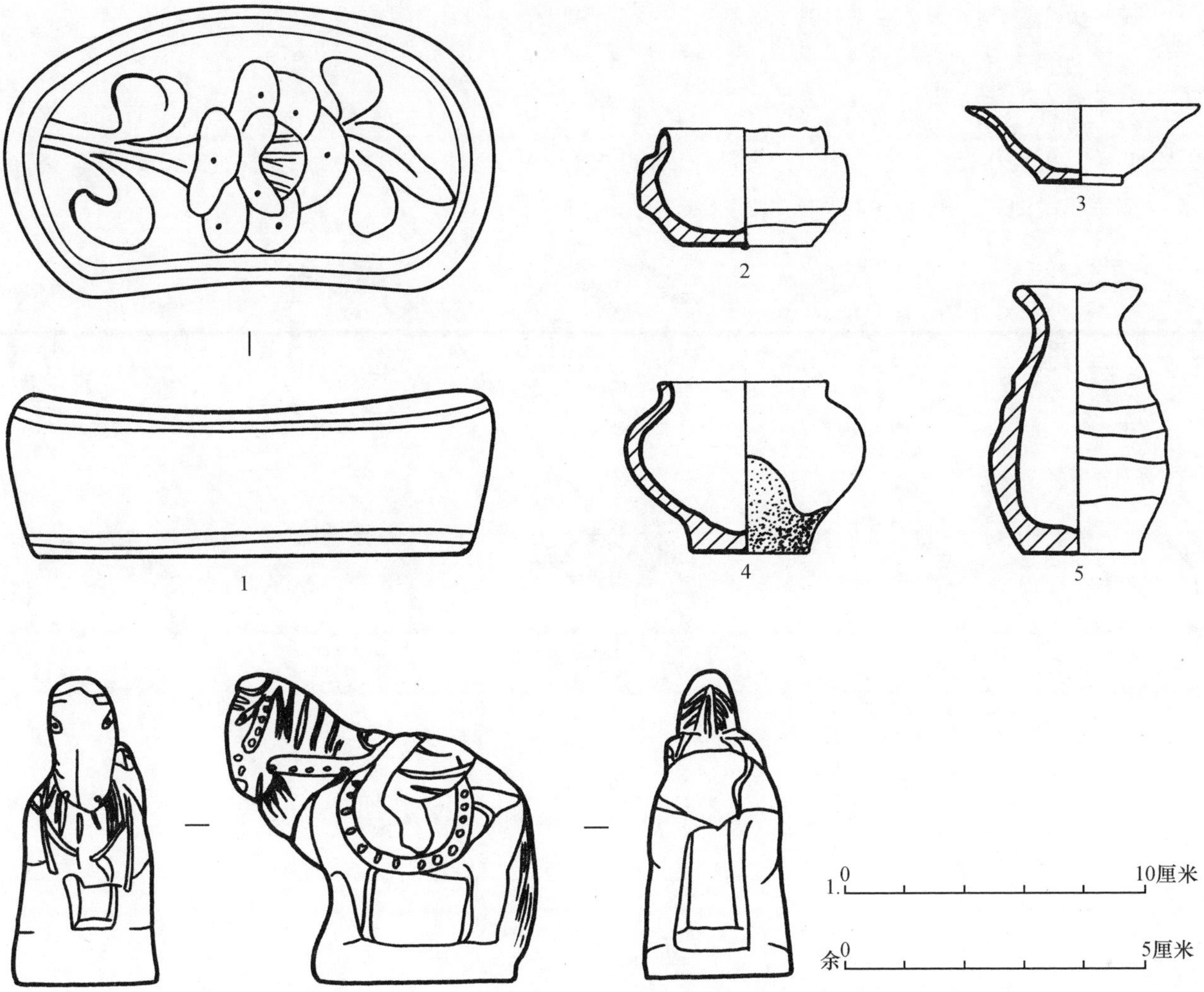

图四七　M12出土瓷器

1. 瓷枕（M12：1）　2. 粉盒（M12：2）　3. 瓷盏（M12：6）　4. 瓷罐（M12：5）
5. 瓷瓶（M12：3）　6. 骑马俑（M12：4）

饰瓦棱纹。形体较小，口部微残。口径2.2厘米，底径2厘米，高4.6厘米（图四七，5；彩版一〇；3）。

瓷盏　1件。M12：6，敞口，尖唇。斜壁，浅腹，平底。器身内壁施白釉，外壁素胎。形体较小，口部微残。口径4厘米，底径1.4厘米，高1.3厘米（图四七，3；彩版一〇；5）。

骑马俑　1件。M12：4，马呈站立状，人作骑马姿，手持缰绳，坐于鞍上，人身腿部以上残，下有长方形底座，合模而成。器身上部施绿釉，余素胎。形体较小，通高5.2厘米（图四七，6；彩版一〇；1）。

铜钱　5枚，保存较好。

开元通宝　2枚。隶书。M12：7-4，钱径2.45厘米，郭厚0.1厘米，郭宽0.2厘米，穿边长0.7厘米（图四八，3）。M12：7-5，钱径2.4厘米，郭厚0.08厘米，郭宽0.2厘米，穿长0.6厘米（图四八，4）。

咸平元宝　1枚。M12：7-3，楷书，钱径2.5厘米，郭厚0.12厘米，郭宽0.35厘米，穿长0.65厘米（图四八，5）。

大观通宝　2枚。瘦金体。M12：7-1，七边形，方穿，钱最大径2.4厘米，周缘有郭，郭厚0.12厘米，郭宽0.15厘米，穿长0.7厘米（图四八，1）。M12：7-2，钱径2.4厘米，郭厚0.15厘米，郭宽0.12厘米，穿长0.7厘米（图四八，2）。

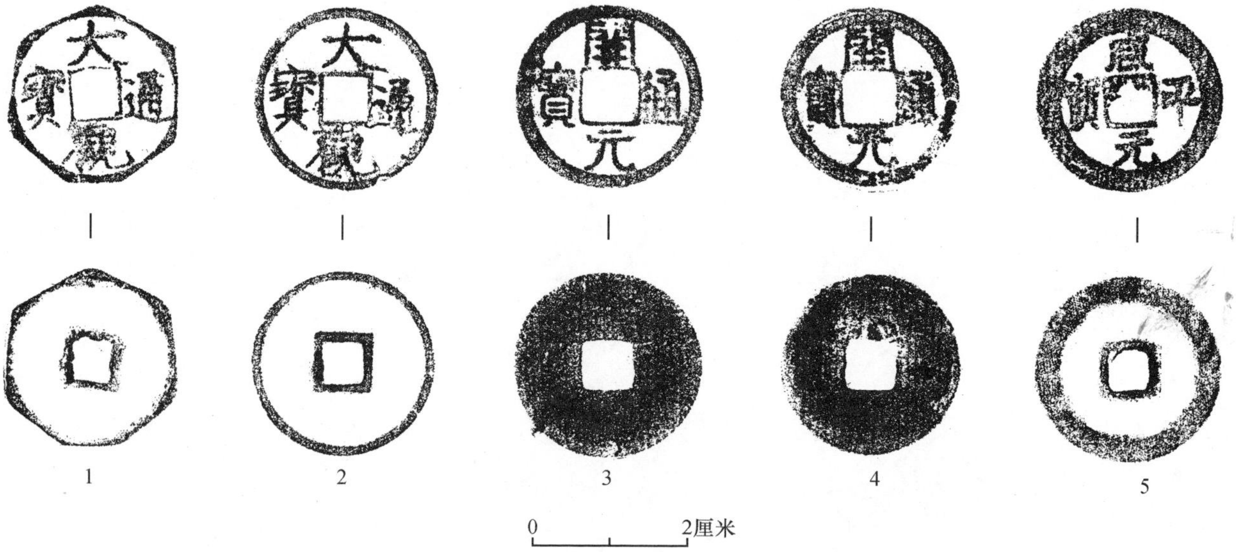

图四八　M12出土铜钱拓片

1、2. 大观通宝（M12：7-1、M12：7-2）　3、4. 开元通宝（M12：7-4、M12：7-5）　5. 咸平元宝（M12：7-3）

五、M22

1. 墓葬概况

位于ⅡT7731的西北部，方向184°。墓口距地表0.75～0.8米，开口于第3层下，打破生土层。由墓道、墓室两部分组成（图四九）。

墓道　位于墓室南端，竖井式，口部平面形状呈长方形，竖井式，平底，南窄北宽，口部和底部长2.6米，宽0.44～0.62米，深1.18米。

墓室　位于墓道北端，长方形弧顶洞室墓，洞室已坍塌，墓门高0.7米，宽0.52米，墓室长2米，宽0.8～0.86米。

葬具　从出土铁质棺钉来看，葬具为木棺，长宽尺寸不详。

葬式、性别及年龄　发现有少量人骨，性别、葬式均不详，但从墓主骨骼粗细程度来看推测为少年。

2. 随葬品

随葬铜钱1枚，保存完好。

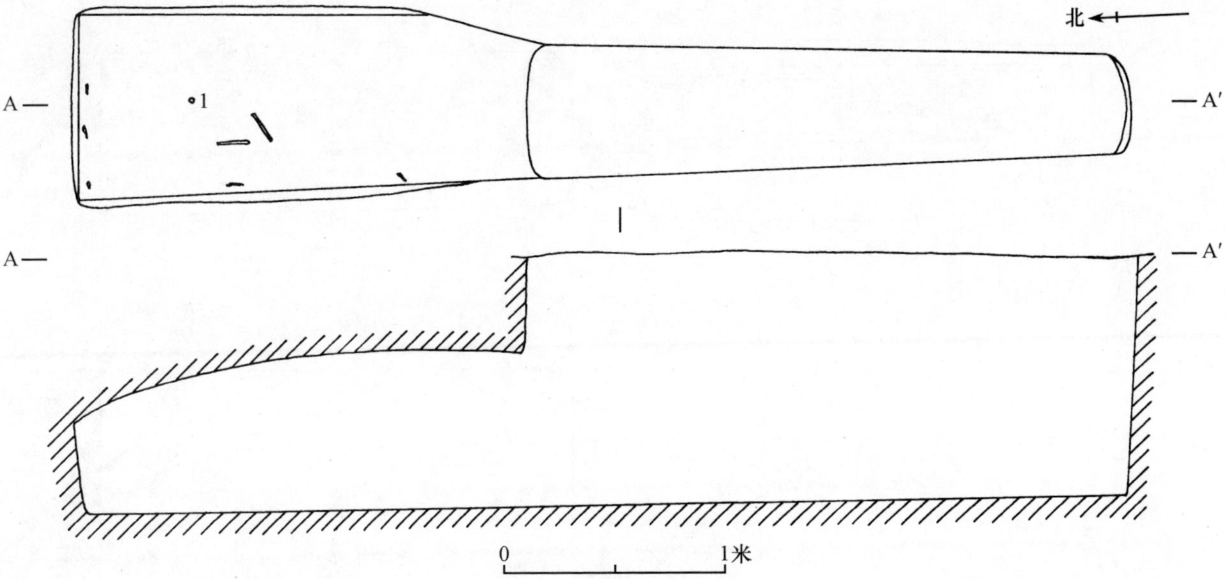

图四九 M22平、剖面图
1. 铜钱

至道元宝 1枚。M22：1，草书。钱径2.5厘米，郭厚0.12厘米，郭宽0.35厘米，穿长0.65厘米（图五一，5）。

六、M23

1. 墓葬概况

位于ⅡT8125西部，方向184°。墓口距地表1.1米，开口于第3层下，打破生土层。由墓道、墓室两部分组成（图五〇）。

墓道 位于墓室南部，竖井式，口部平面形状呈长方形，直壁，平底。口部和底部长1.9米，宽0.66米，深2.15米。

墓室 位于墓道北端，底部平面形状呈长方形，直壁，拱顶，平底。底部高出墓道底部0.14米，进深1.92米，宽0.44米，高1.14～1.5米。

葬具 木棺，棺痕清晰。棺长1.84米，宽0.34～0.42米，厚度不详。

葬式、性别及年龄 墓主为仰身直肢葬，头向北，足向南，面向上。经鉴定为中年男性。

2. 随葬品

随葬有4枚铜钱，位于墓主右手处，均保存较好。

开元通宝 1枚。M23：1-1，隶书。钱径2.47厘米，郭厚0.14厘米，郭宽0.22厘米，穿长0.8厘米（图五一，1）。

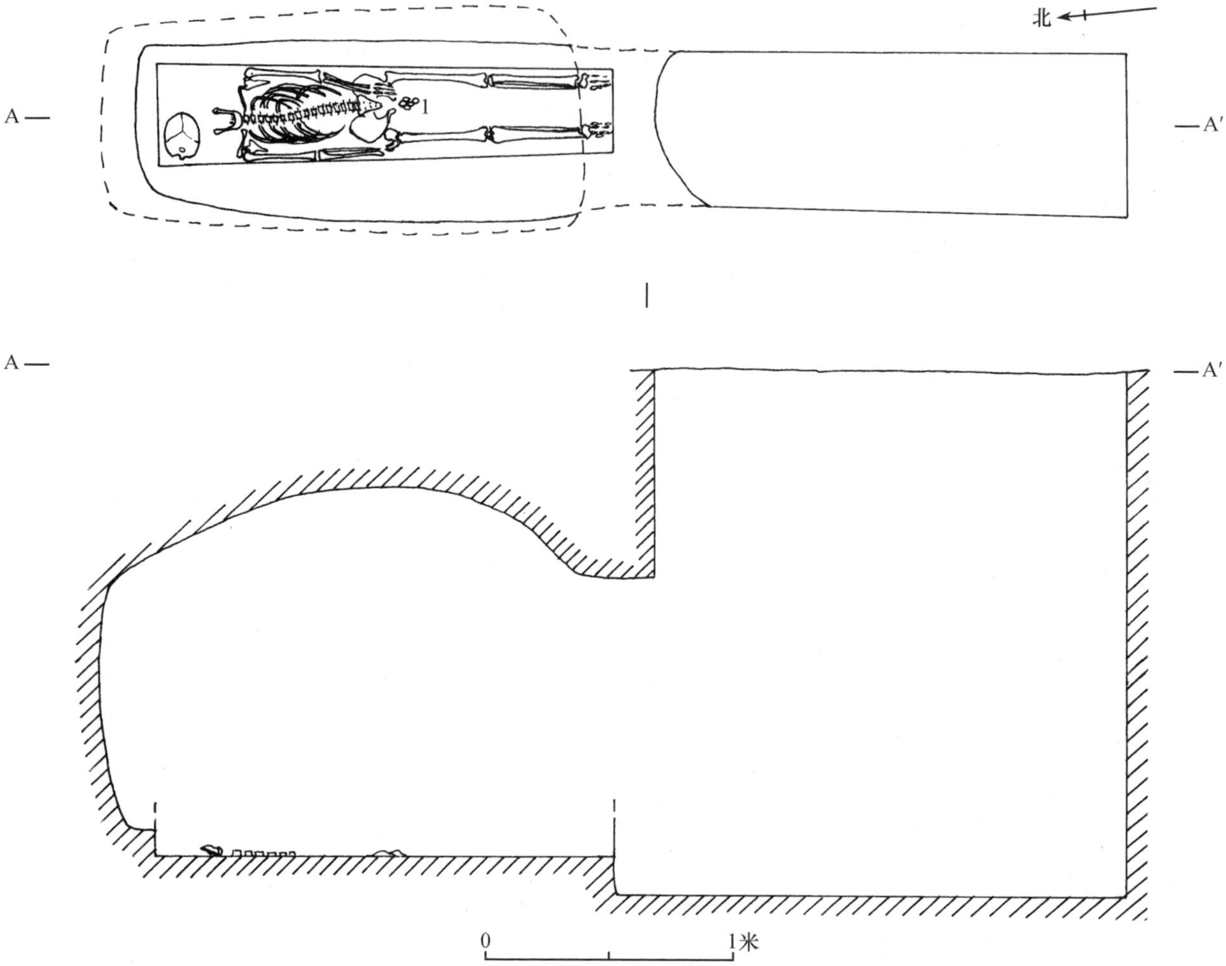

图五〇　M23平、剖面图

1. 铜钱（4枚）

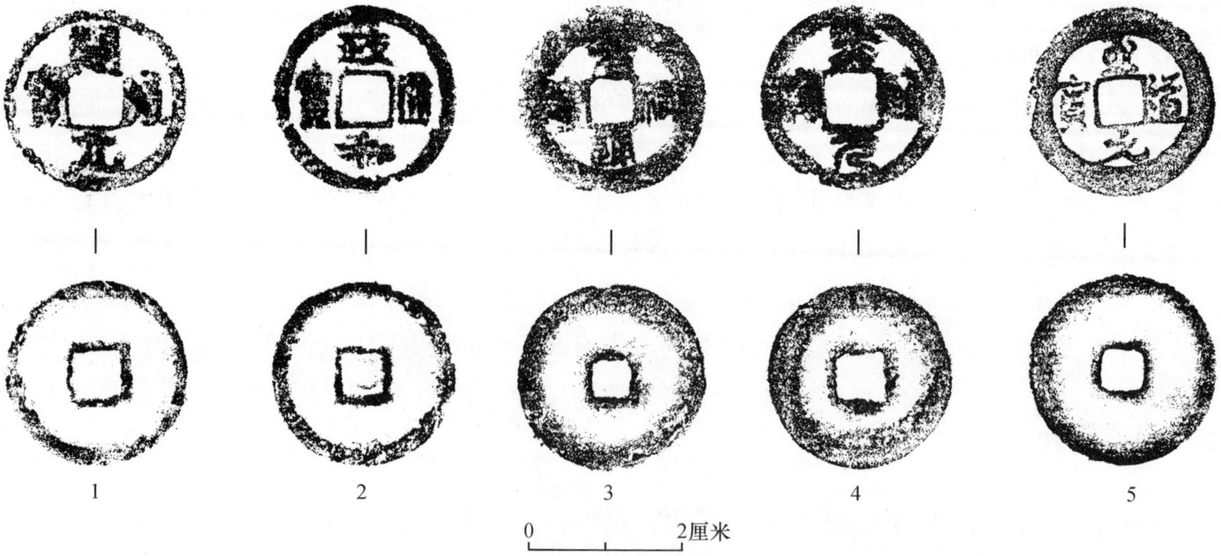

图五一　M22、M23出土铜钱拓片

1. 开元通宝（M23：1-1）　2. 政和通宝（M23：1-2）　3. 元祐通宝（M23：1-3）　4. 熙宁元宝（M23：1-4）　5. 至道元宝（M22：1）

政和通宝　1枚。M23：1-2，隶书。钱径2.48厘米，郭厚0.15厘米，郭宽0.25厘米，穿长0.77厘米（图五一，2）。

元祐通宝　1枚。M23：1-3，篆书。钱径2.53厘米，郭厚0.14厘米，郭宽0.43厘米，穿长0.66厘米（图五一，3）。

熙宁元宝　1枚。M23：1-4，篆书。钱径2.48厘米，郭厚0.14厘米，郭宽0.28厘米，穿长0.81厘米（图五一，4）。

七、M24

1. 墓葬概况

位于ⅡT8533东部偏南，方向186°。墓口距地表0.7米，开口于第3层下，打破生土层。由墓道、墓室两部分组成（图五二）。

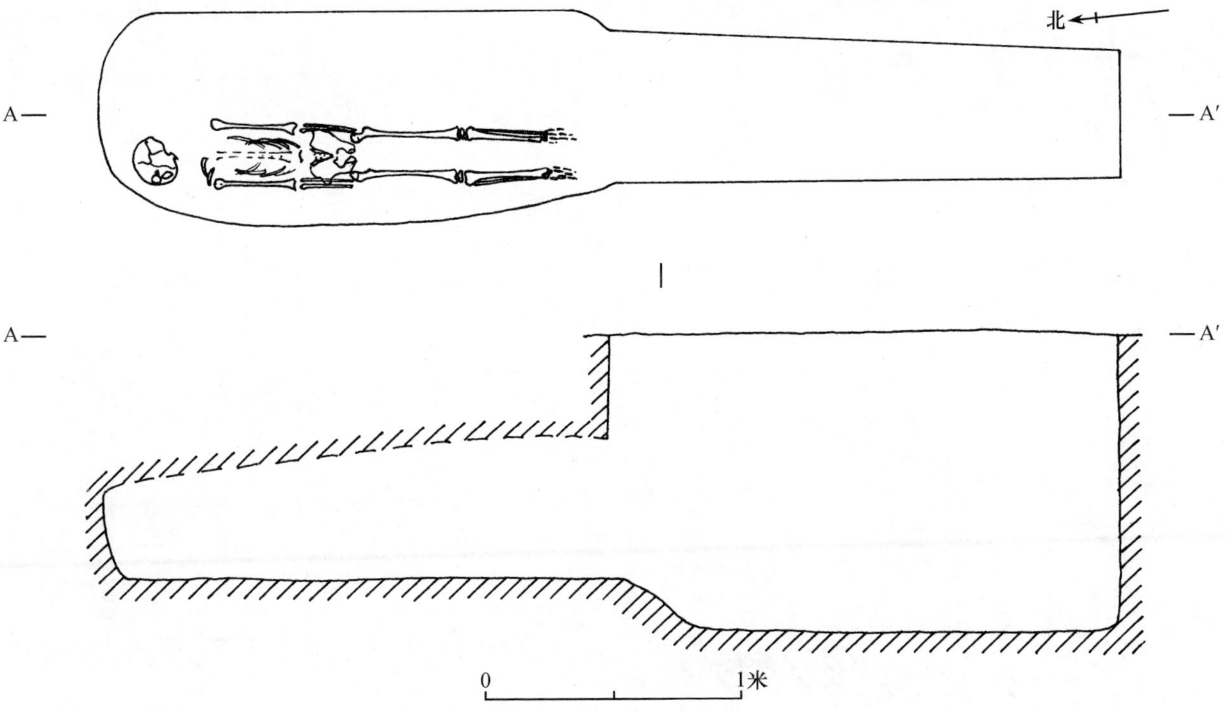

图五二　M24平、剖面图

墓道　位于墓室南端，竖井式，平面形状呈近长方形，直壁，平底。口部和底部长2米，宽0.52～0.64米，深1.18米。

墓室　底部平面形状呈近长方形，近直壁，平底，底部较墓道底部高0.2米。墓室进深2米，宽0.48米。

葬具　不详，推测可能为草席。

葬式、性别及年龄　墓主为仰身直肢葬，头向北，足向南，面向上。经鉴定为老年男性。

2. 随葬品

未发现随葬品。

八、M26

1. 墓葬概况

位于ⅠT1610中北部，东与M25为邻，方向190°。墓口距地表0.6米，开口于耕土层下，打破生土层。由墓道、墓室两部分组成（图五三；图版二，2）。

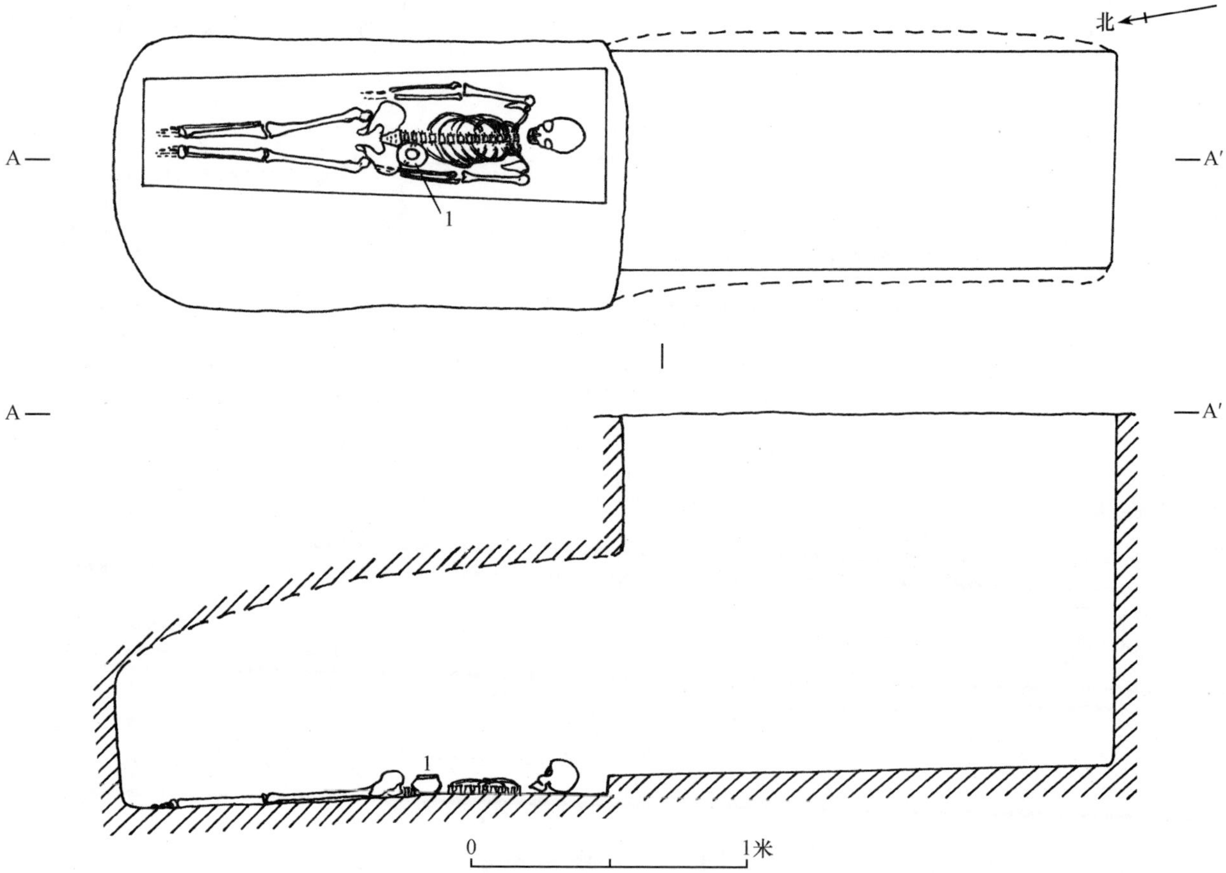

图五三　M26平、剖面图

1. 瓷罐

墓道　位于洞室的南部，竖井式，口部平面形状形状呈长方形，左右两壁外扩，壁面加工规整，底近平。长1.85米，宽0.8～0.95米。

墓室　位于墓道的北部，墓室底部较墓道底部稍深约0.08米。进深1.86米，宽0.8米。

葬具　葬具为木棺，仅存棺钉。棺痕长1.75米，宽0.4～0.5米，厚0.15～0.2米。

葬式、性别及年龄　墓主为仰身直肢葬，头向南，足向北，面向上。经鉴定为老年男性。

2. 随葬品及其他出土遗物

随葬品仅有黑釉瓷罐1件，位于墓主胸骨之上。墓道填土中出土瓷碗残片3件。

瓷罐 1件。M26：1，灰白色胎，直口，圆唇，鼓腹，最大径居中，矮圈足，双桥形耳。下腹及圈足露胎无釉，内壁部分露胎，余施黑釉。口径11厘米，底径6.9厘米，高8厘米（图五四，2；彩版九；2）。

瓷碗 3件。M26：2，灰白色胎，口及上腹残，仅存下腹及圈足，外壁施酱黑釉至近底处，内壁施白釉，底部用浅酱色绘出两周弦纹，内书一字，内壁底部有支烧痕迹。底径6.8厘米，残高3.8厘米（图五四，3）。M26：3，青灰胎，敞口，弧壁，底及圈足残，外施酱釉至近底处，内施白釉。口径20厘米，残高5.4厘米（图五四，1）。M26：4，灰白胎，口部及上腹残，仅存下腹及圈足，外施酱黑色釉至近底处，内施白釉，底部用浅酱色绘出宽带纹一周，内书“雪”字，内壁底部有支烧痕迹。底径6.6厘米，残高3.8厘米（图五四，4）。

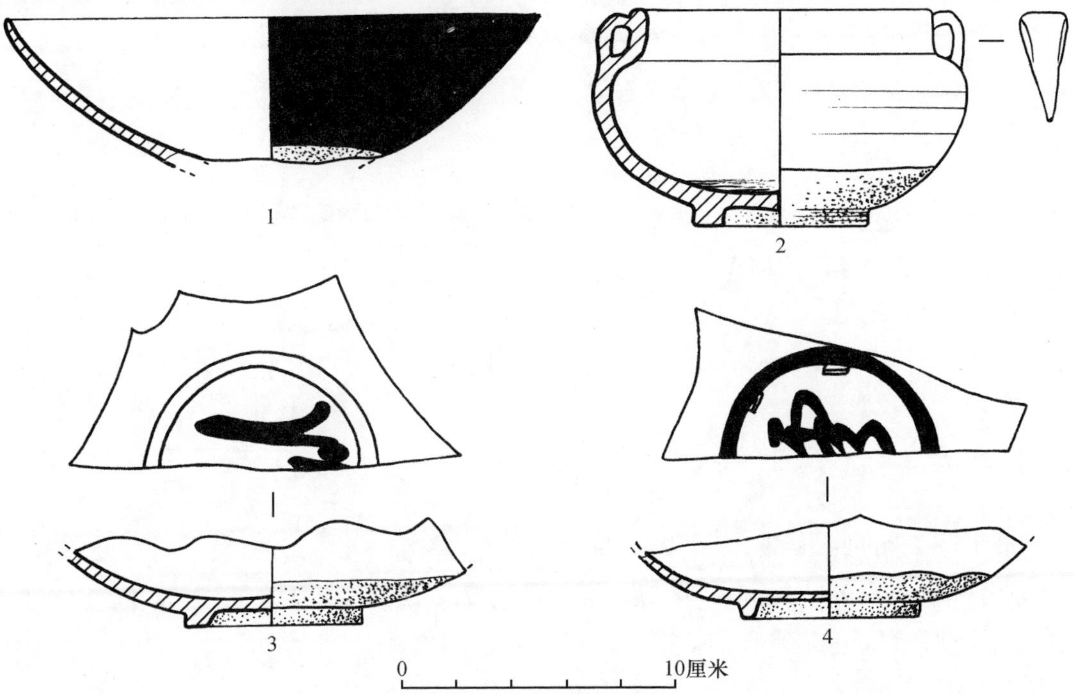

图五四 M26出土瓷器

1、3、4. 瓷碗（M26：3、M26：2、M26：4） 2. 瓷罐（M26：1）

第二节 灰 坑

3个。其中近圆形1个，椭圆形1个，长方形1个。

一、H4

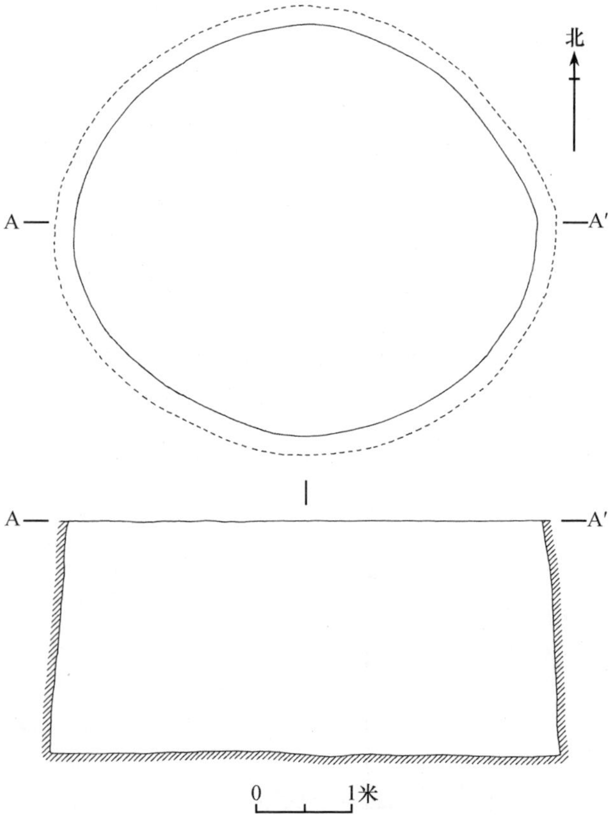

图五五　H4平、剖面图

1. 灰坑概况

位于ⅡT4827东南部和ⅡT4826东北部，方向90°。开口于第2层下，向下打破第3层。平面形状近圆形，斜壁外扩呈袋状，平底。坑口直径4.8米，底部直径5.2米，深2.6米（图五五）。从其形状结构推测，H4不排除是窖穴的可能。

坑内填土不分层，填土土色较杂，包含有红土、料礓、灰土等，土质较硬，结构较致密。

2. 出土遗物

仅出土少量残碎瓷片，由于残存较甚，器形不可辨识。

二、H11

1. 灰坑概况

位于ⅡT5825的西北部，部分延伸至ⅡT5925东北部，方向90°。开口于第2层下，打破J20。平面形状呈近椭圆形，斜壁，底部近平。坑口距地表0.83米，长径4.44米，短径2.82米；坑底长径2.92米，短径2.41米，深1.37米（图五六）。

填土系一次性堆积形成，无明显分层，土色灰，质软，结构较疏松。

2. 出土遗物

填土中包含少量黑釉、白釉褐花瓷片，可辨器形有碗等。

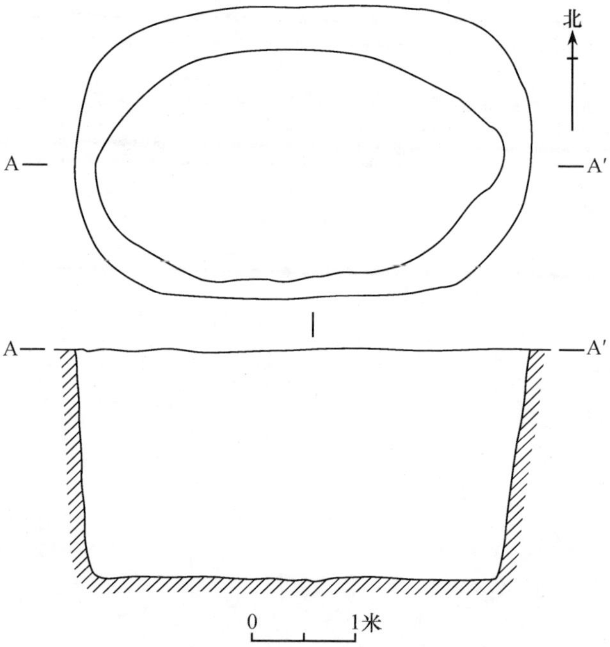

图五六　H11平、剖面图

瓷碗　1件。H11：1，残存底部及圈足，灰白色胎，器体内外均施白釉，内外壁用褐彩勾勒出较为杂乱的纹饰。底径4.3厘米，残高2.2厘米（图五七）。

三、H12

1. 灰坑概况

位于ⅡT6025东部偏南，方向10°。开口于第2层下，向下打破生土层。平面形状为长方形，直壁，平底。坑口长1.8米，宽1米，深3.3米（图五八）。

2. 出土遗物

填土不分层，土色浅灰，质软，结构疏松。填土中包含物少量黑釉瓷片，器形不可辨识。

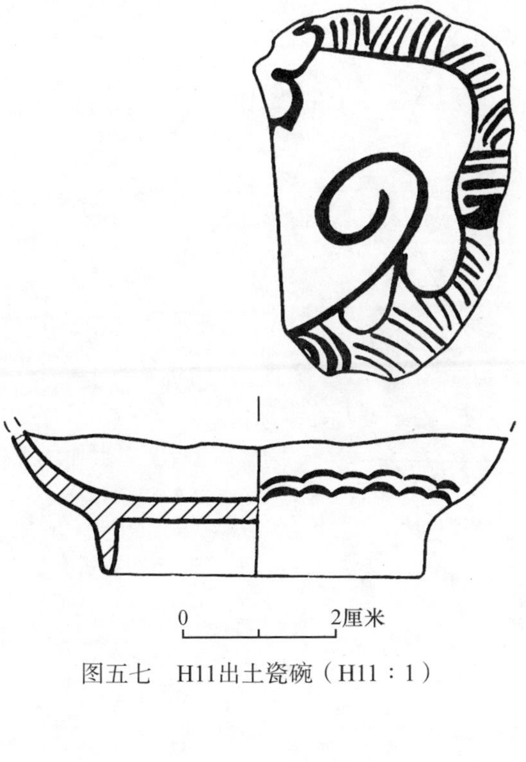

图五七　H11出土瓷碗（H11：1）

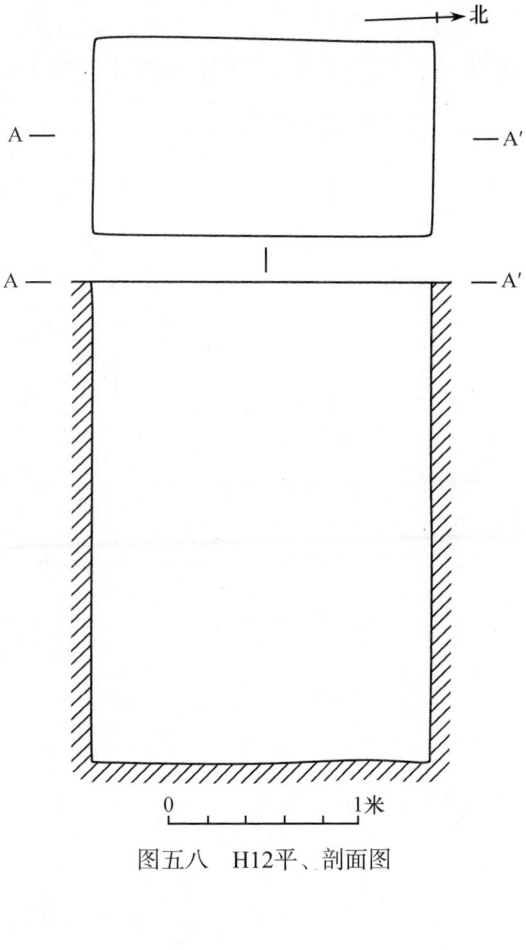

图五八　H12平、剖面图

第三节　水　　井

22眼。其中圆形19眼，即J2、J7、J9、J10、J12、J13、J14、J15、J17、J18、J19、J20、J21、J22、J23、J25、J26、J27、J28；椭圆形2眼，即J16、J29；圆角方形仅1眼，即J11。现以J7、J9、J10、J11、J12、J13、J18、J20、J21、J23、J29为例进行介绍，其余水井情况详见附见附表12。

一、J7

1. 水井概况

位于ⅠT5804西南部，向南伸到ⅠT5803内，向西伸至探方外，方向0°。开口于第2层下，打破生土层。口部形状为圆形。口径3.75米，向下0.7米处有生土二层台。二层台处井口变小，直径为1.9～2.1米，二层台以上壁面近直，以下直壁，壁面规整。距井口2.02米处以下井壁用青砖对角横立环砌。砖长30厘米，宽15厘米，厚6厘米。由于发掘条件所限，J7未发掘至底，发掘深度2.92米（图五九）。

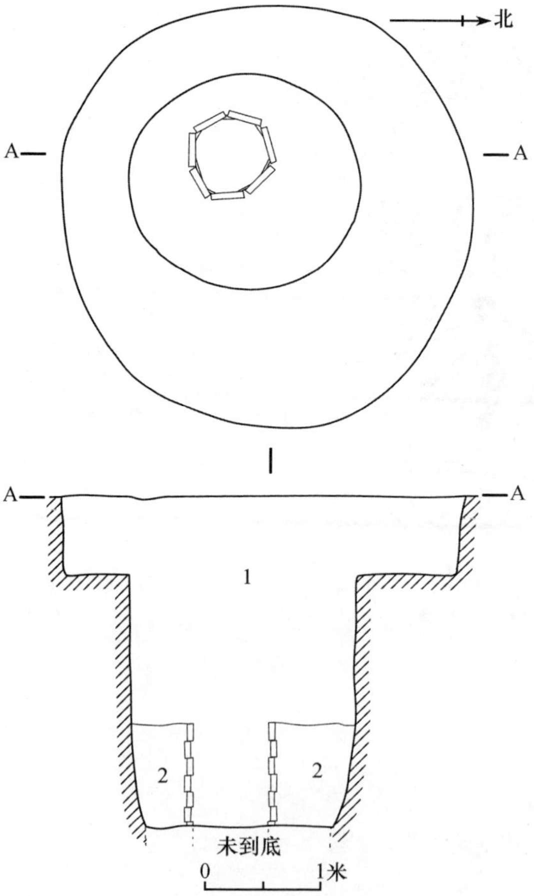

图五九　J7平、剖面图

填土分2层。第1层：黄褐色土，土质软，结构疏松，包含物有少量的绳纹陶片，厚0.7米；第2层：浅黄色土，土质较软，结构疏松，厚2.22米。

2. 出土遗物

第2层出土少量的泥质灰陶陶片、砖块及少量黑釉瓷片，可辨器形有碗。

二、J9

1. 水井概况

位于ⅡT7328东南部，方向90°。开口于第2层下，向下打破生土层。平面形状呈近圆形，口大底小，斜壁，其下部由于塌陷呈凹弧形，底部近平。井口直径5.09米，井底直径2米，井深9.8米（图六〇）。

填土分3层。第1层：灰色土，土质软，结构疏松，包含少量砖块等，厚4米；第2层：褐色土，土质软，结构较疏松，包含少量砖块等，厚3米；第3层：灰褐色土，主要是淤泥，土质软，结构疏松，包含少量砖块、陶片、瓷片和料礓，厚2.8米。

2. 出土遗物

第3层出土少量陶片和瓷片，可辨器形有罐等。

瓷罐 1件。J9∶1，灰白胎，残存底部，矮圈足，外壁露胎，内壁有数周凸棱并施酱釉。底径11.6厘米，残高2厘米（图六一，1）。

陶罐 1件。J9∶2，泥质灰陶，敛口，圆唇，上腹微鼓，中腹以下残，素面。口径12厘米，残高4.6厘米（图六一，2）。

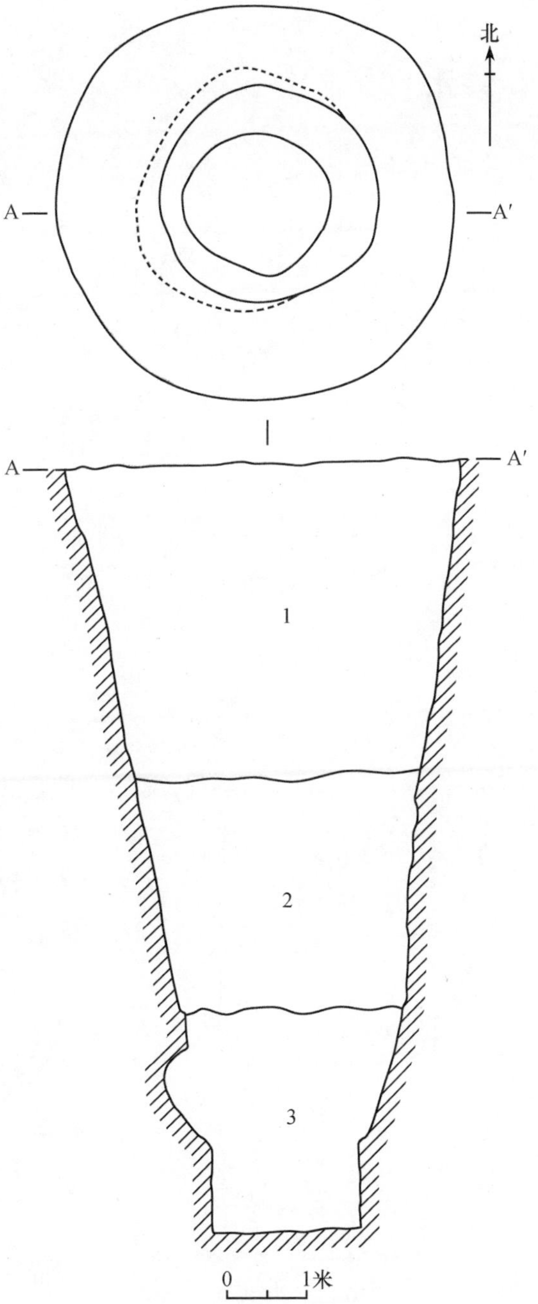

图六〇 J9平、剖面图

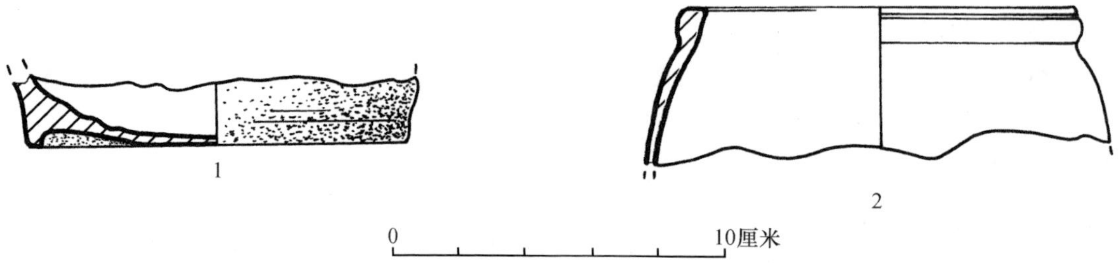

图六一　J9出土器物图
1. 瓷罐（J9：1）　2. 陶罐（J9：2）

三、J10

1. 水井概况

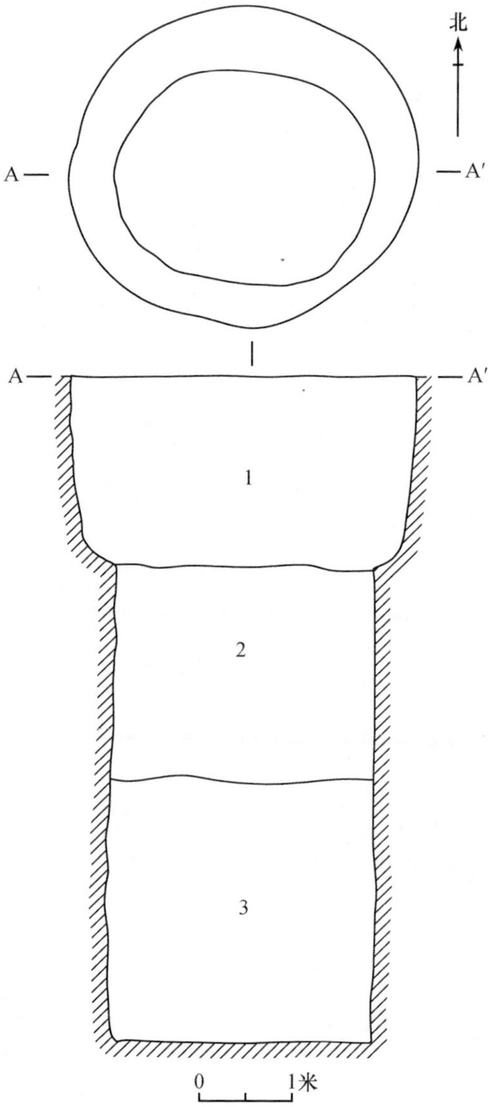

图六二　J10平、剖面图

位于ⅡT6722的中北部，方向90°。开口第2层下，向下打破生土层。平面形状呈近圆形，直壁，平底。井口长径3.74米，短径3.44米；井底长径2.84米，短径2.3米；井深7.2米（图六二）。

井内填土可粗略分为3层。第1层：浅灰色土，土质较软，结构较疏松，厚2.08米；第2层：红褐色土，土质较软，结构较疏松，夹杂少量料姜石，厚2.34米；第3层：黄褐色土，土质较硬，结构较致密，包含少量料姜石和陶、瓷片等，厚2.78米。

2. 出土遗物

第3层出土少量陶、瓷片，瓷片有白釉和黑釉两种，可辨器形为碗，陶片有泥质和夹砂灰陶两种，可辨器形为罐、盆等。

瓷碗　1件。J10：1，白胎泛黄，敞口，圆唇，深弧腹，矮圈足，内壁底部有圆璧形涩圈，外壁底部及圈足无釉，余施白釉。口径17.6厘米，底径7.6厘米，高6.4厘米（图六三，1）。

罐　1件。J10：2，夹砂灰陶，侈口，圆唇，折沿，微鼓腹，下腹及底残，腹饰1周凹弦纹。口径36厘米，残高5.2厘米（图六三，3）。

盆　1件。J10：4，泥质灰陶，仅存底部，平底，素面。底径14厘米，残高3厘米（图六三，4）。

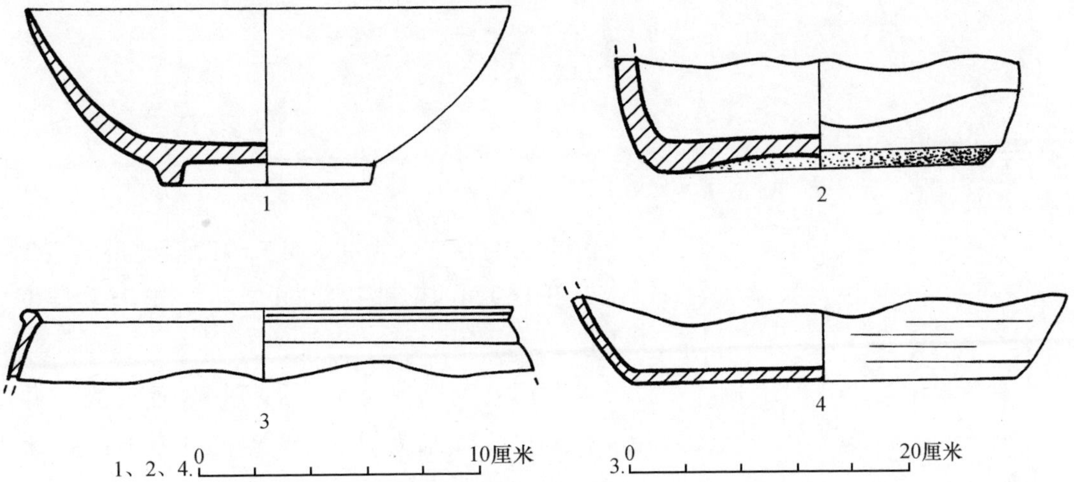

图六三　J10出土器物

1. 瓷碗（J10：1）　2. 器底（J10：3）　3. 罐（J10：2）　4. 盆（J10：4）

器底　1件。J10：3，灰白胎，仅存底部，外底内凹，内部平整，外壁施黑釉，近底处无釉露胎，内壁施白釉，内壁底部有圆璧形涩圈。底径12厘米，残高4厘米（图六三，2）。

四、J11

1. 水井概况

位于ⅡT4528北部和ⅡT4529南部，方向180°。开口于第2层下，打破生土层。平面形状略呈圆角方形，井口略大，井底稍小，斜壁，底部近平。井口长2.24米，宽1.6米；井底长1.7米，宽1.24米；井深6米（图六四）。

填土可大体分为3层。第1层：浅黄沙土，杂有褐土，土质较软，结构较疏松，厚2.5米；第2层：灰色土，夹杂褐土，土质软，结构疏松，包含少量砖块，厚2米；第3层：黄色土，淤泥层，土质软，结构疏松，夹杂少量料礓和砖块，厚1.5米。

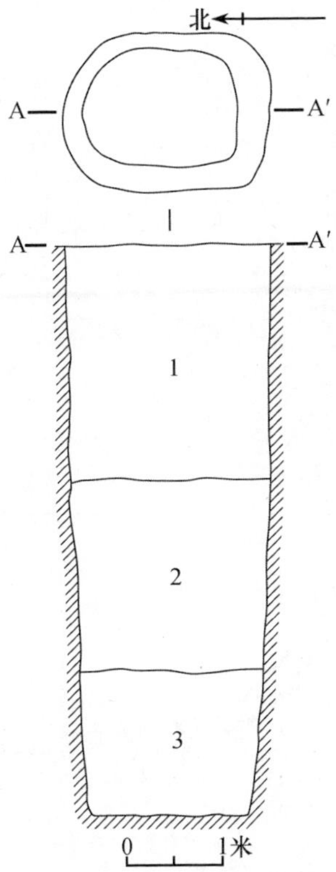

图六四　J11平、剖面图

2. 出土遗物

第2层出土极少量的白釉和黑釉瓷片，均残损严重，可辨器形有碗等。

五、J12

1. 水井概况

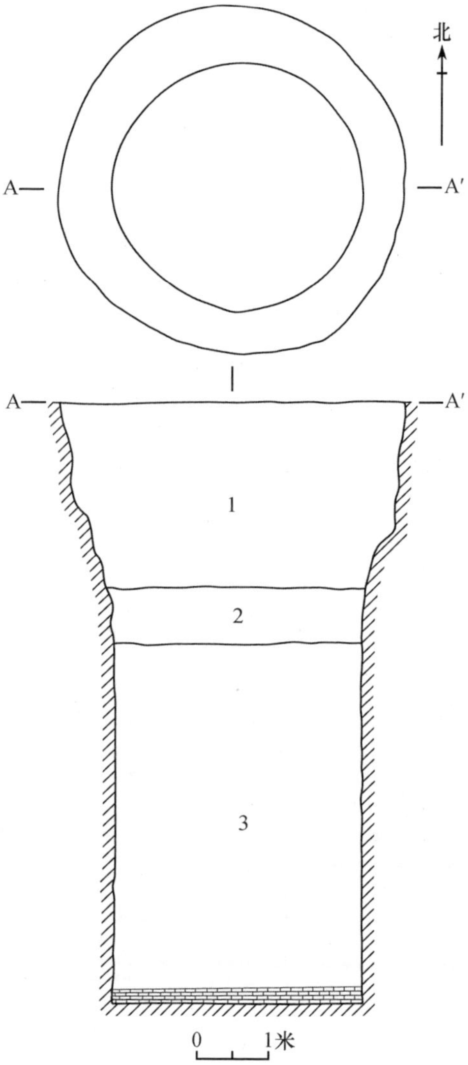

图六五　J12平、剖面图

位于ⅡT6023东北部、ⅡT5923西北部、ⅡT6024东南部、ⅡT5924西南部，方向90°。开口于第2层下，打破生土层。

平面形状为圆形。井上部因坍塌而变大，井口直径4.98米，上部3.4米为斜壁，坑壁凹凸不平；3.4米以下为直壁，下部井口直径为3.6米，下部深5.2米，平底。井深8.6米（图六五）。

填土可粗略分为3层。第1层，灰色淤土，土质软，结构疏松，含少量炭屑，厚2.7米；第2层，褐色土，土质软，结构较致密，夹杂少量料姜石，厚0.8米；第3层，红褐色淤土，土质较软，结构较致密，包含少量料姜石及白瓷片，厚5.1米；第3层底部沿井壁有平置环砌青砖5层，砖体有明显的水渍，砖长28厘米，宽14厘米，厚6厘米。

2. 出土遗物

第3层出土少量白釉瓷器，可辨器形为碗。

瓷碗　2件。白胎泛黄，敞口，圆唇，弧腹，内壁底部圆璧形涩圈，外壁底部及圈足无釉，余施白釉。J12：1，矮圈足，口径16.8厘米，底径6厘米，高7厘米（图六六，1；图版八，1）。J12：2，深弧腹，底及圈足残。口径12厘米，残高6.4厘米（图六六，2）。

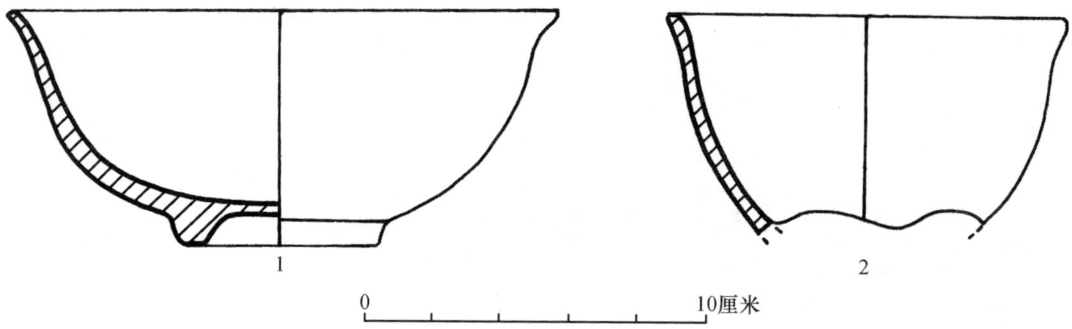

图六六　J12出土瓷碗（J12：1、J12：2）

六、J13

1. 水井概况

位于ⅡT5923东北部和ⅡT5823西北部，方向180°。开口于第2层下，打破生土层。平面形状为圆形。剖面状似漏斗，上部5米斜壁内收，5米以下为直壁，平底。井口直径4.4米，井底直径1.9～2米，深9.9米（图六七）。

填土可粗略分为3层。第1层：灰色淤土，土质软，结构疏松，含少量炭屑，烧土颗粒等，厚3.5米；第2层：填土褐色，土质软，结构较致密，包含少量料姜石，厚约1米；第3层：浅黄色土，土质较软，结构较致密，包含较多料姜石，厚5.4米。

2. 出土遗物

第3层出土少量陶片和白釉瓷片，可辨器形有罐等。

罐　1件。J13：1，泥质灰陶，沿面外翻贴于外壁，直口，筒腹，底部残，桥形耳。内壁有数周轮制凹弧纹痕迹，外部沿面因叠压内凹，余素面。口径30厘米，残高16厘米（图六八）。

图六八　J13出土陶罐（J13：1）

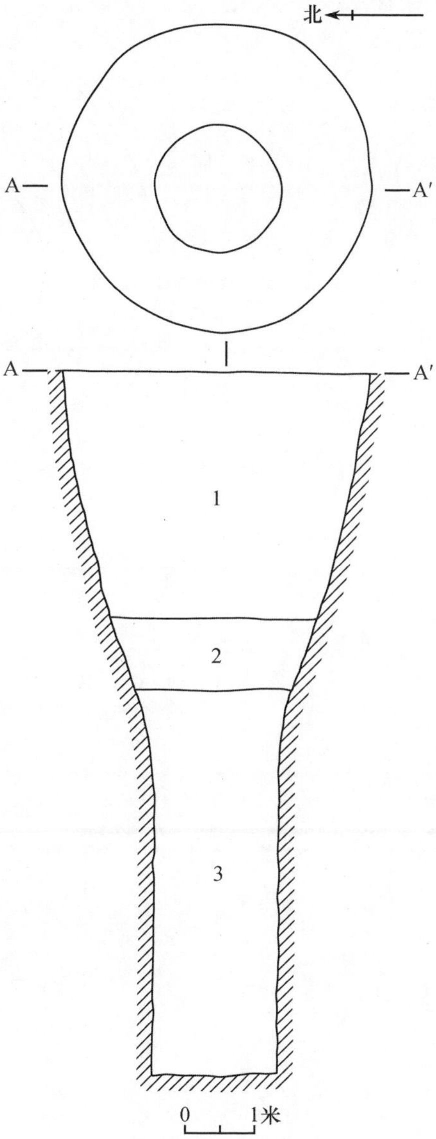

图六七　J13平、剖面图

七、J18

1. 水井概况

位于ⅡT5925的中部，方向90°。开口于第2层下，打破生土层。井口形状近圆形，口大底小，上壁向内斜收，内收两级小台，下壁较直，平底，有坍塌痕迹。井口直径5.5～6.05米，底径2.5米，深10米（图六九）。

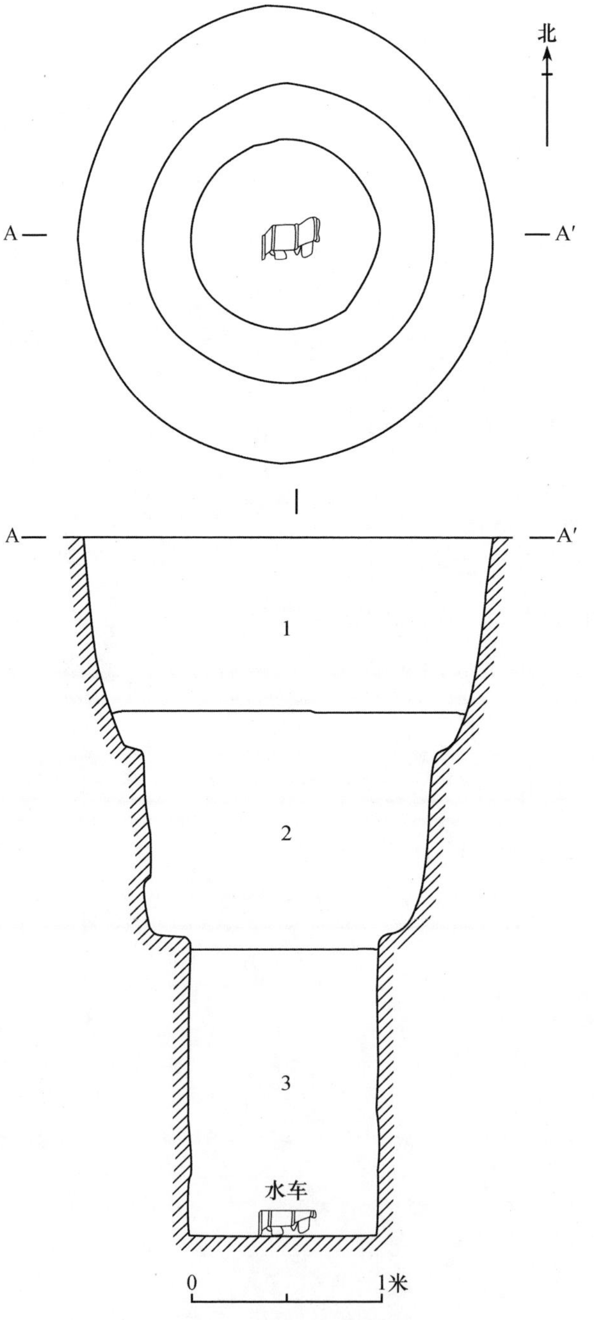

图六九　J18平、剖面图

填土可粗略分为3层。第1层：灰色土，土质软，结构疏松，包含少量炭屑，厚约2.3米；第2层：浅褐色土，土质软，结构致密，包含少量料礓，厚约3.1米；第3层：黄色土，夹杂少量褐色土块，土质较软，结构致密，包含少量料姜石，出土遗物有瓷片、陶片、水车部件，厚约3.8米。

2. 出土遗物

第3层出土有酱釉、黑釉、白釉瓷片，可辨器形有瓶、罐、碗等；另出土水车残件。

瓷瓶 1件。J18：1，粉红色胎，仅存下腹及圈足，外壁露胎，内壁施酱釉。底径10厘米，残高10.8厘米（图七〇，2）。

瓷罐 2件。黄白胎，微敛口，圆唇，平沿，上腹略鼓，下腹及底残。外施深青色釉，外壁中下腹素胎无釉，沿部及口内部亦露胎。J18：3，双系，口径13.6厘米，残高4.6厘米（图七〇，3）。J18：4，口径11.2厘米，残高4.8厘米（图七〇，4）。

瓷碗 7件。均为灰白色胎。J18：2，敞口，圆唇，斜腹，下腹及圈足残，内外壁先施一层白色化妆土，然后施白釉，外壁近底处露胎，外壁近口处绘黑色宽带纹，内壁绘有两条窄带

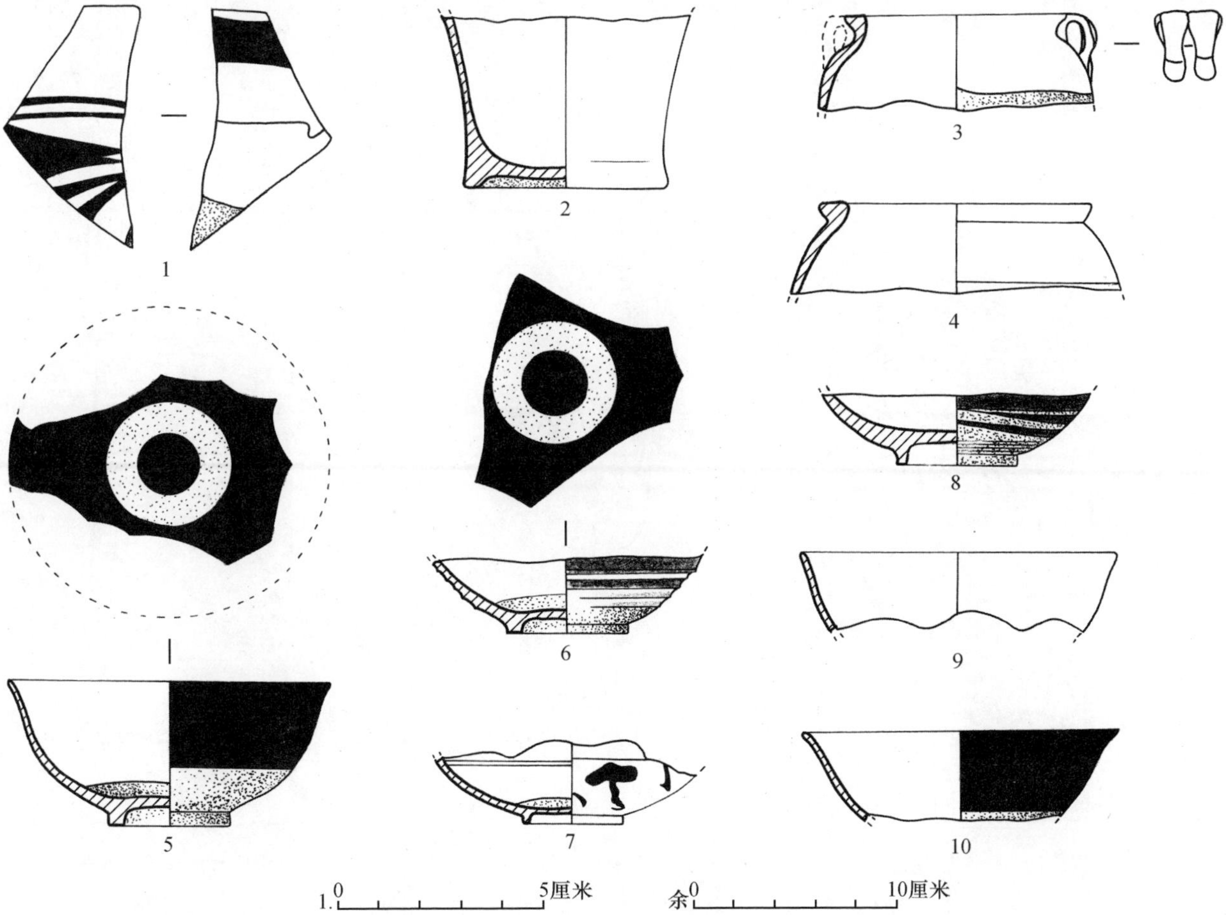

图七〇 J18出土瓷器

1、5～10. 瓷碗（J18：2、J18：5、J18：6、J18：8、J18：7、J18：9、J18：10） 2. 瓷瓶（J18：1）
3、4. 瓷罐（J18：3、J18：4）

黑彩，其下绘草叶纹。残高6.1厘米（图七〇，1）。J18：5，敞口，圆唇，深弧腹，矮圈足，器壁内外均施黑釉，内壁底部有圆璧形涩圈，外壁近底处和圈足素胎无釉。口径16厘米，底径6厘米，高7.4厘米（图七〇，5）。J18：6，口部残，弧腹，矮圈足，内壁施黑釉，外壁有数周凸棱，内壁底部有圆璧形涩圈，近底及圈足处素胎无釉。底径6厘米，残高4厘米（图七〇，6）。J18：7，口部及上腹残，矮圈足，施灰釉，且施釉部有刮抹痕迹，内壁底部有圆璧形涩圈，近底及圈足处素胎无釉。底径6厘米，残高4厘米（图七〇，8）。J18：8，口部及上腹残，矮圈足，施白釉，内外壁纹饰皆以黑彩绘制，内壁底部有圆璧形涩圈。底径5厘米，残高4厘米（图七〇，7）。J18：9，敞口，圆唇，弧腹，内外壁均施白釉。口径15.8厘米，残高3.8厘米（图七〇，9）。J18：10，敞口，弧腹，下腹及底残，内外壁均施半釉，釉色黑，外壁近底处无釉。口径16厘米，残高4.6厘米（图七〇，10）。

水车　1件。J18：11，木制，腐朽严重，水车骨架为铁质，水斗为木制榫卯结构，水斗长31.5厘米，宽12.7厘米，深10.5厘米，板材厚2.2厘米（图七一、图七二；彩版六，1）。

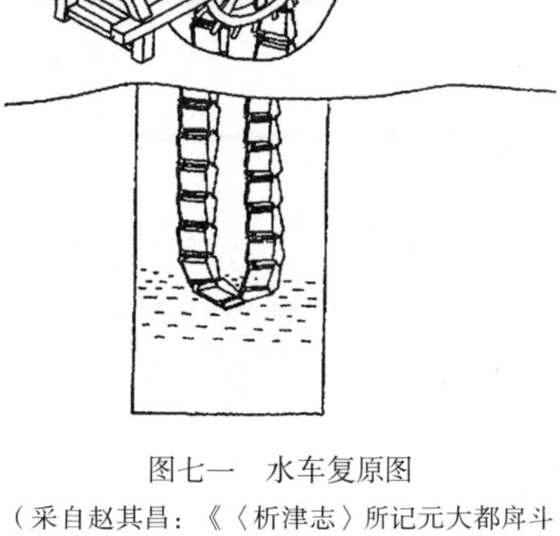

图七一　水车复原图
（采自赵其昌：《〈析津志〉所记元大都戽斗式机轮水车》，《文物》1984年第10期）

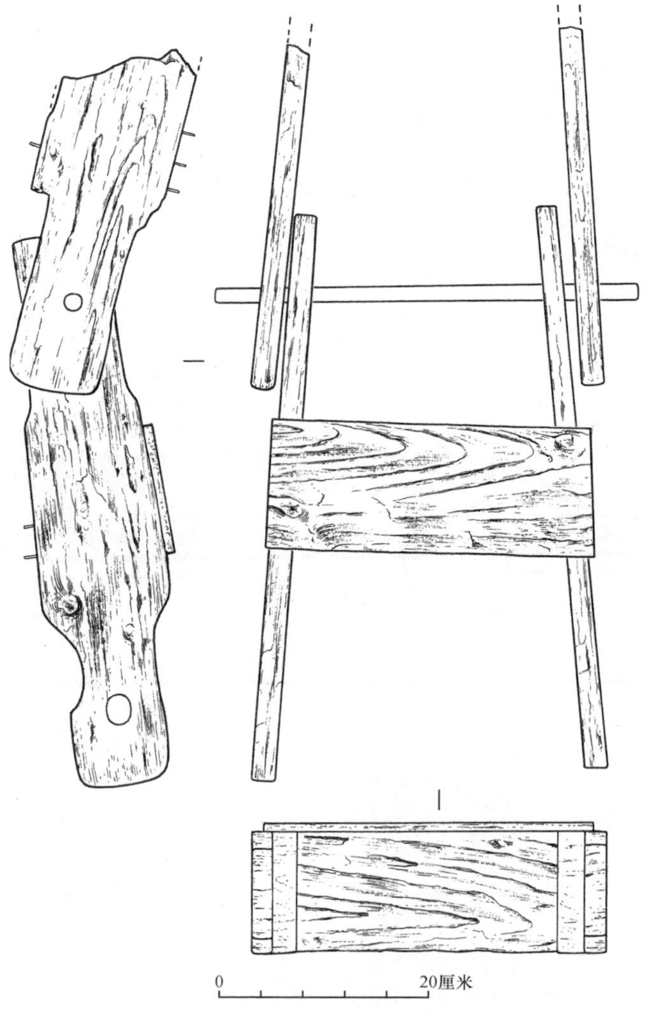

图七二　J18出土水车局部

八、J20

1. 水井概况

位于ⅡT5825西北部，方向180°。被H11打破，打破J21。井口形状呈近圆形，斜壁，底部近平。井口直径2.6米，井底直径0.9米，深6米（图七三）。

填土大略可分为2层。第1层：浅灰土，土质较软，结构疏松，包含少量植物根系和砖块等，厚3.2米；第2层：褐色土，杂有灰土，土质软，结构疏松，包含少量料礓，厚3.8米。

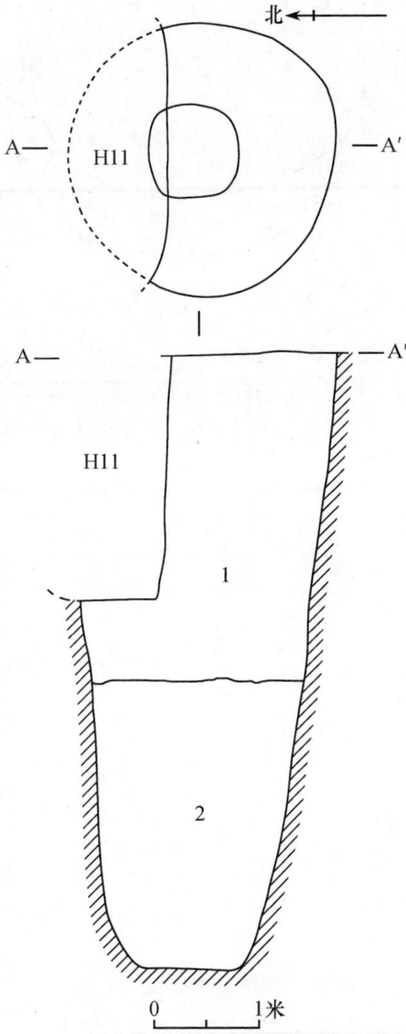

图七三　J20平、剖面图

2. 出土遗物

第2层出土少量陶片和瓷片，可辨器形有盆、碗等。

盆　1件。J20：1，泥质灰陶，口沿外翻并贴于器壁，中间留有一道缝隙，外部口沿因叠压形成一凹槽，敛口，圆唇，弧腹斜收至底，平底，素面。口径26厘米，底径18.8厘米，高9.4厘米（图七四，1；图版八，2）。

瓷碗　1件。J20：2，灰色胎，口部及上腹残，仅存下腹及圈足，施黑釉，外壁近底处及圈足露胎无釉，内壁底部有圆璧形涩圈。底径6.4厘米，残高4厘米（图七四，2）。

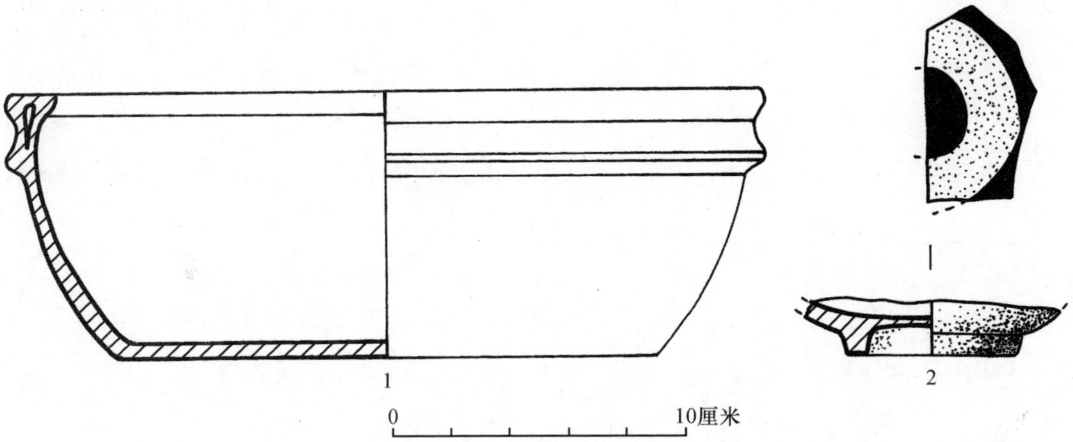

图七四　J20出土器物
1. 盆（J20：1）　2. 瓷碗（J20：2）

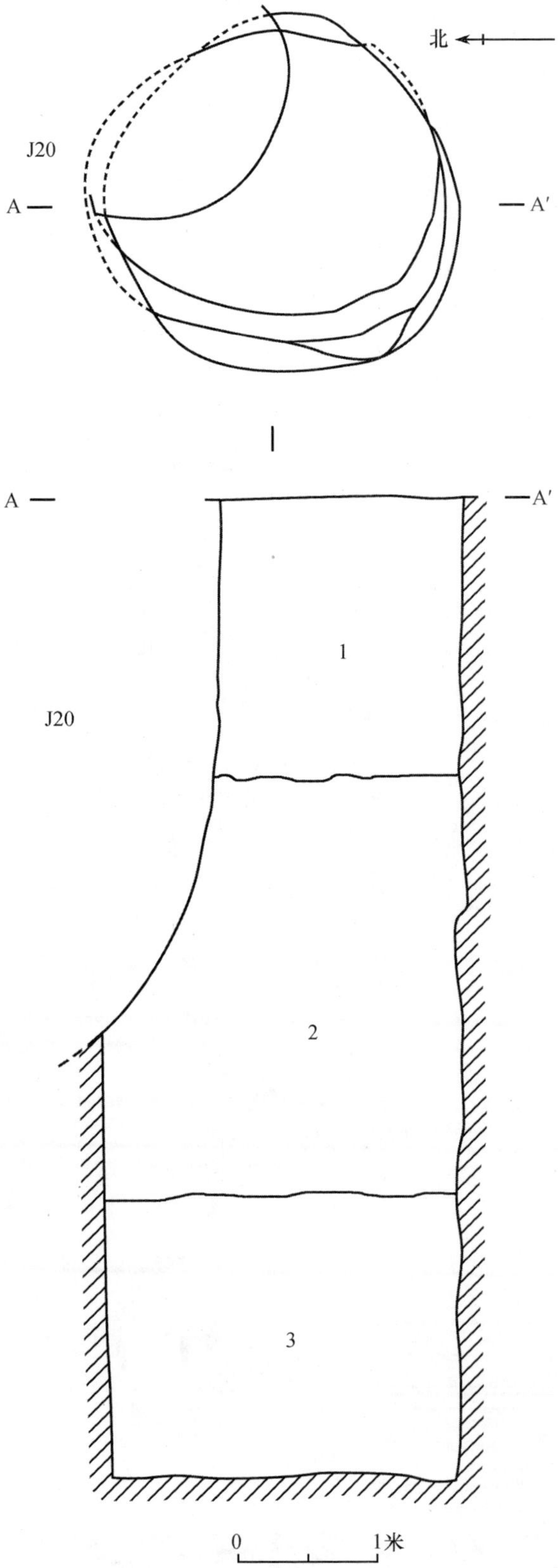

图七五　J21平、剖面图

九、J21

1. 水井概况

位于ⅡT5825的西部，方向180°。被J20打破，打破生土层。

井口形状为近圆形，直壁微斜，底部近平。井口直径2.6米，底径2.46米，深7.02米（图七五）。

填土可粗略分为3层。第1层：浅灰色土，土质软，结构疏松，包含炭屑、植物根系等，厚2米；第2层：红褐土，夹杂灰土，土质软，结构较疏松，包含料礓、碎砖块等，厚3米；第3层：为淤泥层，夹杂少量褐土，土质软，结构疏松，包含少量料礓、砖块、瓷片等，厚2.02米。

2. 出土遗物

第3层出土少量陶瓷片，陶片均为泥质灰陶，素面，可辨器形有罐等；瓷片主要为白瓷，可辨器形有碗等。

十、J23

1. 水井概况

位于ⅡT5827的中部，方向90°。开口于第2层下，打破生土层。井口形状为圆形，剖面状似漏斗。井口直径5.2米，上部5.2米斜壁内收，以下为直壁，下部井口直径约1.98米，平底，井壁保存较好，井深9.2米（图七六）。

填土可粗略分为3层。第1层：灰色土，土质较软，结构疏松，包含有植物根须，该层出土黄牛骨架一具，厚2米（彩版六，2）；第2层：浅褐色土，土质较硬，结构致密，包含少量料姜石等，厚1.1米；第3层：浅黄色土，土质较软，结构较致密，包含少量料姜石和瓷片等，厚6.1米。

2. 出土遗物

第3层近底部出土少量陶瓷片，有酱釉和白釉两种，器形为盅、罐、碗等，另见有极少量夹砂灰陶罐残片。

瓷盅　1件。J23：1，灰黄色胎，敞口，圆唇，深弧腹，矮圈足，圈足内平底，内壁及外壁中上腹施酱釉，圈足底及下腹素胎无釉。口径7.6厘米，底径4.8厘米，高4.6厘米（图七七，1）。

瓷罐　2件。J23：2，灰黄色胎，仅存下腹及底部，下腹饰弦纹，底部有楔形戳印，下腹施酱釉，圈足及内壁素胎无釉。底径6厘米，残高4.2厘米（图七七，2）。J23：5，黄白胎，敛口，平沿，方圆唇，上腹微鼓，腹施酱釉，沿部及内口部素胎无釉。口径12.6厘米，残高4.8厘米（图七七，5）。

碗　4件。J23：3，黄白色胎，仅存下腹及圈足，外壁及圈足施白釉，圈足内壁及底部素胎无釉，碗内壁底部有圆璧形涩圈，底部正中墨书花形符号。底径6厘米，残高2.8厘米（图七七，3）。J23：4，灰白色胎，仅存下腹及圈足，器内外壁施黑釉，外壁近底处和圈足素胎无釉，内壁底部有圆璧形涩圈。底径7.4厘米，残高3.2厘米（图七七，4）。J23：6，黄白胎，敞口，圆唇，浅斜腹，下腹及底残，施酱釉。口径20.4厘米，残高3.4厘米（图七七，6）。J23：7，灰白胎，仅存下腹及圈足，矮圈足，施白釉，外壁施至圈足，内壁有圆璧形涩圈。底径6厘米，残高3.2厘米（图七七，7）。

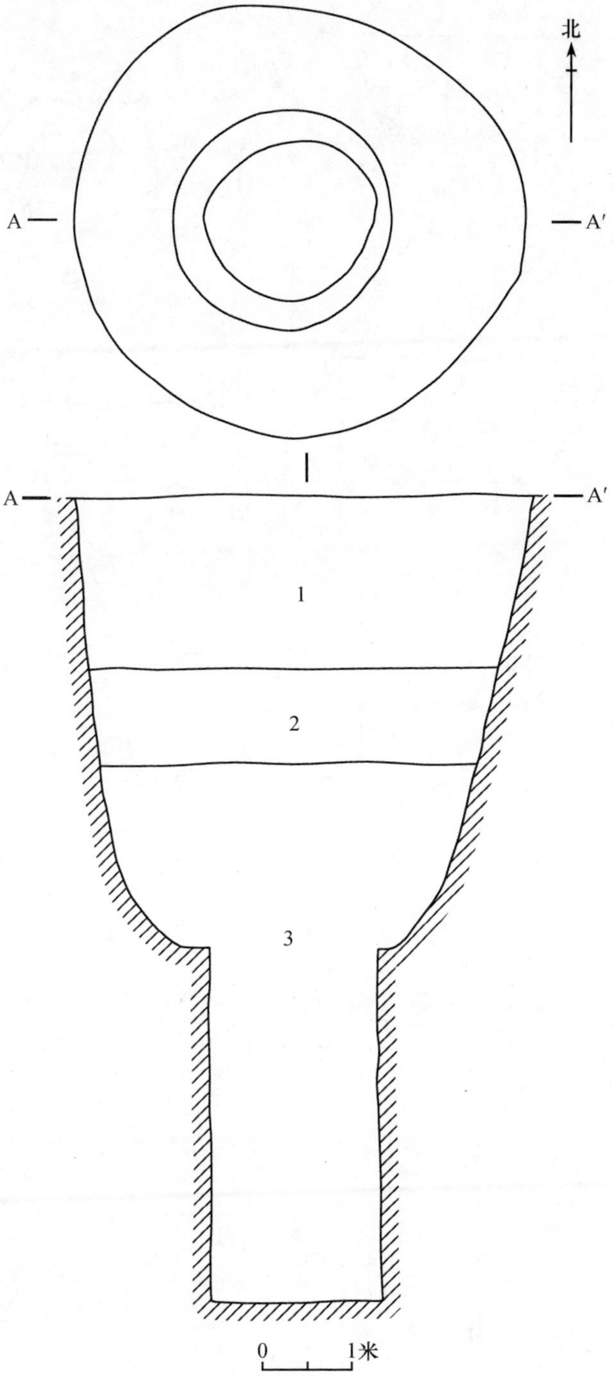

图七六　J23平、剖面图

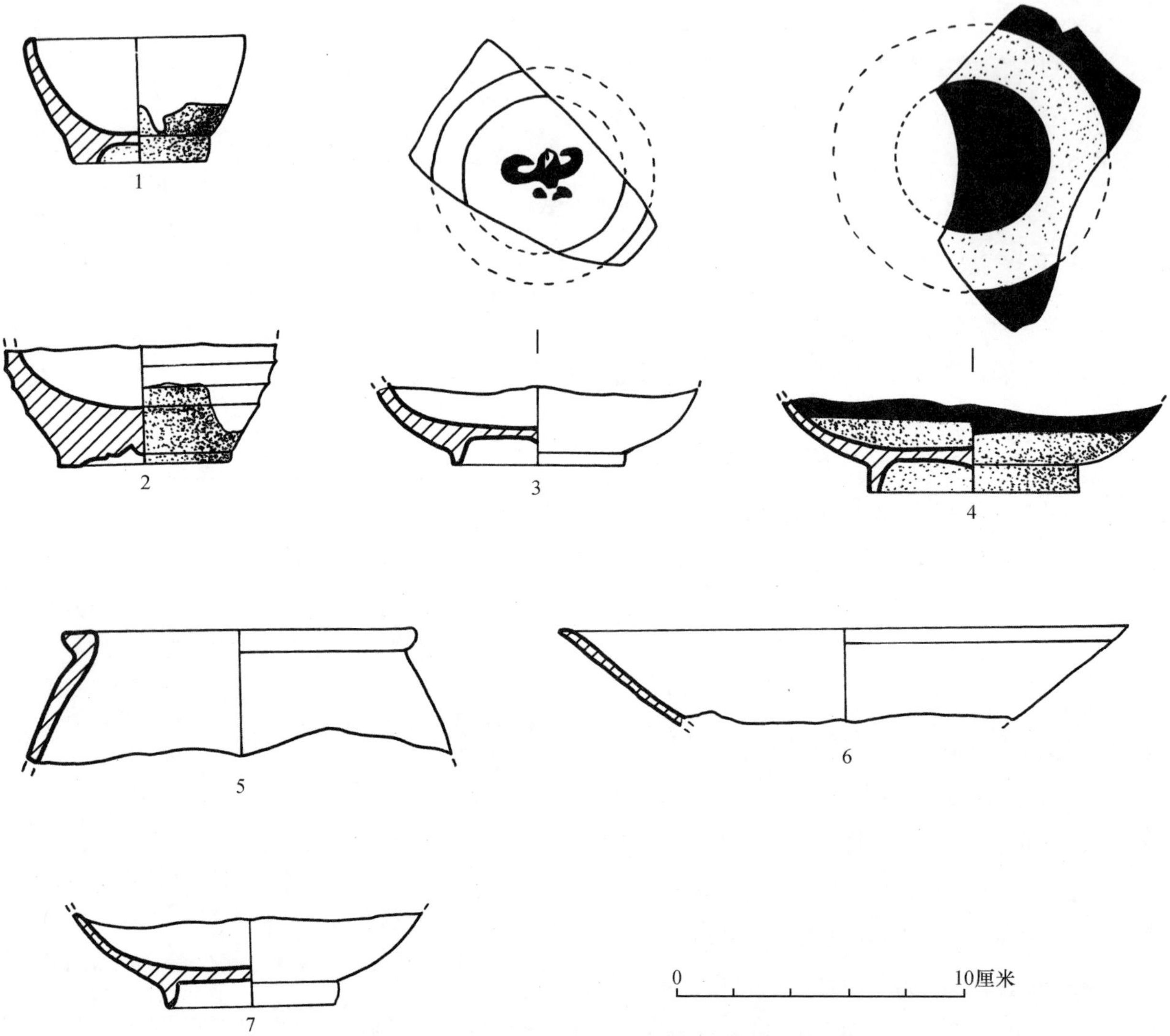

图七七　J23出土瓷器

1. 瓷盅（J23：1）　2、5. 瓷罐（J23：2、J23：5）　3、4、6、7. 瓷碗（J23：3、J23：4、J23：6、J23：7）

十一、J29

1. 水井概况

位于ⅡT5924的中部偏南，方向90°。开口于第2层下，打破生土层。井口形状呈椭圆形，井口长径5米，短径4米；上部弧壁，距口部约4米以下为直壁，平底。底部直径1.5米，井深6.5米（图七八）。

填土可分为2层。第1层：灰色土，土质较软，结构较疏松，包含少量炭屑、红烧土颗粒，厚约2.3米；第2层：褐色土，土质较软，结构致密，包含有少量料姜石，无文化遗物出土，厚4.2米。

2. 出土遗物

未发现出土遗物。

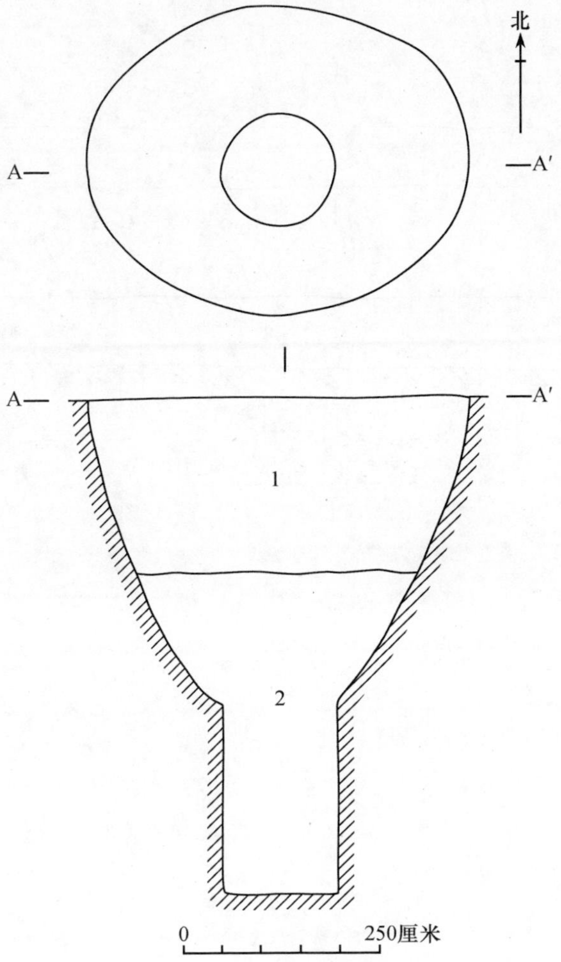

图七八　J29平、剖面图

第四节　灰　　沟

1条，即G2。

G2

1. 灰沟概况

位于ⅡT6129的东南部，西部跨ⅡT6128，东跨ⅡT6029、ⅡT6030、ⅡT5930，方向50°。开口于第2层下，向下打破生土层。沟口平面形状呈长条形，斜直壁，底较平，沟壁未见加工痕迹。沟长40米，宽2.5米，深3米（图七九）。

填土无明显分层，土色灰，近底部填土略泛青，有明显水渍，土质软，结构疏松。

2. 出土遗物

沟底出土有黑釉碎瓷片，残碎较甚，器形不可辨识。

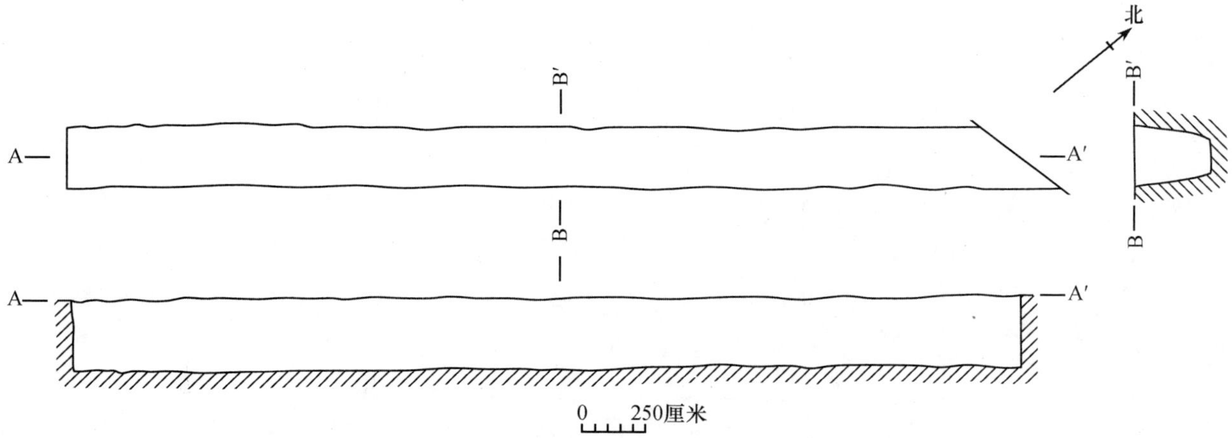

图七九　G2平、剖面图

第五章　清代遗存

清代遗存共31个，其中墓葬28座、窖穴1座、水井2眼。

第一节　墓　　葬

墓葬28座。即M6、M7、M8、M9、M11、M13、M15、M16、M17、M18、M19、M20、M27、M28、M29、M31、M32、M33、M34、M35、M36、M37、M38、M39、M40、M41、M42、M43。保存状况均较好。

一、M6

1. 墓葬概况

位于ⅠT5813北部和ⅠT5814南部，方向147°。开口于第2层下，向下打破生土层。

墓葬形制　该墓为竖穴袋状土坑墓，开口平面形状呈长方形，口小底大，至土圹中部则向左右两侧外扩，可容两棺。墓圹口部长3.1米，宽0.95～1.06米；底部长3.1米，宽1.8～2.2米；深2.18米（图八〇）。

葬具　葬具皆为木棺，女棺长2.1米，宽0.5～0.8米；男棺长2.2米，宽0.7～0.9米。因腐朽严重，厚度不详。

葬式、性别及年龄　该墓为夫妇合葬墓，皆仰身直肢，骨骼保存较好，头向东南，足向西北，东棺墓主面向左，西棺墓主面向上。经鉴定，东棺为老年女性，西棺为中年男性。

2. 随葬品

随葬银耳坠1副，铜扣14枚，铜烟具1套，镇墓瓦2件，铜钱130枚。

银耳坠　1副，2件。M6：1，位于女墓主头骨两侧，锈蚀较为严重，“S”形，末端为花形（图八一，1；彩版九；3）。

铜扣　14枚（图版八，3）。空心球状，半环状纽，整体质量较轻。球径0.5～1.1厘米。其中女棺4枚，位于女墓主胸骨之上，上下排列，编号M6：3-1～M6：3-4（图八一，2～4）；男棺10枚，位于男墓主胸骨左右两侧，编号M6：6-1～M6：6-10（图八一，5～7）。

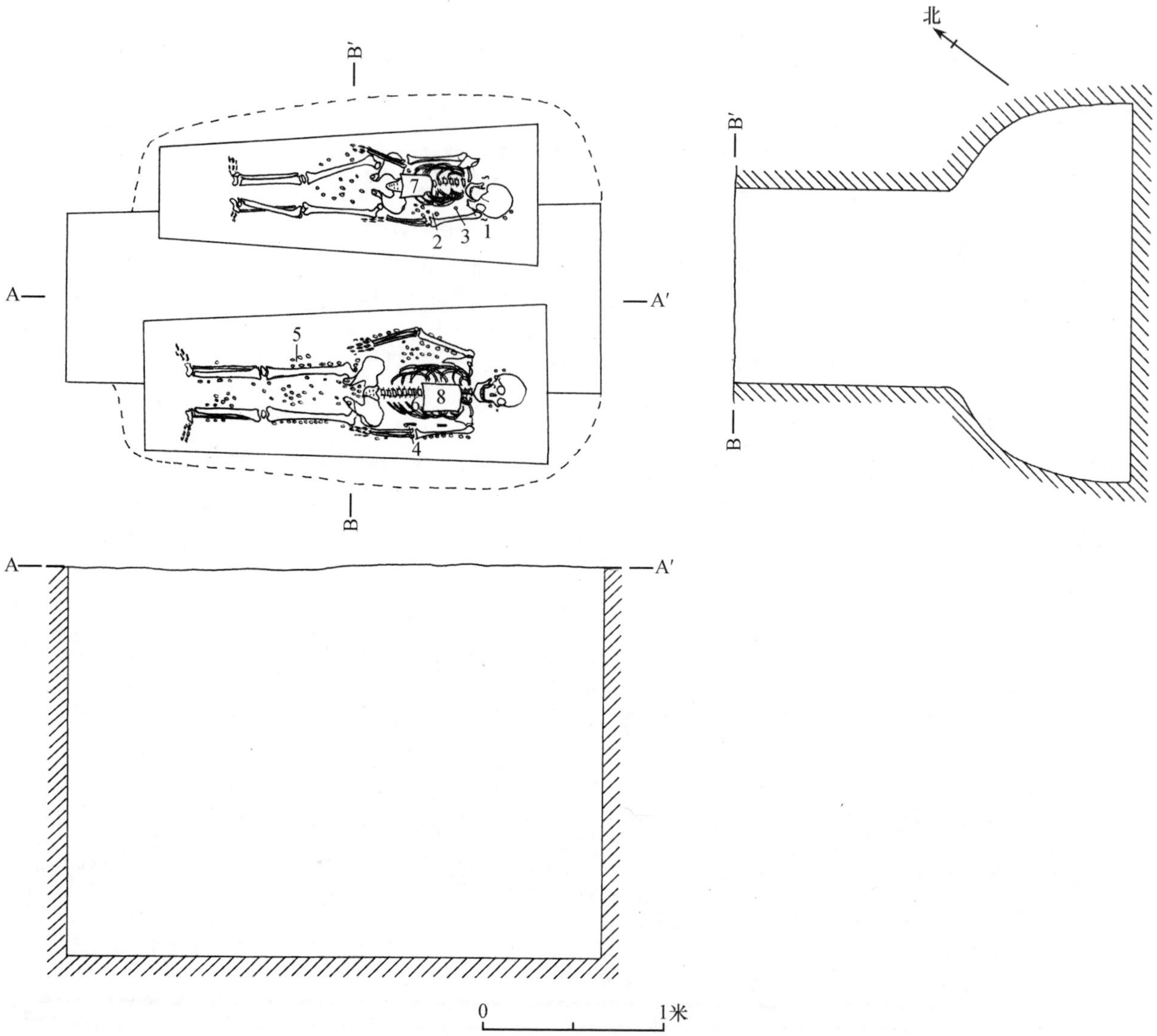

图八〇　M6平、剖面图

1. 银耳坠　2. 铜钱（40枚）　3. 铜扣（4枚）　4. 铜烟具　5. 铜钱（90枚）　6. 铜扣（10枚）　7、8. 镇墓瓦

铜烟具　1套。M6：4，位于男墓主上肢骨左侧，紧临左侧肱骨，包括烟嘴和烟斗，木杆已朽。斗径2厘米，杆径1.1厘米（图八一，8；图版八，4）。

镇墓瓦　2件。M6：7，覆置于女性尸骨之上，拱面隐约可见朱砂痕迹，已残。长22厘米，宽16厘米，厚1.1厘米。M6：8，覆置于男墓主胸骨之上，画有朱砂符箓，符箓两侧墨书“安亡大吉”、“镇墓灵符”诸字。长25厘米，宽18厘米，厚1.2厘米。

铜钱　130枚（图八二～八四）。其中女棺40枚，编号M6：2-1～M6：2-40，其中嘉祐通宝1枚，元祐通宝1枚，康熙通宝1枚，乾隆通宝20枚，嘉庆通宝15枚，钱文不详者2枚；男棺90枚，编号M6：5-1～M6：5-90。其中康熙通宝5枚，雍正通宝1枚，乾隆通宝53枚，嘉庆通宝20枚，道光通宝1枚，钱文不详者10枚。详见附表1。

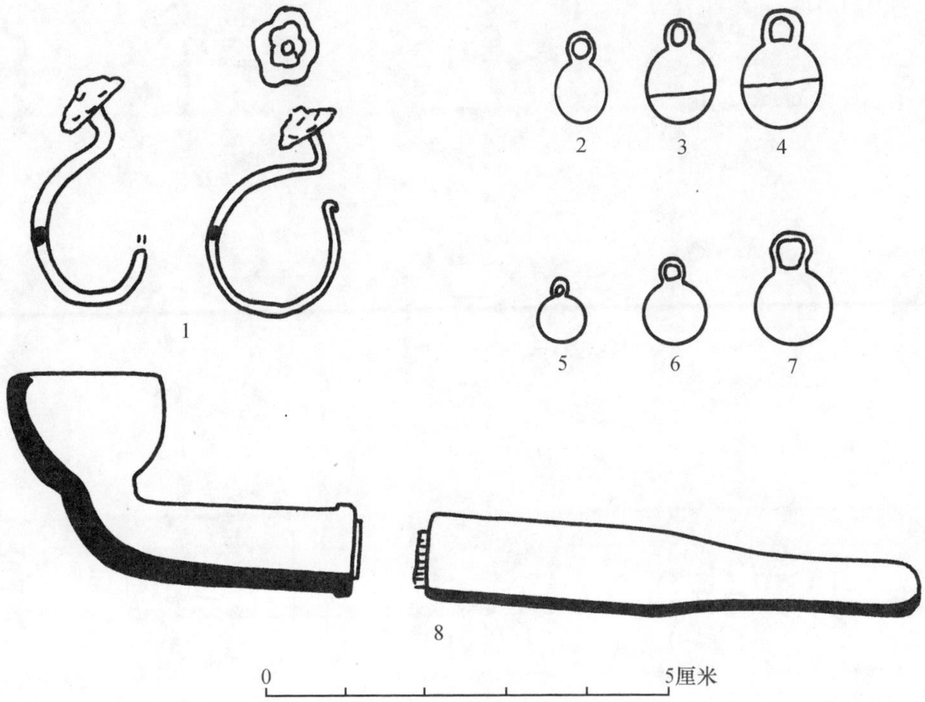

图八一　M6出土器物

1. 银耳坠（M6：1）　2～7. 铜扣（M6：3-1～M6：3-3、M6：6-1、M6：6-4、M6：6-3）　8. 铜烟具（M6：4）

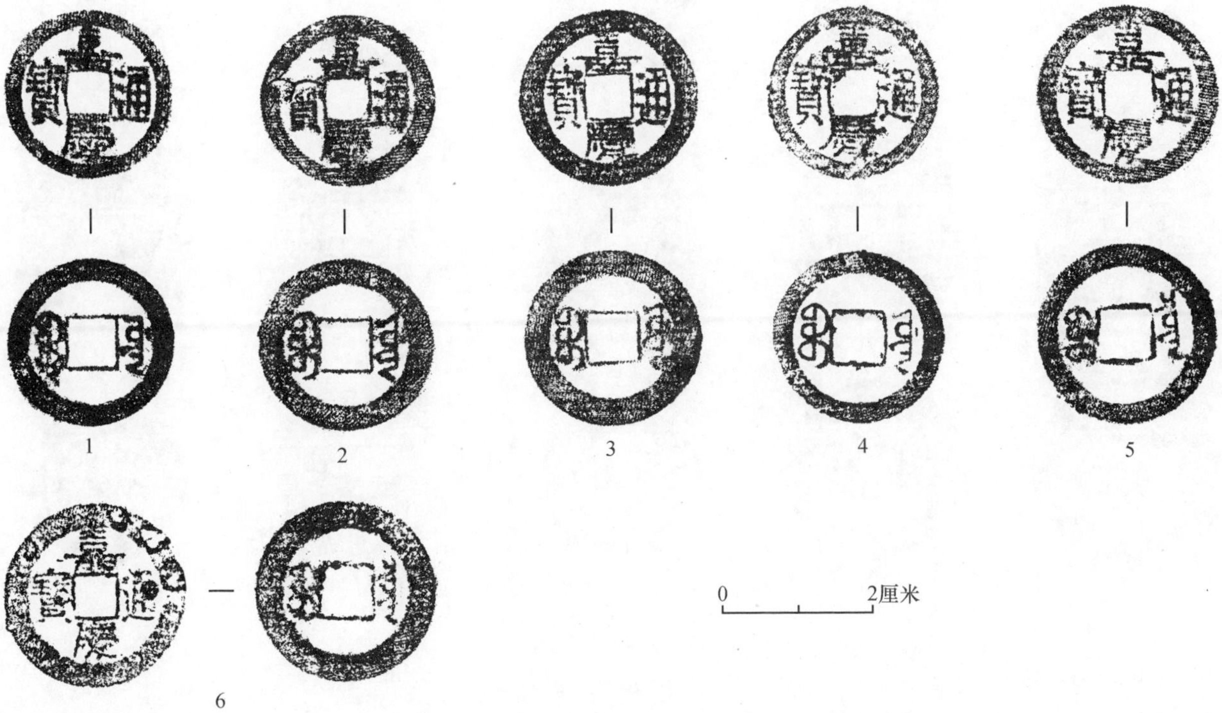

图八二　M6出土铜钱拓片（一）

1～6. 嘉庆通宝（M6：2-26～M6：2-31）

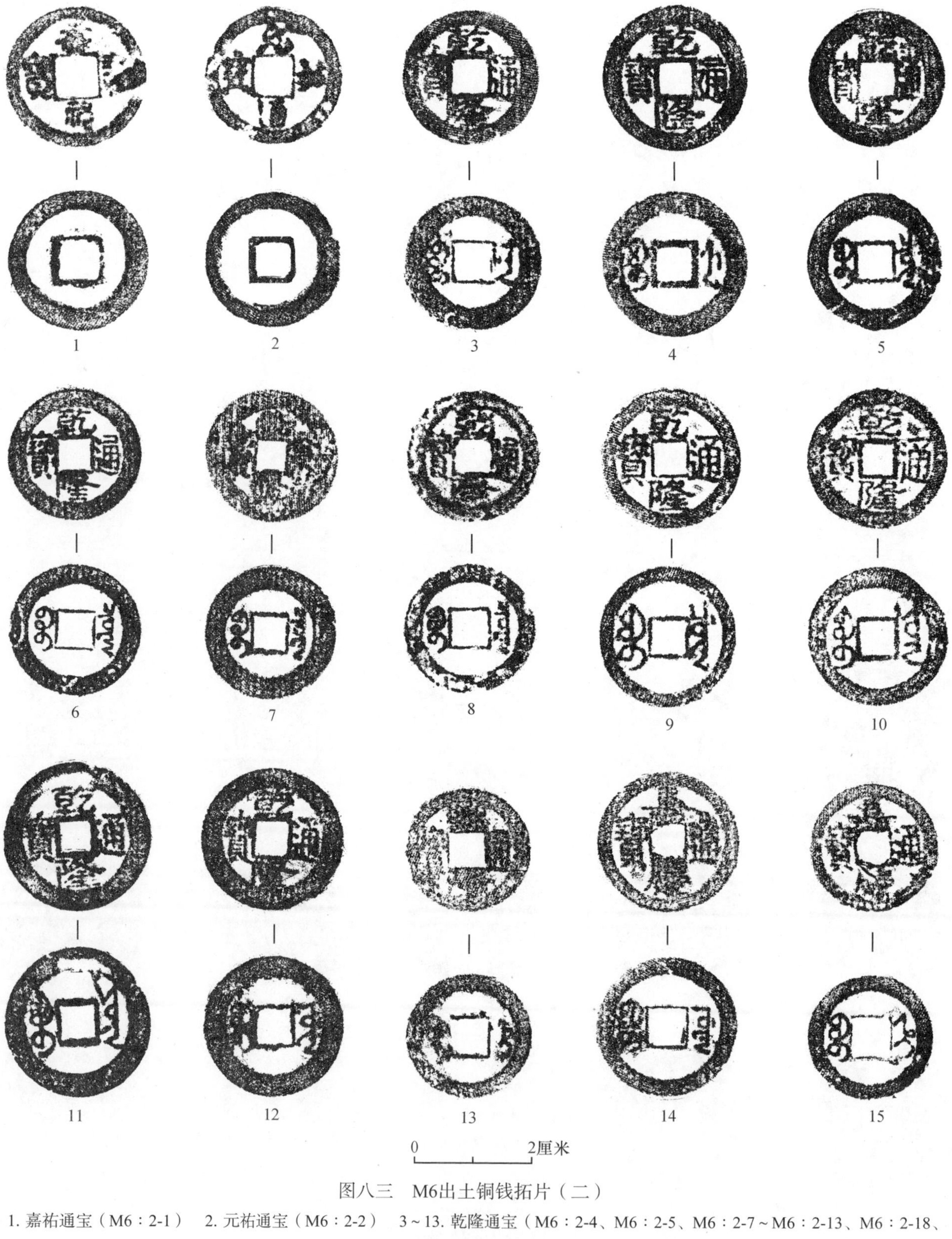

图八三　M6出土铜钱拓片（二）

1. 嘉祐通宝（M6：2-1）　2. 元祐通宝（M6：2-2）　3～13. 乾隆通宝（M6：2-4、M6：2-5、M6：2-7～M6：2-13、M6：2-18、M6：2-23）　14、15. 嘉庆通宝（M6：2-24、M6：2-25）

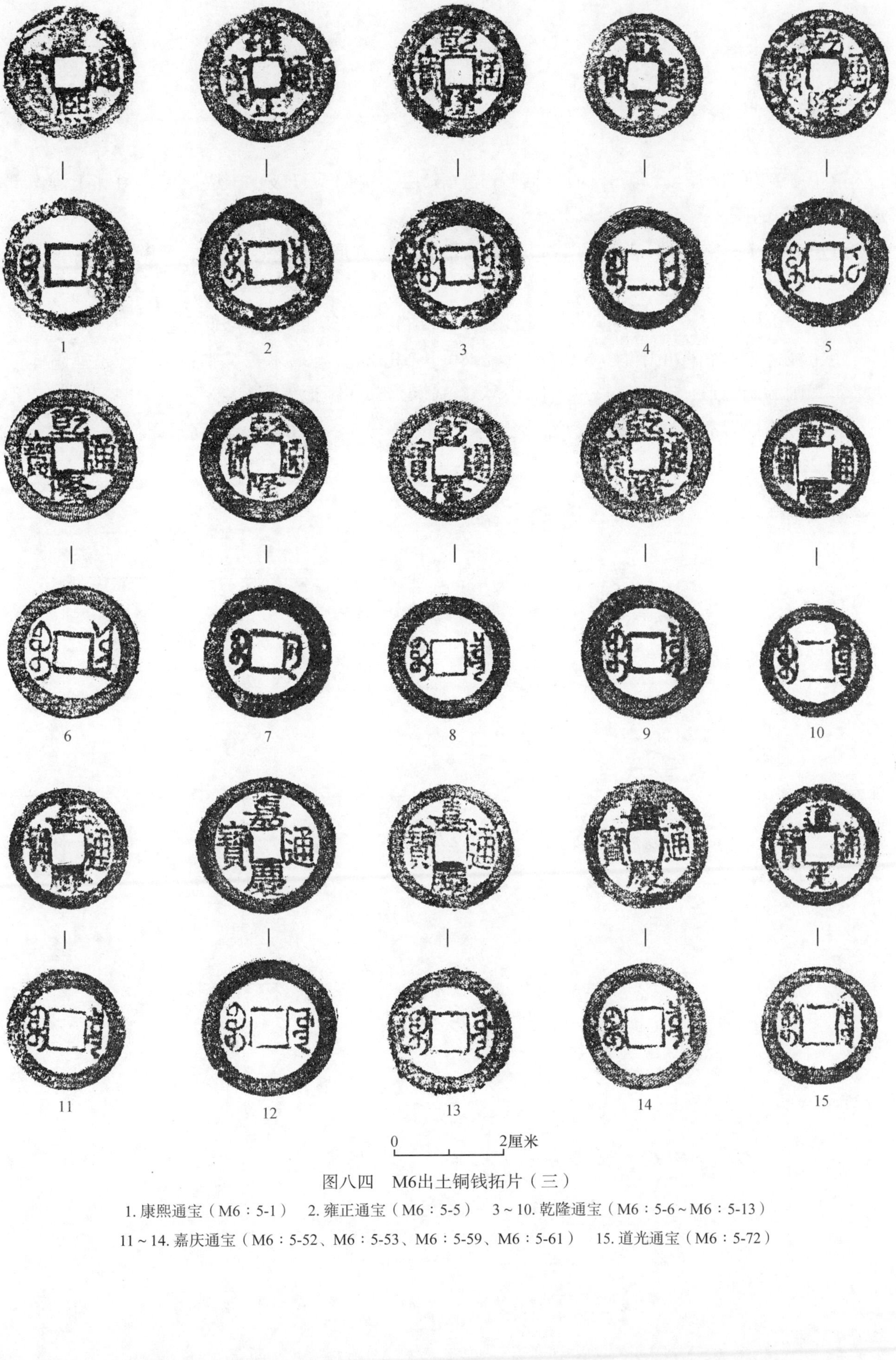

图八四　M6出土铜钱拓片（三）

1. 康熙通宝（M6：5-1）　2. 雍正通宝（M6：5-5）　3～10. 乾隆通宝（M6：5-6～M6：5-13）
11～14. 嘉庆通宝（M6：5-52、M6：5-53、M6：5-59、M6：5-61）　15. 道光通宝（M6：5-72）

二、M7

1. 墓葬概况

位于ⅠT5005的东南部，方向10°。开口于第2层下，向下打破生土层。由墓道和土洞两部分组成（图八五）。

墓道　位于墓室北端，竖井式，口部平面形状呈长方形，直壁，平底，四壁加工规整。长2.52米，宽0.8米，深1.4米。

墓室　土洞墓室位于墓道南端，顶部已坍塌，四壁弧形，墓室底部低于墓道，在近墓道处有一生土坡，墓室底部正中有一长方形土坑，坑长2.02米，宽0.8米，坑中置木棺，墓室整体形状呈不规则的椭圆形，墓底最长3.21米，最宽2.33米，墓底距地表深2.22米。

葬具　葬具为木棺，仅残存朽痕，朽痕长1.83米，宽0.5～0.64米，厚度不详。

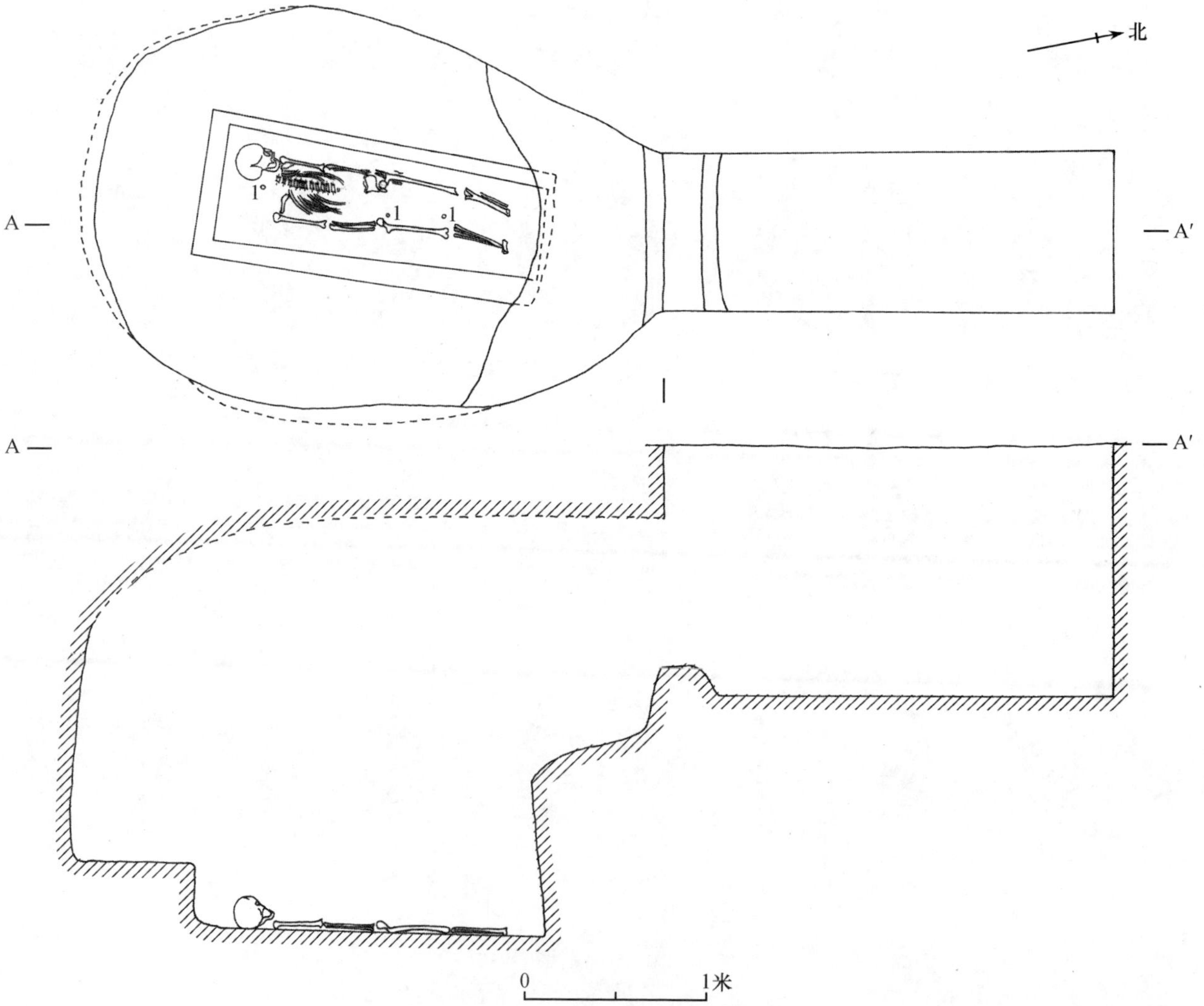

图八五　M7平、剖面图

1. 铜钱（3枚）

葬式、性别及年龄　墓室中部发现骨架一具，仰身直肢葬，头向南，足向北，面向左。骨架保存一般，经鉴定为女性，年龄不详。

2. 随葬品

随葬铜钱3枚。

铜钱　3枚。M7：1-1～M7：1-3，2整1残，钱文均为“康熙通宝”（图八六）。详见附表1。

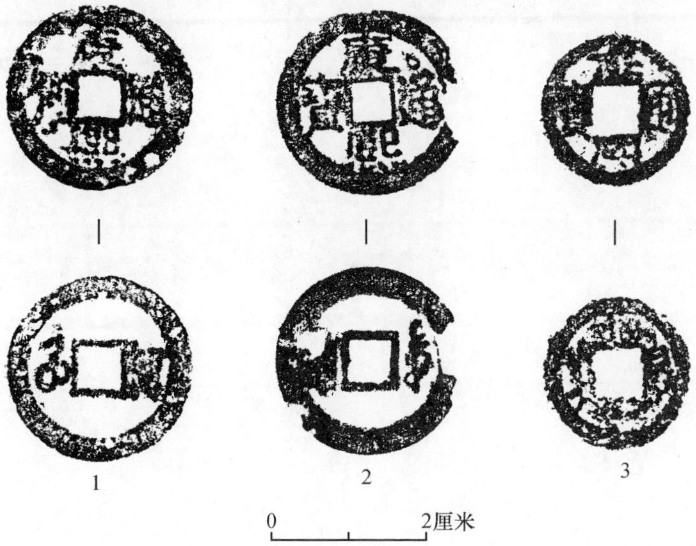

图八六　M7出土铜钱拓本
1～3. 康熙通宝（M7：1-1～M7：1-3）

三、M8

1. 墓葬概况

位于ⅠT5408南部偏西，部分延伸至ⅠT5407北部，方向172°。墓口距地表0.5米，开口于第2层下，向下打破生土层（图八七）。

墓葬形制　长方形竖穴土坑墓，墓壁上部陡直规整，下部则向两侧外扩，其中东壁外扩进深较西壁幅度稍大。墓圹口部长2.6米，宽0.98～1.1米；底部长2.6米，宽1.2～1.52米；深1.8米。

葬具　葬具为木棺，仅余朽痕，由于受填土的挤压，棺痕稍微变形，东棺朽痕长2米，宽0.34～0.52米；西棺朽痕长2米，宽0.3～0.54米 。

葬式、性别及年龄　该墓为夫妇二人合葬墓，皆仰身直肢，骨骼保存较好。头向南，足向北，面向上。经鉴定，东棺为中年女性，西棺为中年男性。

2. 随葬品

随葬铜烟具1件，铜环1枚，铜扣11枚，铜带扣1件，铜钱4枚。

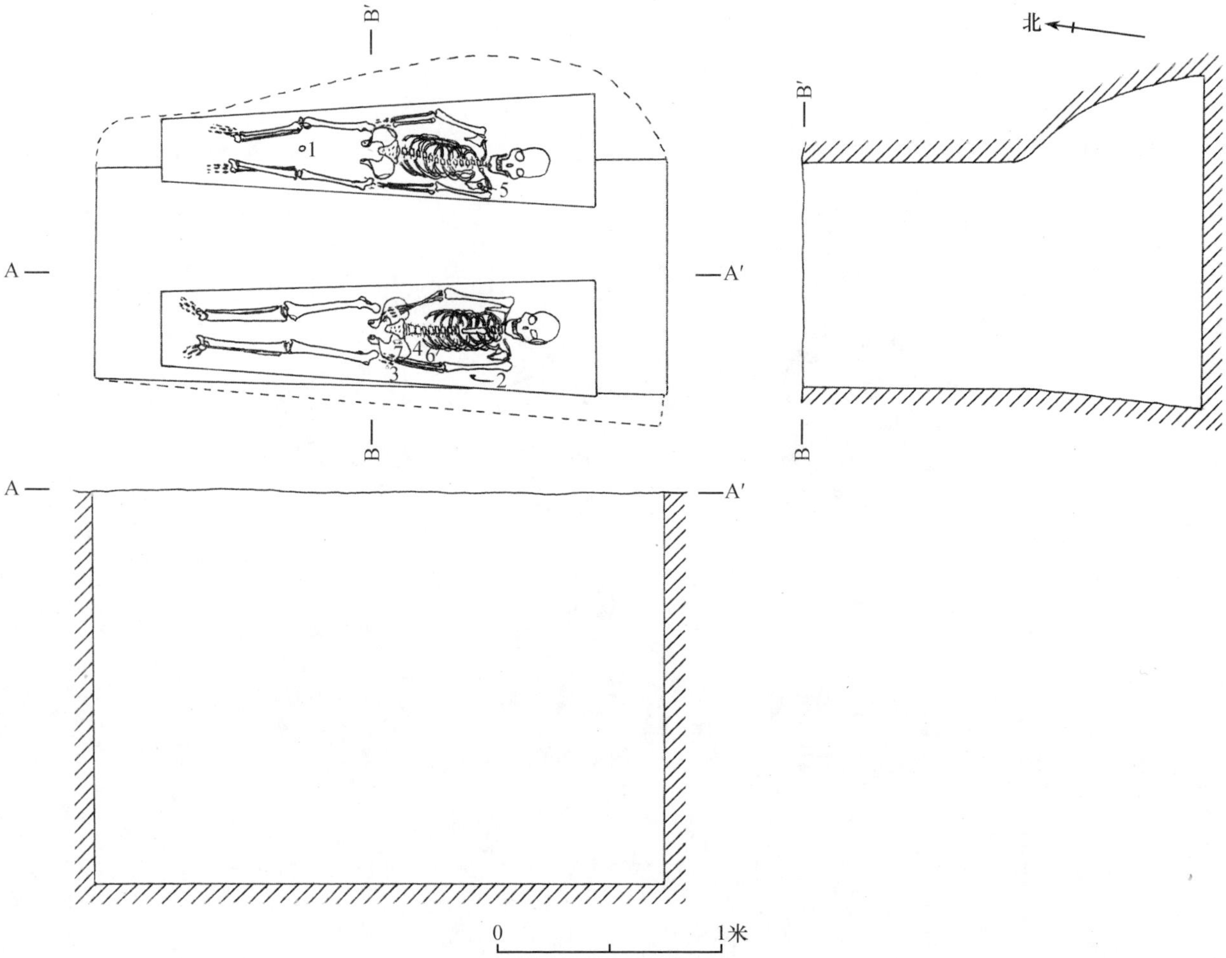

图八七　M8平、剖面图

1. 铜钱（1枚）　2. 铜烟具　3. 铜环　4. 铜钱（3枚）　5. 铜扣（7枚）　6. 铜扣（4枚）　7. 铜带扣

铜烟具　1件。M8：2，位于男墓主左侧上肢骨外侧，仅存烟斗，木制烟杆朽蚀。斗径2厘米，杆径0.8厘米（图八八，1）。

铜环　1枚。M8：3，位于男墓主左手处，系用铜板弯合而成。直径2.3厘米，宽0.25厘米（图八八，6）。

铜扣　11枚。空心球形，半环状纽，部分半环状纽之上还有铜环相连，整体质量较轻。球径0.7～1.1厘米。其中女棺7枚，编号M8：5-1～M8：5-7（图八八，2、3）；男棺4枚，编号M8：6-1～M8：6-4（图八八，4、5）。

铜带扣　1件。M8：7，位于男墓主腰间，铜质，带环呈半椭圆状，两端和铜卯相连。最长2.6厘米，最宽2厘米（图八八，7）。

铜钱　4枚。其中女棺1枚，位于下肢骨中部。编号M8：1，钱文“乾隆通宝”；男棺3枚，位于墓主尸骨之下。编号M8：4-1～M8：4-3，其中乾隆通宝2枚，嘉庆通宝1枚。详见附表1。

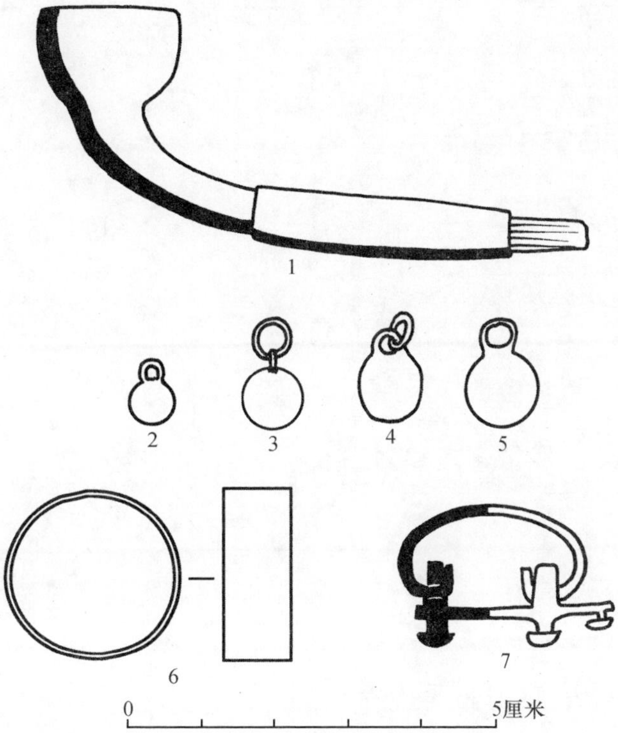

图八八 M8出土遗物

1. 铜烟具（M8：2） 2～5. 铜扣（M8：5-1、M8：5-3、M8：6-3、M8：6-4） 6. 铜环（M8：3） 7. 铜带扣（M8：7）

四、M9

1. 墓葬概况

位于ⅠT4811西中部和ⅠT4711东部，方向350°。墓口距地表0.3米，开口于第2层下，向下打破生土层。该墓由墓道和砖券墓室两部分组成（图八九；图九〇；图版四，1）。

墓道 位于墓室北端，竖井坡式，口部平面形状略呈梯形，长1.6米，宽0.5～0.94米，深1～1.8米。

墓室 砖券墓室建于方形土圹之内，土圹边长3.4米，深2.4米；墓室系用青砖砌筑，并用白灰浆灌缝。拱券跨东西而起，单砖起券，上伏两层青砖，其中南端直抵土圹。墓室进深2.6米，宽2.6～2.7米，高2.1米，壁厚0.22～0.4米。

葬具 均为木棺。其中西侧木棺长1.9米，宽0.5～0.54米；中部木棺长1.8米，宽0.36～0.48米；东侧木棺长1.9米，宽0.58～0.68米。

葬式、性别及年龄 该墓为夫妇三人合葬墓，皆仰身直肢葬，骨骼保存较好，头向南，足向北，面向上（图版四，2）。经鉴定，西侧人骨为中年男性；中为少年女性；东为中年女性。

2. 随葬品

随葬铜钱137枚，铜扣2枚。

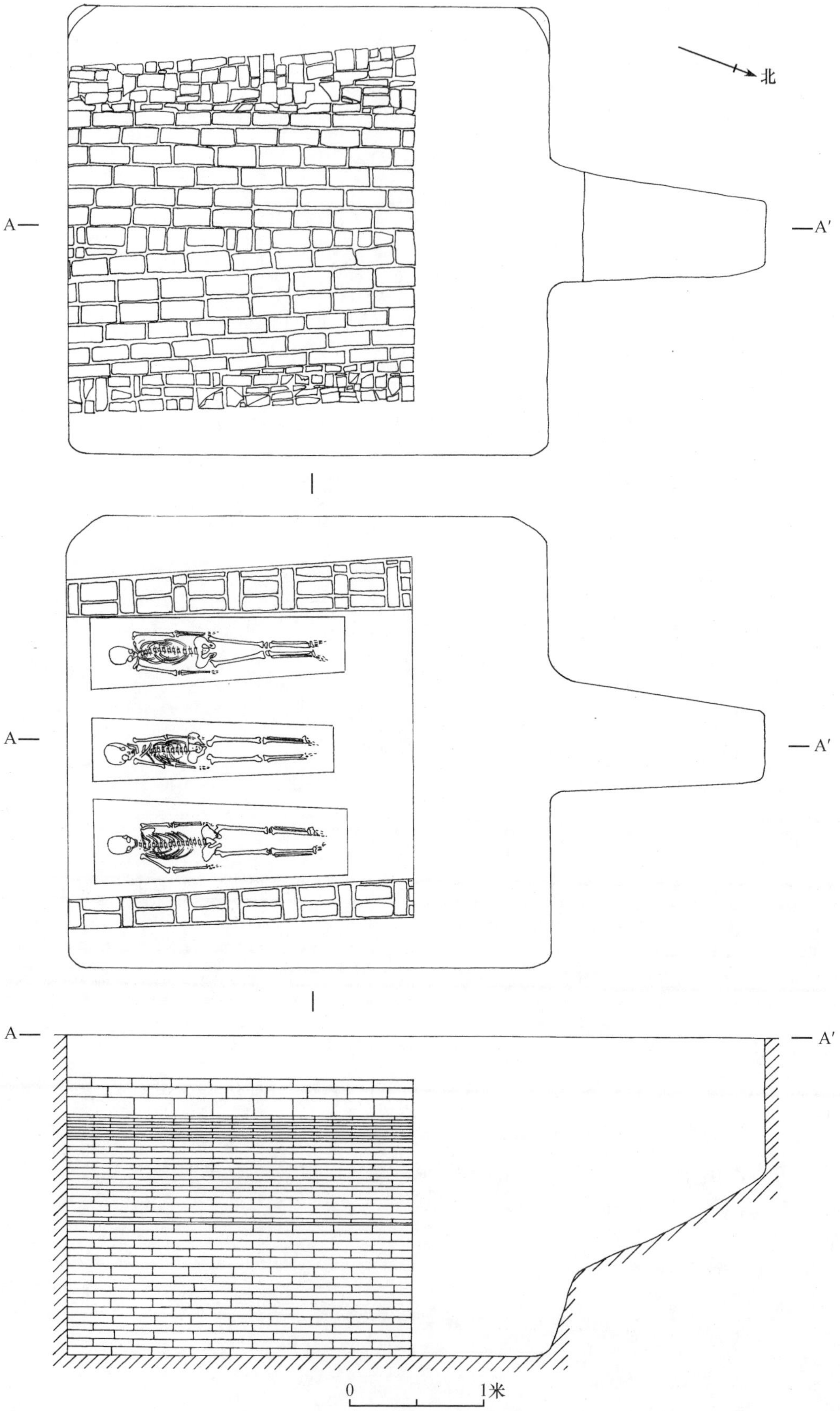

图八九　M9平、剖面图

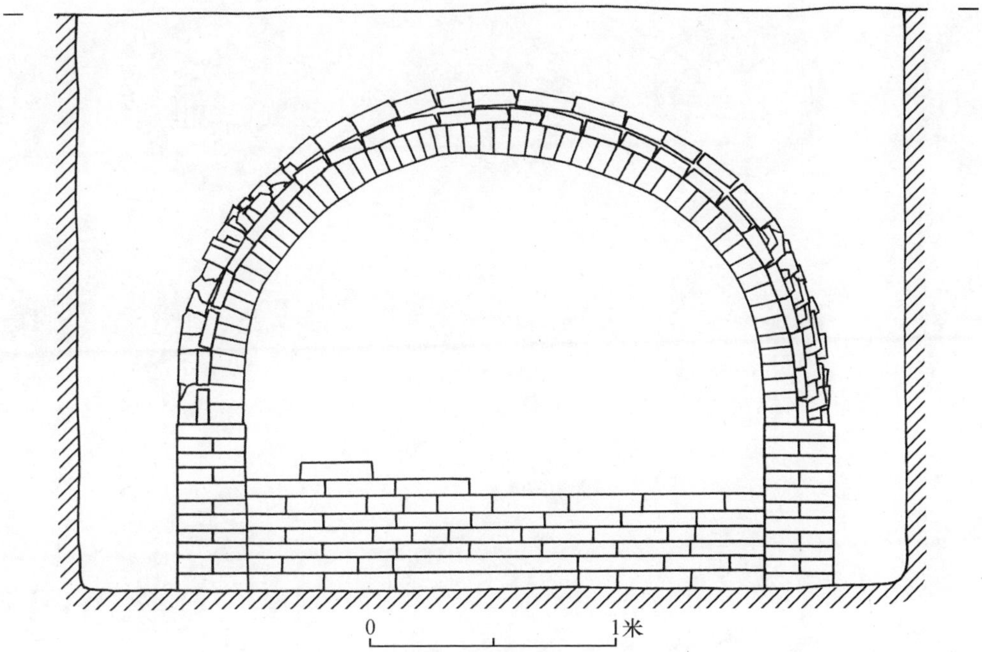

图九〇　M9墓室正视图

铜钱　皆位于墓主尸骨之下（图九一、图九二）。其中西棺80枚，编号M9：2-1～M9：2-80，其中康熙通宝3枚，乾隆通宝48枚，嘉庆通宝23枚，钱文不详者6枚；东棺57枚，编号M9：1-1～M9：1-57，其中乾隆通宝34枚，嘉庆通宝14枚，道光通宝9枚。详见附表1。

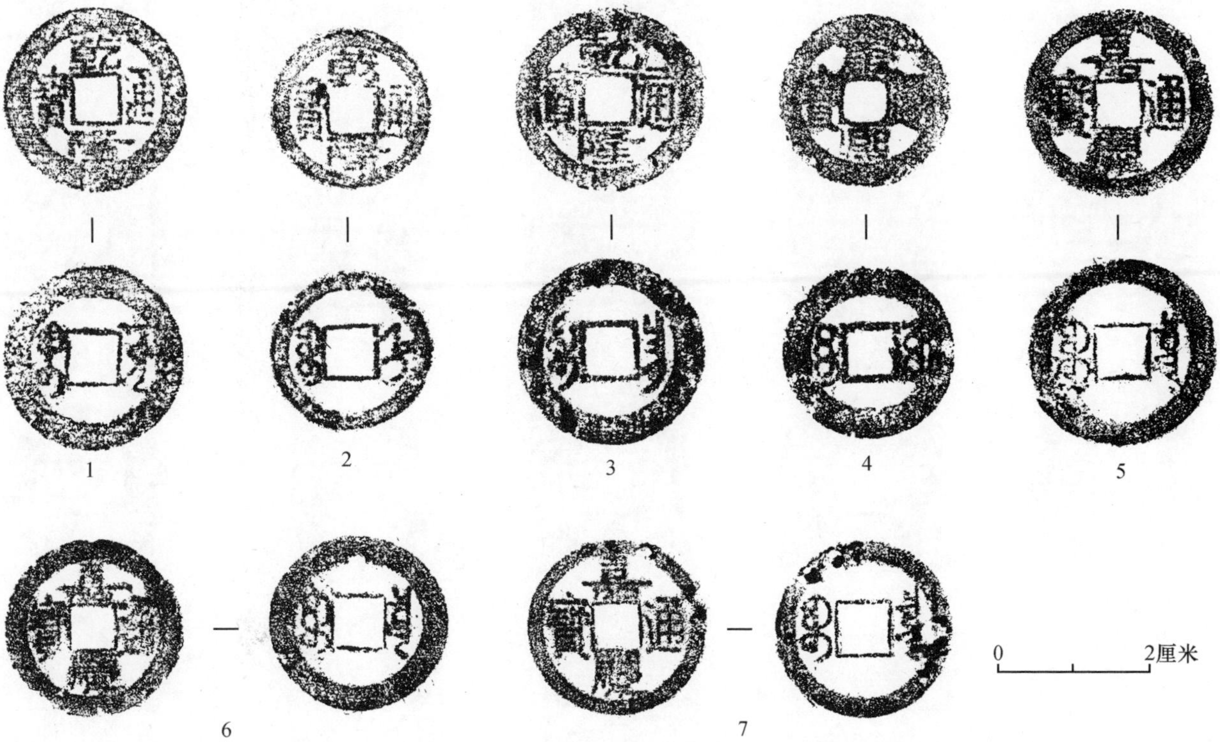

图九一　M9出土铜钱拓片（一）

1～3. 乾隆通宝（M9：1-30～M9：1-32）　4. 康熙通宝（M9：2-2）　5～7. 嘉庆通宝（M9：2-53～M9：2-55）

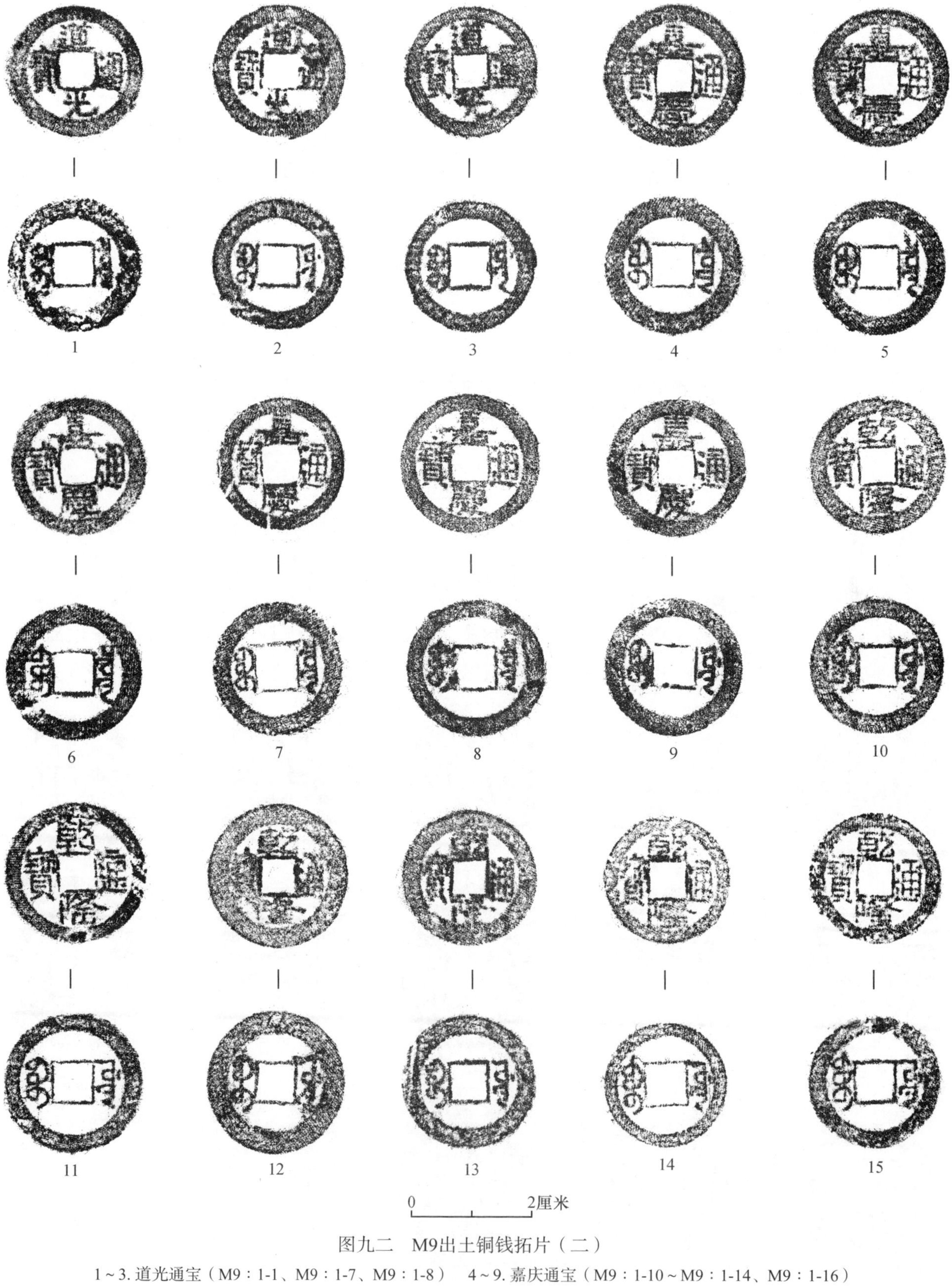

图九二　M9出土铜钱拓片（二）

1～3. 道光通宝（M9：1-1、M9：1-7、M9：1-8）　4～9. 嘉庆通宝（M9：1-10～M9：1-14、M9：1-16）

10～15. 乾隆通宝（M9：1-24～M9：1-29）

铜扣　2枚。标本M9：3，位于东棺墓主颈部，空心球形，半环状纽，整体质量较轻。球径0.9厘米。

五、M11

1. 墓葬概况

位于ⅠT4408的中南部，方向108°。墓口距地表0.38米，开口于第2层下，向下打破生土层。

墓葬形制　该墓为长方形竖穴土坑墓，直壁，平底。墓圹长2.7米，宽0.68～0.84米，深2.7米（图九三）。

葬具　葬具为木棺，朽痕呈片状分布，具体尺寸不详。

葬式、性别及年龄　墓主为单人仰身直肢葬，骨架保存较好，头向东偏南，足向西偏北，面向上。经鉴定为中年女性。

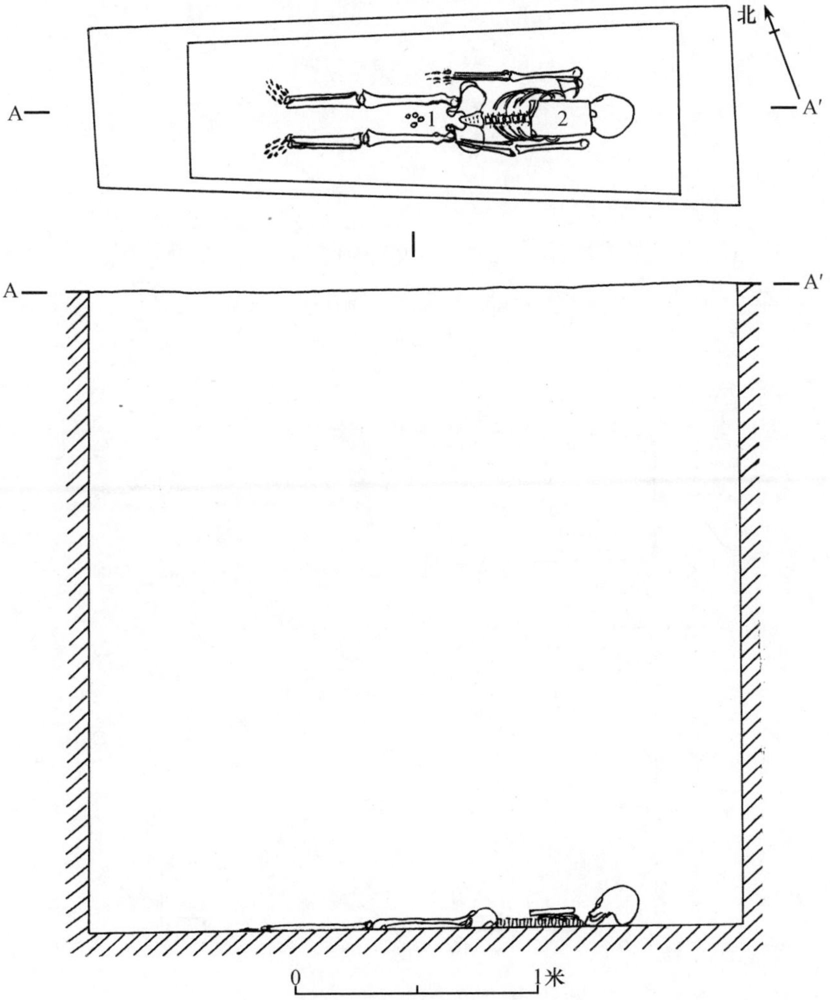

图九三　M11平、剖面图
1. 铜钱（4枚）　2. 镇墓瓦

2. 随葬品

随葬铜钱4枚及镇墓瓦1件。

铜钱　4枚。位于墓主下肢骨处。编号M11：1-1～M11：1-4，其中“道光通宝”2枚（图九四），钱文不详者2枚。详见附表1。

镇墓瓦　1件。M11：2，覆置于墓主胸部上方，拱面隐约可见有朱砂，可能是符箓之属。瓦长34厘米，宽17厘米，厚1.2厘米。

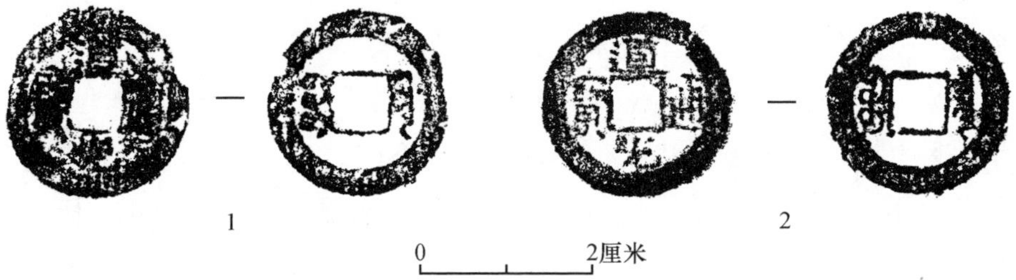

图九四　M11出土铜钱拓片

1、2. 道光通宝（M11：1-1、M11：1-2）

六、M13

1. 墓葬概况

位于ⅠT5212东部偏南，方向170°。墓口距地表0.5米，开口于第2层下，向下打破生土层。

墓葬形制　该墓为长方形竖穴土坑墓，直壁，平底。墓圹长2.6米，宽0.66～0.78米，深1.6米（图九五）。

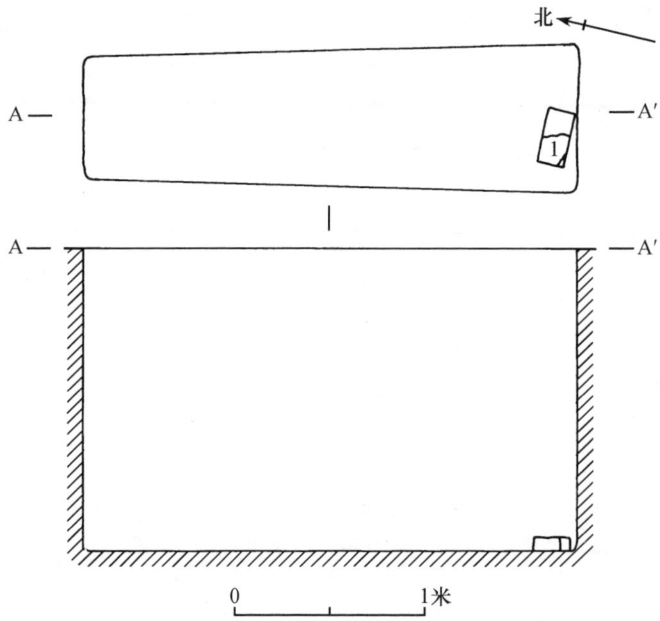

图九五　M13平、剖面图

1. 押圹砖

葬具　不详。

葬式、性别及年龄　未发现人骨。

2. 随葬品

随葬押圹砖1件 。

押圹砖　M13：1，位于墓底南端，上部有朱砂痕迹，已模糊不清，疑似道符之属。砖长32厘米，宽11厘米，厚5.6厘米。

七、M15

1. 墓葬概况

位于ⅠT5408西南部，部分延伸至ⅠT5407西北部，东邻M8，西邻M16，南邻M17，北邻M18、M19、M20，方向190°。墓口距地表0.5米，开口于第2层下，向下打破生土层。

墓葬形制　该墓平面形状呈梯形，为竖穴土坑夫妇合葬墓，南北两壁陡直规整，西壁近直，下部微内收，东壁斜向外张，底平整。墓圹口部长2.5米，宽1.4～1.8米；底部长2.5米，东西宽1.42～1.92米；墓深1.7米（图九六）。

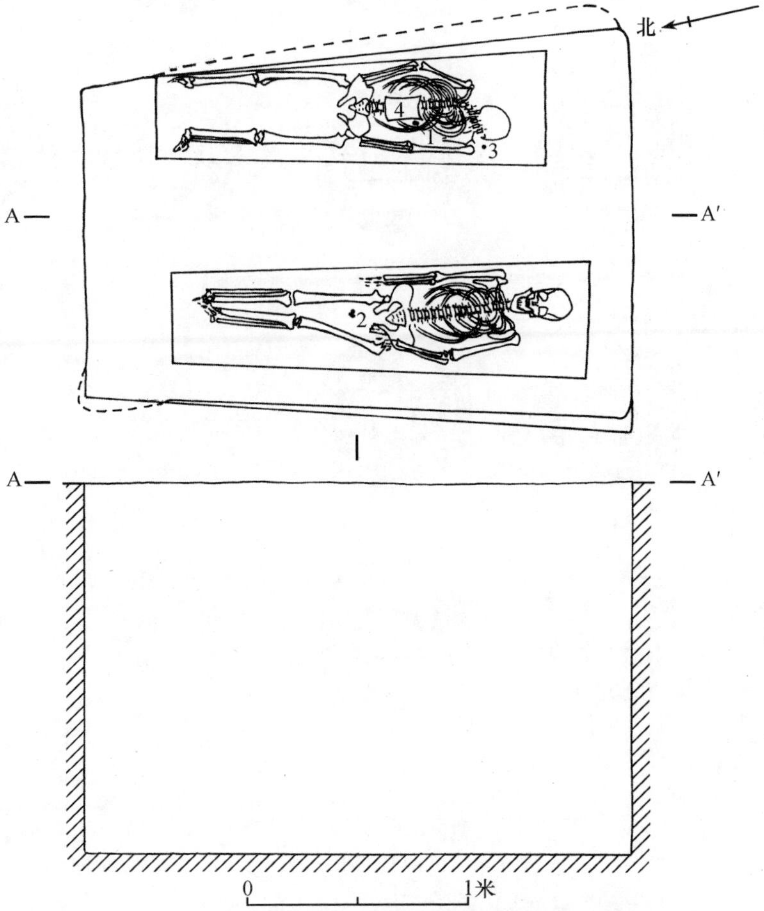

图九六　M15平、剖面图

1. 铜钱（8枚）　2. 铜钱（18枚）　3. 铜钱（12枚）　4. 镇墓瓦

葬具　葬具为木棺，仅余朽痕。由于受外力挤压，棺痕已变形。东棺痕长1.8米，宽0.32～0.52米；西棺痕长1.92米，宽0.4～0.55米。

葬式、性别及年龄　墓主葬式均为仰身直肢，头向南，足向北。东侧墓主面向下，西侧面向上。东棺为老年女性，头骨和脊椎骨绞连在一起，扭曲严重，推测形成这种现象的原因是在尸体尚未完全腐烂之前棺内进水，从而导致尸体发生位移；西棺为中年男性，骨架保存较好。

2. 随葬品

随葬铜钱38枚，镇墓瓦1件。

铜钱　38枚（图九七～九九）。东棺20枚，其中12枚置于墓主头部左侧，编号M15：3-1～M15：3-12，其中“乾隆通宝”4枚，“嘉庆通宝”1枚，“道光通宝”2枚，钱文不详者5枚；其余8枚位于人骨之下，编号M15：1-1～M15：1-8，其中“康熙通宝”1枚，“乾隆通宝”3枚，“嘉庆通宝”1枚，“道光通宝”3枚；西棺18枚，编号M15：2-1～M15：2-18，18枚铜钱连在一起，应有绳索穿引，置于墓主两腿之间。其中“乾隆通宝”6枚，“嘉庆通宝”7枚，“道光通宝”4枚，钱文不详者1枚。

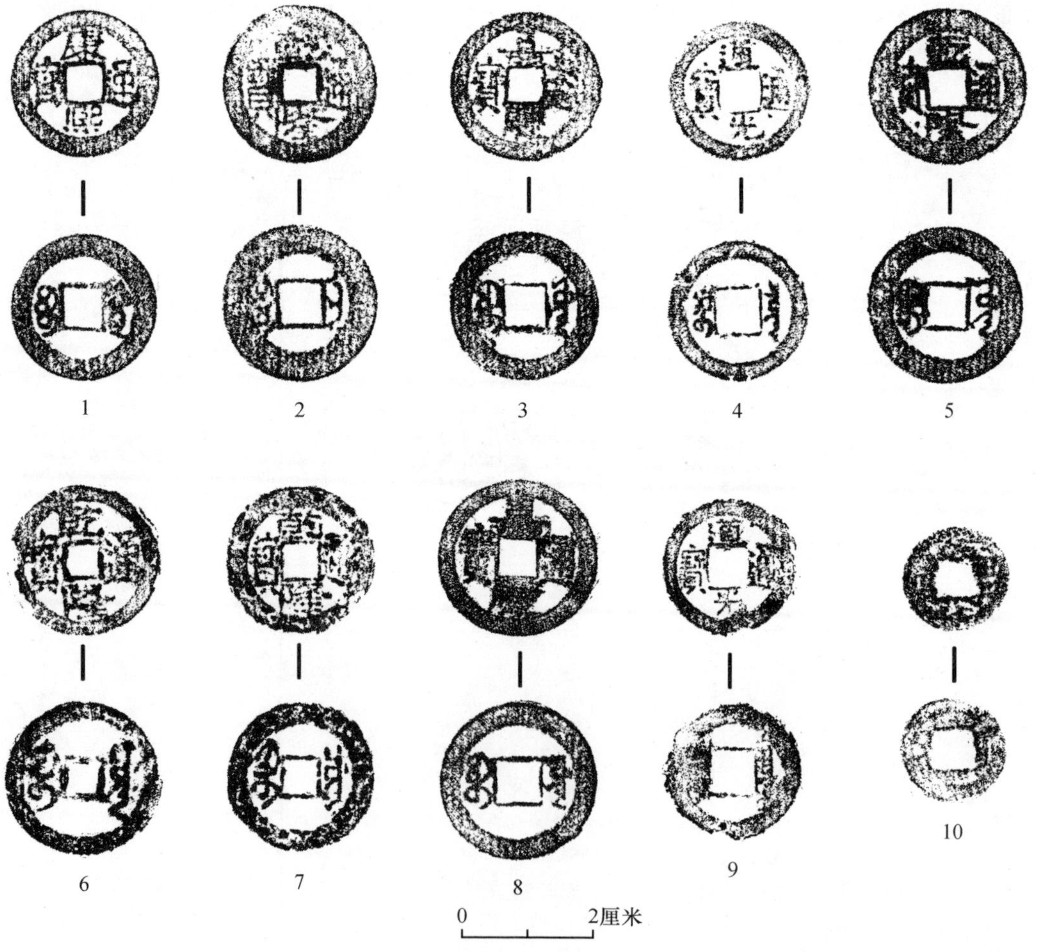

图九七　M15出土铜钱拓片（一）

1. 康熙通宝（M15：1-1）　2、5～7. 乾隆通宝（M15：1-3、M15：3-1～M15：3-3）　3、8. 嘉庆通宝（M15：1-5、M15：3-5）　4、9、10. 道光通宝（M15：1-6、M15：3-6、M15：3-7）

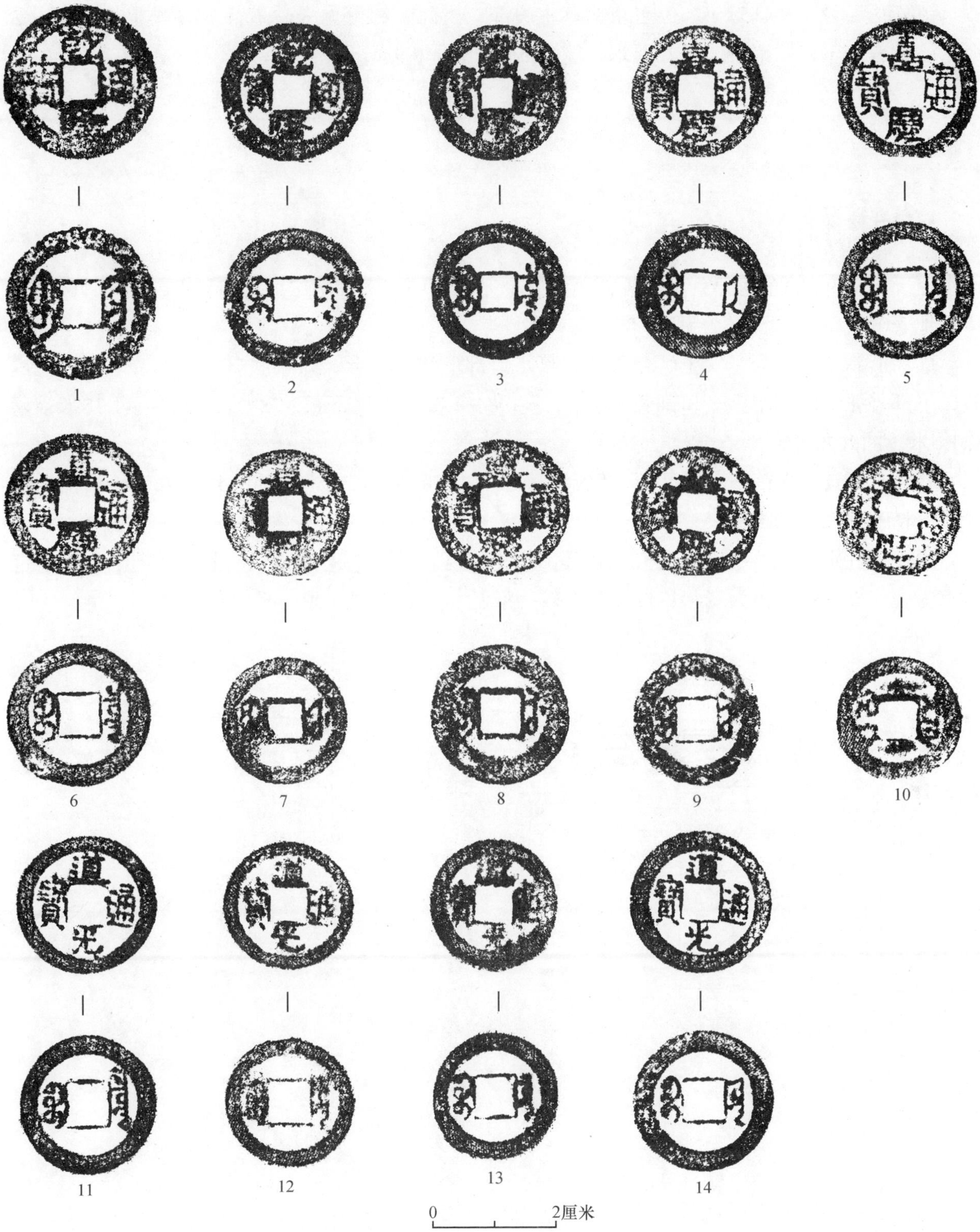

图九八　M15出土铜钱拓片（二）

1～3. 乾隆通宝（M15：2-1～M15：2-3）　4～10. 嘉庆通宝（M15：2-8～M15：2-13）

11～14. 道光通宝（M15：2-14～M15：2-17）

镇墓瓦　1件。M15：4，位于东棺墓主腹部，拱面隐约可见朱砂道符，两侧墨书“神弓受命”、“普扫不祥”诸字。长22厘米，宽15.5厘米，厚0.9厘米。

八、M16

1. 墓葬概况

位于ⅠT5308的东南部，南部延伸至方外，东临M15，南临M17，北临M19，方向176°。墓口距地表0.5米，开口于第2层下，向下打破生土层。

墓葬形制　该墓为竖穴土坑合葬墓，墓圹口部形状呈梯形，口小底略大，四壁上部陡直规整，下部外张，底部平整。口部长2.68米，宽0.8～1.05米。底部长2.78米，宽0.96～1.38米；墓深1.6米（图九九）。

葬具　葬具为木棺，木质已朽，仅余朽痕。东棺朽痕长1.76米，宽0.34～0.46米；西棺朽痕长1.76米，宽0.22～0.5米。

葬式、性别及年龄　该墓为夫妇合葬，均为仰身直肢，头向南，足向北，面向上。经鉴定东棺为中年女性；西棺为老年男性，骨架较为散乱，应是迁葬所致。

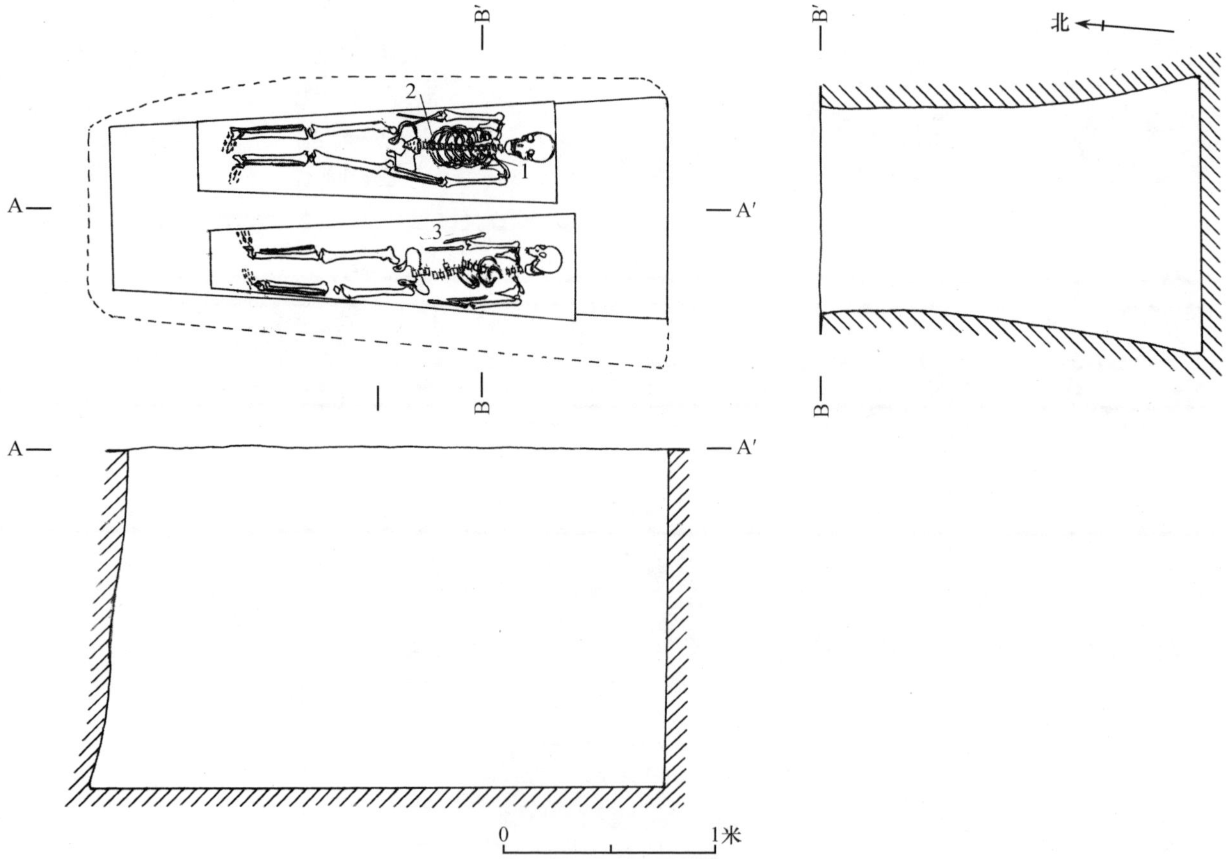

图九九　M16平、剖面图

1. 铜钱（4枚）　2. 铜扣（12枚）　3. 铜烟具

2. 随葬品

随葬铜钱4枚，铜扣12枚，铜烟具1套，镇墓瓦2件。

铜钱　4枚。均发现于东棺，编号M16：1-1～M16：1-4（图一〇〇，1、2），其中元祐通宝1枚，乾隆通宝3枚。详见附表1。

图一〇〇　M16出土铜钱拓片

1. 元祐通宝（M16：1-1）　2. 乾隆通宝（M16：1-4）

铜扣　12枚。均发现于东棺。标本M16：2，空心球状，出土时锈蚀严重，部分仅余朽痕。球径0.8～1.1厘米。

铜烟具　1套。M16：3，置于西棺人骨的右臂处，包含烟嘴和烟斗，木杆已朽。斗径2.4厘米，杆径1厘米（图一〇一）。

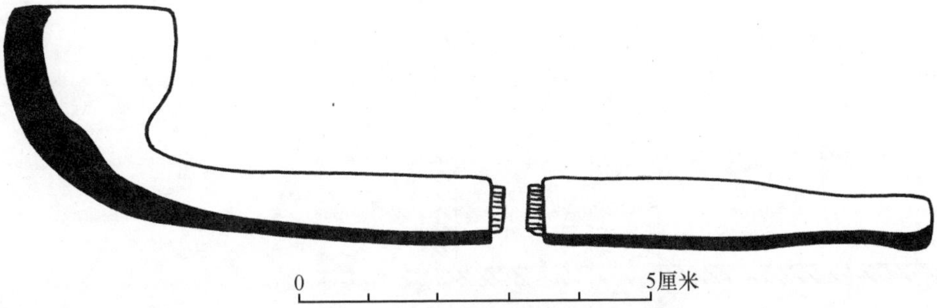

图一〇一　M16出土铜烟具（M16：3）

镇墓瓦　2件。发现于临近两个墓主尸骨处的填土中，西棺编号M16：4，镇墓瓦已不见文字或符箓痕迹。长22厘米，宽17厘米，厚1.1厘米；东棺编号M16：5，镇墓瓦瓦首中部墨书“敕令”二字，下部有朱砂痕迹，应是镇墓符箓，左侧墨书“安亡大吉”四字，右侧墨书文字不详。长23厘米，宽17厘米，厚1.2厘米。

九、M17

1. 墓葬概况

位于ⅠT5407西北部，方向175°。墓口距地表0.5米，开口于第2层下，向下打破生土。

墓葬形制　墓圹口部略呈梯形，南北两壁陡直规整，东西两壁斜向外扩，墓底平整。墓圹口部长2.8米，宽0.92～1.02米；底部长2.72米，宽1.25～1.45米；墓深2米（图一〇二）。

葬具　葬具木棺，棺木已朽，仅余朽痕。东棺朽痕长2米，宽0.42～0.58米；西棺朽痕长1.7米，宽0.28～0.34米。

葬式、性别及年龄　该墓为夫妇合葬墓，均为仰身直肢，头向南，足向北，面向上。经鉴定，东棺为老年女性，骨架保存较好；西棺为中年男性，骨架散乱，应是迁葬所致。

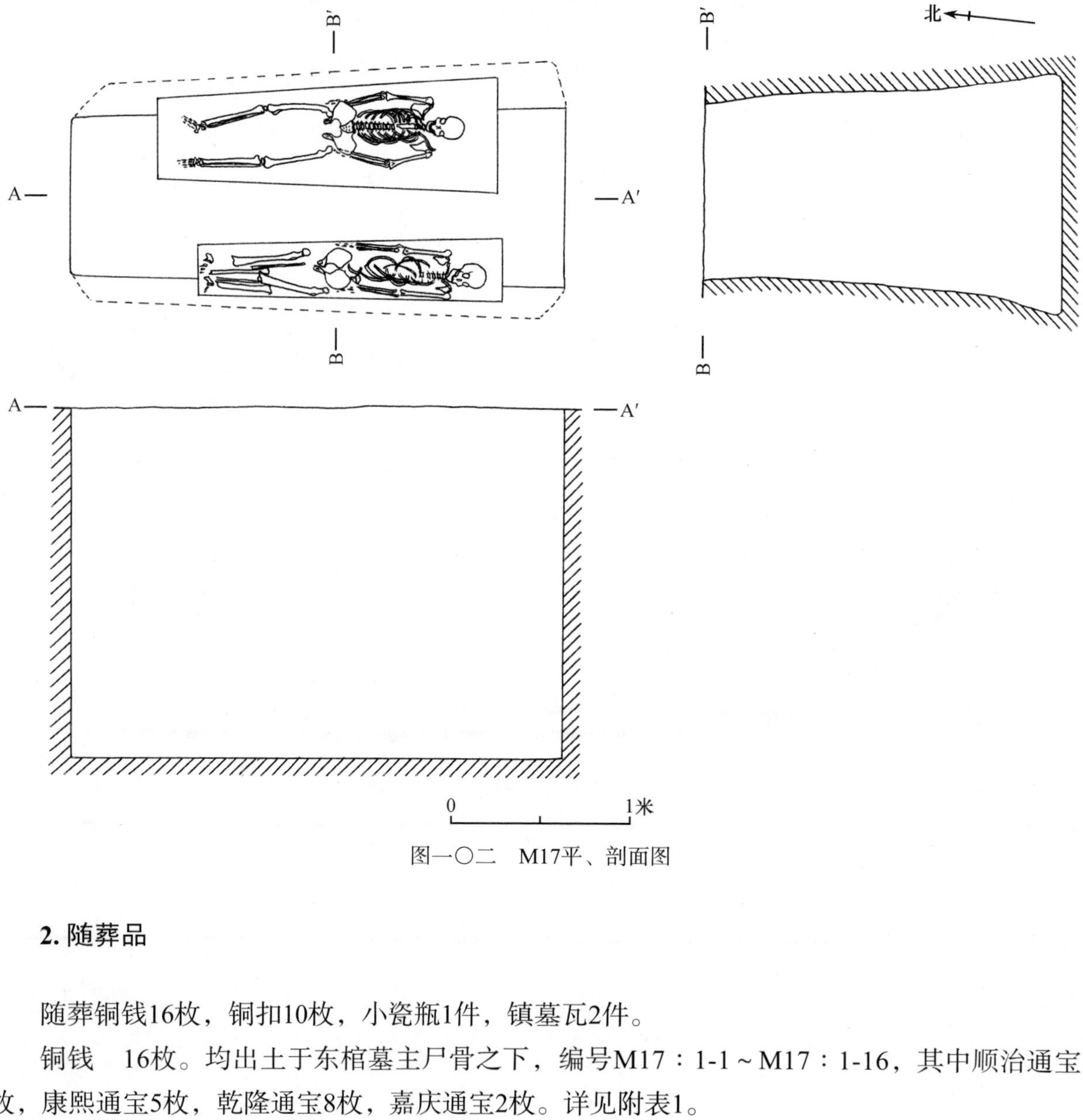

图一〇二　M17平、剖面图

2. 随葬品

随葬铜钱16枚，铜扣10枚，小瓷瓶1件，镇墓瓦2件。

铜钱　16枚。均出土于东棺墓主尸骨之下，编号M17：1-1～M17：1-16，其中顺治通宝1枚，康熙通宝5枚，乾隆通宝8枚，嘉庆通宝2枚。详见附表1。

铜扣　10枚。均出土于东棺，编号M17：2-1～M17：2-10，空心球形，质量较轻，残碎较甚。完整者3枚，标本M17：2-1，球径1厘米（图一〇三，1）；标本M17：2-2，球径0.8厘米（图一〇三，2）；标本M17：2-3，球径0.8厘米（图一〇三，3）。

小瓷瓶　1件。M17：3，出土于西棺人骨之下，侈口，束颈，深腹，圈足微显，外施天青

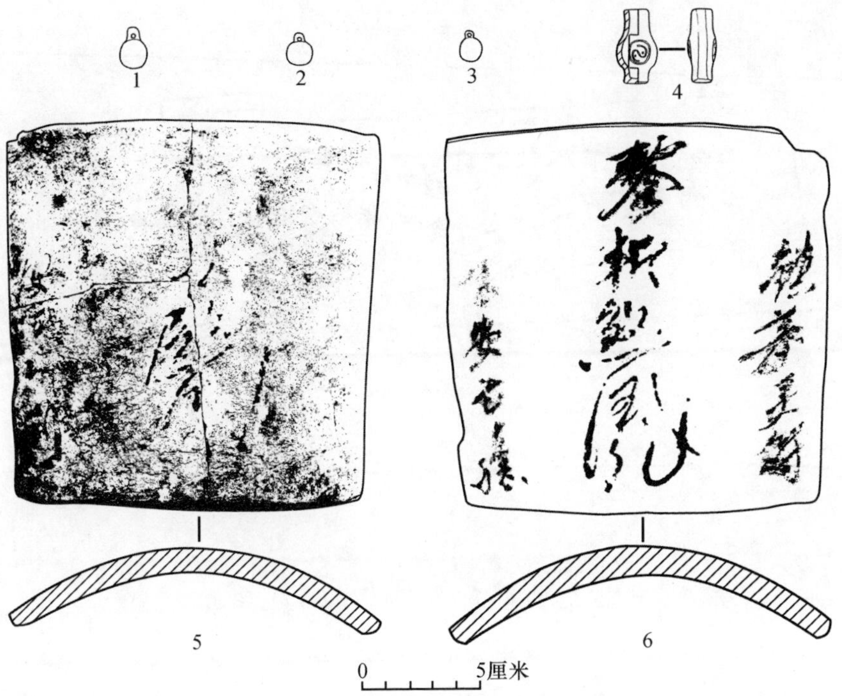

图一〇三　M17出土器物

1～3. 铜扣（M17：2-1～M17：2-3）　4. 小瓷瓶（M17：3）　5、6. 镇墓瓦（M17：4、M17：5）

釉。腹部模印八卦图案。口径0.8厘米，底径0.9厘米，高2.8厘米（图一〇三，4）。

镇墓瓦　2件。均发现于临近两个墓主尸骨处的填土中。西棺编号M17：4，镇墓瓦中部画有朱砂符箓，一侧墨书“安□□□”诸字，另一侧模糊不清。长15.8厘米，宽14.8～15.7厘米，厚2.5厘米（图一〇三，5；彩版一二；1）。东棺编号M17：5，东棺镇墓瓦中部画有朱砂符箓，符箓文字由上到下初步辨识为“敕令斩煞屍”，两侧墨书“镇墓灵符”“生安亡稳”诸字。长15.8厘米，宽14.5～15.6厘米，厚1厘米（图一〇三，6；彩版一二；2）。

一〇、M18

1. 墓葬概况

位于ⅠT5408的西部，东临M20，西邻M19，南临M15，方向167°。墓口距地表0.6米，开口于第2层下，向下打破生土。

墓葬形制　墓圹口部平面形状呈梯形，墓壁陡直规整，底部平整。长2.55米，宽0.6～0.8米，深1.6米（图一〇四）。

葬具　葬具为木棺，木质已朽，仅余朽痕。朽痕长1.7米，宽0.4～0.54米。

葬式、性别及年龄　单人仰身直肢葬，头向南，足向北，面向上。经鉴定为壮年男性。

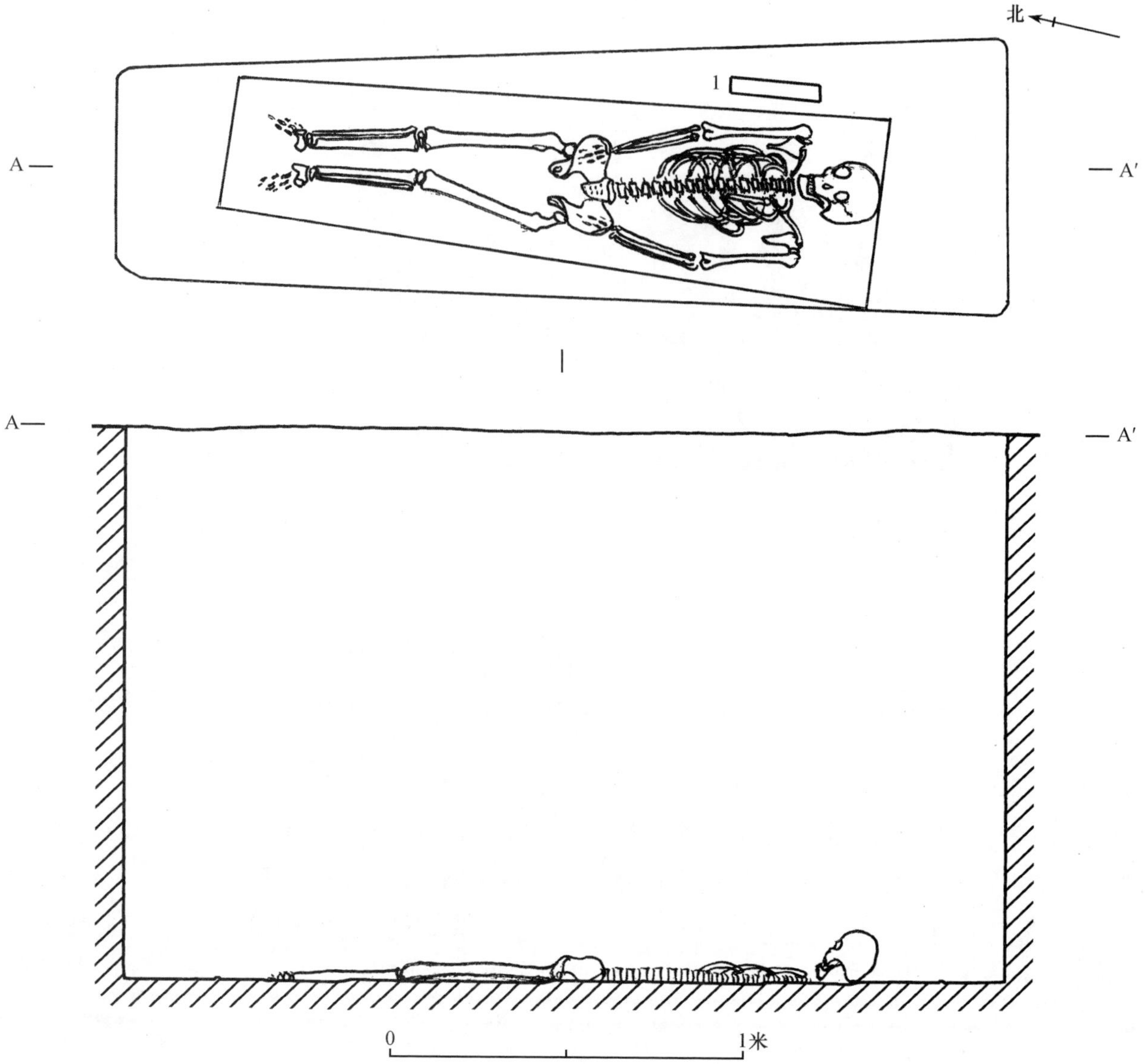

图一〇四　M18平、剖面图

1. 押圹砖

2. 随葬品

随葬铜钱2枚，铜扣14枚，镇墓瓦1件，押圹砖1件。

铜钱　2枚。位于墓主尸骨之下，编号M18：1-1，其中“嘉庆通宝”1枚（图一〇六），钱文不详者1枚。详见附表1。

铜扣　14枚。编号M18：2-1～M18：2-3，M18：5-1～M18：5-11，空心球形，个别残存有半环状纽，整体质量较轻。球径0.5～0.8厘米。

镇墓瓦　1件。M18：3，出土于墓葬填土临近墓主胸骨处的填土中，瓦身中部以朱砂书有“敕令斩尸鬼”诸字，两侧墨书“镇墓□灵□符”“安亡大吉”诸字。长17厘米，宽14.4～15.4厘米，厚1.2厘米（图一〇五，1）。

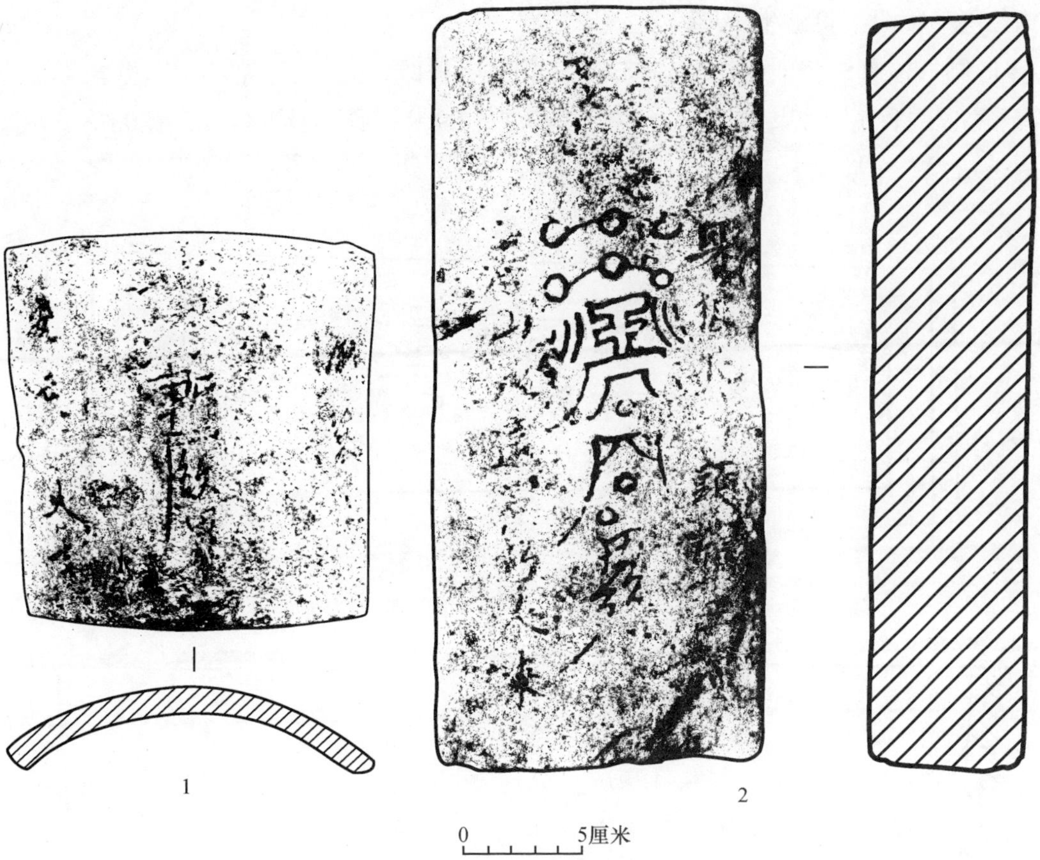

图一〇五　M18出土镇墓瓦和押圹砖
1. 镇墓瓦（M18：3）　2. 押圹砖（M18：4）

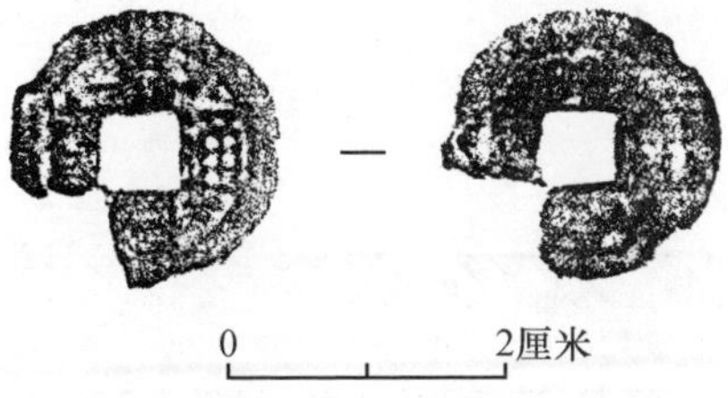

图一〇六　M18出土铜钱拓片（M18：1-1）

押圹砖　1件。M18：4，位于墓主上肢骨右侧，侧置。中部以朱砂绘有符箓，两侧有墨书文字，其中一侧为“身披北斗头带三台”，另一侧为“寿山永远石朽人来”。长30.3厘米，宽13厘米，厚6.2厘米（图一〇五，2；彩版一二；3）。

十一、M19

1. 墓葬概况

位于ⅠT5408的西部和ⅠT5308东部。东临M18，南临M16，方向158°。墓口距地表0.5米，开口于第2层下，向下打破生土层。

墓葬形制　该墓为竖穴土坑墓，口部平面形状呈梯形，口大底略小，墓壁长端陡直规整，窄端斜至底部，平底。墓圹口部长2.5米，宽0.7～0.9米；底部长2.34米，宽0.6～0.8米；深1.3米（图一〇七）。

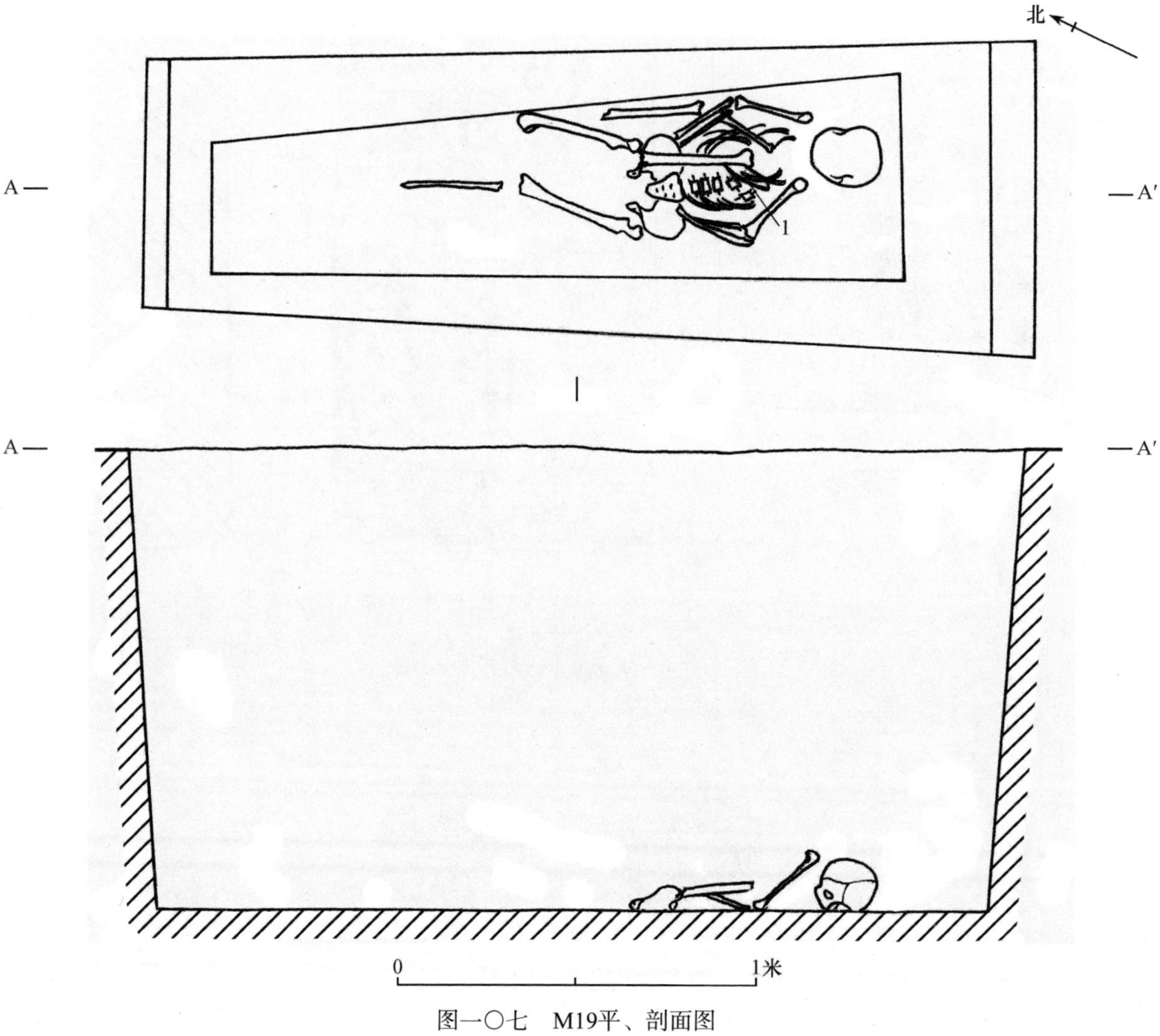

图一〇七　M19平、剖面图
1. 铜扣（3枚）

葬具　葬具为木棺，木质已朽，仅余朽痕。朽痕长2米，宽0.44～0.56米。

葬式、性别及年龄　墓主为仰身葬，头向东南，足向西北，面向上。人骨散乱，下肢骨移位至墓主腹部，根据其形状推测，墓主下葬不久，棺内进水导致尸体漂移。经鉴定为老年女性。

2. 随葬品

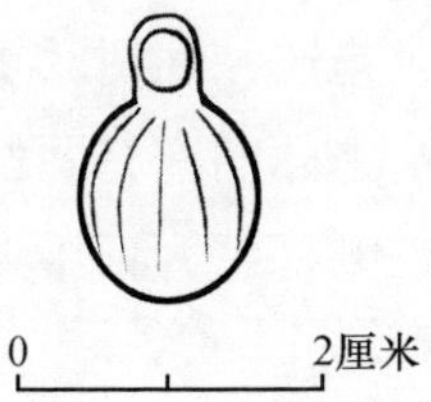

图一〇八　M19出土铜扣（M19：1-1）

随葬铜扣3枚。

铜扣　3枚，2整1残。M19：1-1～M19：1-3，位于墓主胸部，空心球形，外部饰以瓜楞纹，皆有半环状纽，质量较轻。球径0.8～1厘米（图一〇八）。

十二、M20

1. 墓葬概况

位于ⅠT5408西部，西邻M18，北邻M8、M15，方向150°。墓口距地表0.5米，开口于第2层下，向下打破生土层。

墓葬形制　墓圹口部平面形状呈梯形，墓壁陡直规整，平底。长2.4米，宽0.72～0.88米，深1.5米（图一〇九）。

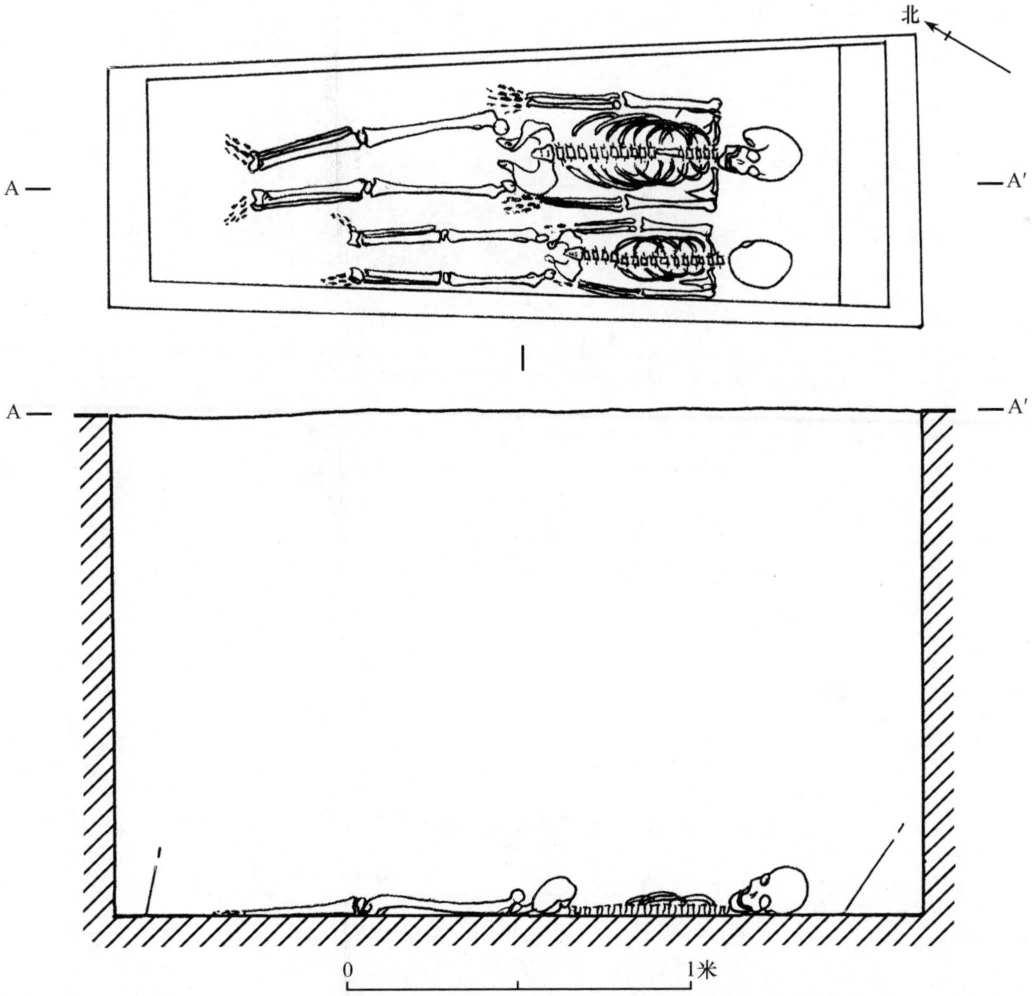

图一〇九　M20平、剖面图

葬具　葬具为木棺，已朽，仅余朽痕，朽痕长2.04米，宽0.58～0.66米。

葬式、性别及年龄　该墓为夫妇合葬墓，墓主均为仰身直肢葬，头向东南，足向西北，东侧墓主面向左，西侧墓主面向上，骨架保存较好，棺中间未见隔板痕迹，抑或隔板较薄。经鉴定东侧墓主为青年男性，西侧墓主为青年女性。

2. 随葬品

未发现随葬品。

十三、M27

1. 墓葬概况

位于ⅡT4622的中部偏北，和ⅡT4722内的M31～M34相距较近，方向325°。墓口距地表0.3米，开口于第2层下，向下打破生土层。

墓葬形制　该墓为竖穴土坑墓，墓圹口部平面形状呈梯形，直壁，底部不平。长2.65米，宽0.72～0.8米，深1.68～1.76米（图一一〇）。

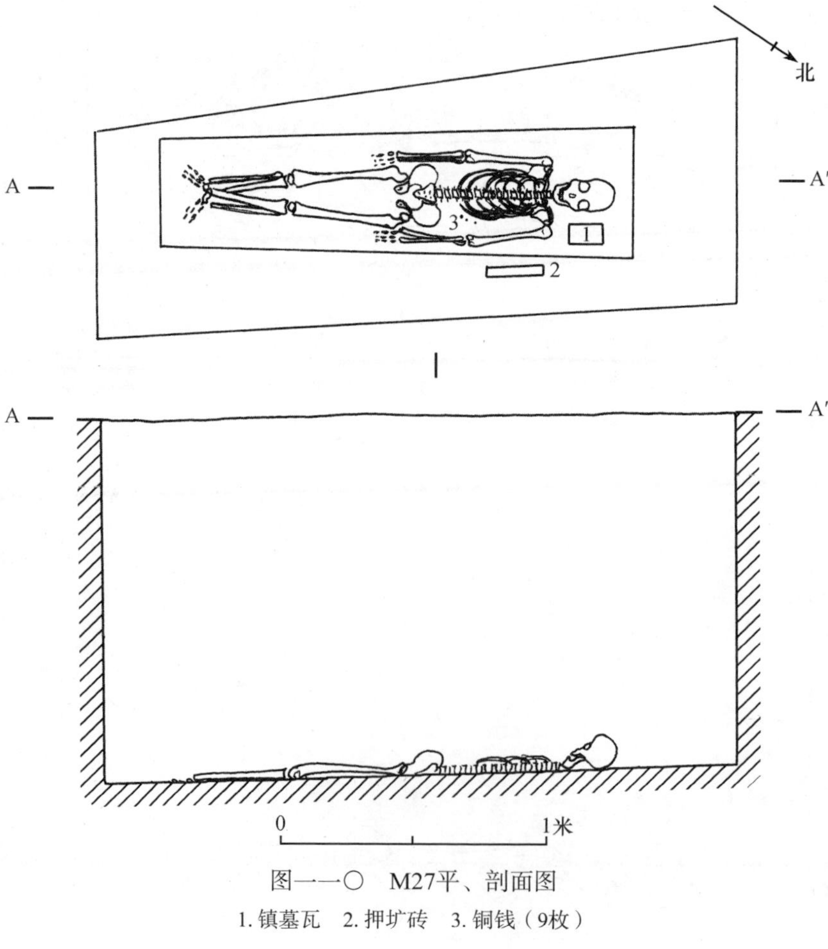

图一一〇　M27平、剖面图

1. 镇墓瓦　2. 押圹砖　3. 铜钱（9枚）

葬具　葬具为木棺，残存朽痕。头端宽，脚端窄。棺痕长1.8米，宽0.4～0.5米。

葬式、性别及年龄　墓主为仰身直肢葬，头向西北，足向东南，面向上。经鉴定为中年男性。

2. 随葬品

随葬镇墓瓦1件，押圹砖1件，铜钱9枚。

镇墓瓦　1件。M27：1，位于墓主头骨左侧，隐约可见朱砂痕迹，应是镇墓符箓之属。长18厘米，宽16厘米，厚1.5厘米。

押圹砖　1件。M27：2，位于棺木左侧靠近墓主上肢骨处，隐约可见朱砂痕迹，应是符箓之属。长29.5厘米，宽12厘米，厚6厘米。

铜钱　9枚。M27：3-1～M27：3-9，散置于墓主骨架之下。其中乾隆通宝3枚，嘉庆通宝2枚，道光通宝3枚，钱文不详者1枚（图一一一，1～3）。

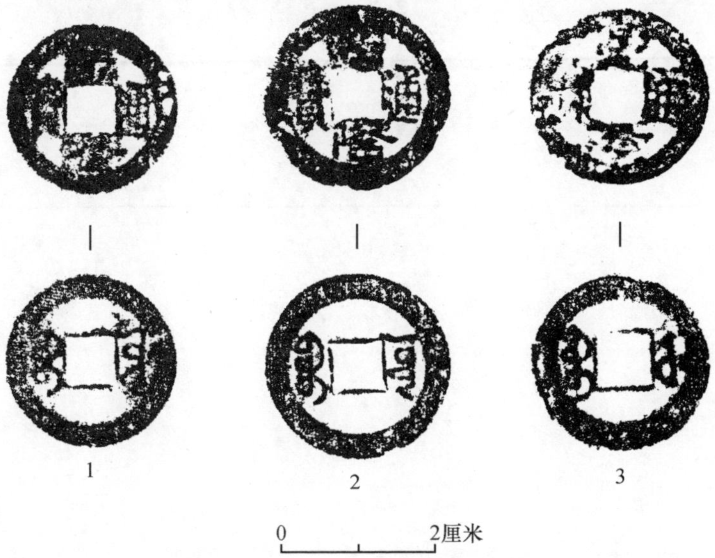

图一一一　M27出土铜钱拓片

1～3. 乾隆通宝（M27：3-1～M27：3-3）

十四、M28

1. 墓葬概况

位于ⅠT4610中南部，方向140°。墓口距地表0.4米，开口于第2层下，向下打破生土层。

墓葬形制　该墓为竖穴土坑墓，墓圹口部呈长方形，直壁，平底。长2.6米，宽1.6米，深1.9米（图一一二）。

葬具　葬具为木棺，仅余朽痕，西棺较小，东棺较大。西棺长1.7米，宽0.34～0.42米，棺板厚0.03米；东棺长1.9米，宽0.48～0.6米，两梆厚约0.05～0.08米，前后档厚0.03米。

葬式、性别及年龄　该墓为夫妇合葬墓，皆仰身直肢，骨骼保存较好，头向东南，足向西

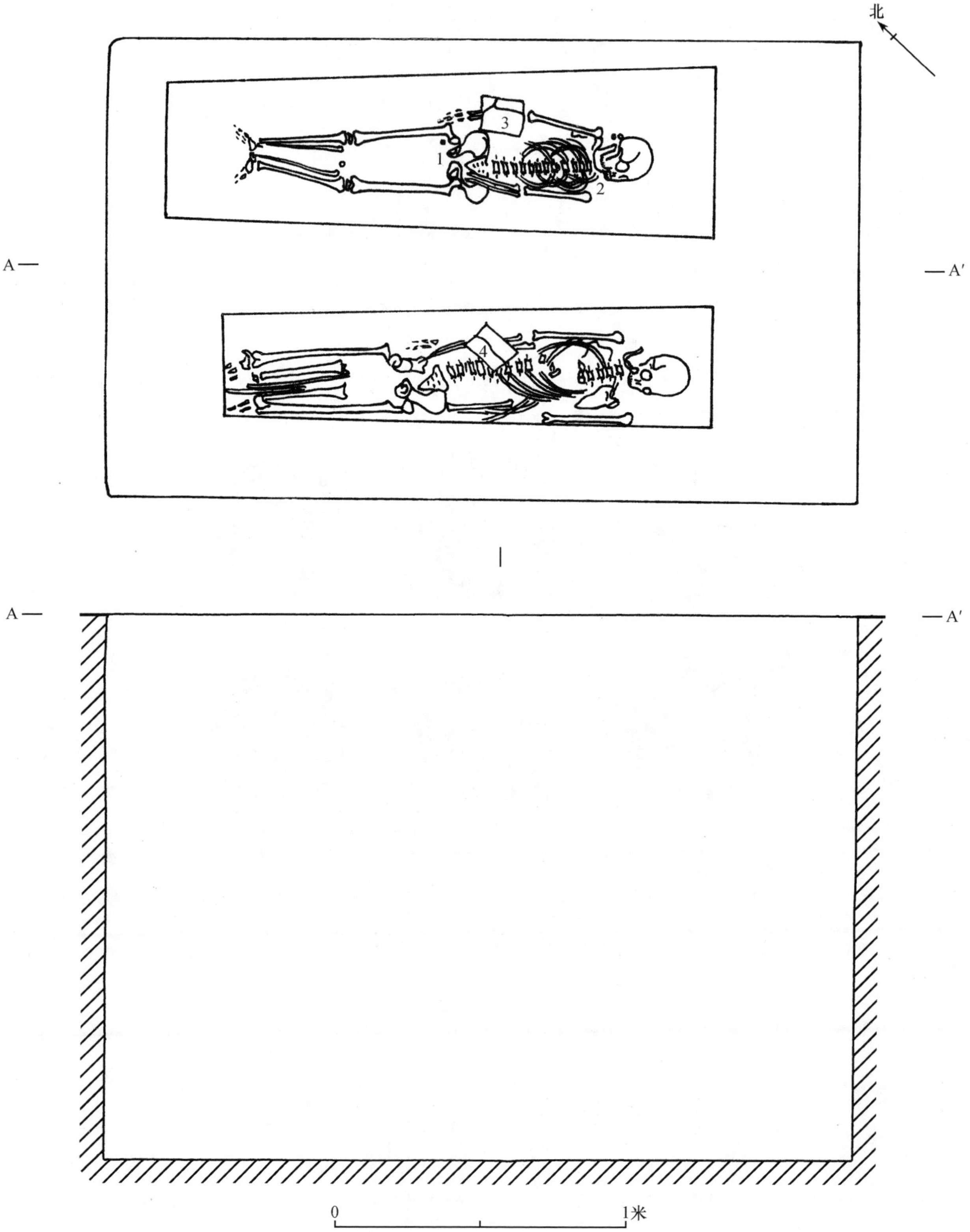

图一一二　M28平、剖面图

1. 铜钱（8枚）　2. 铜扣（3枚）　3、4. 镇墓瓦

北，东棺墓主面向左，西棺墓主面向上。其中西棺墓主为二次葬。经鉴定，东棺为壮年女性，西棺为老年男性。

2. 随葬品

随葬铜钱8枚，铜扣3枚，镇墓瓦2件。

铜钱　8枚。M28：1-1～M28：1-8，散置于女墓主尸骨之下，其中元丰通宝1枚，康熙通宝2枚，乾隆通宝5枚（图一一三，1～8）。详见附表1。

铜扣　3枚。M28：2-1～M28：2-3，位于女墓主颈部，空心球形，有半环状纽，整体质量较轻。球径0.8厘米。

镇墓瓦　2件。出土时均已破裂。M28：3，位于女墓主右侧尺骨、桡骨处，中部隐约可见朱砂痕迹，应是镇墓符箓，一侧墨书“安亡大吉”四字，另一侧模糊不清。长19厘米，宽17

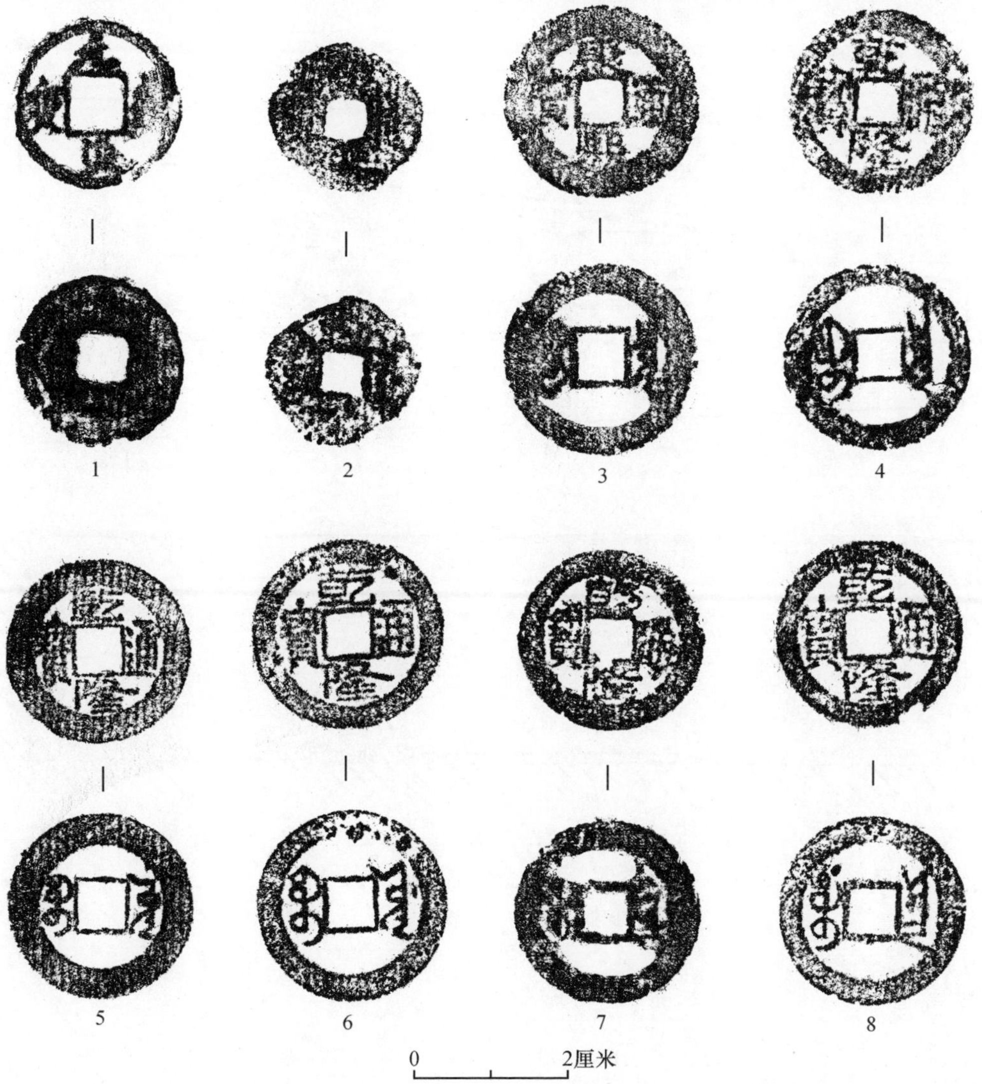

图一一三　M28出土铜钱拓片

1. 元丰通宝（M28：1-1）　2、3. 康熙通宝（M28：1-2、M28：1-3）　4～8. 乾隆通宝（M28：1-4～M28：1-8）

厘米，厚1.2厘米；M28：4，位于男墓主尸骨中部，可见朱砂及墨书痕迹，内容不详。长20厘米，宽17厘米，厚1.2厘米。

十五、M29

1. 墓葬概况

位于ⅡT4926中部偏北，方向206°。墓口距地表0.27米，开口于第2层下，向下打破生土层。

墓葬形制　该墓竖穴土坑墓，墓圹口部呈长方形，直壁，平底。长2.56米，宽0.56～0.96米，深0.62米（图一一四）。

葬具　葬具为木棺，仅余朽痕。长1.8米，宽0.3～0.48米。

葬式、性别及年龄　墓主为单人仰身直肢葬，头向南偏西，足向北偏东，面向上，经鉴定为中年男性。

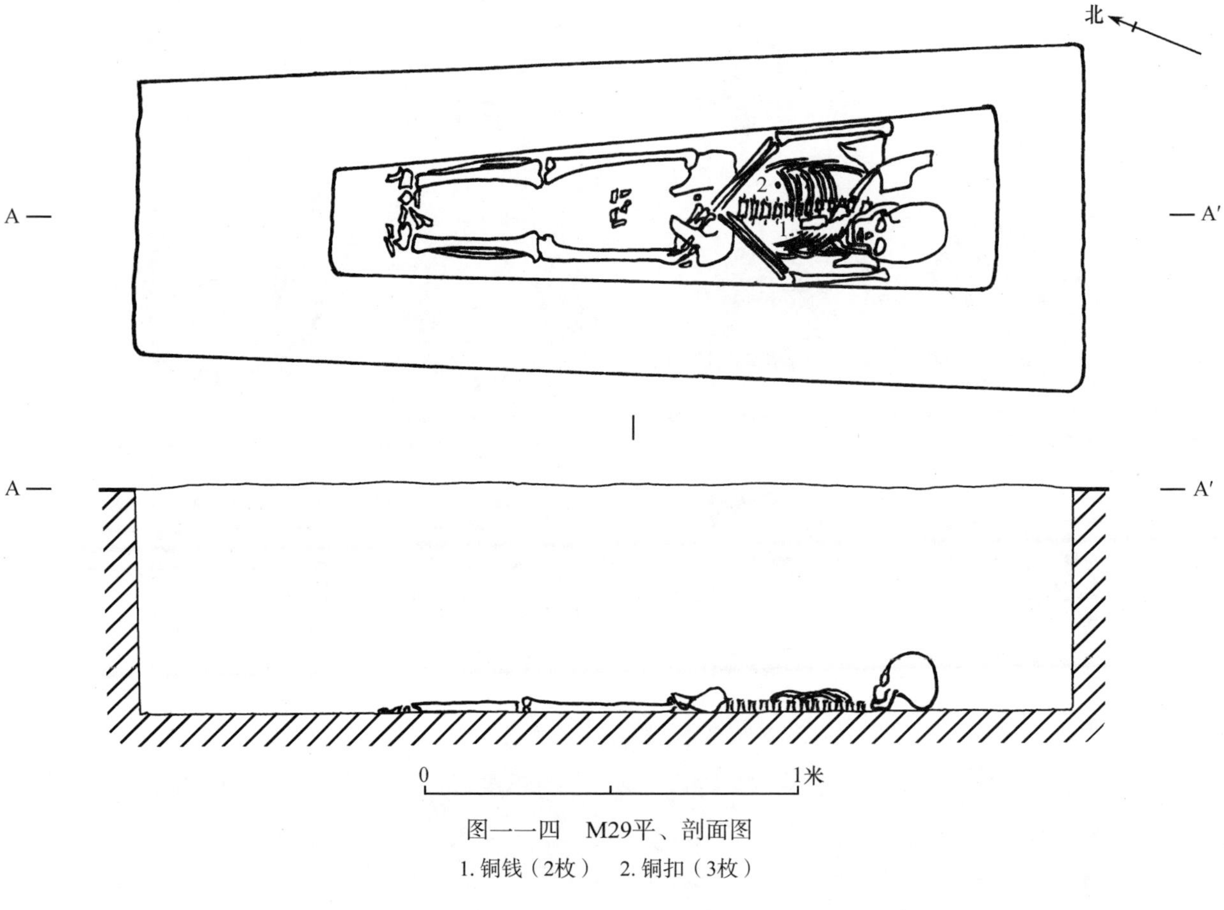

图一一四　M29平、剖面图
1. 铜钱（2枚）　2. 铜扣（3枚）

2. 随葬品

随葬铜钱2枚，铜扣3枚。

铜钱　2枚。M29：1-1、M29：1-2，均位于墓主骨架之下，钱文均为“乾隆通宝”

（图一一五）。详见附表1。

铜扣　3枚，2整1残。M29：2-1～M29：2-3，位于墓主胸部，空心球形，有半环状纽，整体质量较轻。球径0.8厘米。

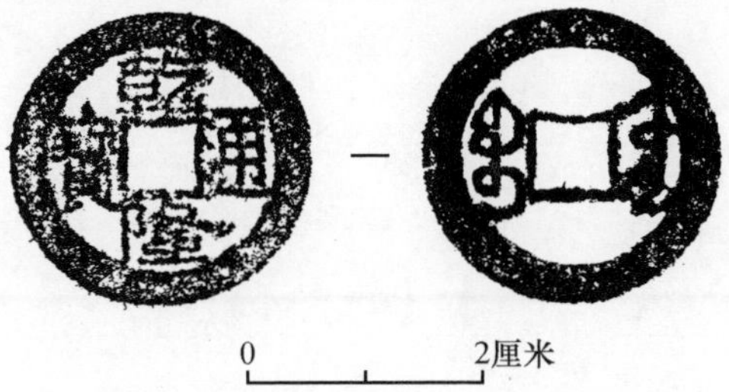

图一一五　M29出土铜钱拓片（M29：1-1）

十六、M31

1. 墓葬概况

位于ⅡT4722东南部和ⅡT4622西南部，它的西部分别有M32、M33和M34，方向305°。墓口距地表0.3米，开口于第2层下，向下打破生土层。

墓葬形制　该墓为竖穴土坑墓，墓圹口部平面形状呈长方形，窄端两壁稍斜，长端两壁稍向外扩。墓圹口部长2.6米，宽0.72～0.76米；底部长2.5米，宽0.78～0.85米；深1.1～1.2米（图一一六）。

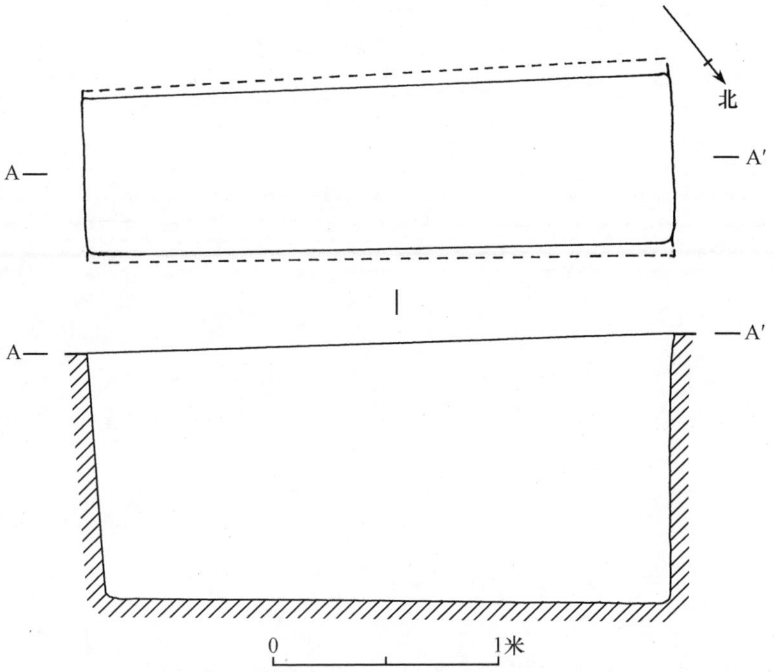

图一一六　M31平、剖面图

葬具　发现有少量木棺朽痕。

葬式、性别及年龄　不见骨架，推测墓主已改葬别处。

2. 随葬品

未发现随葬品。

十七、M32

1. 墓葬概况

位于ⅡT4722的南部偏东，方向330°。开口距地表0.3米，开口于第2层下，向下打破生土层。

墓葬形制　该墓为竖穴土坑墓，墓圹开口呈梯形，直壁，平底。长2.6米，宽0.7～0.8米，深1.5米（图一一七）。

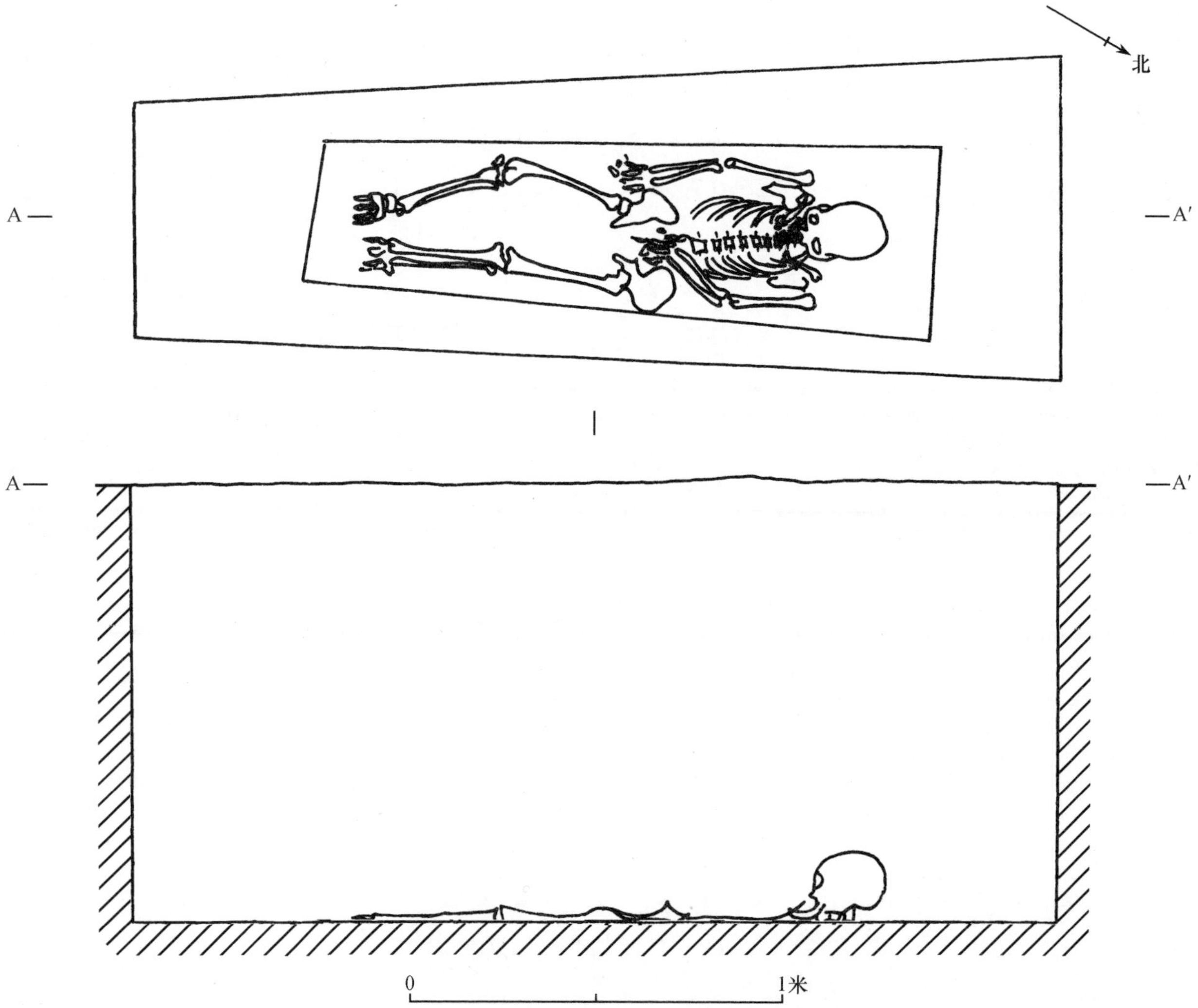

图一一七　M32平、剖面图

葬具　葬具为木棺，仅存朽痕。长1.65米，宽0.4～0.5米。

葬式、性别及年龄　墓主为单人仰身微曲肢葬，头向西北，足向东南，面向上。经鉴定为老年女性。

2. 随葬品

随葬镇墓瓦1件，铜钱20枚。

镇墓瓦　1件。M32：1，位于墓葬填土临近墓主尸骨处的填土中，隐约可见朱砂痕迹。长18厘米，宽16厘米，厚1.5厘米。

铜钱　20枚。M32：2-1～M32：2-20，位于墓主尸骨之下，小而轻薄，钱体多见砂眼，可强辨出有“乾隆通宝”4枚，“嘉庆通宝”2枚，“道光通宝”2枚，“咸丰通宝”1枚，“同治通宝”5枚，钱文不详者6枚。详见附表1。

十八、M33

1. 墓葬概况

位于ⅡT4722的南部，方向300°。墓口距地表深0.3米，开口于第2层下，向下打破生土层。

墓葬形制　该墓为竖穴土坑墓，墓圹口部平面形状呈梯形，直壁，平底。长2.5米，宽0.52～0.7米，深1.3米（图一一八）。

葬具　葬具为木棺，仅存朽痕。长1.8米，宽0.36～0.4米。

葬式、性别及年龄　墓主为单人仰身直肢葬，头向西北，足向东南，面向上。骨经鉴定为中年男性。

2. 随葬品

随葬铜扣1枚，铜钱6枚。

铜扣　1枚。M33：1，位于墓主胸部，空心球形，有半环状纽，质量较轻。球径0.6厘米。

铜钱　6枚。M33：2-1～6，位于墓主骨架之下。其中康熙通宝2枚（图一一九，1、2），乾隆通宝1枚，嘉庆通宝2枚，钱文不详者1枚。详见附表1。

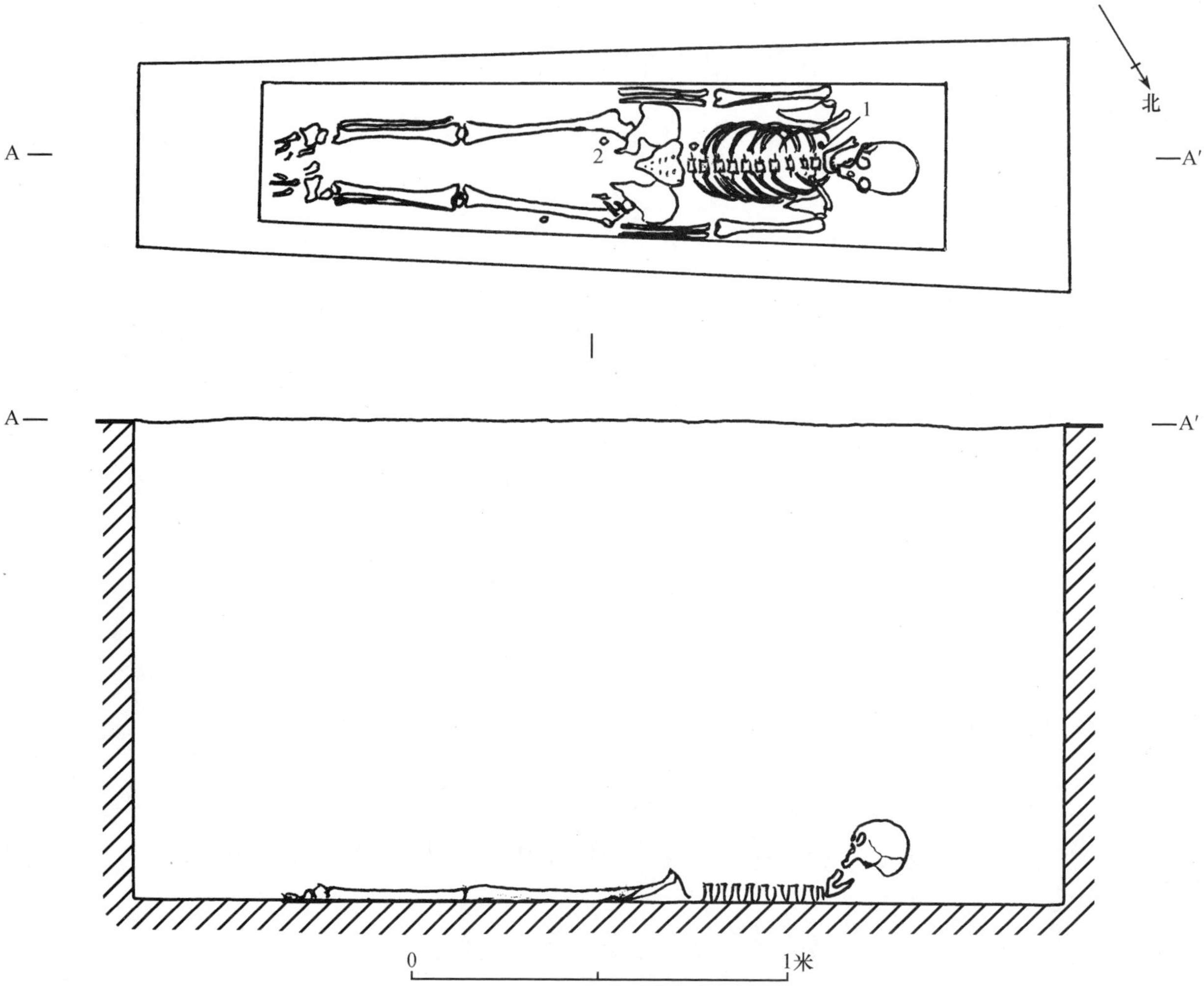

图一一八　M33平、剖面图

1. 铜扣（1枚）　2. 铜钱（6枚）

图一一九　M33出土铜钱拓片

1、2. 康熙通宝（M33：2-1、M33：2-2）

十九、M34

1. 墓葬概况

位于ⅡT4722中部，方向300°。墓口距地表0.3米，开口于第2层下，向下打破生土层。

墓葬形制　该墓为竖穴土坑墓，墓圹口部平面形状呈不规则长方形，南北两壁及西壁上下垂直，东壁北端则向外扩，形成木棺的方向于墓圹的方向有很大的角度差，底部较平。墓圹口部长2.1～2.45米，宽0.66～0.75米；底部长2.1～2.4米，宽0.65～0.9米；深1.35米（图一二〇）。

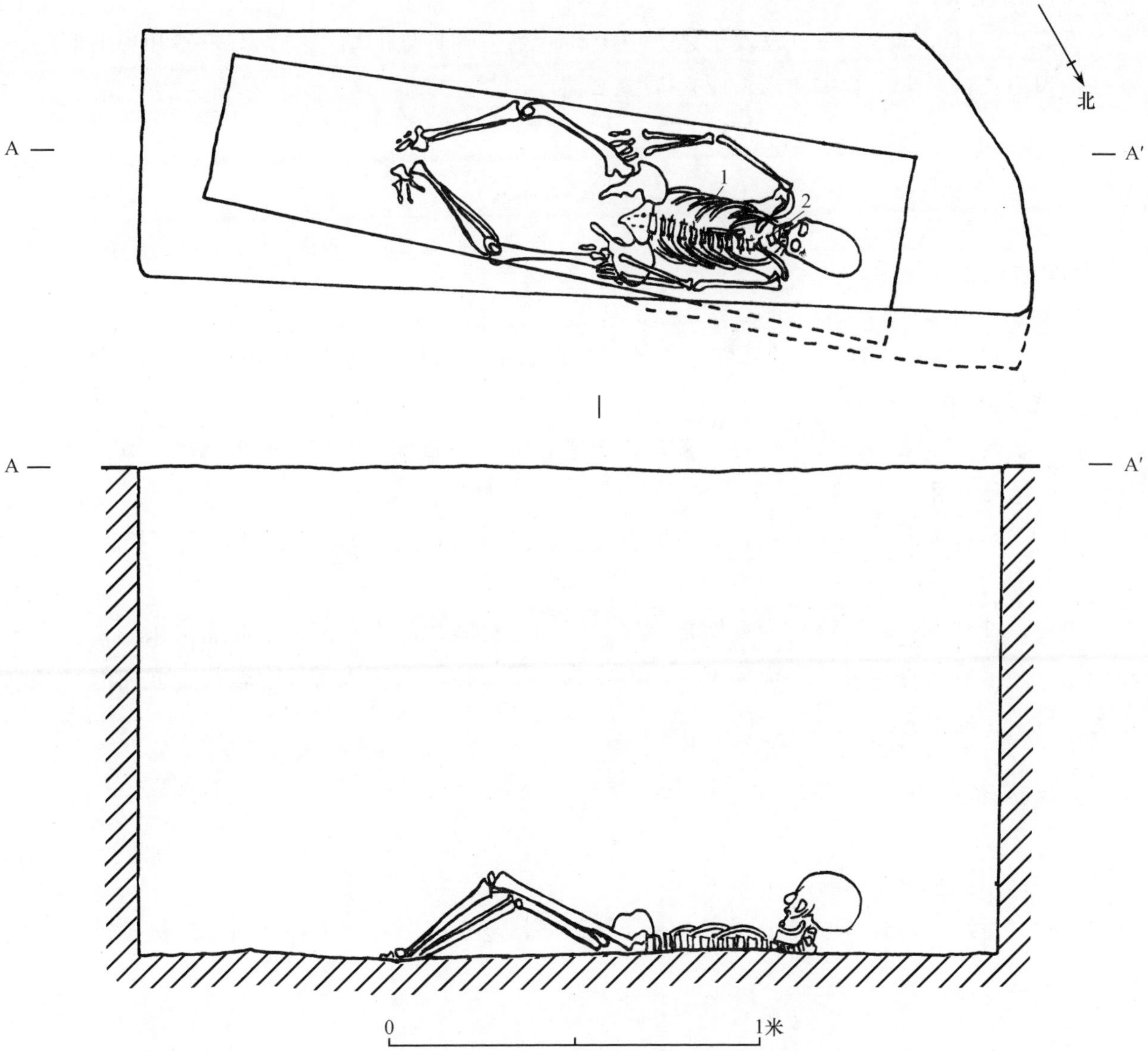

图一二〇　M34平、剖面图

1. 铜钱（42枚）　2. 铜扣（2枚）

葬具　葬具为木棺，仅存残朽痕。长1.9米，宽0.4～0.5米。

葬式、性别及年龄　墓主下肢骨从膝盖处拱起，形成仰身屈肢葬，头向北，足向南，面向上。墓主牙关紧闭，盆骨开裂。经鉴定为老年女性。

2. 随葬品

随葬铜钱42枚，铜扣2枚，镇墓瓦1件。

铜钱　42枚。M34：1-1～M34：1-42，散置于墓主骨架之下，其中乾隆通宝15枚，嘉庆通宝3枚，钱文不详者24枚。详见附表1。

铜扣　2枚。M34：2-1、M34：2-2，位于墓主颈部，空心球形，有半环状纽，整体质量较轻。球径0.7厘米。

镇墓瓦　1件。M34：3，发现于墓葬填土临近墓主胸骨处的填土中，有朱砂和墨书痕迹，不易辨识。长19厘米，宽17厘米，厚1.3厘米。

二十、M35

1. 墓葬概况

位于ⅡT5024的东南部，并延伸至方外，方向183°。墓口距地表0.25米，开口于第2层下，向下打破生土层。

墓葬形制　该墓为竖穴土坑墓，墓圹口部呈长方形，直壁，平底。长2.66米，宽1.8～1.92米，深0.82米（图一二一）。

葬具　葬具为木棺，仅余朽痕。东棺朽痕长1.8米，宽0.32～0.44米；西棺朽痕长1.9米，宽0.4～0.5米。

葬式、性别及年龄　该墓为夫妇合葬墓，皆仰身直肢葬，头向南，足向北。东侧人骨系迁葬而来，较散乱，保存较差，面向下，经鉴定为老年女性；西侧人骨保存较好，面向上，经鉴定为男性，年龄不详。

2. 随葬品

随葬铜扣1枚，铜钱14枚。

铜扣　1枚。M35：1，位于男墓主胸骨处，残，空心球形，有半环状纽，质量较轻。球径0.8厘米。

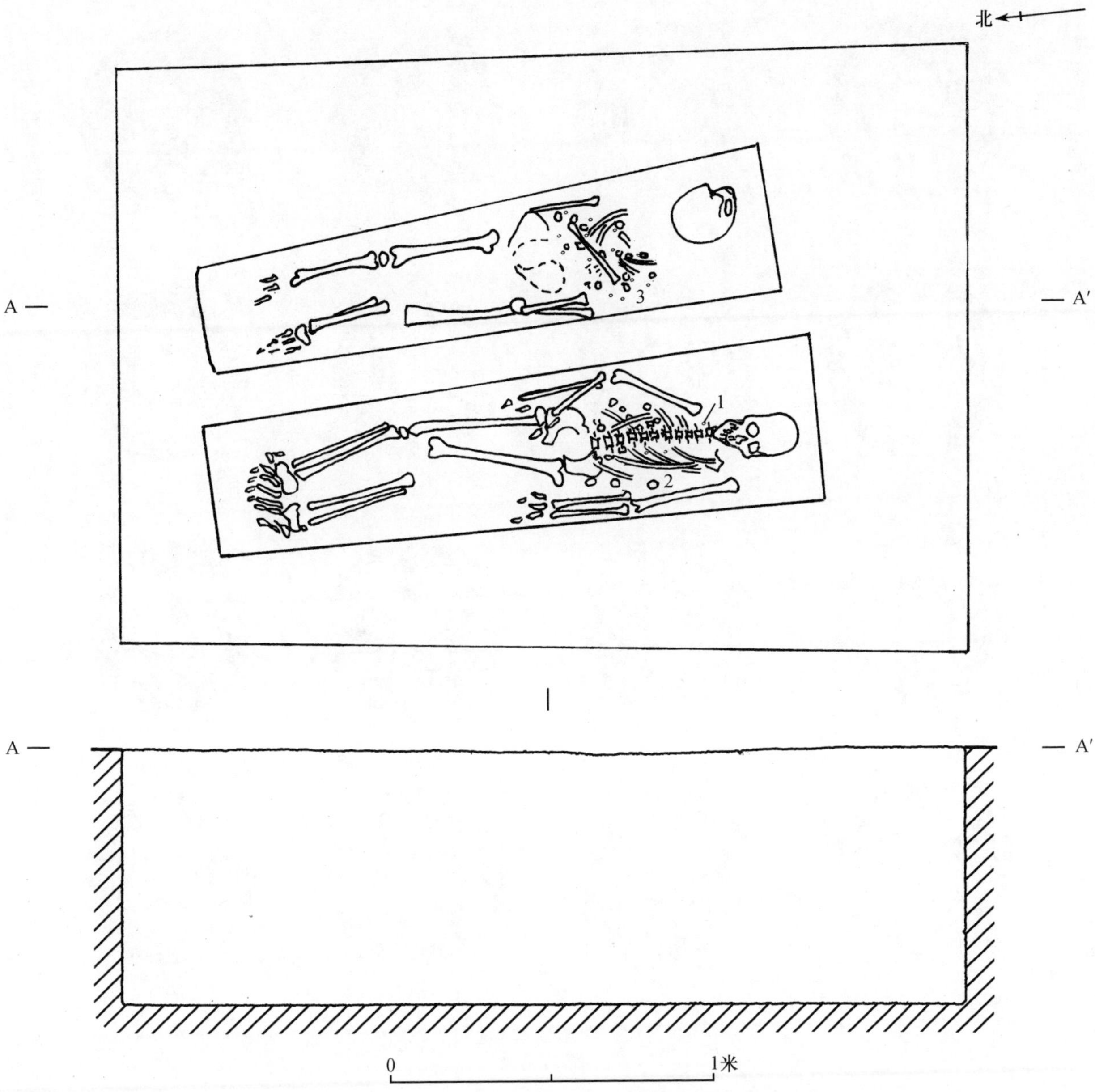

图一二一　M35平、剖面图
1. 铜扣（1枚）　2. 铜钱（10枚）　3. 铜钱（4枚）

铜钱　14枚。其中男棺出土10枚，编号M35：2-1～M35：2-10，位于男墓主胸骨和脊椎骨之下。钱文均为“康熙通宝”（图一二二，1～6）；女棺出土4枚，编号M35：3-1～M35：3-4，散置于女墓主尸骨之下。其中康熙通宝2枚（图一二二，7、8），雍正通宝1枚，钱文不详者1枚。详见附表1。

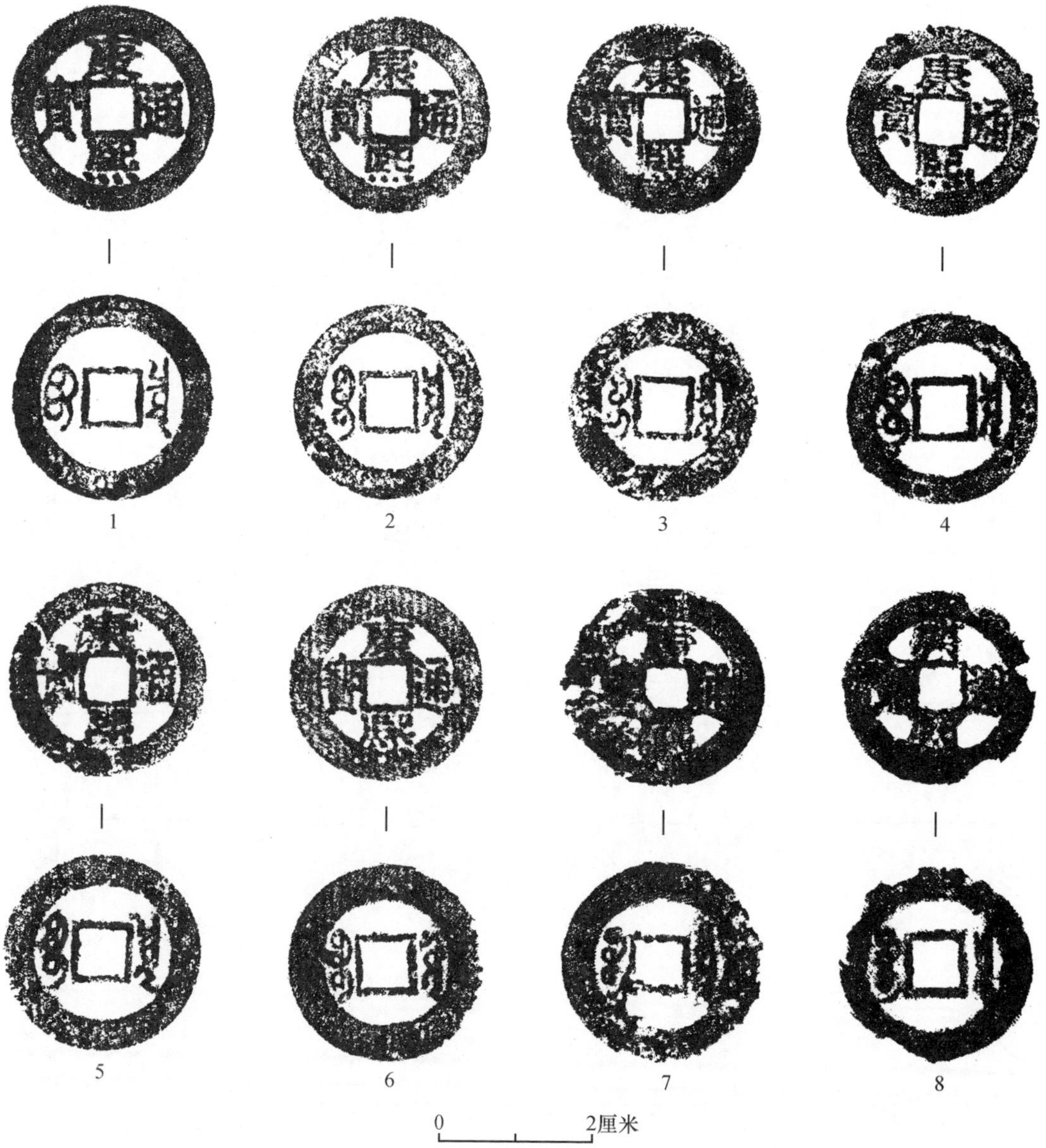

图一二二　M35出土铜钱拓片
1～8. 康熙通宝（M35：2-1～M35：2-3、M35：2-5～M35：2-7、M35：3-1、M35：3-2）

二十一、M36

1. 墓葬概况

位于ⅡT5024的东部偏北，方向182°。墓口距地表0.25米，开口于第2层下，向下打破生土层。

墓葬形制　该墓为竖穴土坑墓，墓圹口部平面形状呈长方形，直壁，平底。长2.5米，宽0.88～0.92米，深0.94米（图一二三）。

葬具　葬具为木棺，仅余朽痕。朽痕长1.9米，宽0.36～0.56米。

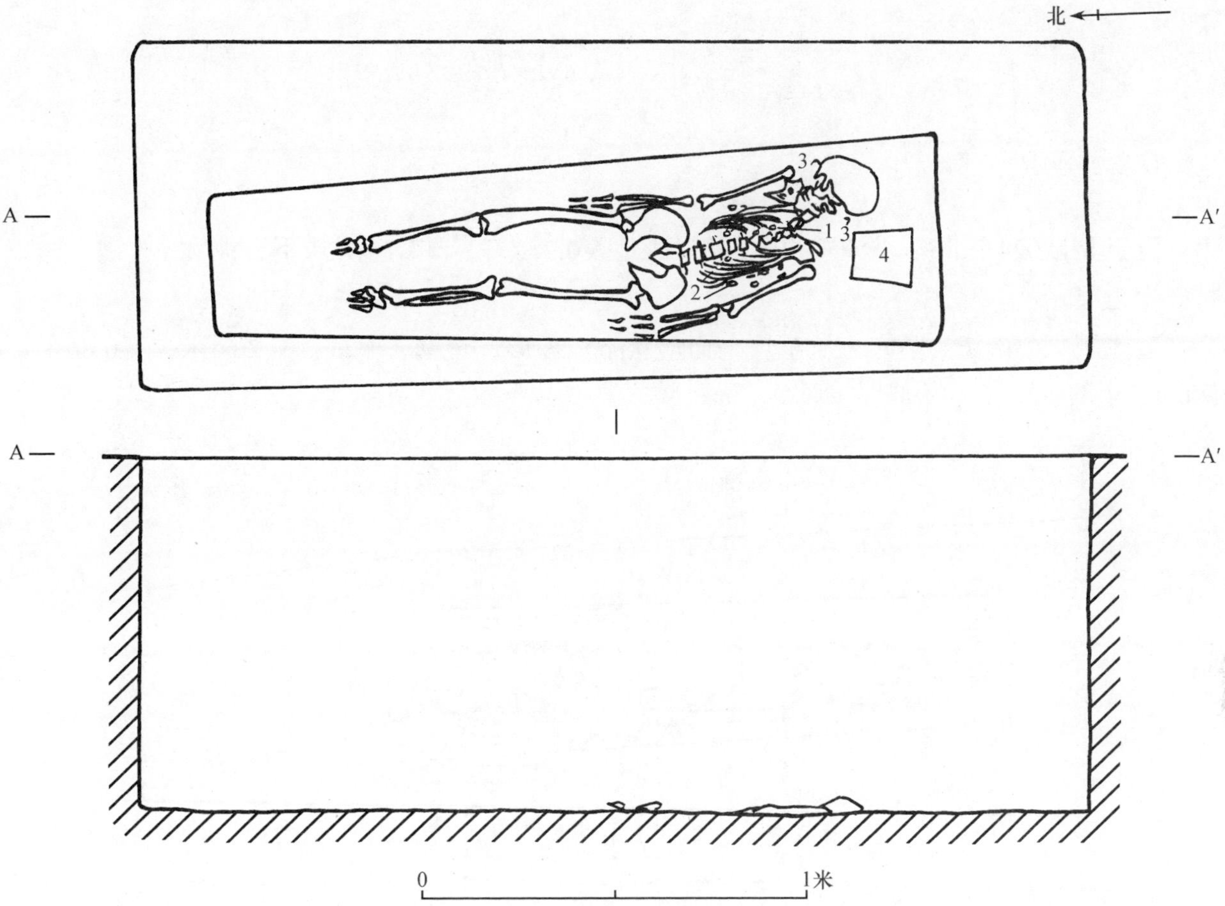

图一二三　M36平、剖面图
1. 铜钱（1枚）　2. 铜扣（7枚）　3. 铜耳环（1副）　4. 镇墓瓦

葬式、性别及年龄　墓主为单人仰身直肢葬，头向南，足向北，面向上。经鉴定为老年女性。

2. 随葬品

随葬铜钱1枚，铜扣7枚，铜耳环1副，镇墓瓦1件。

铜钱　1枚。M36∶1，位于墓主胸骨之下，钱文不详。详见附表1。

铜扣　7枚。M36∶2-1～7，散落于墓主胸骨处，空心球形，有半环状纽，质量较轻，锈蚀严重。球径0.5～0.8厘米。

铜耳环　1副。M36∶3，位于墓主头骨两侧，系用铜丝弯捏而成，其中1件已锈蚀成粉末状，另一件仅余一半。直径1.5厘米（图一二四）。

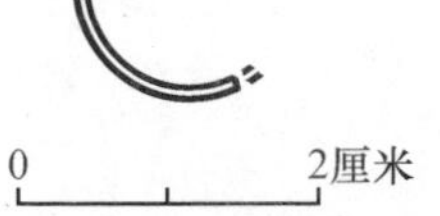

图一二四　M36出土铜耳环（M36∶3）

镇墓瓦　1件。M36∶4，位于墓主头骨左侧，隐约可见朱砂痕迹，应为镇墓符箓之属。长19厘米，宽16厘米，厚1.2厘米。

二十二、M37

1. 墓葬概况

位于ⅡT5024东北部，方向160°。墓口距地表0.25米，开口于第2层下，被M36打破，向下打破生土层。

墓葬概况　该墓为竖穴土坑墓，平面形状略呈梯形，直壁，平底。长2.64米，宽0.86米，深0.9米（图一二五）。

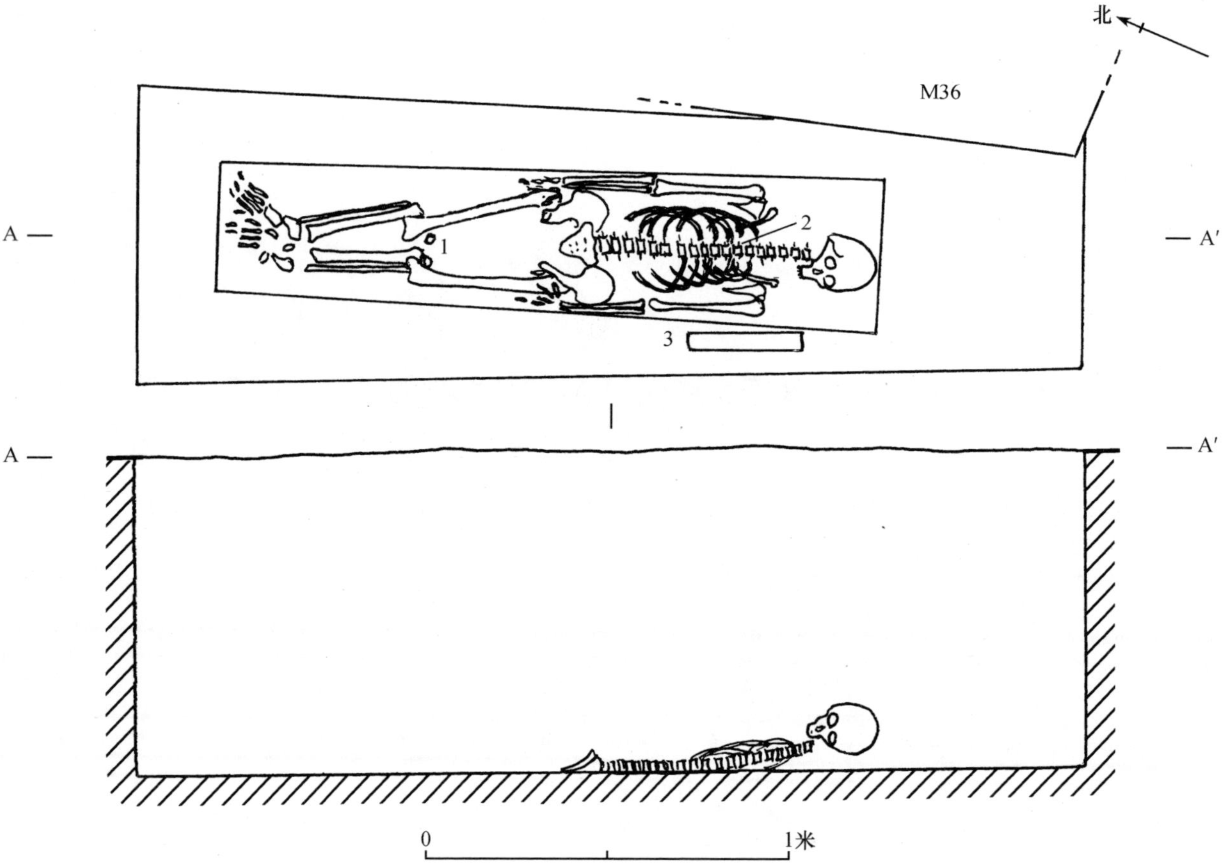

图一二五　M37平、剖面图

1. 铜钱（2枚）　2. 铜扣（2枚）　3. 押圹砖

葬具　葬具为木棺，仅余朽痕。朽痕长1.84米，宽0.34～0.42米。

葬式、性别及年龄　墓主为单人仰身直肢葬，头向东南，足向西北，面向左。经鉴定为中年男性。

2. 随葬品

随葬铜钱2枚，铜扣2枚，押圹砖1件。

铜钱　2枚。M37：1-1、M37：1-2，位于墓主下肢骨中部，钱文不可辨识。详见附表1。

铜扣　2枚。M37：2，位于墓主脊椎骨旁，空心球形，有半环纽，质量较轻。球径0.8厘米。

押圹砖　1件。M37：3，侧置于木棺左侧临近墓主上肢骨处，上部有朱砂及墨书痕迹，模糊不清。长32厘米，宽14厘米，厚7厘米。

二十三、M38

1. 墓葬概况

位于ⅠT0312的西北部，方向170°。墓口距地表0.3米，开口于第2层下，打破生土层。

墓葬形制　该墓为竖穴土坑墓，墓圹口部形状呈梯形，直壁，平底。长2.65米，宽1.9～2.3米，深1.86米（图一二六）。

葬具　葬具为木棺。东部木棺保存相对较好，长2米，宽0.5～0.6米，厚0.02～0.05米；西部木棺仅余朽痕，朽痕长1.9米，宽0.48～0.5米，厚0.02～0.05米。

葬式、性别及年龄　该墓为夫妇合葬墓，皆为仰身葬，头向南，足向北。东棺骨架保存较差，面向不详，经鉴定为壮年女性；西棺骨架保存较好，面向左，经鉴定为壮年男性。

2. 随葬品及其他遗物

随葬耳坠1副，铜钱10枚，铜扣2枚，另外，在填土中发现瓷碗残片1件，共15件。

金耳坠　1副。M38：1，位于女墓主头骨两侧，整体呈“S”形（图一二七，1；彩版九；4）。

铜钱　10枚。均位于墓主尸骨之下，男棺、女棺各5枚，男棺编号M38：2-1～M38：2-5，钱文均为“康熙通宝”；男棺编号M38：2-6～M38：2-10，其中康熙通宝4枚，钱文不详者1枚。

铜扣　2枚。M38：3-1、2，出土于男墓主颈部。空心球形，有半环状纽，外壁饰瓜楞纹，质量较轻。球径0.7厘米（图一二七，2）。

瓷碗　1件。M38：4，出土于东棺上部填土中，灰白色胎，敞口，圆唇，斜腹，底及圈足残，中腹有数周浅凸棱，施黑釉，外壁施至中腹，内壁底部有涩圈，余皆施黑釉。口径18.4厘米，残高7.2厘米（图一二八）。

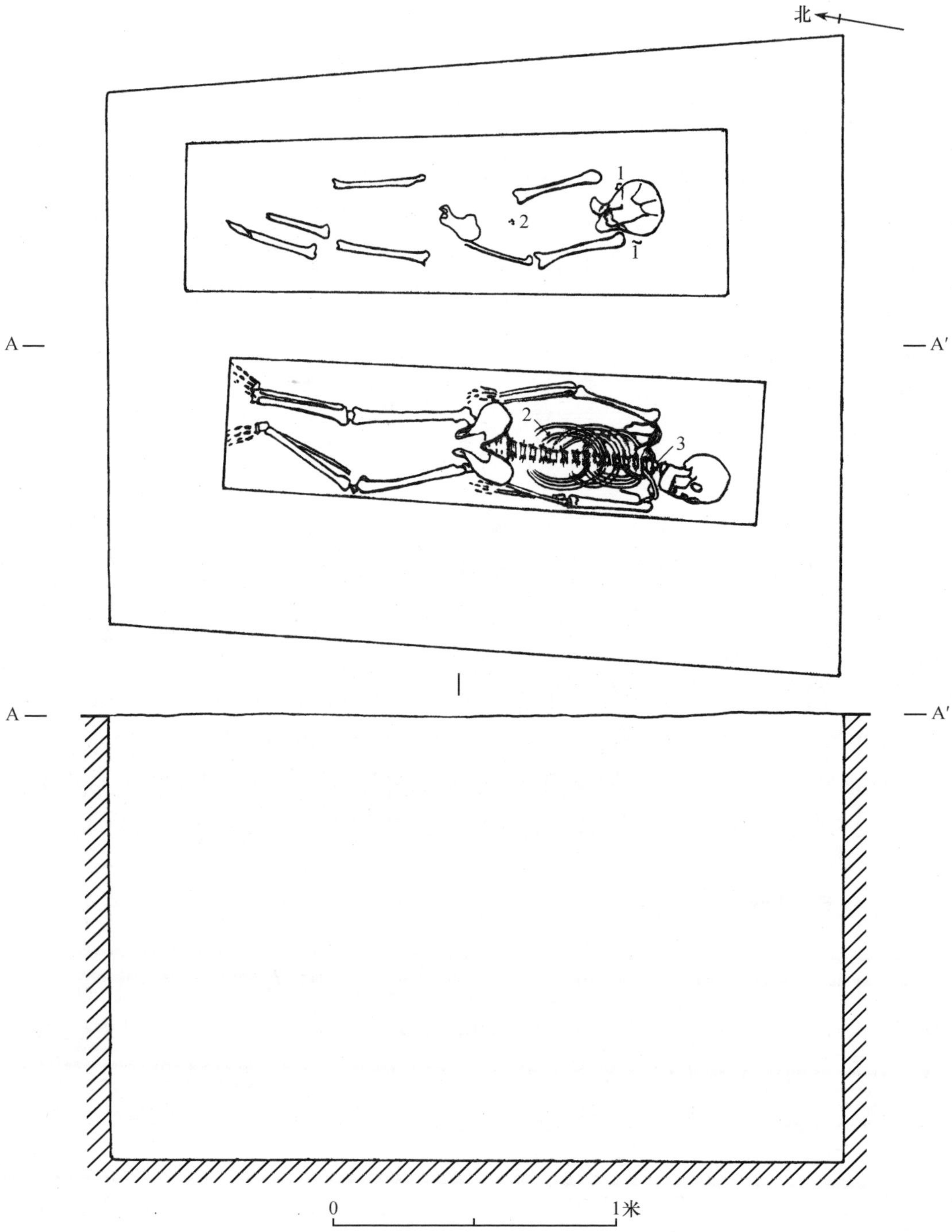

图一二六　M38平、剖面图

1. 金耳坠（1副）　2. 铜钱（女棺5枚、男棺5枚）　3. 铜扣（2枚）

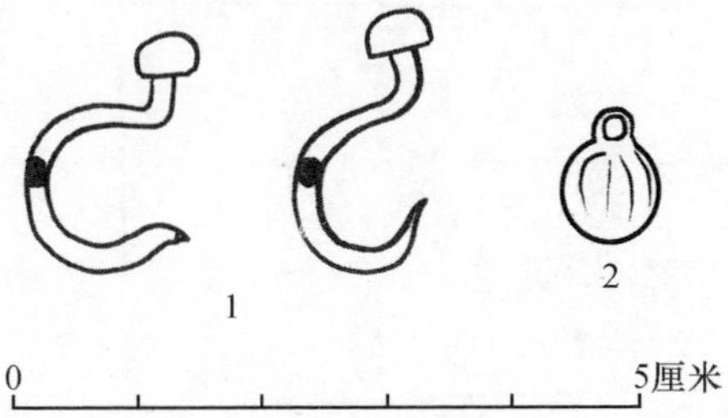

图一二七　M38出土器物

1. 金耳坠（M38：1）　2. 铜扣（M38：3-1）

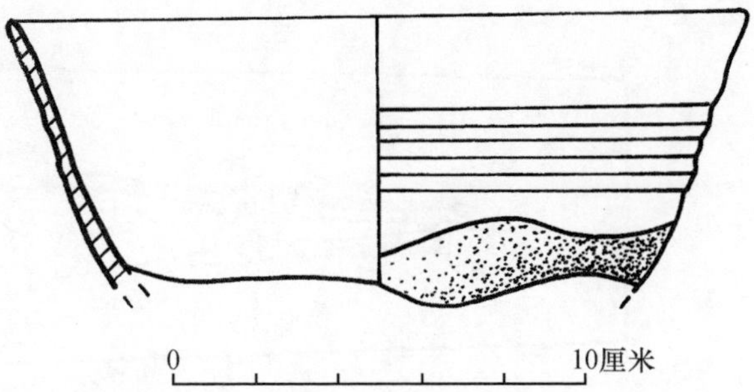

图一二八　M38填土中出土瓷碗（M38：4）

二十四、M39

1. 墓葬概况

位于ⅠT5112西南部，方向172°。墓口距地表0.4米，开口于第2层下，向下打破生土层。

墓葬形制　该墓竖穴土坑墓，墓圹口部呈长方形，东西两壁直壁，南北两端为弧壁，平底。墓圹口部长2.6米，宽0.56～0.68米；墓底长2.2米，宽0.5～0.62米；墓深0.53米（图一二九；图版三，2）。

葬具　草席。

葬式、性别及年龄　墓主为仰身直肢葬，头向东南，足向西北，面向左。经鉴定老年男性。

2. 随葬品

随葬铜扣2枚，押圹砖1件，镇墓瓦1件。

铜扣　2枚。M39：1-1、M39：1-2，位于墓主颈部左右两侧，空心球形，有半环状纽，质量较轻。球径0.8厘米。

押圹砖　1件。M39：2，侧置于于墓圹东壁南端，正面有朱砂及墨书痕迹，具体内容不详，背面正中竖行墨书“长命百岁”四字。长30厘米，宽12.4厘米，厚6.8厘米（彩版一二；4）。

镇墓瓦　1件。M39：3，位于墓主胸部，拱面正中有朱砂痕迹，应是镇墓符箓，两侧墨书“安亡大吉”、“□□灵符”诸字。长17.8厘米，宽14.3～15厘米，厚1.2厘米（图一三〇）。

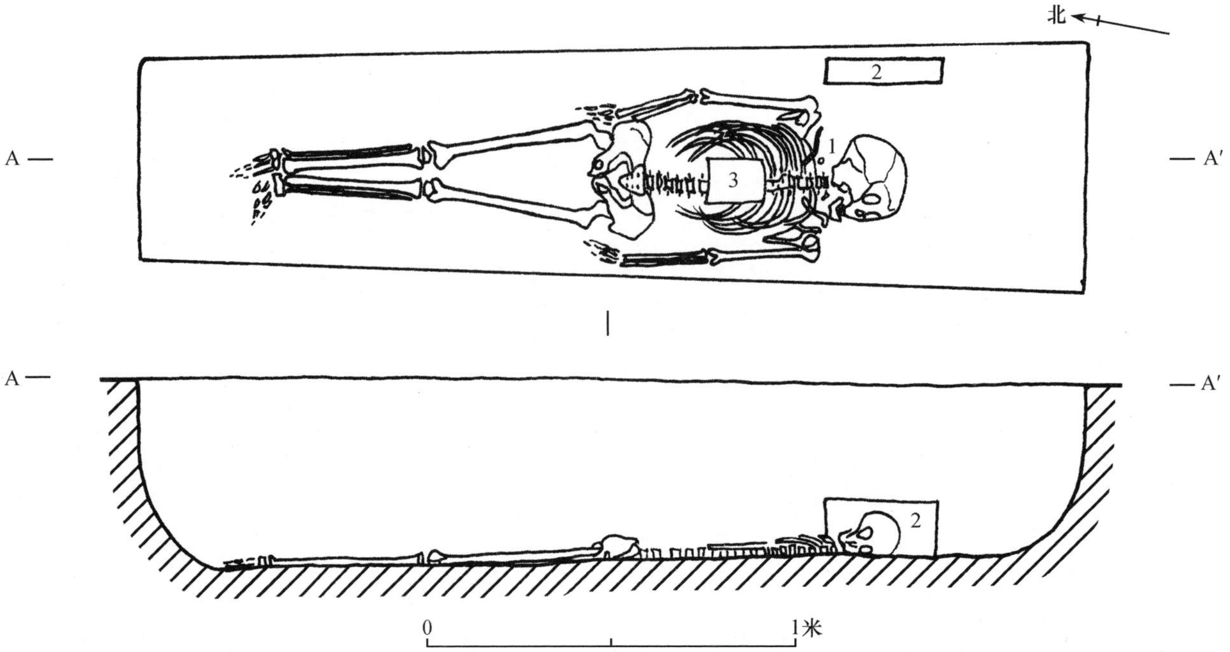

图一二九　M39平、剖面图

1. 铜扣（2枚）　2. 押圹砖　3. 镇墓瓦

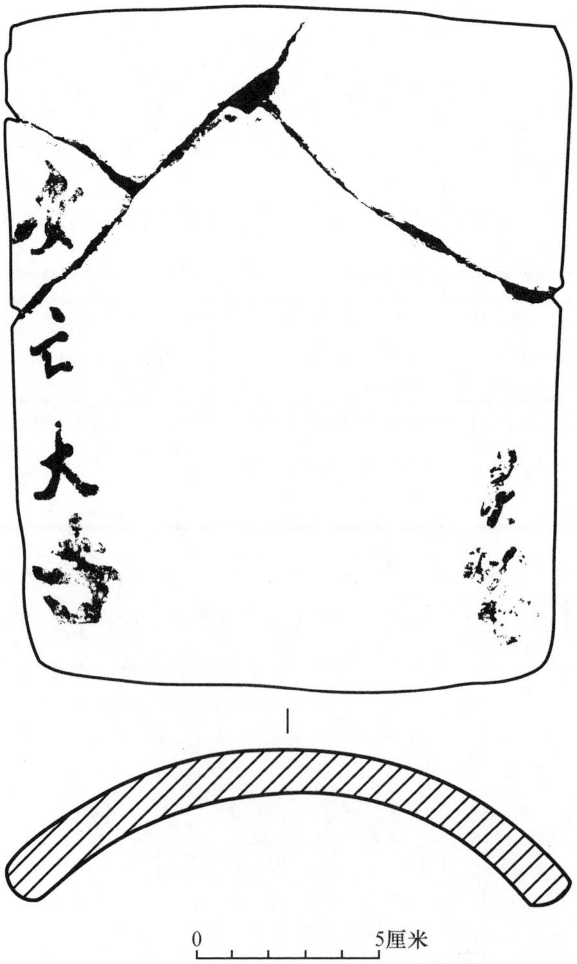

图一三〇　M39出土镇墓瓦（M39：3）

二十五、M40

1. 墓葬概况

位于ⅠT5111西北部，方向175°。墓口距地表0.31米，开口于第2层下，向下打破生土层。

墓葬形制　该墓为竖穴土坑墓，墓圹口部平面形状呈长方形，直壁，平底。长2.1米，宽0.46～0.56米，深0.93米（图一三一；图版三，2）。

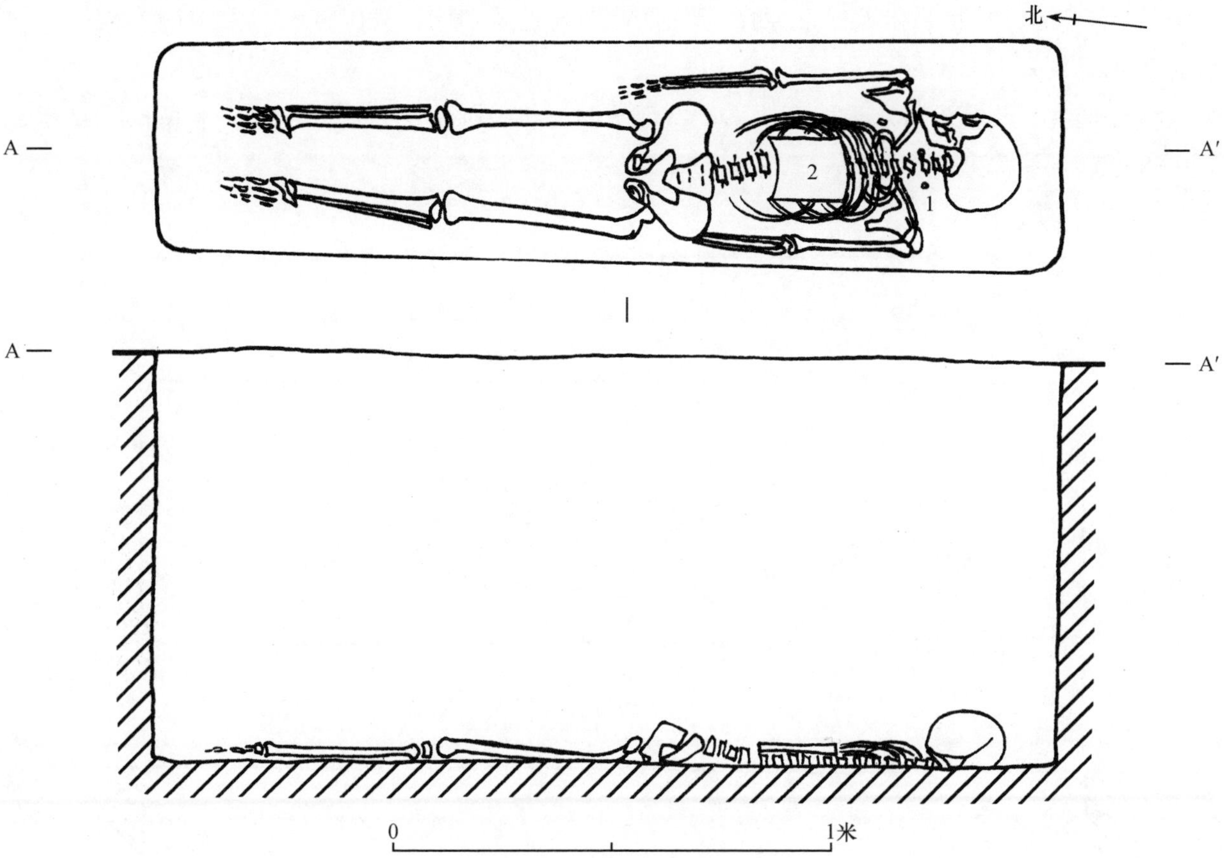

图一三一　M40平、剖面图
1. 铜扣（3枚）　2. 镇墓瓦

葬具　草席。

葬式、性别及年龄　墓主为仰身直肢葬式，头向南，足向北，面向右。经鉴定为壮年男性。

2. 随葬品

随葬铜扣3枚，镇墓瓦1件。

铜扣　3枚。M40：1-1～M40：1-3，位于墓主颈部左右两侧，空心球形，有半环状纽，质量较轻，残碎较甚。球径0.8厘米。

镇墓瓦　1件。M40：2，覆于墓主胸前，拱面画有朱砂，应是符箓，两侧墨迹，内容不详。长16.2厘米，宽14.4～15厘米，厚1厘米。

二十六、M41

1. 墓葬概况

位于ⅠT5111西北部和ⅠT5112西南部，方向168°。墓口距地表0.34米，开口于第2层下，向下打破生土层。

墓葬形制　该墓为竖穴土坑墓，墓圹口部平面形状呈圆角长方形，直壁，平底。长2.5米，宽0.68～0.7米，深0.88米（图一三二；图版三，2）。

葬具　草席。

葬式、性别及年龄　墓主为仰身直肢葬，头向南，足向北，面向上略偏左。经鉴定为老年女性。

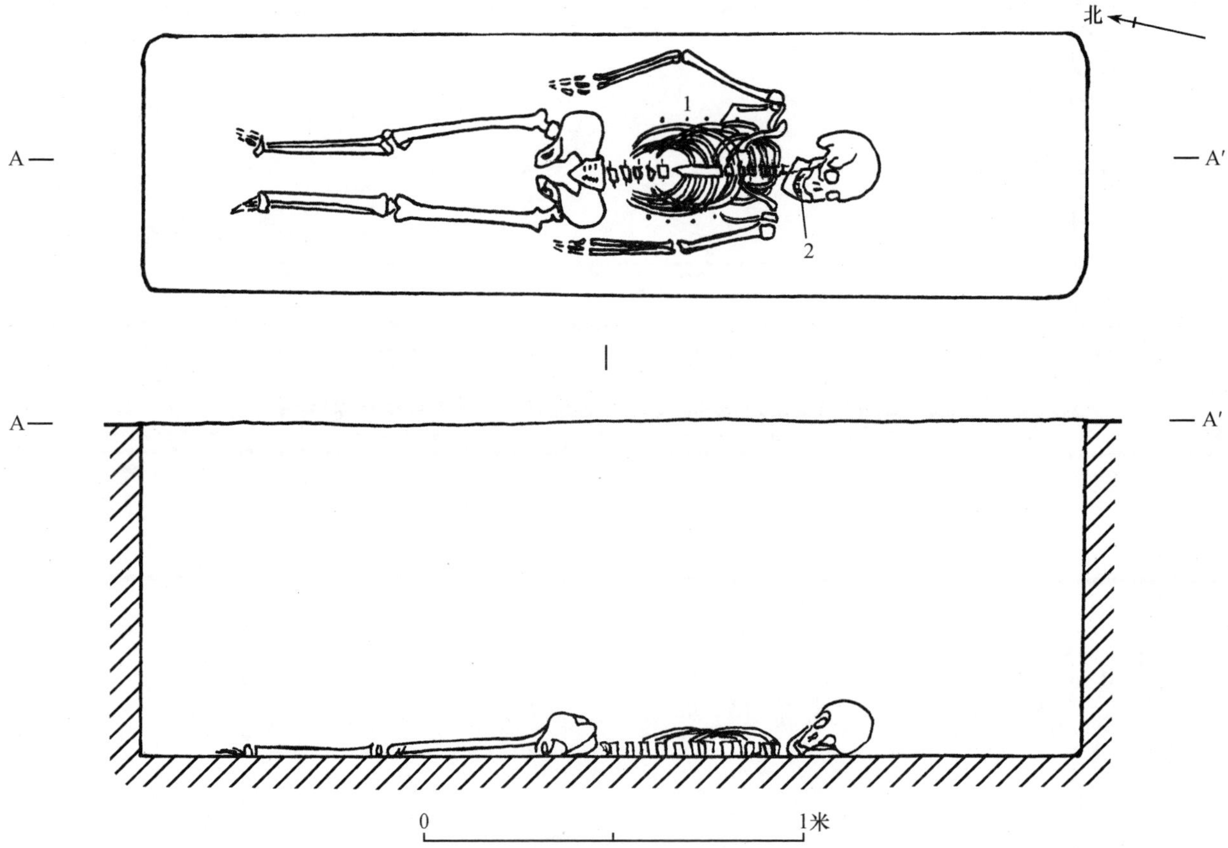

图一三二　M41平、剖面图

1. 铜扣（8枚）　2. 铜钱（1枚）

2. 随葬品

随葬铜扣8枚，铜钱1枚。

铜扣　8枚。M41：1-1～M41：1-8，散置于墓主胸骨左右两侧，每侧各4枚。空心球形，有半环状纽，质量较轻。球径0.7～1.1厘米（图一三三，1～3）。

铜钱　1枚。M41：2，置于墓主口内，钱文“乾隆通宝”（图一三三，4），出土时钱穿内残存一段细线。详见附表1。

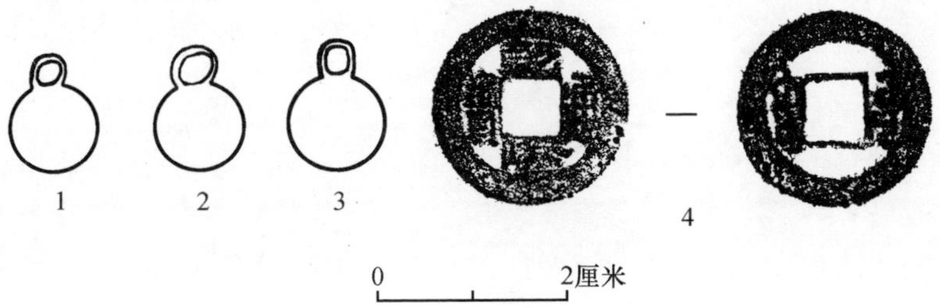

图一三三　M41出土器物

1～3. 铜扣（M41：1-1、2、5）　4. 铜钱拓片（M41：2）

二十七、M42

1. 墓葬概况

位于ⅠT5111北部和Ⅰ5112南部，方向190°。墓口距地表0.35米，开口于第2层下，向下打破生土层。

墓葬形制　该墓为竖穴土坑墓，墓圹口部平面形状呈长方形，直壁，平底。长2.8米，宽0.6～0.66米，深1.5米（图一三四；图版三，2）。

葬具　草席。

葬式、性别及年龄　墓主为仰身直肢，头向南，足向北，面向左。经鉴定为中年男性。

2. 随葬品

随葬铜扣4枚，铜镊子1件，镇墓瓦1件。

铜扣　4枚。M42：1-1～M42：1-4，位于墓主胸部右侧，间距基本相同。空心球形，有半环状纽，质量较轻。球径0.9厘米。

铜镊子　1件。M42：2，位于墓主头骨右侧下部，已断裂。系用两片铜片弯捏而成，上端较宽，有长条状镂空，下端呈弯曲状，尖首。通长5.8厘米（图一三五；图版八，6）。

镇墓瓦　1件。M42：3，覆置于墓主胸部，拱面有朱砂痕迹，应该是镇墓符箓，两侧隐约可见有墨书文字，内容不详。长15.4厘米，宽14厘米，厚1厘米。

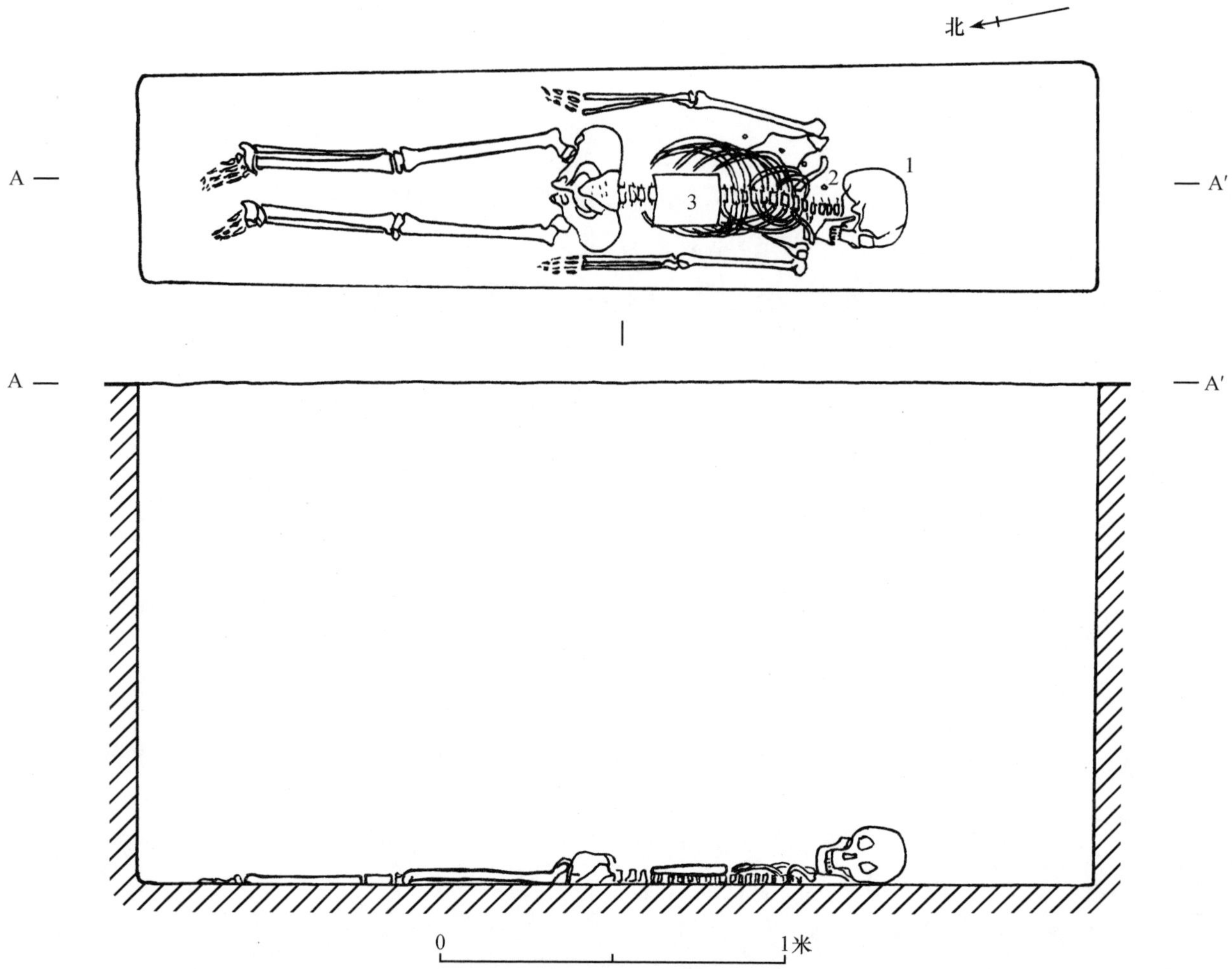

图一三四　M42平、剖面图
1. 铜扣（4枚）　2. 铜镊子　3. 镇墓瓦

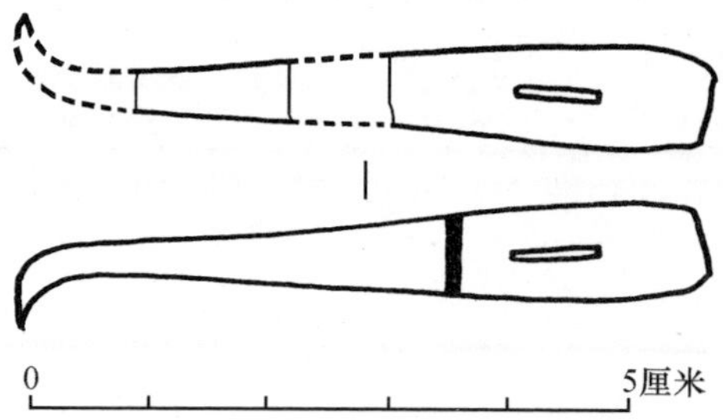

图一三五　M42出土铜镊子（M42：2）

二十八、M43

1. 墓葬概况

位于ⅠT5110北部和ⅠT5111南部，方向150°。墓口距地表0.45米，开口于第2层下，向下打破生土层。

墓葬形制　该墓为竖穴土坑墓，墓圹口部呈长方形，口大底小，呈仰斗状，直壁，平底。墓圹西北角西北两壁各有一排脚窝，上下距0.6米，半圆形进深0.1米。墓圹口部长2.5米，宽1.6～1.7米；底部长2.4米，宽1.4～1.5米；墓深2.3米（图一三六）。

葬具　葬具为木棺，腐朽严重，仅余朽痕。西棺长1.65米，宽0.3～0.42米；东棺长1.8米，宽0.46～0.6米。

葬式、性别及年龄　该墓为夫妇合葬墓，均为仰身直肢葬，头向东南，足向西北。东棺墓主面向左，经鉴定为老年女性；西棺墓主面上微向右，骨架散乱，系二次葬，经鉴定为中年男性。

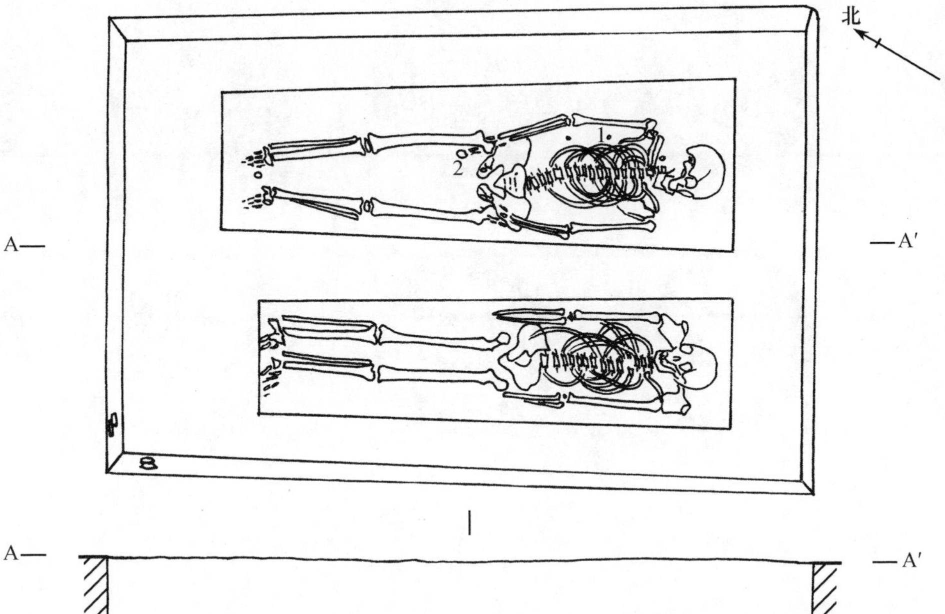

图一三六　M43平、剖面图

1. 铜扣（3枚）　2. 铜钱（6枚）

2. 随葬品

随葬铜扣3枚，铜钱6枚。

铜扣　3枚。M43：1-1～M43：1-3，位于女墓主胸骨右侧，空心球形，有半环状纽，质量较轻。球径0.8厘米。

铜钱　6枚。M43：2-1～M43：2-6，均位于女墓主尸骨之下，其中康熙通宝4枚，乾隆通宝2枚（图一三七，1～5）。详见附表1。

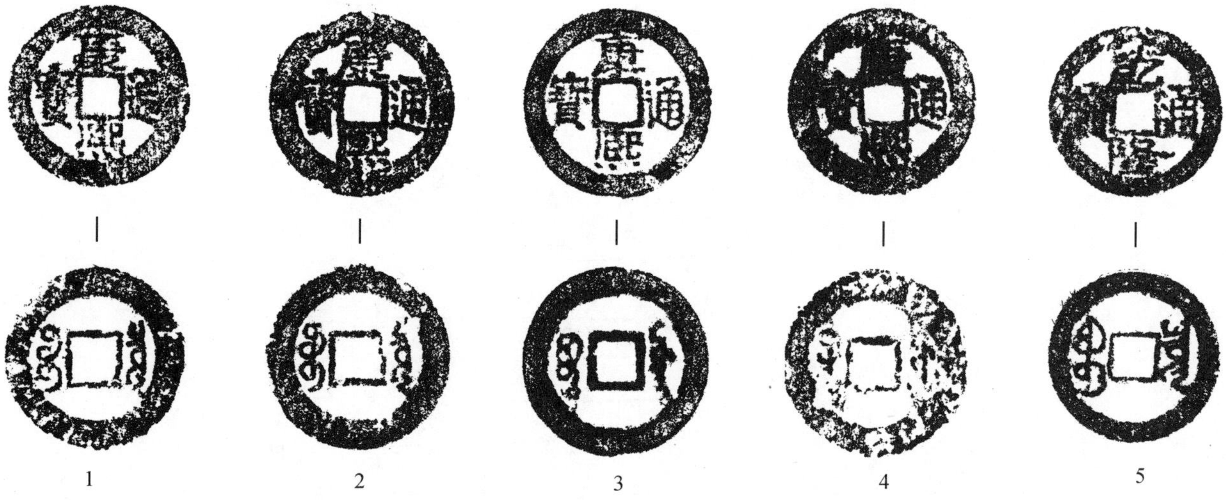

图一三七　M43出土铜钱拓片

1～4. 康熙通宝（M43：2-1～M43：2-4）　5. 乾隆通宝（M43：2-5）

第二节　窖　　穴

1座，即H3。

H3

1. 窖穴概况

位于ⅠT5308的中部偏南，方向355°，坑口距地表0.5米。开口于第2层下，向下打破生土层。

口部平面形状呈不规则圆角长方形，南北长1.6米，东西宽0.88～1.22米，口略大于底，底长5.8米，宽0.8～1.4米，底部距口部深2.3米。口部西壁有两个上下交错的脚窝，呈半圆形。进深0.25～0.3米，宽0.20～0.25米。洞口的东南部向东外扩0.14米，外扩宽度为0.55米。口部向下1米处向南、北两侧各延伸一个洞室，洞室壁面规整，有工具加工的痕迹，壁面略呈弧形，拱顶，底部平整。北室长2.1米，宽0.8～1.3米；南室长2.1米，宽0.8～1.4米；洞高0.6～1.26米

（图一三八）。

坑内填土为黄色淤积土，质软，结构疏松。无明显分层。

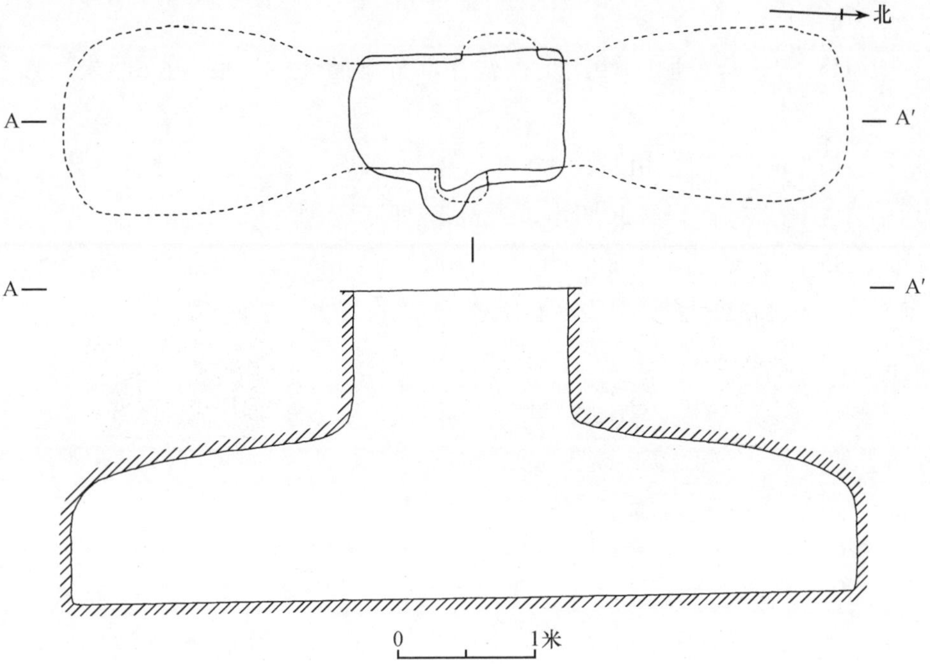

图一三八　H3平、剖面图

2. 出土遗物

填土中含少量白釉、黑釉、褐釉及青花瓷片。可辨器形有碗、罐、盆、缸等。

瓷碗　4件，残存下腹及圈足，矮圈足。H3∶1，红褐色胎，外壁施深褐色釉，内壁先施白色化妆土，然后绘出三周青灰色条纹。底径5.8厘米，残高2.4厘米（图一三九，3）。H3∶4，黄白色胎，近底部素胎无釉，内壁施深褐色釉。底径11.2厘米，残高3厘米（图一三九，5）。

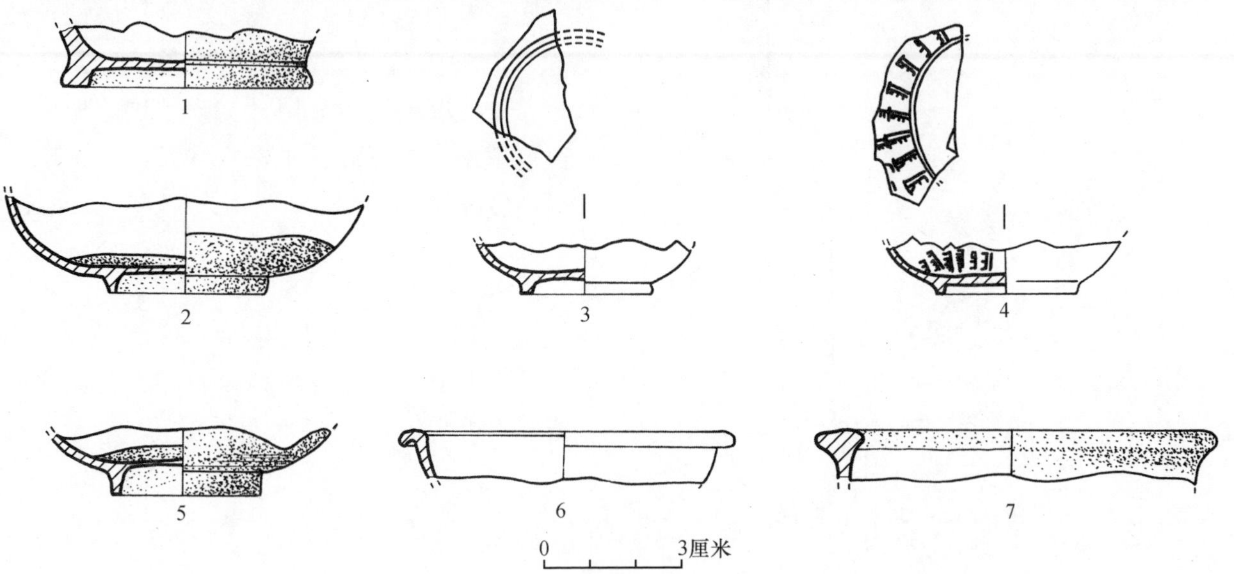

图一三九　H3出土瓷器

1. 罐（H3∶2）　2～5. 碗（H3∶3、H3∶1、H3∶5、H3∶4）　6. 盆（H3∶6）　7. 缸（H3∶7）

H3：3，黄白色胎，施褐釉，外壁近底处及圈足无釉，内壁底部有圆壁形涩圈。底径7厘米，残高4.4厘米（图一三九，2）。H3：5，白胎，内壁白胎之上绘有青花纹饰。底径6.4厘米，残高2.4厘米（图一三九，4）。

瓷罐　1件。H3：2，灰色胎，矮圈足，残存部分素胎无釉。底径6.6厘米，残高3厘米（图一三九，1）。

瓷盆　1件。H3：6，灰白色粗胎，敞口，卷沿，圆唇，弧腹，下腹及底残，内外壁皆施黑釉，沿部近口沿处素胎无釉。口径30厘米，残高2.4厘米（图一三九，6）。

瓷缸　1件。H3：7，红色坩土胎，直口，圆唇，唇面内勾，口部以下残，外壁素胎无釉，内壁口沿下施黑釉。口径35.6厘米，残高4.4厘米（图一三九，7）。

第三节　水　井

2眼。即J6，J8。均为不规则圆形。

一、J6

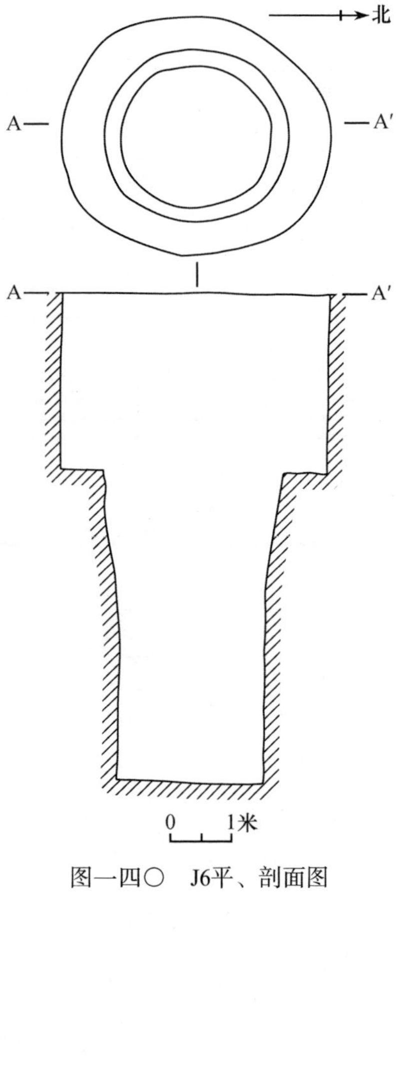

图一四〇　J6平、剖面图

1. 水井概况

位于ⅠT0416的东部，方向0°，开口距地表深0.3米。开口于第2层下，向下打破生土层。

平面形状呈不规则圆形，中部有二层台，壁面规整，上部较直，下部弧收至底，平底。井口长径4.4米，短径4米；底部长径2.5米，短径2.3米；井深8米（图一四〇）。

井内填土无明显层，为自然塌陷形成，黄色填土，土质软，夹杂有浅红色黏土块，结构较疏松。

2. 出土遗物

填土中包含有少量料姜石和青花瓷片，器形不可辨识。

二、J8

1. 水井概况

位于ⅡT4329西南部，方向0°，开口距地表深0.3米。开口于第2层下，向下打破生土层。

平面形状为不规则圆形，直壁，平底，中部有熟土二层台，下部用扇形砖垒砌成圆形井壁。垒砌方式较特别，系用扇形青砖由底部向上螺旋顺摆而成，不用灰浆灌缝。每层用砖18块。井口长径2.9米，短径2.8米；下部井圈长径1.65米，短径1.45米；井深4.5米（图一四一）。

填土无明显分层。上部大部分为自然垮塌堆积，为黄色土夹杂有浅红色黏土，含有少量料姜石，土质较软，结构较为疏松。近底部为粉色沙土，较为细软。

2. 出土遗物

出土遗物较少，底部见有残碎青花瓷片，器形不可辨识。井圈的青色扇形砖为专用砖。内外两边皆呈弧形，外边弧长32厘米，内边弧长28厘米，宽13～13.5厘米，厚6厘米。

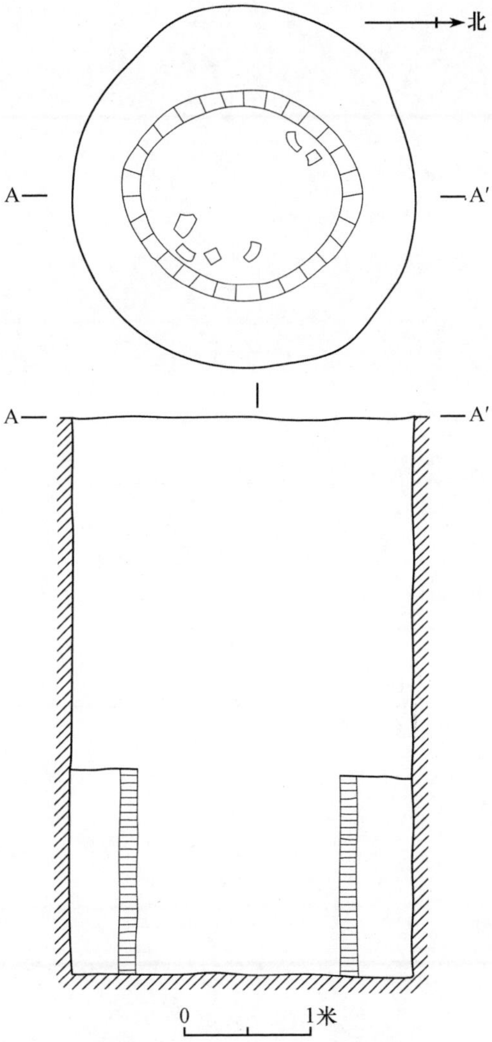

图一四一　J8平、剖面图

第六章　时代不详遗存

时代不详遗存共6个，其中墓葬3座，灰坑2个，水井1眼，其中灰坑情况详见附表14。

第一节　墓　　葬

墓葬3座，即M10、M14、M30。

一、M10

1. 墓葬概况

位于ⅠT4707东部和ⅠT4807西部，方向100°。墓口距地表0.4米，开口于第2层下，向下打破生土层（图一四二）。

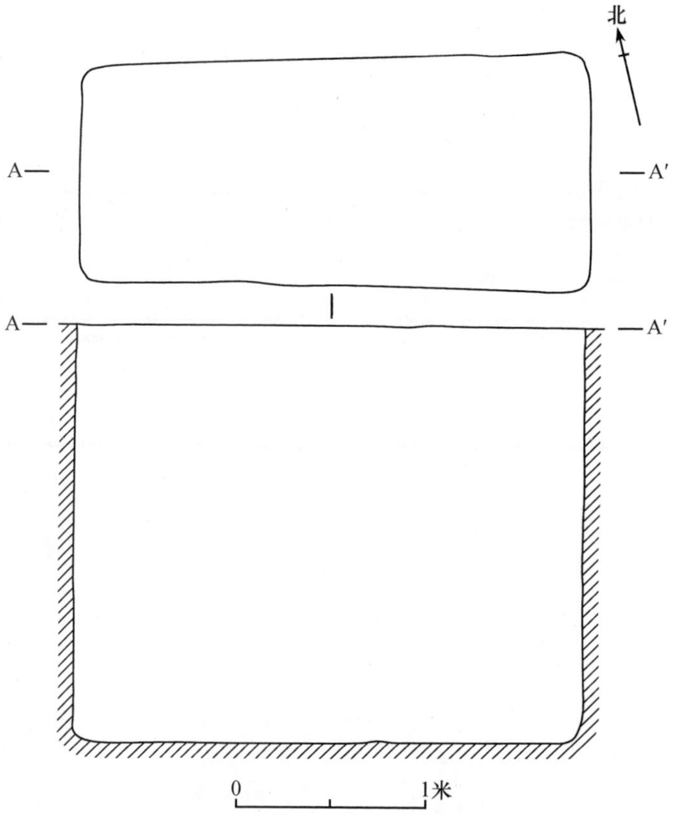

图一四二　M10平、剖面图

墓葬形制　该墓为竖穴土坑墓，口部平面形状呈梯形，直壁，平底。墓圹长2.7米，宽1.12～1.26米，深2.2米。

葬具　不详。

葬式、性别及年龄　未发现人骨。

2. 随葬品

在填土中发现馒头形器1件。

馒头形器　1件。M10：1，泥质灰陶，馒头形，实心，中部有圆形穿孔，器表饰浅显中绳纹。底径9.6厘米，高9.6厘米（图一四三；图版八，5）。

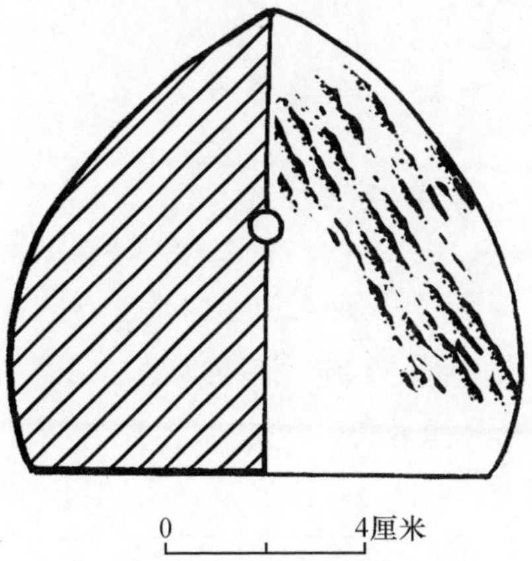

图一四三　M10出土馒头形器（M10：1）

二、M14

1. 墓葬概况

位于ⅠT4704的西南部，方向110°。墓口距地表0.4米，开口于第2层下，向下打破生土层。

墓葬形制　该墓为竖穴土坑墓，口部平面形状呈梯形，直壁，平底。墓圹口部长2.7米，宽0.6～0.9米；底部长2.62米，宽0.6～0.9米；墓深1.7米（图一四四）。

葬具　不详。

葬式、性别及年龄　未发现人骨。

2. 随葬品

未发现随葬品。

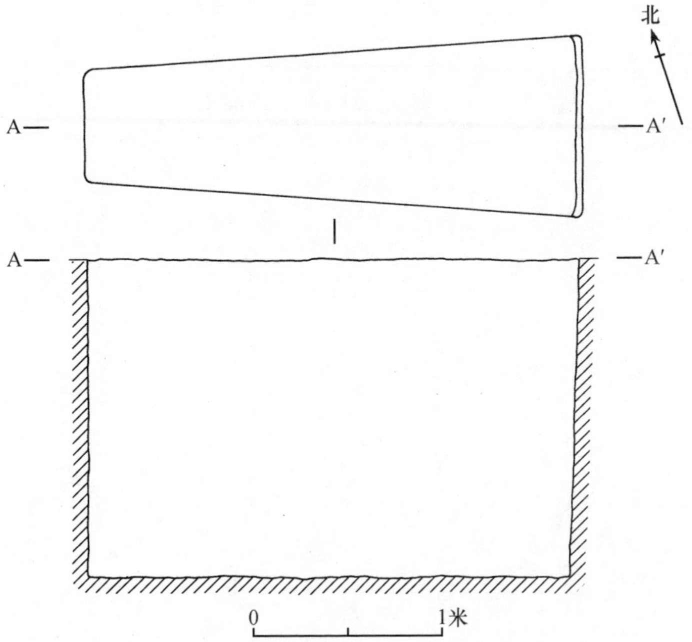

图一四四　M14平、剖面图

三、M30

1. 墓葬概况

位于ⅡT5423的南部，方向142°。墓口距地表0.24米，开口于第2层下，向下打破生土层。

墓葬形制　该墓为竖穴土坑墓，墓圹口部平面形状呈圆角长方形，直壁，底部有生土二层台。长2.6米，宽0.8米，深2.2米；二层台高0.1～0.2米，宽0.2～0.3米（图一四五）。

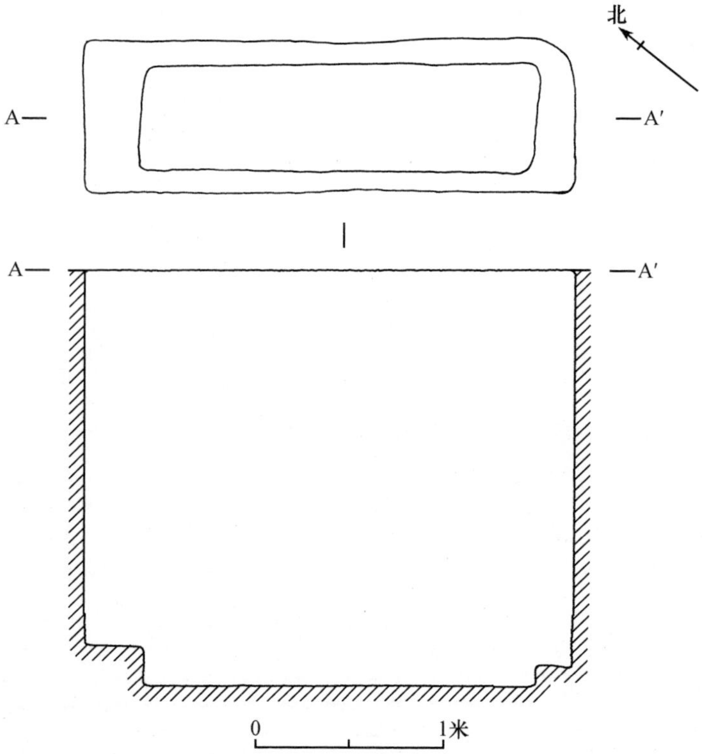

图一四五　M30平、剖面图

葬具　墓底有棺木腐朽痕迹，推测葬具为木棺。

葬式、性别及年龄　未发现人骨。

2. 随葬品

未发现随葬品。

第二节　水　　井

1眼，即J4。

J4

1. 水井概况

位于ⅠT6606的西北部，方向195°。开口于生土层表。

平面形状呈不规则形。东西长2.6米，南北宽2.15米，因发掘条件所限，J4未发掘至底，清理深度为1.8米。结构由水井和井池两部分组成，井体由青砖环砌而成，壁面陡直规整。水井上口直径1.25～1.3米，砖砌井口内径0.7米。水池南部残留两道墙基，东墙为单砖，错缝平砌7层。西墙为双砖错缝平砌8层。底部平整，池深0.6米（图一四六）。

水池及井内填土均为黄褐色土，土质较硬，结构较致密。

2. 出土遗物

出有少量的残砖块。

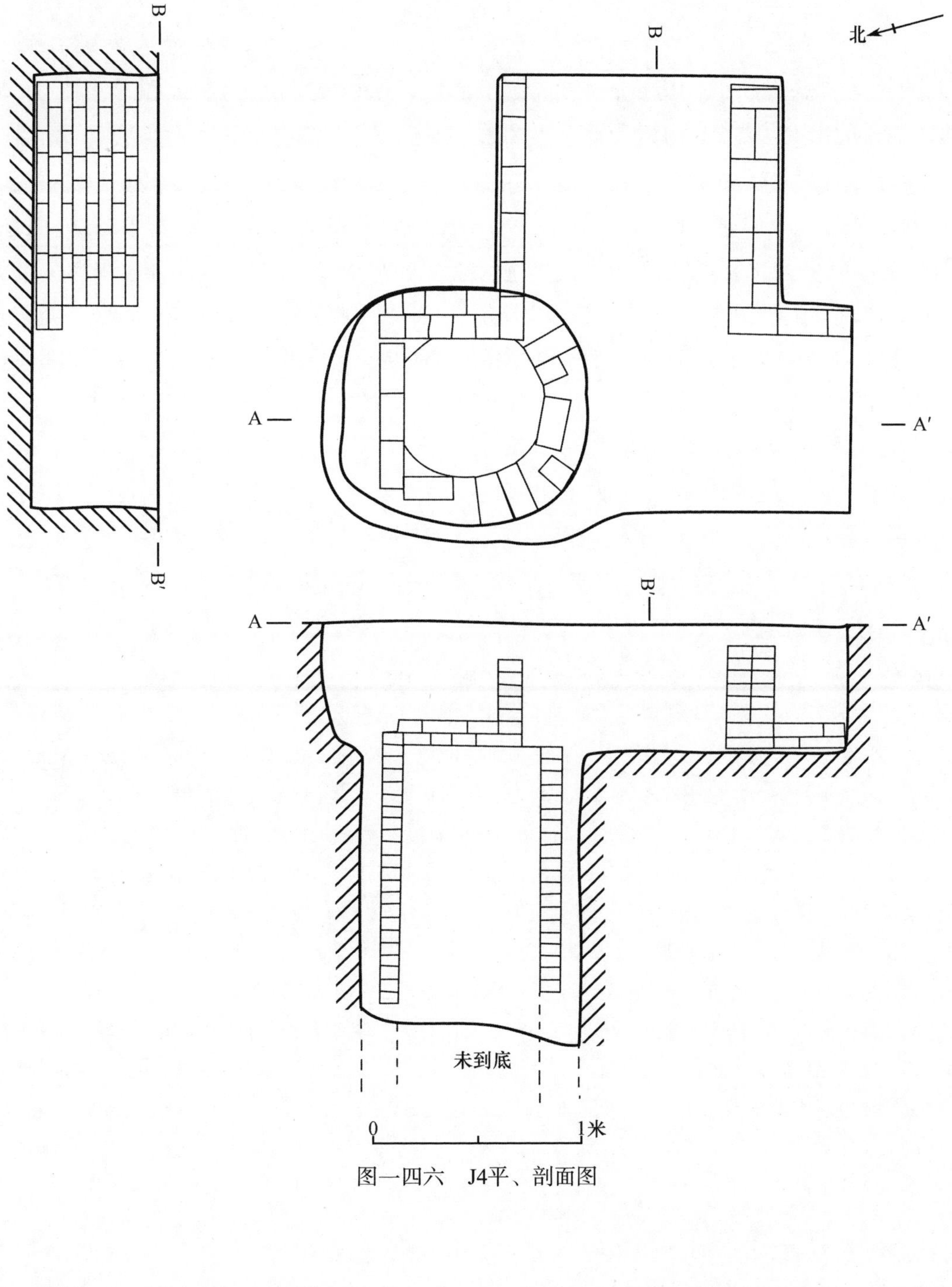

图一四六　J4平、剖面图

第七章　结　　语

第一节　关于汉代遗存的认识

一、年代分析

两座汉墓均被盗扰严重，可资比较的器物较少。其中M5出土的铜镜和《洛阳烧沟汉墓》第七型第三式（M113：54）铜镜形制较为相似，其时代为东汉初期[①]。但从墓葬形制来看，M4、M5与新乡山彪M3、M25[②]较为接近，均为带有长斜坡墓道的单室小砖券墓，并且墓道偏于墓室一侧，其时代应属东汉晚期。另外，M5出土的5件直口罐，特别是其中的2件三系罐则与偃师杏园M34（M34：28、M34：13）[③]、洛阳谷水FM6（M6：4）[④]和FM38（M38：11）[⑤]、新安M262（M262：36）[⑥]、嵩县果酒厂M2（M2：36）[⑦]、孟津M20（M20：14）[⑧]巩义芝田M8（M8：1、M8：9）、M31（M31：19）、M65（M65：11）[⑨]等一批西晋墓葬出土四系罐的整体形制较为近似。因此，我们认为，M4、M5的年代基本上在东汉晚期，甚至可能晚至魏晋时期。

Y6火膛残存草木灰中出土的五铢钱和《长安汉墓》Ba型Ⅰ式五铢较为接近，该型钱应为武帝三官五铢[⑩]。另外，这些陶窑的整体形制和以往发掘的西汉陶窑较为相似，如Y3、Y6与黄河小浪底盐东村汉函谷关仓库建筑遗址Y1[⑪]、汉长安城Y1～Y8[⑫]、洛阳轴承厂陶窑[⑬]、河南

---

① 中国科学院考古研究所：《洛阳烧沟汉墓》，科学出版社，1959年，第169、170、175页。

② 河南省文物局：《百泉、郭柳与山彪》，科学出版社，2010年，第221、257页。

③ 中国社会科学院考古所河南第二工作队：《河南偃师杏园村的两座魏晋墓》，《考古》1985年第8期。

④ 洛阳市第二文物工作队：《洛阳谷水晋墓（FM6）发掘简报》，《文物》1997年第9期。

⑤ 洛阳市第二文物工作队：《洛阳谷水晋墓（FM38）发掘简报》，《文物》2002年第9期。

⑥ 洛阳市文物工作队：《河南新安西晋墓（C12M262）发掘简报》，《文物》2004年第12期。

⑦ 洛阳市第二文物工作队：《嵩县果酒厂晋墓发掘简报》，《中原文物》2005年第6期。

⑧ 洛阳市文物工作队：《洛阳孟津晋墓、北魏墓发掘简报》，《文物》1991年第8期。

⑨ 郑州市文物考古研究所：《巩义芝田晋唐墓》，科学出版社，2003年，第39页。

⑩ 西安市文物保护考古所、郑州大学考古专业等：《长安汉墓》，陕西人民出版社，2004年，第804、805页。

⑪ 洛阳市第二文物工作队：《黄河小浪底盐东村汉函谷关仓库建筑遗址发掘简报》，《文物》2000年第10期。

⑫ 中国社会科学院考古所汉城工作队：《汉长安城1号窑址发掘简报》，《考古》1991年第1期；中国社会科学院考古所汉城工作队：《汉长安城2～8号窑址发掘简报》，《考古》1992年第2期。

⑬ 洛阳市第二文物工作队：《洛阳轴承厂汉代砖瓦窑场遗址》，《中原文物》1996年（增刊）。

宜阳县甘棠寨村Y1[①]、洛阳东周王城Y7[②]的结构和形状基本相同，表明他们的烧制年代应当接近，当为西汉中后期。从出土器物来看，Y3：2、H9：8铁铲与郑州古荥汉代冶铁遗址Ⅰ式铁铲（T8：12）较为近似，A型陶盆整体形制和该遗址Ⅰ式陶盆接近，口沿宽而平直，方唇，且唇面多有凹槽，其时代当为西汉中晚期至东汉时期[③]。因此，陶窑和灰坑的使用年代可大体推定在西汉中晚期至东汉时期。

二、初步认识

M4、M5形制相同，方向一致，左右并列，相距较近，一座略靠前，一座略靠后。这种排列方式和新乡金灯寺M31、M32以及M37和M38[④]排列方式较为一致，可能为夫妻异穴合葬墓。另外，上述墓葬均是左侧墓位在前，右侧墓位在后，这也正印证了汉代以左为尊的埋葬习俗。

后真村墓地发现的6座汉代陶窑，分布较为集中，形制相似，除Y1因近年取土破坏而保存较差之外，其余均保存较好。陶窑周围分布有同时期的灰坑、水井，水井应为烧窑供水之用，灰坑多为陶窑处理垃圾所用的垃圾坑。从陶窑内出土遗物来看，不同陶窑所烧制器物不同，如Y1～Y4以烧制板瓦、筒瓦为主，仅见极少量碎砖，Y5兼烧制青砖、板瓦及筒瓦，Y6仅烧制青砖，表明当时陶窑生产已经出现专业化分工。从位于Y3、Y4附近的H5出土烧变形的陶壶来看，这些陶窑可能在烧制陶瓦的同时，也烧制生活用器。此外，通过考察洛阳西郊汉代居住遗址[⑤]和汉河南县城[⑥]所发现储粮用的圆囷，推测H9应原为仓囷，废弃后作为处理生活垃圾所用。由此可见，这里应该是集生活、生产一体的陶窑作坊。

第二节 关于唐代遗存的认识

M21出土的瓷罐最大腹径在中腹略偏上，腹圆鼓，平底，具有盛唐时期的风格。该墓出土的女俑与巩义芝田一批盛唐时期的墓葬出土的女俑（M36：17、M146：24、M151：9）[⑦]颇为近似。瓷瓶（M21：2）与卒葬于开元二十三年（公元735年）的李廉[⑧]墓出土的同类器（XGHM8：2、XGHM8：3，简报称壶）如出一辙。因此，M21的年代基本可以确定在盛唐

① 郑州大学历史学院考古系等：《河南宜阳县甘棠寨村汉代窑址清理简报》，《华夏考古》2006年第1期。

② 洛阳市文物工作队：《东周王城战国至汉代陶窑遗址发掘简报》，《文物》2004年第7期。

③ 郑州市博物馆：《郑州古荥镇汉代冶铁遗址发掘简报》，《文物》1978年第2期。

④ 郑州大学历史学院考古系等：《河南新乡市金灯寺汉墓发掘简报》，《华夏考古》2009年第1期。

⑤ 郭宝钧：《洛阳西郊汉代居住遗迹》，《考古通讯》1956年第1期。

⑥ 黄展岳：《一九五五年春洛阳汉河南县城东区发掘报告》，《考古学报》1956年第4期。

⑦ 郑州市文物考古研究所：《巩义芝田晋唐墓》，科学出版社，2003年。

⑧ 郑州市文物考古研究院、荥阳市文物保护管理所：《荥阳后王庄唐墓发掘简报》，《中原文物》2007年第6期。

时期，其具体年代或与李廉墓相仿。M26出土的瓷罐底部为饼形，也是唐代同类器形的典型特征，将其推定在唐代应该大体不谬。

第三节　关于宋金时期遗存的认识

一、年代分析

从现有资料来看，河南境内发现的宋代砖室墓，方形、圆形者时代要早于多边形者。M1、M2、M3相距较近，方向基本一致，布局有序，由西北向东南方向鱼贯而葬，显然应是宋代的一个家族墓地。其中M3时代最早，其次为M2，最晚者为M1。参考以往学者的研究成果①，我们将M2、M3的时代大体推定在北宋早期，相当于北宋建立到仁宗时期；而M1的时代当在北宋中晚期，相当于英宗至北宋灭亡的一段时期。

已有学者指出，宋三彩不同于以艳丽色调取胜的唐三彩，而以图案装饰手法见长②，M12出土瓷枕的装饰手法具有典型宋三彩的装饰风格。该墓出土的5枚铜钱，其时代最晚者为“大观通宝”（始铸于公元1107年），证明该墓的年代当不早于北宋末期。至于M22、M23的年代，我们暂时只能根据墓内出土为数不多的铜钱来大体推定。M22仅出土一枚铜钱，钱文为“至道元宝”（始铸于公元995年），该墓年代应不早于北宋早期。M23出土四枚铜钱，钱文最晚者为“政和通宝”（始铸于公元1111年），证明该墓年代亦不早于北宋末期。

M26出土黑瓷罐与荥阳关帝庙金代墓葬③出土的同类器物（M69：1）整体形制极其相似，具有金代稍晚的特征，其时代应大体相当。

该墓地西部发现的水井形制结构大体相似，部分出土遗物极具时代特色，尤其是带有圆壁形涩圈的瓷碗是河南地区宋金时期常见的器形，此类器形在鹤壁窑中就有发现④，表明其时代应该基本同时。

二、相关问题

M12出土一枚七边形“大观通宝”铜钱，根据拐角处残存原始外轮廓的弧面来看，这枚铜钱显系利用当朝或前朝的流通钱币磨制而成。其磨边的目的应该是有祈福、装饰、辟邪之用⑤，谓之“压胜钱”。另外，该墓出土的6件瓷器，除瓷枕以外，其他小件瓷器均有不同程度

---

① 陈朝云：《我国北方地区宋代砖室墓地类型和分期》，《郑州大学学报》1994年第6期。

② 孙新民：《综述宋三彩》，《中原文物》1998年第3期。

③ 河南省文物考古研究所：《河南荥阳市关帝庙遗址唐、金墓葬发掘简报》，《华夏考古》2008年第4期。

④ 鹤壁市文物工作队：《鹤壁窑》，中州古籍出版社，2009年，第223页。

⑤ 吴文强：《浅谈古代钱币中的磨边、凿边现象》，《中国文物报》2011年2月9日第3版。

的破损，当属有意为之，或为此类殇亡儿童特殊葬俗。这些小件瓷器应该就是宋代供儿童玩耍的民俗玩具，即所谓的“磨喝乐”。具有信仰、启蒙、益智、娱乐与游戏等多种有益于受众身心健康发展的功能，对研究宋代游戏风俗具有较高的学术价值①。

该时期的水井出土遗物虽然不甚丰富，但为研究该时期该地区的水文情况提供了详实的材料。部分水井之间还存在打破关系，表明该地在相当长的一段时间内地下水资源是比较丰富的。其中J18还出土了木质水车，根据其形制，我们认为这应该是井车。宋代《太平广记》引《启颜录》载：“唐邓玄挺入寺行香，与诸僧诣园，观植蔬。见水车，以木桶相连，汲于井中。”②这种“以木桶相连”的水车是用来提取井水的，应该就是井车。二十世纪八十年代，赵其昌先生根据首都博物馆藏成书于元代末年的《析津志》抄本的有关记述，认为书中描述的水车是“戽斗式机轮水车”，并参照近代北方农村曾经有过的㧐水车进行复原，但他并不认为《太平广记》所载是戽斗式机轮水车③。后来，周昕先生把《析津志》所载和邓玄挺所见的水车联系起来思考，认为这两处所记载的水车虽然不一定完全相同，但起码是相似的④。近年，李根蟠先生对井车进行了详细的考证和说明，并根据《析津志》的记载和周昕先生的分析，将井车的特点概括为三点：“第一，它通过安置在井口的立轮带动下接井水上联立轮的一串盛水筒上下旋转运动来提水上井；第二，它是使用人畜力通过相应装置推动立轮工作的；第三，它是专用于水井的提水机具。”⑤李先生通过对文献资料的梳理，发现隋唐五代关于井车的记载多于宋元时期，不管是何种原因造成的这种现象，但至少说明唐代使用井车已有一定的普遍性。并认为“作为三大水车类别之一的井车，对于中国农业的发展，尤其是华北农业的发展，具有翻车和筒车不能替代的重要作用。因为华北地区地面的水资源远不如长江流域及其以南丰富，有条件利用翻车和筒车灌溉的农田不多，开发地下水资源成为发展农田灌溉的重要途径，在这方面，井车就有用武之地了。”所以，后真村J18出土宋金时期的井车为研究当时的井车发展情况提供了实物例证。

第四节　关于清代遗存的认识

清代墓葬发现较多，但出土遗物却不甚丰富，我们仅能根据墓葬内出土的铜钱来大体判定

---

① 魏跃进：《从宋代陶模造型管窥宋代游戏风俗》，《中原文物》2010年第1期。

② 宋·李昉等：《太平广记》卷二五〇，《诙谐六·邓玄挺》。

③ 赵其昌：《〈析津志〉所记元大都戽斗式机轮水车》，《文物》1884年第10期。《析津志》“施水堂”条载：“京师乃人马之宫分，为一统都会。之朝公府趋事者，非马曷能济事，城大地广故也。而马匹最能负苦，其思渴尤甚于饥者。顷年有献施水车以给井而得水于石槽中，用以饮马，由是牛畜马匹之类咸赖之。仍依于释氏之侧，庶给毋劳于民，不妨予其力。其制，随井深浅，以荦确水车相衔之状，附木为戽斗，联于车之机，直至井底。而上人推平轮之机，与主轮相轧，戽斗则倾于石枧中，透于阑外石槽中。自朝至暮不辍，而人马均济。古无今有，诚为可嘉。故记之以旌其善。”

④ 周昕：《中国农具发展史》，山东科学技术出版社，2005年，第599页。

⑤ 李根蟠：《水车起源与发展丛谈（下辑）》，《旧识新探说井车》，《中国农史》2012年第1期。

为清代。从墓葬分布情况来看，其中部分墓葬方向大体一致，墓位排列有序，我们推测应该是家族墓地，如Ⅰ区的M8、M15、M16、M17、M18、M19和M20；M39、M40、M41和M42。Ⅱ区的M35、M36和M37；M27、M31、M32、M33和M34诸墓。从这些墓葬也能看出当时社会的贫富差距，贫者以草席裹之即葬，富者不仅有棺，还有砖砌墓室；贫者仅随葬数枚铜钱抑或空无一物，富者不仅随葬大量铜钱，甚至还有金银首饰。至于该时期的墓主葬式，基本为仰身直肢，但M34墓主为仰身曲肢葬，应是墓主死葬之时身体僵硬所致。另外，一般而言，一个葬具中仅有一人，但M20一棺之中竟有两具人骨，并且均为一次葬，其个中原因尚待深入探讨。

从葬俗上来看，这批清代墓葬基本和当地现代丧葬制度较为一致。比如择墓观念和墓位排序方法是最为突出的。通过调查走访当地村民得知，凡遇丧葬之事，当地一般请阴阳先生相地择墓，所采用的择墓工具书一般为《地理五决》[①]，而《地理五决》一书择墓观点所采用的堪舆术最多的是以托名晋代郭璞《葬书》为代表的一套理论。《葬书》云："夫葬，以左为青龙，右为白虎，前为朱雀，后为玄武。玄武垂头，朱雀翔舞，青龙蜿蜒，白虎驯俯。"即要求墓后为玄武山，左、右两侧分别有青龙、白虎两山（砂），是为"护砂"，墓葬正前方还要有一山相对，为朱雀山，亦称"朝（案）山（砂）"，这是指墓穴周围的山势而言。除山势形局俱全以外，还要得水，即《葬书》所云："风水之法，得水为上，藏风次之。"[②]理想的墓址就处于这样山环水绕的环境内。但事实上，所择墓地不一定必须山环水绕，只要头枕高处，足蹬低处，两侧有高地环抱，基本符合《葬书》的相关理论即可。当地谓之"头枕山，脚蹬河"。后真村墓地发现的清代墓葬均符合当地人所言，即墓主头枕高处，足蹬低处，埋葬在缓坡之地。

这些墓葬的排列方法一般使用昭穆葬，即俗谓之"扯子抱孙"葬法。其中尤以M8、M15、M16、M17、M18、M19、M20最为典型。其中M17为祖坟，位居中央，第二排为子辈，即形成所谓的"父蹬子肩"葬式，其中M16应为长子夫妇，葬在昭位即西侧，次子夫妇（M15）、三子夫妇（M18）依次而葬；第三排为孙辈，M19、M18、M20亦是按照长幼齿序依次埋葬。但此时要注意的是，虽然夫妇二人通常按照"男左女右"方式排列，但位居昭位的男性一定要葬在其夫人右侧，即男性墓位要成为距离其父母墓位最近者，M16即与此俗相合。通过调

---

① 《地理五诀》一书著于清乾隆丙午年（乾隆五十一年，公元1786年），作者为赵玉材，字九峰；是当时地理风水的宗工哲匠。因为当时社会上风水地理学"立法种种，各持一家，是分门愈多而道理愈晦，地理失传"。对于地理"先贤诸书得分真赝"。于是在乾隆乙巳年底（乾隆五十年，公元1785年），赵九峰师徒三人"更相讨论研究，遍拣诸书"，"慨然有救正之心"，"尽所秘而笔之"，"越七日而卷成"，师徒三人用七天时间加班而书成。赵九峰先生在著述中自谓，《地理五诀》是"遵郭景纯《葬经》、杨救贫《青囊经》、刘秉忠《玉尺经》、卜则巍《雪心赋》、刘青田《披肝露胆》、谭仲简《一粒粟》，或祖其而为之发明，或直述其语"。并参阅了《玉髓经》《天玉经》《青乌经》《黑囊经》《仙婆集》《孝思集》《琢玉斧》《顶门针》《天机会元》《人子须知》《一贯堪舆》《三才发秘》《司马水法》《地理正宗》《地理大成》《四弹子》等地理风水学书籍，从流溯源。

② （传）晋·郭璞：《葬书·外篇》，影印文渊阁《四库全书》本，第808册，第29页，台湾商务印书馆，1984年。

查当地葬俗得知，若子辈为三人或三人以上者，则子辈墓位要从左到右依次排列，其中墓位居于祖坟中心线左侧者（即尊位），男性墓位同样要在其夫人之右，以后历世子孙埋葬方法皆如是[①]。

另外，该墓地个别墓葬中还发现有成书于明代的《三元总录》[②]中记载的押圹砖，押圹砖的书写方式和内容与《三元总录》完全一致，可见其在民间影响之深。

① 见本书附录4《荥阳现代丧葬习俗调查简况》。

② 《三元总录》系明代万历年间柳洪泉所著，柳洪泉是当时的堪舆大师。柳氏一生精研风水堪舆之术，在研读前人著作的基础上，汇总其中的精华、实用部分，著成独具个人风格的风水名著，名之为《柳氏家藏》。因此书中主要内容包括宅元、婚元和茔元三大部分。后世之人将其改名为《三元总录》，并口传心授，世代相传。其中宅元主要讲阳宅格局的吉凶宜忌，婚元主要讲男女婚配格局的吉凶宜忌，茔元主要讲阴宅格局的吉凶宜忌。荥阳当地阴阳先生多根据此书为卜穴选吉。

附　表

附表1　荥阳后真村墓地出土铜钱一览表

墓葬	钱文	编号	字体	钱径（厘米）	郭厚（厘米）	郭宽（厘米）	穿长（厘米）	年代（公元）	铸币局	重量（克）	备注
M6	嘉祐通宝	2-1	篆书	2.48	0.1	0.28	0.81	1056～1063		2.7	
	元祐通宝	2-2	行书	2.41	0.13	0.29	0.78	1086～1094		3.5	
	康熙通宝	2-3	楷书	2.45	0.12	0.37	0.7	1662～1722	不详	2.6	略残
	乾隆通宝	2-4	楷书	2.42	0.12	0.32	0.75	1736～1795	宝晋局	2.5	
	乾隆通宝	2-5	楷书	2.54	0.12	0.33	0.75	1736～1795	宝浙局	3.1	
	乾隆通宝	2-6	楷书	2.38	0.15	0.36	0.7	1736～1795	宝泉局	3.9	
	乾隆通宝	2-7	楷书	2.41	0.11	0.38	0.73	1736～1795	宝泉局	2.8	
	乾隆通宝	2-8	楷书	2.35	0.15	0.34	0.64	1736～1795	宝泉局	3.9	
	乾隆通宝	2-9	楷书	2.36	0.13	0.37	0.63	1736～1795	宝泉局	3.3	
	乾隆通宝	2-10	楷书	2.33	0.16	0.3	0.71	1736～1795	宝泉局	3.7	
	乾隆通宝	2-11	楷书	2.47	0.13	0.29	0.63	1736～1795	宝川局	3.6	
	乾隆通宝	2-12	楷书	2.45	0.11	0.33	0.69	1736～1795	宝云局	2.3	
	乾隆通宝	2-13	楷书	2.6	0.13	0.4	0.7	1736～1795	宝云局	3.7	
	乾隆通宝	2-14	楷书	2.56	0.15	0.4	0.71	1736～1795	宝云局	3.8	
	乾隆通宝	2-15	楷书	2.57	0.12	0.31	0.71	1736～1795	宝云局	3.1	
	乾隆通宝	2-16	楷书	2.5	0.1	3.4	0.75	1736～1795	宝云局	2.4	
	乾隆通宝	2-17	楷书	2.61	0.12	0.34	0.74	1736～1795	宝云局	4.3	
	乾隆通宝	2-18	楷书	2.51	0.14	0.38	0.71	1736～1795	宝源局	4.5	

续表

墓葬	钱文	编号	字体	钱径（厘米）	郭厚（厘米）	郭宽（厘米）	穿长（厘米）	年代（公元）	铸币局	重量（克）	备注
M6	乾隆通宝	2-19	楷书	2.51	0.11	0.38	0.71	1736～1795	宝源局	3.2	
	乾隆通宝	2-20	楷书	2.35	0.15	0.31	0.67	1736～1795	宝源局	3.5	
	乾隆通宝	2-21	楷书	2.22	0.16	0.28	0.72	1736～1795	宝源局	4	
	乾隆通宝	2-22	楷书	2.54	0.11	0.4	0.71	1736～1795	宝源局	2.7	略残
	乾隆通宝	2-23	楷书	2.27	0.17	0.31	0.67	1736～1795	宝直局	2.8	
	嘉庆通宝	2-24	楷书	2.51	0.11	0.25	0.69	1796～1820	宝源局	3.5	
	嘉庆通宝	2-25	楷书	2.31	0.17	0.25	0.66	1796～1820	宝直局	3.9	
	嘉庆通宝	2-26	楷书	2.3	0.12	0.27	0.67	1796～1820	宝源局	3.1	
	嘉庆通宝	2-27	楷书	2.43	0.14	0.32	0.64	1796～1820	宝源局	4	
	嘉庆通宝	2-28	楷书	2.45	0.15	0.35	0.66	1796～1820	宝源局	4.2	
	嘉庆通宝	2-29	楷书	2.42	0.15	0.25	0.72	1796～1820	宝源局	3.5	
	嘉庆通宝	2-30	楷书	2.49	0.13	0.28	0.74	1796～1820	宝泉局	3.4	
	嘉庆通宝	2-31	楷书	2.54	0.14	0.35	0.64	1796～1820	宝泉局	4.1	
	嘉庆通宝	2-32	楷书	2.28	0.13	0.32	0.72	1796～1820	宝泉局	3	
	嘉庆通宝	2-33	楷书	2.43	0.14	0.3	0.7	1796～1820	宝泉局	4	
	嘉庆通宝	2-34	楷书	2.41	0.15	0.35	0.7	1796～1820	宝泉局	3.4	
	嘉庆通宝	2-35	楷书	2.48	0.14	0.31	0.68	1796～1820	宝泉局	4.2	
	嘉庆通宝	2-36	楷书	2.36	0.16	0.31	0.68	1796～1820	宝泉局	4.4	
	嘉庆通宝	2-37	楷书	2.36	0.14	0.3	0.73	1796～1820	宝泉局	4	
	嘉庆通宝	2-38	楷书	2.33	0.15	0.31	0.64	1796～1820	宝直局	3	
	不详	2-39	不详	2.48	0.13	0.37	0.64	不详	不详	2.6	残，钱文不清

续表

墓葬	钱文	编号	字体	钱径（厘米）	郭厚（厘米）	郭宽（厘米）	穿长（厘米）	年代（公元）	铸币局	重量（克）	备注
M6	不详	2-40	不详	2.47	0.12	不详	不详	不详	不详	3.3	锈蚀严重，钱文不清
	康熙通宝	5-1	楷书	2.54	0.08	0.31	0.72	1662 ~ 1722	宝泉局	1.6	略残
	康熙通宝	5-2	楷书	2.37	0.12	0.33	0.64	1662 ~ 1722	宝泉局	3	
	康熙通宝	5-3	楷书	2.5	0.13	0.33	0.66	1662 ~ 1722	不详	2.7	背面钱文不清
	康熙通宝	5-4	楷书	2.53	0.1	0.35	0.7	1662 ~ 1722	不详	2.6	锈蚀严重，钱文不清
	雍正通宝	5-5	楷书	2.57	0.13	0.43	0.69	1723 ~ 1735	宝泉局	3.7	
	乾隆通宝	5-6	楷书	2.49	0.12	0.4	0.65	1736 ~ 1795	宝云局	2.9	
	乾隆通宝	5-7	楷书	2.32	0.14	0.33	0.67	1736 ~ 1795	宝晋局	3.6	
	乾隆通宝	5-8	楷书	2.48	0.13	0.4	0.7	1736 ~ 1795	宝武局	2.6	
	乾隆通宝	5-9	楷书	2.53	0.13	0.34	0.7	1736 ~ 1795	宝云局	4.1	
	乾隆通宝	5-10	楷书	2.5	1.6	0.42	0.7	1736 ~ 1795	不详	4	满文不能识别
	乾隆通宝	5-11	楷书	2.35	0.15	0.38	0.65	1736 ~ 1795	宝泉局	3.6	
	乾隆通宝	5-12	楷书	2.55	0.12	0.38	0.66	1736 ~ 1795	宝泉局	3.1	
	乾隆通宝	5-13	楷书	2.19	0.16	0.28	0.69	1723 ~ 1735	宝泉局	3.4	
	乾隆通宝	5-14	楷书	2.5	0.13	0.35	0.71	1736 ~ 1795	宝昌局	4.1	
	乾隆通宝	5-15	楷书	2.39	0.14	0.29	0.83	1736 ~ 1795	宝武局	3.6	
	乾隆通宝	5-16	楷书	2.63	0.12	0.36	0.75	1736 ~ 1795	宝云局	3.4	
	乾隆通宝	5-17	楷书	2.57	0.13	0.34	0.7	1736 ~ 1795	宝云局	3.6	锈蚀较严重
	乾隆通宝	5-18	楷书	2.56	0.12	0.35	0.7	1736 ~ 1795	宝云局	4	略残
	乾隆通宝	5-19	楷书	2.41	0.12	0.31	0.65	1736 ~ 1795	宝川局	2.2	

续表

墓葬	钱文	编号	字体	钱径（厘米）	郭厚（厘米）	郭宽（厘米）	穿长（厘米）	年代（公元）	铸币局	重量（克）	备注
M6	乾隆通宝	5-20	楷书	2.3	0.13	0.28	0.69	1736～1795	宝苏局	3.4	
	乾隆通宝	5-21	楷书	2.6	0.15	0.4	0.69	1723～1735	不详	3.7	满文不能识别
	乾隆通宝	5-22	楷书	2.3	0.16	0.29	0.7	1736～1795	宝源局	4.3	表面有锈块
	乾隆通宝	5-23	楷书	2.18	0.13	0.25	0.67	1736～1795	宝源局	2.9	
	乾隆通宝	5-24	楷书	2.38	0.16	0.35	0.69	1736～1795	宝源局	4.4	
	乾隆通宝	5-25	楷书	2.34	0.17	0.34	0.64	1736～1795	宝泉局	3.1	
	乾隆通宝	5-26	楷书	2.24	0.14	0.33	0.67	1736～1795	宝泉局	3.7	
	乾隆通宝	5-27	楷书	2.45	0.1	0.39	0.7	1736～1795	宝泉局	2.6	
	乾隆通宝	5-28	楷书	2.37	0.18	0.37	0.65	1736～1795	宝泉局	4	表面有锈块
	乾隆通宝	5-29	楷书	2.27	0.14	0.34	0.66	1723～1735	宝泉局	3.5	
	乾隆通宝	5-30	楷书	2.27	0.15	0.3	0.64	1736～1795	宝泉局	4	
	乾隆通宝	5-31	楷书	2.1	0.13	0.23	0.69	1736～1795	宝泉局	2.7	
	乾隆通宝	5-32	楷书	2.17	0.16	0.3	0.67	1736～1795	宝泉局	4	
	乾隆通宝	5-33	楷书	2.21	0.17	0.26	0.65	1736～1795	宝泉局	3.4	表面有锈块
	乾隆通宝	5-34	楷书	2.47	0.14	0.33	0.7	1736～1795	宝泉局	3.7	
	乾隆通宝	5-35	楷书	2.14	0.17	0.23	0.66	1736～1795	宝泉局	3.8	
	乾隆通宝	5-36	楷书	2.25	0.15	0.28	0.65	1736～1795	宝泉局	3.3	
	乾隆通宝	5-37	楷书	2.25	0.15	0.34	0.67	1723～1735	宝直局	2.7	
	乾隆通宝	5-38	楷书	2.32	0.17	0.33	0.73	1736～1795	宝直局	3.2	
	乾隆通宝	5-39	楷书	2.5	0.13	0.43	0.67	1736～1795	宝泉局	3.2	表面有锈块
	乾隆通宝	5-40	楷书	2.4	0.18	0.3	0.7	1736～1795	不详	3.1	表面有锈块

续表

墓葬	钱文	编号	字体	钱径（厘米）	郭厚（厘米）	郭宽（厘米）	穿长（厘米）	年代（公元）	铸币局	重量（克）	备注
M6	乾隆通宝	5-41	楷书	2.35	0.14	不详	0.64	1736～1795	不详	3.6	表面有锈块
	乾隆通宝	5-42	楷书	2.48	0.13	0.35	0.71	1736～1795	不详	2.9	表面有锈块
	乾隆通宝	5-43	楷书	2.36	0.14	0.32	0.64	1736～1795	宝泉局	3.7	表面有锈块
	乾隆通宝	5-44	楷书	2.29	0.17	0.3	0.32	1736～1795	不详	3.9	表面有锈块
	乾隆通宝	5-45	楷书	2.16	0.15	0.25	0.32	1736～1795	不详	3.2	表面有锈块
	乾隆通宝	5-46	楷书	2.44	0.16	0.38	0.68	1736～1795	不详	2.8	表面有锈块
	乾隆通宝	5-47	楷书	2.4	0.11	0.4	0.7	1736～1795	不详	3	
	乾隆通宝	5-48	楷书	2.34	0.15	0.34	0.68	1736～1795	不详	3.3	
	乾隆通宝	5-49	楷书	2.43	0.15	0.33	0.67	1736～1795	不详	3.4	
	乾隆通宝	5-50	楷书	2.47	0.15	0.35	0.63	1736～1795	宝武局	3.3	
	乾隆通宝	5-51	楷书	2.5	0.17	0.37	0.73	1736～1795	宝源局	3.2	表面有锈块
	嘉庆通宝	5-52	楷书	2.33	0.14	0.32	0.74	1796～1820	宝泉局	3.5	
	嘉庆通宝	5-53	楷书	2.62	0.13	0.33	0.66	1796～1820	宝源局	4.3	
	嘉庆通宝	5-54	楷书	2.25	0.15	0.27	0.65	1796～1820	宝直局	3.9	
	嘉庆通宝	5-55	楷书	2.56	0.14	0.33	0.67	1796～1820	宝源局	3.9	
	嘉庆通宝	5-56	楷书	2.32	0.17	0.29	0.68	1796～1820	宝川局?	4	表面有锈块
	嘉庆通宝	5-57	楷书	2.36	0.16	0.29	0.71	1796～1820	宝苏局	3.4	表面有锈块
	嘉庆通宝	5-58	楷书	2.43	0.13	0.27	0.76	1796～1820	宝苏局	2.9	略残
	嘉庆通宝	5-59	楷书	2.43	0.14	0.32	0.68	1796～1820	宝源局	3.1	
	嘉庆通宝	5-60	楷书	2.38	0.17	0.33	0.73	1796～1820	宝源局	4.8	
	嘉庆通宝	5-61	楷书	2.48	0.14	0.34	0.69	1796～1820	宝泉局	3.7	

续表

墓葬	钱文	编号	字体	钱径（厘米）	郭厚（厘米）	郭宽（厘米）	穿长（厘米）	年代（公元）	铸币局	重量（克）	备注
M6	嘉庆通宝	5-62	楷书	2.5	0.15	0.37	0.64	1796～1820	宝泉局	3.8	
	嘉庆通宝	5-63	楷书	2.36	0.16	0.32	0.68	1796～1820	宝泉局	4.2	
	嘉庆通宝	5-64	楷书	2.48	0.15	0.31	0.65	1796～1820	宝泉局	4.1	
	嘉庆通宝	5-65	楷书	2.42	0.2	0.31	0.66	1796～1820	宝泉局	5.1	表面有锈块
	嘉庆通宝	5-66	楷书	2.37	0.16	0.3	0.64	1796～1820	不详	4.3	
	嘉庆通宝	5-67	楷书	2.26	0.12	0.26	0.62	1796～1820	不详	1.6	
	嘉庆通宝	5-68	楷书	2.26	0.11	0.26	0.7	1796～1820	宝泉局	2	
	嘉庆通宝	5-69	楷书	2.42	0.14	0.33	0.61	1796～1820	宝源局	2.7	残
	嘉庆通宝	5-70	楷书	2.24	0.14	0.28	0.69	1796～1820	不详	1.8	残
	嘉庆通宝	5-71	楷书	不详	0.12	0.28	不详	1796～1820	不详	2.1	残，表面有锈块
	道光通宝	5-72	楷书	2.31	0.15	0.31	0.67	1821～1850	宝泉局	3.3	
	康熙通宝	5-73	楷书	2.37	0.11	0.34	0.64	1662～1722	宝源局	2.8	
	乾隆通宝	5-74	楷书	2.39	0.13	0.35	0.7	1736～1795	宝泉局	2.5	
	乾隆通宝	5-75	楷书	2.51	0.13	0.38	0.68	1736～1795	宝源局	3.2	表面有锈块
	乾隆通宝	5-76	楷书	2.25	0.15	0.3	0.72	1736～1795	宝源局	3.3	表面有锈块
	乾隆通宝	5-77	楷书	2.42	0.16	0.31	0.67	1736～1795	不详	2.4	略残
	不详	5-78	不详	2.06	0.1	0.27	0.62	不详	不详	2	略残
	不详	5-79	不详	2.45	0.16	不详	0.75	不详	不详	2.6	表面有锈块
	不详	5-80	不详	2.45	0.14	不详	0.65	不详	不详	3.1	表面有锈块
	不详	5-81	不详	2.5	0.14	不详	0.68	不详	不详	3	表面有锈块
	不详	5-82	不详	2.59	不详	不详	0.66	不详	不详	4.1	表面有锈块

续表

墓葬	钱文	编号	字体	钱径（厘米）	郭厚（厘米）	郭宽（厘米）	穿长（厘米）	年代（公元）	铸币局	重量（克）	备注
M6	不详	5-83	不详	1.66	0.06	0.27	0.58	不详	不详	0.8	正背满文，不能识别
	乾隆通宝	5-84	楷书	2.31	0.16	0.35	0.62	1736～1795	宝泉局	3.8	表面有锈块
	乾隆通宝	5-85	楷书	2.17	0.11	0.31	0.64	1736～1795	不详	1.7	表面有锈块
	乾隆通宝	5-86	楷书	2.5	0.16	不详	0.65	1736～1795	不详	2.3	表面有锈块
	不详	5-87	不详	2.4	0.08	不详	0.78	不详	不详	1.5	残，锈蚀严重
	不详	5-88	不详	2.53	不详	不详	0.77	不详	不详	2.3	残，锈蚀严重
	不详	5-89	不详	不详	不详	不详	不详	不详	不详	0.7	残，锈蚀严重
	不详	5-90	不详	不详	不详	不详	不详	不详	不详	0.7	残，锈蚀严重
M7	康熙通宝	1-1	楷书	2.5	0.1	0.37	0.75	1662～1722	河南局	2.3	满汉文记局
	康熙通宝	1-2	楷书	2.52	0.11	0.33	0.68	1662～1722	山东局	2.4	满汉文记局，略残
	康熙通宝	1-3	楷书	2.06	0.09	0.24	0.74	1662～1722	南昌局	1.2	满汉文记局
M8	乾隆通宝	1	楷书	2.48	0.12	0.38	0.71	1736～1795	宝苏局	3.1	
	乾隆通宝	4-1	楷书	2.54	0.15	0.4	0.74	1736～1795	宝昌局	3.9	
	乾隆通宝	4-2	楷书	2.22	0.11	0.31	0.64	1736～1795	宝泉局	3.1	
	嘉庆通宝	4-3	楷书	2.53	0.13	0.31	0.82	1796～1820	不详	2.8	锈蚀严重
M9	道光通宝	1-1	楷书	2.36	0.15	0.34	0.69	1821～1850	宝泉局	3.8	
	道光通宝	1-2	楷书	2.18	0.19	0.3	0.67	1821～1850	宝泉局	3.3	
	道光通宝	1-3	楷书	2.23	0.17	0.33	0.71	1821～1850	宝泉局	3.4	
	道光通宝	1-4	楷书	2.33	0.16	0.32	0.68	1821～1850	宝泉局	2.9	略残
	道光通宝	1-5	楷书	2.32	0.17	0.3	0.68	1821～1850	宝泉局	3.7	

续表

墓葬	钱文	编号	字体	钱径（厘米）	郭厚（厘米）	郭宽（厘米）	穿长（厘米）	年代（公元）	铸币局	重量（克）	备注
M9	道光通宝	1-6	楷书	2.22	0.16	0.3	0.7	1821～1850	宝泉局	3.5	
	道光通宝	1-7	楷书	2.33	0.16	0.33	0.66	1821～1850	宝源局	3.2	
	道光通宝	1-8	楷书	2.3	0.17	0.28	0.65	1821～1850	宝源局	3.7	
	道光通宝	1-9	楷书	2.1	0.11	0.26	0.65	1821～1850	宝桂局	2	
	嘉庆通宝	1-10	楷书	2.43	0.12	0.33	0.65	1796～1820	宝泉局	3.1	
	嘉庆通宝	1-11	楷书	2.38	0.15	0.26	0.64	1796～1820	宝泉局	3.6	
	嘉庆通宝	1-12	楷书	2.39	0.14	0.33	0.71	1796～1820	宝泉局	3.8	
	嘉庆通宝	1-13	楷书	2.33	0.14	0.28	0.75	1796～1820	宝泉局	3.9	
	嘉庆通宝	1-14	楷书	2.43	0.15	0.3	0.72	1796～1820	宝泉局	3.8	
	嘉庆通宝	1-15	楷书	2.46	0.19	0.32	0.62	1796～1820	宝泉局	4.4	表面有锈块
	嘉庆通宝	1-16	楷书	2.44	0.13	0.35	0.67	1796～1820	宝源局	3.4	
	嘉庆通宝	1-17	楷书	2.26	0.14	0.26	0.65	1796～1820	宝源局	2.9	
	嘉庆通宝	1-18	楷书	2.42	0.18	0.34	0.72	1796～1820	宝源局	4.1	
	嘉庆通宝	1-19	楷书	2.32	0.12	0.26	0.65	1796～1820	宝源局	2.7	
	嘉庆通宝	1-20	楷书	2.05	0.17	0.26	0.56	1796～1820	宝黔局	2.1	
	嘉庆通宝	1-21	楷书	2.2	0.16	0.26	0.65	1796～1820	不详	3.1	
	嘉庆通宝	1-22	楷书	2.37	0.15	0.26	0.67	1796～1820	不详	2.7	略残
	嘉庆通宝	1-23	楷书	1.95	0.05	0.28	0.67	1796～1820	不详	0.7	略残
	乾隆通宝	1-24	楷书	2.38	0.13	0.37	0.7	1736～1795	宝源局	3.5	
	乾隆通宝	1-25	楷书	2.43	0.15	0.31	0.69	1736～1795	宝源局	3.6	隆异书
	乾隆通宝	1-26	楷书	2.49	0.1	0.37	0.68	1736～1795	宝源局	3.2	

续表

墓葬	钱文	编号	字体	钱径（厘米）	郭厚（厘米）	郭宽（厘米）	穿长（厘米）	年代（公元）	铸币局	重量（克）	备注
M9	乾隆通宝	1-27	楷书	2.34	0.16	0.34	0.69	1736～1795	宝源局	4	
	乾隆通宝	1-28	楷书	2.21	0.13	0.3	0.75	1736～1795	宝源局	3	
	乾隆通宝	1-29	楷书	2.32	0.15	0.3	0.65	1736～1795	宝源局	3.6	
	乾隆通宝	1-30	楷书	2.48	0.11	0.4	0.74	1736～1795	宝源局	3.3	
	乾隆通宝	1-31	楷书	2.2	0.16	0.28	0.72	1736～1795	宝直局	3.1	
	乾隆通宝	1-32	楷书	2.5	0.16	0.35	0.73	1736～1795	宝昌局	3	
	乾隆通宝	1-33	楷书	2.29	0.14	0.33	0.68	1736～1795	宝晋局	3.4	
	乾隆通宝	1-34	楷书	2.42	0.11	0.33	0.73	1736～1795	宝黔局	2.3	
	乾隆通宝	1-35	楷书	2.44	0.14	0.3	0.73	1736～1795	宝苏局	3.3	
	乾隆通宝	1-36	楷书	2.19	0.16	0.3	0.68	1736～1795	宝直局	3.5	表面有锈块
	乾隆通宝	1-37	楷书	2.54	0.14	0.31	0.79	1736～1795	宝云局	4	
	乾隆通宝	1-38	楷书	2.57	0.13	0.34	0.66	1736～1795	宝云局	3	
	乾隆通宝	1-39	楷书	2.59	0.12	0.34	0.68	1736～1795	宝云局	3.2	表面有锈块
	乾隆通宝	1-40	楷书	2.35	0.15	0.33	0.71	1736～1795	宝源局	3.5	
	乾隆通宝	1-41	楷书	2.23	0.14	0.31	0.65	1736～1795	宝泉局	3	
	乾隆通宝	1-42	楷书	2.26	0.14	0.3	0.64	1736～1795	宝泉局	3.8	
	乾隆通宝	1-43	楷书	2.32	0.15	0.33	0.72	1736～1795	宝泉局	3.4	
	乾隆通宝	1-44	楷书	2.51	0.12	0.38	0.7	1736～1795	宝泉局	3.2	
	乾隆通宝	1-45	楷书	2.25	0.16	0.3	0.72	1736～1795	宝泉局	3.2	
	乾隆通宝	1-46	楷书	2.4	0.16	0.4	0.66	1736～1795	宝泉局	3.9	
	乾隆通宝	1-47	楷书	2.28	0.14	0.32	0.58	1736～1795	宝泉局	3.2	

续表

墓葬	钱文	编号	字体	钱径（厘米）	郭厚（厘米）	郭宽（厘米）	穿长（厘米）	年代（公元）	铸币局	重量（克）	备注
M9	乾隆通宝	1-48	楷书	2.31	0.14	0.33	0.62	1736～1795	宝泉局	3.3	
	乾隆通宝	1-49	楷书	2.39	0.14	0.35	0.64	1736～1795	宝泉局	3.1	
	乾隆通宝	1-50	楷书	2.41	0.12	0.37	0.73	1736～1795	宝泉局	3.2	
	乾隆通宝	1-51	楷书	2.29	0.15	0.32	0.73	1736～1795	宝泉局	3.3	
	乾隆通宝	1-52	楷书	2.33	0.16	0.32	0.71	1736～1795	宝泉局	4	
	乾隆通宝	1-53	楷书	2.34	0.13	0.33	0.69	1736～1795	宝泉局	3.2	
	乾隆通宝	1-54	楷书	2.41	0.12	0.35	0.77	1736～1795	不详	2.2	
	乾隆通宝	1-55	楷书	2.51	0.15	0.31	0.7	1736～1795	宝云局	2.4	
	乾隆通宝	1-56	楷书	1.96	0.11	0.25	0.75	1736～1795	不详	1.2	
	乾隆通宝	1-57	楷书	1.97	0.09	0.27	0.63	1736～1795	不详	0.5	
	康熙通宝	2-1	楷书	2.42	0.06	0.3	0.68	1662～1722	河南局	1.4	
	康熙通宝	2-2	楷书	2.34	0.1	0.36	0.7	1662～1722	宝源局	2.5	
	康熙通宝	2-3	楷书	2.36	0.09	0.37	0.67	1662～1722	宝泉局	2.1	
	乾隆通宝	2-4	楷书	2.48	0.16	0.29	0.65	1736～1795	宝川局	3.5	
	乾隆通宝	2-5	楷书	2.51	0.13	0.36	0.66	1736～1795	宝陕局	2.8	
	乾隆通宝	2-6	楷书	2.44	0.12	0.27	0.66	1736～1795	宝陕局	2.6	
	乾隆通宝	2-7	楷书	2.43	0.18	0.32	0.78	1736～1795	宝武局	2.8	
	乾隆通宝	2-8	楷书	2.45	0.15	0.32	0.76	1736～1795	宝武局	2.4	表面有锈块
	乾隆通宝	2-9	楷书	2.43	0.15	0.39	0.67	1736～1795	宝武局	3.2	
	乾隆通宝	2-10	楷书	2.42	0.14	0.33	0.69	1736～1795	宝武局	2.8	
	乾隆通宝	2-11	楷书	2.53	0.13	0.33	0.68	1736～1795	宝川局	2.5	

续表

墓葬	钱文	编号	字体	钱径（厘米）	郭厚（厘米）	郭宽（厘米）	穿长（厘米）	年代（公元）	铸币局	重量（克）	备注
M9	乾隆通宝	2-12	楷书	2.48	0.14	0.3	0.71	1736～1795	宝川局	3.4	
	乾隆通宝	2-13	楷书	2.22	0.1	0.32	0.68	1736～1795	宝云局	1.7	
	乾隆通宝	2-14	楷书	2.6	0.11	0.32	0.72	1736～1795	宝云局	3.7	略残
	乾隆通宝	2-15	楷书	2.13	0.1	0.33	0.65	1736～1795	宝云局	1.9	略残
	乾隆通宝	2-16	楷书	2.32	0.18	0.24	0.68	1736～1795	宝陕局	3.7	
	乾隆通宝	2-17	楷书	2.38	0.13	0.27	0.68	1736～1795	宝陕局	3.8	
	乾隆通宝	2-18	楷书	2.5	0.13	0.38	0.71	1736～1795	宝陕局	3.5	
	乾隆通宝	2-19	楷书	2.61	0.11	0.41	0.75	1736～1795	宝浙局	2.8	
	乾隆通宝	2-20	楷书	不详	0.12	0.29	不详	1736～1795	宝浙局	1.3	残
	不详	2-21	楷书	不详	0.08	0.26	不详	1736～1795	宝浙局	0.3	残
	乾隆通宝	2-22	楷书	2.22	0.14	0.24	0.67	1736～1795	宝源局	2.9	表面有锈块
	乾隆通宝	2-23	楷书	2.38	0.14	0.34	0.66	1736～1795	宝源局	3.4	表面有锈块
	乾隆通宝	2-24	楷书	2.37	0.12	0.34	0.7	1736～1795	宝源局	3	
	乾隆通宝	2-25	楷书	2.36	0.14	0.36	0.73	1736～1795	宝源局	3.4	
	乾隆通宝	2-26	楷书	2.32	0.12	0.38	0.68	1736～1795	宝源局	3.1	略残
	乾隆通宝	2-27	楷书	2.37	0.17	0.33	0.67	1736～1795	宝泉局	4.4	表面有锈块
	乾隆通宝	2-28	楷书	2.21	0.13	0.26	0.65	1736～1795	宝泉局	3.4	
	乾隆通宝	2-29	楷书	2.37	0.14	0.34	0.67	1736～1795	宝泉局	2.8	
	乾隆通宝	2-30	楷书	2.22	0.13	0.3	0.67	1736～1795	宝泉局	3.3	
	乾隆通宝	2-31	楷书	2.31	0.16	0.36	0.71	1736～1795	宝泉局	3.7	表面有锈块
	乾隆通宝	2-32	楷书	2.45	0.11	0.35	0.7	1736～1795	宝泉局	3.1	

续表

墓葬	钱文	编号	字体	钱径（厘米）	郭厚（厘米）	郭宽（厘米）	穿长（厘米）	年代（公元）	铸币局	重量（克）	备注
M9	乾隆通宝	2-33	楷书	2.35	0.15	0.34	0.66	1736～1795	宝泉局	3.2	
	乾隆通宝	2-34	楷书	2.33	0.14	0.33	0.69	1736～1795	宝泉局	3.5	
	乾隆通宝	2-35	楷书	2.36	0.15	0.33	0.65	1736～1795	宝泉局	4.3	表面有锈块
	乾隆通宝	2-36	楷书	2.26	0.15	0.32	0.68	1736～1795	宝泉局	3.9	
	乾隆通宝	2-37	楷书	2.3	0.13	0.31	0.73	1736～1795	宝泉局	3.1	
	乾隆通宝	2-38	楷书	2.24	0.15	0.32	0.68	1736～1795	宝泉局	3.7	
	乾隆通宝	2-39	楷书	2.17	0.16	0.3	0.66	1736～1795	宝泉局	3.3	
	乾隆通宝	2-40	楷书	2.24	0.18	0.31	0.7	1736～1795	宝泉局	4.5	
	乾隆通宝	2-41	楷书	2.41	0.16	0.36	0.71	1736～1795	宝泉局	4.1	
	乾隆通宝	2-42	楷书	2.15	0.13	0.25	0.7	1736～1795	宝泉局	2.4	表面有锈块
	乾隆通宝	2-43	楷书	2.36	0.16	0.34	0.67	1736～1795	宝泉局	3.7	表面有锈块
	乾隆通宝	2-44	楷书	2.39	0.14	0.32	0.72	1736～1795	宝泉局	2.8	
	乾隆通宝	2-45	楷书	2.38	0.16	0.38	0.76	1736～1795	不详	2.7	
	乾隆通宝	2-46	楷书	2.28	0.1	不详	0.67	1736～1795	不详	2	
	乾隆通宝	2-47	楷书	2.5	0.11	0.34	0.75	1736～1795	不详	3.2	
	乾隆通宝	2-48	楷书	2.54	0.14	0.35	0.67	1736～1795	不详	3.2	
	乾隆通宝	2-49	楷书	2.25	0.1	0.28	0.64	1736～1795	不详	1.6	
	乾隆通宝	2-50	楷书	2.14	0.12	0.3	0.68	1736～1795	不详	1.7	
	乾隆通宝	2-51	楷书	2.11	0.1	0.26	0.65	1736～1795	不详	1.8	
	乾隆通宝	2-52	楷书	2	0.13	0.29	0.7	1736～1795	不详	1.7	略残
	嘉庆通宝	2-53	楷书	2.55	0.13	0.38	0.69	1796～1820	宝泉局	3.8	

续表

墓葬	钱文	编号	字体	钱径（厘米）	郭厚（厘米）	郭宽（厘米）	穿长（厘米）	年代（公元）	铸币局	重量（克）	备注
M9	嘉庆通宝	2-54	楷书	2.41	0.13	0.33	0.66	1796～1820	宝泉局	3.7	
	嘉庆通宝	2-55	楷书	2.43	0.16	0.23	0.68	1796～1820	宝泉局	3.7	表面有锈块
	嘉庆通宝	2-56	楷书	2.27	0.12	0.29	0.72	1796～1820	宝直局	3	中部略鼓
	嘉庆通宝	2-57	楷书	2.31	0.12	0.27	0.63	1796～1820	宝黔局	1.9	
	嘉庆通宝	2-58	楷书	2.4	0.15	0.35	0.65	1796～1820	宝源局	3.9	
	嘉庆通宝	2-59	楷书	2.36	0.11	0.29	0.73	1796～1820	宝源局	2.6	
	嘉庆通宝	2-60	楷书	2.34	0.14	0.31	0.64	1796～1820	宝源局	3.7	
	嘉庆通宝	2-61	楷书	2.34	0.14	0.33	0.65	1796～1820	宝泉局	3.2	
	嘉庆通宝	2-62	楷书	2.42	0.16	0.37	0.68	1796～1820	宝泉局	4.6	
	嘉庆通宝	2-63	楷书	2.35	0.14	0.3	0.67	1796～1820	宝泉局	3.8	
	嘉庆通宝	2-64	楷书	2.29	0.14	0.27	0.75	1796～1820	宝泉局	3.2	
	嘉庆通宝	2-65	楷书	2.3	0.14	0.32	0.64	1796～1820	宝泉局	3.6	
	嘉庆通宝	2-66	楷书	2.26	0.13	0.31	0.66	1796～1820	宝泉局	2.9	
	嘉庆通宝	2-67	楷书	2.29	0.15	0.31	0.68	1796～1820	宝泉局	3.7	
	嘉庆通宝	2-68	楷书	2.3	0.14	0.33	0.67	1796～1820	宝泉局	3.6	
	嘉庆通宝	2-69	楷书	1.96	0.09	0.29	0.57	1796～1820	宝泉局	1.2	
	嘉庆通宝	2-70	楷书	2.22	0.11	0.29	0.62	1796～1820	不详	1.8	
	嘉庆通宝	2-71	楷书	2.42	0.15	0.26	0.62	1796～1820	不详	3.5	略残
	嘉庆通宝	2-72	楷书	2.15	0.13	0.31	0.67	1796～1820	不详	2.2	
	嘉庆通宝	2-73	楷书	2.44	0.12	0.3	0.72	1736～1795	宝苏局	2.4	
	嘉庆通宝	2-74	楷书	2.22	0.14	0.32	0.68	1736～1795	宝泉局	2.8	

续表

墓葬	钱文	编号	字体	钱径（厘米）	郭厚（厘米）	郭宽（厘米）	穿长（厘米）	年代（公元）	铸币局	重量（克）	备注
M9	嘉庆通宝	2-75	隶书	2.25	0.14	0.3	0.62	1736 ~ 1795	宝泉局	3.1	
	不详	2-76	不详	2.11	0.13	不详	不详	不详	不详	1.9	表面有锈块
	不详	2-77	不详	2.05	0.07	不详	不详	不详	不详	1.1	
	不详	2-78	不详	1.91	0.06	不详	0.68	不详	不详	0.7	
	不详	2-79	不详	2.41	不详	不详	不详	不详	不详	2.8	
	不详	2-80	不详	2.52	不详	不详	不详	不详	不详	2.9	表面有锈块
M11	道光通宝	1-1	楷书	2.28	0.16	0.32	0.7	1821 ~ 1850	宝源局	2.7	略残
	道光通宝	1-2	楷书	2.3	0.15	0.33	0.7	1821 ~ 1850	宝泉局	2.9	
	不详	1-3	不详	2.37	不详	不详	0.64	不详	不详	3	表面有锈块
	不详	1-4	不详	2.36	不详	不详	0.67	不详	不详	2.7	略残，表面有锈块
M12	大观通宝	7-1	瘦金体	2.4	0.12	0.05 ~ 0.15	0.7	1107 ~ 1110		3.4	外廓磨成七边形
	大观通宝	7-2	瘦金体	2.4	0.15	0.12	0.7	1107 ~ 1110		4.2	
	咸平元宝	7-3	楷书	2.5	0.12	0.35	0.65	998 ~ 1003		4.5	
	开元通宝	7-4	隶书	2.45	0.1	0.2	0.7	621 ~ 907		2.9	
	开元通宝	7-5	隶书	2.4	0.08	0.2	0.6	621 ~ 907		3.3	
M15	康熙通宝	1-1	楷书	2.35	0.1	0.36	0.74	1662 ~ 1722	宝源局	2.4	
	乾隆通宝	1-2	楷书	2.4	0.12	0.36	0.72	1736 ~ 1795	宝泉局	3.3	
	乾隆通宝	1-3	楷书	2.5	0.13	0.38	0.67	1736 ~ 1795	宝南局	2.9	
	乾隆通宝	1-4	楷书	1.87	0.06	0.25	0.78	1736 ~ 1795	宝源局	1	
	嘉庆通宝	1-5	楷书	2.41	0.15	0.33	0.66	1796 ~ 1820	宝源局	4.1	
	道光通宝	1-6	楷书	2.3	0.15	0.32	0.75	1821 ~ 1850	宝泉局	3.6	

续表

墓葬	钱文	编号	字体	钱径（厘米）	郭厚（厘米）	郭宽（厘米）	穿长（厘米）	年代（公元）	铸币局	重量（克）	备注
M15	道光通宝	1-7	楷书	2.17	0.15	0.34	0.78	1821～1850	宝泉局	2.8	
	道光通宝	1-8	楷书	2.22	0.17	0.32	0.74	1821～1850	宝泉局	3.4	
	乾隆通宝	2-1	楷书	2.56	0.1	0.39	0.73	1736～1795	宝云局	3.1	
	乾隆通宝	2-2	楷书	2.36	0.14	0.38	0.71	1736～1795	宝晋局	3.5	
	乾隆通宝	2-3	楷书	2.3	0.12	0.34	0.63	1736～1795	宝泉局	3.1	
	乾隆通宝	2-4	楷书	2.44	0.1	0.38	0.72	1736～1795	宝源局	3.1	
	乾隆通宝	2-5	楷书	2.36	0.11	0.34	0.72	1736～1795	宝泉局	3.5	
	乾隆通宝	2-6	楷书	2.12	0.05	0.32	0.66	1736～1795	宝云局	1.1	略残
	嘉庆通宝	2-7	楷书	2.21	0.11	0.24	0.72	1796～1820	宝浙局	3	
	嘉庆通宝	2-8	楷书	2.37	0.13	0.3	0.72	1796～1820	宝源局	4	
	嘉庆通宝	2-9	楷书	2.42	0.12	0.3	0.73	1796～1820	宝泉局	3.6	
	嘉庆通宝	2-10	楷书	2.13	0.07	0.29	0.69	1796～1820	宝武局	1.5	
	嘉庆通宝	2-11	楷书	2.33	0.16	0.47	0.82	1796～1820	宝苏局	3.3	
	嘉庆通宝	2-12	楷书	2.2	0.12	0.31	0.8	1796～1820	宝苏局	2.1	
	嘉庆通宝	2-13	楷书	2.08	0.06	0.28	0.78	1796～1820	宝云局	1.3	略残
	道光通宝	2-14	楷书	2.36	0.15	0.31	0.8	1821～1850	宝泉局	4.1	
	道光通宝	2-15	楷书	2.21	0.16	0.31	0.69	1821～1850	宝泉局	3.7	
	道光通宝	2-16	楷书	2.2	0.14	0.33	0.72	1821～1850	宝泉局	3.8	
	道光通宝	2-17	楷书	2.4	0.11	0.36	0.67	1821～1850	宝源局	3.4	
	不详	2-18	不详	2.4	0.1	0.26	不详	不详	宝黔局	2.5	微残，锈蚀严重
	乾隆通宝	3-1	楷书	2.49	0.11	0.39	0.72	1736～1795	宝源局	3.3	

续表

墓葬	钱文	编号	字体	钱径（厘米）	郭厚（厘米）	郭宽（厘米）	穿长（厘米）	年代（公元）	铸币局	重量（克）	备注
M15	乾隆通宝	3-2	楷书	2.43	0.16	0.28	0.67	1736～1795	宝川局	3.1	略残
	乾隆通宝	3-3	楷书	2.42	0.17	0.38	0.62	1736～1795	宝川局	3.6	
	乾隆通宝	3-4	楷书	2.04	0.07	0.26	0.67	1736～1795	宝云局	1.3	
	嘉庆通宝	3-5	楷书	2.53	0.13	0.29	0.67	1796～1820	宝源局	3.7	穿下一星
	道光通宝	3-6	楷书	2.23	0.16	0.28	0.64	1821～1850	宝泉局	2.7	
	道光通宝	3-7	楷书	1.69	0.08	0.18	0.65	1736～1795	不详	0.8	
	不详	3-8	不详	1.67	0.08	不详	0.64	不详	不详	0.8	
	不详	3-9	不详	1.67	0.08	不详	0.68	不详	不详	0.8	
	不详	3-10	不详	1.51	0.08	不详	0.61	不详	不详	0.4	
	不详	3-11	不详	1.65	0.08	不详	0.65	不详	不详	0.8	
	不详	3-12	不详	1.66	0.08	不详	0.64	不详	不详	0.6	
M16	元祐通宝	1-1	行书	2.45	0.11	0.27	0.82	1086～1094		3.3	
	乾隆通宝	1-2	楷书	2.56	0.13	0.36	0.83	1736～1795	宝云局	3.5	
	乾隆通宝	1-3	楷书	2.22	0.16	0.31	0.75	1736～1795	宝泉局	3.9	
	乾隆通宝	1-4	楷书	2.35	0.13	0.31	0.74	1736～1795	宝源局	2.9	
M17	顺治通宝	1-1	楷书	2.54	0.09	0.38	0.73	1644～1661	户部宝泉局	2.6	
	康熙通宝	1-2	楷书	2.84	0.1	0.37	0.79	1662～1722	宝泉局	3.4	
	康熙通宝	1-3	楷书	2.67	0.13	0.39	0.66	1662～1722	宝源局	4.2	
	康熙通宝	1-4	楷书	2.76	0.13	0.4	0.69	1662～1722	宝泉局	3.5	
	康熙通宝	1-5	楷书	2.76	0.09	0.33	0.82	1662～1722	不详	3.3	
	康熙通宝	1-6	楷书	2.33	0.08	0.34	0.72	1662～1722	不详	1.7	

续表

墓葬	钱文	编号	字体	钱径（厘米）	郭厚（厘米）	郭宽（厘米）	穿长（厘米）	年代（公元）	铸币局	重量（克）	备注
M17	乾隆通宝	1-7	楷书	2.47	0.16	0.36	0.7	1736 ~ 1795	宝广局	4.2	
	乾隆通宝	1-8	楷书	2.44	0.15	0.38	0.68	1736 ~ 1795	宝泉局	4	
	乾隆通宝	1-9	楷书	2.54	0.14	0.34	0.72	1736 ~ 1795	宝泉局	4.1	
	乾隆通宝	1-10	楷书	2.23	0.15	0.27	0.61	1736 ~ 1795	宝泉局	3.3	
	乾隆通宝	1-11	楷书	2.37	0.17	0.36	0.67	1736 ~ 1795	宝源局	4.2	
	乾隆通宝	1-12	楷书	2.52	0.17	0.35	0.7	1736 ~ 1795	宝云局	4.2	
	乾隆通宝	1-13	楷书	2.46	0.16	0.35	0.66	1736 ~ 1795	宝泉局	3.4	
	乾隆通宝	1-14	楷书	2.77	0.15	0.47	0.79	1736 ~ 1795	宝泉局	4.4	
	嘉庆通宝	1-15	楷书	2.33	0.13	0.3	0.7	1796 ~ 1820	宝源局	2.9	
	嘉庆通宝	1-16	楷书	2.41	0.12	0.32	0.63	1796 ~ 1820	宝泉局	3.5	
M18	嘉庆通宝	1-1	楷书	2.04	0.05	0.28	0.57	1796 ~ 1820	不详	0.7	残
	不详	1-2	不详	不详	不详	不详	不详	不详	不详	1.1	残
M22	至道元宝	1	草书	2.5	0.12	0.35	0.65	995 ~ 997		4.2	
M23	开元通宝	1-1	隶书	2.47	0.14	0.22	0.8	621 ~ 907		2.6	
	政和通宝	1-2	隶书	2.48	0.15	0.25	0.77	1111 ~ 1118		3.2	
	元祐通宝	1-3	篆书	2.53	0.14	0.43	0.66	1086 ~ 1094		4.8	
	熙宁元宝	1-4	篆书	2.48	0.14	0.28	0.81	1068 ~ 1077		3.9	
M27	乾隆通宝	3-1	楷书	2.31	0.12	0.3	0.69	1736 ~ 1795	宝源局	2.8	
	乾隆通宝	3-2	楷书	2.5	0.12	0.35	0.7	1736 ~ 1795	宝源局	3.4	
	乾隆通宝	3-3	楷书	2.39	0.13	0.34	0.72	1736 ~ 1795	宝武局	2.7	
	嘉庆通宝	3-4	楷书	2.46	0.11	0.22	0.69	1796 ~ 1820	宝武局	3.7	

续表

墓葬	钱文	编号	字体	钱径（厘米）	郭厚（厘米）	郭宽（厘米）	穿长（厘米）	年代（公元）	铸币局	重量（克）	备注
M27	嘉庆通宝	3-5	楷书	2.3	0.14	0.27	0.64	1796～1820	不详	3.5	
	道光通宝	3-6	楷书	2.32	0.11	0.24	0.75	1821～1850	宝泉局	2.4	
	道光通宝	3-7	楷书	2.11	0.12	0.27	0.7	1821～1850	宝泉局	2.8	
	道光通宝	3-8	楷书	2.2	0.13	0.29	0.74	1821～1850	不详	2.6	
	不详	3-9	不详	不详	不详	不详	不详	不详	不详	3.7	外表铁锈，锈蚀严重
M28	元丰通宝	1-1	行书	2.28	0.13	0.22	0.85	1086～1094		1.7	残
	康熙通宝	1-2	楷书	2.04	0.07	不详	0.62	1662～1722	宝泉局	1.4	残
	康熙通宝	1-3	楷书	2.6	0.11	0.42	0.68	1662～1722	宝泉局	3.7	
	乾隆通宝	1-4	楷书	2.52	0.14	0.39	0.65	1736～1795	宝源局	3.7	
	乾隆通宝	1-5	楷书	2.52	0.14	0.44	0.68	1736～1795	宝源局	4.6	
	乾隆通宝	1-6	楷书	2.57	0.12	0.36	0.7	1736～1795	宝源局	4	
	乾隆通宝	1-7	楷书	2.51	0.13	0.39	0.67	1736～1795	宝黔局	3.4	
	乾隆通宝	1-8	楷书	2.55	0.12	0.37	0.74	1736～1795	宝云局	2.9	
M29	乾隆通宝	1-1	楷书	2.61	0.11	0.37	0.76	1736～1795	宝源局	3.6	
	乾隆通宝	1-2	楷书	2.52	0.11	0.4	0.73	1736～1795	宝源局	2.2	
M32	乾隆通宝	1-1	楷书	1.92	0.08	0.3	0.68	1736～1795	宝浙局	1.3	
	乾隆通宝	1-2	楷书	1.6	0.06	0.15	0.64	1736～1795	宝泉局	0.7	
	乾隆通宝	1-3	楷书	1.74	0.07	0.23	0.67	1736～1795	不详	0.9	
	乾隆通宝	1-4	楷书	1.65	0.08	0.23	0.66	1736～1795	不详	0.9	
	嘉庆通宝	1-5	楷书	1.95	0.09	0.26	0.65	1796～1820	宝云局	1.1	
	嘉庆通宝	1-6	楷书	1.91	0.06	0.34	0.61	1796～1820	宝直局	0.5	

续表

墓葬	钱文	编号	字体	钱径（厘米）	郭厚（厘米）	郭宽（厘米）	穿长（厘米）	年代（公元）	铸币局	重量（克）	备注
M32	道光通宝	1-7	楷书	1.81	0.06	0.26	0.79	1821 ~ 1850	宝苏局	0.6	
	道光通宝	1-8	楷书	1.79	0.07	0.2	0.67	1821 ~ 1850	宝源局	0.8	
	同治通宝	1-9	楷书	1.81	0.09	0.23	0.66	1862 ~ 1874	宝泉局	1.1	
	同治通宝	1-10	楷书	1.84	0.1	0.29	0.66	1862 ~ 1874	不详	1.3	
	同治通宝	1-11	楷书	1.88	0.14	0.16	0.82	1862 ~ 1874	不详	0.9	
	同治通宝	1-12	楷书	1.66	0.09	0.16	0.74	1862 ~ 1874	不详	0.7	
	同治通宝	1-13	楷书	1.69	0.08	0.21	0.73	1862 ~ 1874	不详	0.7	
	不详	1-14	不详	1.7	0.1	不详	0.58	不详	不详	1	
	不详	1-15	不详	1.7	0.06	不详	0.66	不详	不详	0.5	略残
	不详	1-16	不详	1.58	0.1	0.22	0.59	不详	不详	0.7	略残
	不详	1-17	不详	1.9	0.1	不详	0.61	不详	不详	1	略残
	不详	1-18	不详	1.9	0.07	不详	0.65	不详	不详	0.6	略残
	咸丰通宝	1-19	楷书	不详	0.07	0.27	不详	1851 ~ 1861	不详	0.3	残
	不详	1-20	不详	不详	0.08	不详	不详	不详	不详	0.1	残
M33	康熙通宝	2-1	楷书	2.82	0.1	0.39	0.78	1662 ~ 1722	宝泉局	3.2	
	康熙通宝	2-2	楷书	2.81	0.11	0.41	0.75	1662 ~ 1722	宝泉局	4.2	
	乾隆通宝	2-3	楷书	2.34	0.12	0.36	0.68	1736 ~ 1795	宝源局	3.3	
	嘉庆通宝	2-4	楷书	2.36	0.15	0.32	0.68	1796 ~ 1820	宝泉局	3.2	
	嘉庆通宝	2-5	楷书	2.14	0.1	0.29	0.73	1796 ~ 1820	不详	1.6	
	不详	2-6	不详	2.31	不详	不详	不详	不详	不详	3.8	锈蚀严重
M34	乾隆通宝	1-1	楷书	2.35	0.15	0.3	0.66	1736 ~ 1795	宝泉局	3.8	

续表

墓葬	钱文	编号	字体	钱径（厘米）	郭厚（厘米）	郭宽（厘米）	穿长（厘米）	年代（公元）	铸币局	重量（克）	备注
M34	乾隆通宝	1-2	楷书	2.28	0.16	0.32	0.7	1736～1795	宝泉局	3.4	
	乾隆通宝	1-3	楷书	2.46	0.15	0.39	0.7	1736～1795	宝泉局	3.1	
	乾隆通宝	1-4	楷书	2.28	0.13	0.37	0.66	1736～1795	宝源局	2.5	
	乾隆通宝	1-5	楷书	2.34	0.15	0.35	0.65	1736～1795	宝源局	3.7	
	乾隆通宝	1-6	楷书	2.38	0.19	0.33	0.66	1736～1795	宝源局	4.6	
	乾隆通宝	1-7	楷书	2.36	0.16	0.31	0.64	1736～1795	宝源局	3.7	
	乾隆通宝	1-8	楷书	2.5	0.17	0.39	0.74	1736～1795	宝源局	2	略残
	乾隆通宝	1-9	楷书	2.58	0.13	0.42	0.66	1736～1795	宝云局	2.4	
	乾隆通宝	1-10	楷书	2.4	0.16	0.37	0.69	1736～1795	宝直局	3	表面有锈块
	乾隆通宝	1-11	楷书	2.47	0.17	0.39	0.72	1736～1795	宝武局	3	表面有锈块
	乾隆通宝	1-12	楷书	2.43	0.15	0.4	0.72	1736～1795	宝浙局	2.8	
	乾隆通宝	1-13	楷书	2.51	0.17	0.27	0.66	1736～1795	宝浙局	2.8	略残，表面有锈块
	乾隆通宝	1-14	楷书	2.33	0.14	0.3	0.73	1736～1795	不详	2	略残，表面有锈块
	乾隆通宝	1-15	楷书	2.52	0.15	0.34	0.73	1736～1795	不详	2.1	表面有锈块
	嘉庆通宝	1-16	楷书	2.33	0.16	0.24	0.69	1796～1820	宝源局	2.9	表面有锈块
	嘉庆通宝	1-17	楷书	2.33	0.16	0.26	0.68	1796～1820	宝泉局	3.2	表面有锈块
	嘉庆通宝	1-18	楷书	2.35	0.18	0.26	0.67	1796～1820	宝泉局	4	表面有锈块
	不详	1-19	不详	2.38	0.16	不详	0.55	不详	不详	2	锈蚀严重
	不详	1-20	不详	2.46	不详	不详	0.57	不详	不详	3.8	表面有锈块
	不详	1-21	不详	1.95	不详	不详	0.57	不详	不详	1.6	表面有锈块

续表

墓葬	钱文	编号	字体	钱径（厘米）	郭厚（厘米）	郭宽（厘米）	穿长（厘米）	年代（公元）	铸币局	重量（克）	备注
M34	不详	1-22	不详	2.47	不详	不详	0.62	不详	不详	2.8	表面有锈块
	不详	1-23	不详	2.5	不详	不详	0.79	不详	不详	2.8	略残，表面有锈块
	不详	1-24	不详	2.33	不详	不详	不详	不详	不详	4	锈蚀严重
	不详	1-25	不详	2.42	不详	不详	不详	不详	不详	3.4	锈蚀严重
	不详	1-26	不详	2.5	不详	不详	0.67	不详	不详	4.4	锈蚀严重
	不详	1-27	不详	2.7	不详	不详	不详	不详	不详	3.8	锈蚀严重
	不详	1-28	不详	2.7	不详	不详	0.7	不详	不详	3.4	锈蚀严重
	不详	1-29	不详	2.49	不详	不详	不详	不详	不详	3.1	锈蚀严重
	不详	1-30	不详	2.52	不详	不详	不详	不详	不详	3.3	锈蚀严重
	不详	1-31	不详	2.62	不详	不详	不详	不详	不详	4.7	锈蚀严重
	不详	1-32	不详	2.47	不详	不详	不详	不详	不详	4.2	锈蚀严重
	不详	1-33	不详	2.64	不详	不详	不详	不详	不详	2.9	锈蚀严重
	不详	1-34	不详	2.47	不详	不详	不详	不详	不详	4.1	锈蚀严重
	不详	1-35	不详	2.43	不详	不详	不详	不详	不详	3.2	锈蚀严重
	不详	1-36	不详	2.63	不详	不详	不详	不详	不详	4.5	锈蚀严重
	不详	1-37	不详	2.46	不详	不详	不详	不详	不详	4.5	锈蚀严重
	不详	1-38	不详	2.46	不详	不详	不详	不详	不详	2.7	残，锈蚀严重
	不详	1-39	不详	2.32	不详	不详	不详	不详	不详	2.7	残，锈蚀严重
	不详	1-40	不详	2.37	不详	不详	不详	不详	不详	2	残，锈蚀严重
	不详	1-41	不详	不详	不详	不详	不详	不详	不详	0.6	残，锈蚀严重

续表

墓葬	钱文	编号	字体	钱径（厘米）	郭厚（厘米）	郭宽（厘米）	穿长（厘米）	年代（公元）	铸币局	重量（克）	备注
M34	不详	1-42	不详	不详	不详	不详	不详	不详	不详	0.4	锈蚀严重
M35	康熙通宝	3-1	楷书	2.66	0.12	0.44	0.65	1662～1722	宝泉局	3.6	
	康熙通宝	3-2	楷书	2.6	0.14	0.4	0.74	1662～1722	宝泉局	2.3	略残
	雍正通宝	3-3	楷书	2.79	不详	0.39	0.68	1723～1735	不详	2.6	锈蚀严重
	不详	3-4	不详	不详	不详	不详	不详	不详	宝泉局	3	锈蚀严重
	康熙通宝	2-1	楷书	2.74	0.12	0.38	0.75	1662～1722	宝泉局	3.4	
	康熙通宝	2-2	楷书	2.67	0.12	0.41	0.75	1662～1722	宝泉局	4.4	
	康熙通宝	2-3	楷书	2.6	0.13	0.51	0.72	1662～1722	宝泉局	4.5	
	康熙通宝	2-4	楷书	2.69	0.11	0.44	0.68	1662～1722	宝泉局	3.1	
	康熙通宝	2-5	楷书	2.58	0.12	0.39	0.74	1662～1722	宝泉局	3	
	康熙通宝	2-6	楷书	2.64	0.12	0.37	0.72	1662～1722	宝泉局	3.7	
	康熙通宝	2-7	楷书	2.68	0.13	0.46	0.74	1662～1722	宝源局	4.3	
	康熙通宝	2-8	楷书	2.37	0.1	0.33	0.69	1662～1722	宝源局	2.6	
	康熙通宝	2-9	楷书	2.22	0.06	0.31	0.64	1662～1722	不详	1.4	
	康熙通宝	2-10	楷书	2.13	0.05	0.29	0.64	1662～1722	宝泉局?	1	略残
M36	不详	1-1	不详	不详	不详	不详	不详	不详	不详	4.2	锈蚀严重
M37	不详	1-1	不详	不详	不详	不详	不详	不详	不详	4.5	锈蚀严重
	不详	1-2	不详	不详	不详	不详	不详	不详	不详	3.6	锈蚀严重
M38	康熙通宝	2-1	楷书	2.69	0.14	0.42	0.72	1662～1722	宝泉局	4.1	
	康熙通宝	2-2	楷书	2.76	0.14	0.46	0.7	1662～1722	宝泉局	3.6	
	康熙通宝	2-3	楷书	2.75	0.16	0.41	0.69	1662～1722	宝泉局	3.7	表面有锈块

续表

墓葬	钱文	编号	字体	钱径（厘米）	郭厚（厘米）	郭宽（厘米）	穿长（厘米）	年代（公元）	铸币局	重量（克）	备注
M38	康熙通宝	2-4	楷书	2.78	0.14	0.38	0.74	1662～1722	宝泉局	2.4	略残
	康熙通宝	2-5	楷书	2.78	0.13	0.38	0.75	1662～1722	宝泉局	2.9	略残
	康熙通宝	2-6	楷书	2.73	0.16	0.37	0.69	1662～1722	山东局	2.9	略残
	康熙通宝	2-7	楷书	2.76	0.18	0.41	0.71	1662～1722	不详	2.1	略残，表面有锈块
	康熙通宝	2-8	楷书	2.7	0.13	0.37	0.69	1662～1722	不详	2.1	略残，表面有锈块
	康熙通宝	2-9	楷书	2.9	不详	0.47	0.77	1662～1722	不详	4	略残，表面有锈块
	不详	2-10	不详	2.85	不详	不详	0.59	不详	不详	4.2	略残，表面有锈块
M41	乾隆通宝	2	楷书	2.23	0.16	0.36	0.72	1736～1795	宝源局	4.4	
M43	康熙通宝	2-1	楷书	2.66	0.1	0.39	0.7	1662～1722	宝泉局	2.4	
	康熙通宝	2-2	楷书	2.71	0.11	0.38	0.7	1662～1722	宝泉局	3.3	略残
	康熙通宝	2-3	楷书	2.75	0.13	0.36	0.76	1662～1722	宝源局	3.7	
	康熙通宝	2-4	楷书	2.71	0.12	0.42	0.71	1662～1722	宝源局	3.4	
	乾隆通宝	2-5	楷书	2.52	0.13	0.31	0.72	1736～1795	宝泉局	3.2	
	乾隆通宝	2-6	楷书	2.48	0.11	0.4	0.7	1736～1795	宝泉局	3.4	
Y6	五铢	1	篆书	2.5	0.12	0.1	1.1	汉（前118始铸）		3.5	

附表2　荥阳后真村墓地M5出土动物骨骼鉴定简表

单位	鉴定号	标本	左/右	破碎度	种属	愈合程度	重量（克）
M5	※2	头骨（上颌左I1+I2+I3+C+P2+P3+P4+M1+右I1+I2+I3+C+P3+P4+M1+额骨+枕骨+顶骨）		3	狗獾		40.9
M5	※3	盆骨	左	3	狗獾		6.6
M5	※4	肱骨	左	3	狗獾	近端未愈合	8.3
M5	※5	股骨	右	3	狗獾	近端未愈合，远端未愈合	7.3
M5	※6	桡骨	左	3	狗獾	远端未愈合	2.8
M5	※7	桡骨	右	3	狗獾	远端未愈合	2.6
M5	※8	尺骨	右	2	狗獾	远端未愈合	1.5
M5	※9	尺骨	左	3	狗獾	远端未愈合	4.7
M5	※10	胫骨	右	3	狗獾	近端未愈合，远端未愈合	4.6
M5	※11	下颌（左I1+I2+I3+C+P3+P4+M1+M2+右I1+I2+I3+C+P2+P3+P4+M1+M2）	左+右	3	狗獾		14.7
M5	◎1	头骨（左上颌+I3+P3+额骨+顶骨+枕骨）		2	狗獾		29.6
M5	◎13	肩胛骨	左	3	狗獾		1.6
M5	◎14	股骨	右	3	狗獾	近端未愈合，远端未愈合	4.5
M5	◎15	盆骨	左	3	狗獾		5.6
M5	◎16	股骨	左	3	狗獾	近端未愈合，远端未愈合	8.2
M5	◎17	寰椎		2	狗獾		1.2
M5	◎18	尺骨	左	3	狗獾		3.4
M5	◎19	桡骨	右	3	狗獾	远端未愈合	2.3
M5	◎20	肱骨	左	3	狗獾		5.4
M5	◎21	肱骨	右	3	狗獾	近端未愈合	8.3
M5	25	不可鉴碎片					8.2
M5	26	肋骨			狗獾		5.6

注：※、◎代表同一个体。

附表3　荥阳后真村墓地M5出土动物骨骼测量值

单位	鉴定号	标本	左\右	种属	M1长（mm）	M1宽（mm）	M2长（mm）	M2宽（mm）	测量												
									Bp	Bd	GL	SD	BPC	DPA	SDO	LO	GLP	LG	BG	SLC	LA
M5	※2	头骨（上颌左I1+I2+I3+C+P2+P3+P4+M1+右I1+I2+I3+C+P3+P4+M1+额骨+枕骨+顶骨）		狗獾	14.15	11.1															
M5	※3	盆骨	左	狗獾							91.95										17.97
M5	※4	肱骨	左	狗獾						27.67		9.95									
M5	※5	股骨	右	狗獾								10.53									
M5	※6	桡骨	左	狗獾					10.73			6.58									
M5	※7	桡骨	右	狗獾					10.5			6.69									
M5	※9	尺骨	左	狗獾									11.08	15.81	12.52						
M5	※10	胫骨	右	狗獾								6.71									
M5	※11	下颌（左I1+I2+I3+C+P3+P4+M1+M2+右I1+I2+I3+C+P2+P3+P4+M1+M2）	左+右	狗獾	15.98	6.99	6.01	6	1=80.09☆	2=81.76☆	3=78.05☆	4=67.92☆	5=66.10☆	6=70.39☆	7=40.12☆	9=36.52☆	10=21.15☆	19=15.27☆			
M5	◎13	肩胛骨	左	狗獾													18.8	17.34	10.49	17.15	
M5	◎14	股骨	右	狗獾								8.92									
M5	◎15	盆骨	左	狗獾							90.3										16.9
M5	◎16	股骨	左	狗獾								8.89									
M5	◎18	尺骨	左	狗獾									11.22	15.04	12	17.83					
M5	◎19	桡骨	右	狗獾					10.75			5.27									
M5	◎20	肱骨	左	狗獾						27.59		8.29									
M5	◎21	肱骨	右	狗獾						27.48		8.39									

注：各测量项详见《考古遗址出土动物骨骼测量指南》（科学出版社，2007年）；其中☆测量标号参照《考古遗址出土动物骨骼测量指南》的狗下颌骨测量项。

附表4　荥阳后真村墓地H6出土动物骨骼鉴定简表

单位	时代	鉴定号	标本	左\右	破碎度	种属	牙齿磨损级别*				重量（克）	M1长（mm）	M1宽（mm）	M2长（mm）	M2宽（mm）	M3长（mm）	M3宽（mm）	数量
							M1	M2	M3	P4								
H6	汉代	1	肋骨			大型动物					278.7							25
H6	汉代	2	肩胛骨远端	左	2	牛					135.0							1
H6	汉代	3	肩胛骨远端	右	2	牛					119.3							1
H6	汉代	4（1）	下颌 P2+P3+P4+M1+M2+M3	右	3	牛	j	f	c	c	418.3	27.77	15.07	31.39	14.85	38.06	13.25	1
H6	汉代	4（2）	下颌 P2+P3+P4+M1+M2+M3	左	3	牛	j	f	c	c	461.0	28.19	15.40	31.37	15.41	36.38	14.71	1
H6	汉代	6	游离下颌C	右	3	牛					2.9							1
H6	汉代	7	游离上颌P2	左	3	马					23.8							1

* 根据Grant, A. The use of tooth wear as a guide to the age of domestic ungulates, Ageing and Sexing Animal Bones from Archaeological Sites, 1982: 91-108, Oxford: B. A. R.

附表5　荥阳后真村墓地J23出土动物骨骼鉴定简表

单位	鉴定号	标本	左\右	破碎度	种属	愈合程度	磨损级别				重量（克）	备注	数量
							M1	M2	M3	P4			
J23	⊕1	盆骨	左	4	黄牛	耻骨联合未愈合					296.5		1
J23	⊕2	盆骨	右	4	黄牛	耻骨联合未愈合					295.4		1
J23	⊕3	股骨	左	4	黄牛						384.6	有一道比较深的划痕	1
J23	⊕4	股骨	右	4	黄牛						435	骨干背侧有明显划痕4道（剔痕）	1
J23	⊕5	胫骨	左	4	黄牛						263.5	骨干内跖侧有明显的划痕14道（剔痕），刀的行进方向为从远端向近端	1
J23	⊕6	胫骨	右	4	黄牛						269.6	骨干外侧面有6道明显的划痕，刀的行进方向为从远端向近端	1

续表

单位	鉴定号	标本	左\右	破碎度	种属	愈合程度	磨损级别				重量（克）	备注	数量
							M1	M2	M3	P4			
J23	⊕7	肱骨	左	4	黄牛						292.5	骨干中部掌内侧有4道明显的划痕，刀的行进方向是从近端向远端	1
J23	⊕8	肱骨	右	4	黄牛						286.3	骨干靠近远端内侧面上有明显的划痕（5道）	1
J23	⊕9	桡骨+尺骨	左	4	黄牛						255.1	尺骨掌侧缘上有8道划痕，刀的行进方向是从桡尺骨的远端向近端方向；桡骨靠近远端背内侧处有两道明显的划痕，走向是从远端向近端	1
J23	⊕10	桡骨+尺骨	右	4	黄牛						256.3	尺骨掌侧缘上有12道平行的划痕，刀的行进方向是从桡尺骨的远端向近端方向；桡骨靠近远端背内侧处有两道明显的划痕，走向是从远端向近端	1
J23	⊕11	肩胛骨	左	3	黄牛						229.2	肩胛颈外侧面，肩峰下方有4道平行的划痕，从远端向近端方向进刀	1
J23	⊕12	肩胛骨	右	3	黄牛						224.7	肩胛颈外侧面，肩峰下方有2道平行的划痕，从远端向近端方向进刀	1
J23	⊕13	荐椎		3	黄牛						81.3	荐椎头侧面留有明显的划痕3道	1
J23	⊕14	下颌（左I1+I3+P2+P3+P4+M1+M2+M3右I1+I2+I3+C+P2+P3+P4+M1+M2+M3）	左+右	4	黄牛		k	j	h	d	815.5	M1长=21.14；M1宽=13.82；M2长=26.18；M2宽=13.55；M3长=39.73；M3宽=14.24；右侧和左侧下颌髁下方外侧面都有数道（右侧6道，左侧7道）划痕，左右侧下颌体外侧面都留有数道明显的划痕	1
J23	⊕15	中间腕骨	右	4	黄牛						6.7		1
J23	⊕16	桡腕骨	右	4	黄牛						8.2		1
J23	⊕17	第3腕骨	右	4	黄牛						7		1
J23	⊕18	掌骨	右	4	黄牛						113.5		1
J23	⊕19	第1指节骨（外侧）	右	4	黄牛						14		1

续表

单位	鉴定号	标本	左\右	破碎度	种属	愈合程度	磨损级别				重量（克）	备注	数量
							M1	M2	M3	P4			
J23	⊕20	第1指节骨（内侧）	右	4	黄牛						14.6		1
J23	⊕21	第2指节骨（外侧）	右	4	黄牛						8.1		1
J23	⊕22	第3指节骨（外侧）	右	4	黄牛						10.5		1
J23	⊕23	掌骨	左	4	黄牛						114.7		1
J23	⊕24	第1指节骨（内侧）	左	4	黄牛						14.5		1
J23	⊕25	第1指节骨（外侧）	左	4	黄牛						14.2		1
J23	⊕26	第2指节骨（内侧）	左	3	黄牛						7.4		1
J23	⊕27	第2指节骨（外侧）	左	4	黄牛						8.2	背侧有3道明显的划痕	1
J23	⊕28	第3指节骨（外侧）	左	4	黄牛						9.8		1
J23	⊕29	第3指节骨（内侧）	左	4	黄牛						10.2		1
J23	⊕30	跟骨	左	4	黄牛						49		1
J23	⊕31	距骨	左	4	黄牛						31.1		1
J23	⊕32	跖骨	左	4	黄牛						167.7	中央跗骨、第4跗骨、第1跗骨、第2跗骨、第3跗骨，除跟骨和距骨外都已与跖骨近端愈合，外部有明显的骨质赘疣。疑似为“跗节内肿”	1
J23	⊕33	第1趾节骨（内侧）	右	4	黄牛						16.3	远端近轴侧有明显的骨质赘疣	1
J23	⊕34	第1趾节骨（内侧）	左	4	黄牛						16.5	远端近轴侧有明显的骨质赘疣	1
J23	⊕35	第2趾节骨（内侧）	右	4	黄牛						9.7	近端近轴侧和背侧有大量的骨质赘疣	1
J23	⊕36	第2趾节骨（内侧）	左	4	黄牛						10	近端近轴侧和背侧有少量的骨质赘疣	1
J23	⊕37	第3趾节骨（内侧）	右	4	黄牛						10.2		1
J23	⊕38	第3趾节骨（内侧）	左	4	黄牛						9.6		1

续表

单位	鉴定号	标本	左\右	破碎度	种属	愈合程度	磨损级别				重量（克）	备注	数量
							M1	M2	M3	P4			
J23	⊕39	跟骨	右	4	黄牛						47.3		1
J23	⊕40	踝骨	右	4	黄牛						3.7		1
J23	⊕41	距骨	右	4	黄牛						31		1
J23	⊕42	跖骨	右	4	黄牛						169.3	中央跗骨、第4跗骨、第1跗骨、第2跗骨、第3跗骨，除跟骨和距骨外都已与跖骨近端愈合，外部有明显的骨质赘疣。疑似为“跗节内肿”	1
J23	⊕43	第1趾节骨（外侧）	左	4	黄牛						13.5		1
J23	⊕44	第1趾节骨（外侧）	右	4	黄牛						13.5		1
J23	⊕45	第2趾节骨（外侧）	右	4	黄牛						7.9		1
J23	⊕46	第3趾节骨（外侧）	右	4	黄牛						10.6		1
J23	⊕47	第3趾节骨（外侧）	左	4	黄牛						10.6		1
J23	⊕48	第3腰椎		3	黄牛						42.8	其前面留有一个倾斜、整齐、平的砍断面，根据所留茬口和腹侧的另外两个小的砍痕判断，该砍断是从腹侧向背侧的方向	1
J23	⊕49	第4腰椎		3	黄牛						59.5	其背侧和腹侧都留有明显的划痕（剔肉）	1
J23	⊕50	第5腰椎		3	黄牛						48.6		1
J23	⊕51	第6腰椎		3	黄牛						57	其腹侧留有明显的划痕（剔肉）	1
J23	⊕52	尾椎		4	黄牛						10.6		1
J23	⊕53	尾椎		4	黄牛						12.1		1
J23	⊕54（1）	上颌P2+P3+P4+M1+M2+M3	右	2	黄牛						208.3	M1长=21.13；M1宽=21.28；M2长=28.17；M2宽=22.75；M3长=30.82；M3宽=21.96	
J23	⊕54（2）	上颌P2+P3+P4+M1+M2+M3	左	2	黄牛						280.8	M1长=22.34；M1宽=20.01；M2长=28.21；M2宽=22.78；M3长=30.16；M3宽=21.85	1

续表

单位	鉴定号	标本	左\右	破碎度	种属	愈合程度	磨损级别				重量（克）	备注	数量
							M1	M2	M3	P4			
J23	⊕55	额骨+角心	右	1	黄牛						51.4		1
J23	⊕56	颧骨	右	1	黄牛						18.4		1
J23	⊕57	切齿骨	右	1	黄牛						5.6		1
J23	⊕58	颞骨+枕骨	左+右	1	黄牛						188.3		1
J23	⊕59	头骨碎片			黄牛						179.9		86
J23	60	肱骨近端	右	3	猪	近端未愈合（小于3.5岁）					61.4		1
J23	61	第4跖骨	右	3	马						9.5		1
J23	62	肋骨			大型动物						136.1	在1块肋骨上有5条砍痕	7

附表6　荥阳后真

单位	鉴定号	标本	左/右	种属											
					Bp	Bd	GL	SD	CD	BPC	BT	DPA	SDO	LO	GLI
J23	⊕1	盆骨	左	黄牛			385.4								
J23	⊕2	盆骨	右	黄牛			384.9								
J23	⊕3	股骨	左	黄牛	93.12	79.61	314.51	30							
J23	⊕4	股骨	右	黄牛	93.38	79.91	316.25	30.59							
J23	⊕5	胫骨	左	黄牛	82.8	52.2	308.9	31.7	91						
J23	⊕6	胫骨	右	黄牛		50.6	307.2	31.3	90.1						
J23	⊕7	肱骨	左	黄牛	80	66.8	257.2	30.8			61.5				
J23	⊕8	肱骨	右	黄牛	80.2	66.1	258	31.6			60.9				
J23	⊕9	桡骨+尺骨	左	黄牛	69.3	60.7	324.3 （R：256.4； U：310.8）	33.3		39.6		54.9	45.4	83.3	
J23	⊕10	桡骨+尺骨	右	黄牛	67.6	59.4	325.1 （R：254.9； U：309.1）	34.1	93.5	39.8		53.4	45.5	83.7	
J23	⊕11	肩胛骨	左	黄牛											
J23	⊕12	肩胛骨	右	黄牛											
J23	⊕13	荐椎		黄牛											
J23	⊕14	下颌 （左I1+I3+P2+P3+P4+ M1+M2+M3右I1+I2+I3+ C+P2+P3+P4+M1+M2+M3）	左+右	黄牛	1=348	2=368	3=99.79	4=248	5=234	6=297	7=137	8=90.29	9=52.27	11=99.93	12=144
J23	⊕15	中间腕骨	右	黄牛											
J23	⊕16	桡腕骨	右	黄牛											
J23	⊕17	第3腕骨	右	黄牛											
J23	⊕18	掌骨	右	黄牛	48.07	49.15	182.35	26.78							
J23	⊕19	第1指节骨（外侧）	右	黄牛	25.18	22.41		22.12							
J23	⊕20	第1指节骨（内侧）	右	黄牛	25.3	22.87		23.57							
J23	⊕21	第2指节骨（外侧）	右	黄牛	22.96	20.07	34.02	19.43							
J23	⊕22	第3指节骨（外侧）	右	黄牛											
J23	⊕23	掌骨	左	黄牛	49.21	49.41	181.83	26.62							
J23	⊕24	第1指节骨（内侧）	左	黄牛	25.74	23.37		23.9							
J23	⊕25	第1指节骨（外侧）	左	黄牛	24.91	22.22		23.62							

土黄牛骨骼的测量值

		测量																					
Dm	GB	GLP	LG	BG	DHA	Ld	DLS	MBS	DC	BFp	BFd	SB	LA	Lfo	LAR	GLC	HS	HFCr	BFCr	Dp	Dd	DD	Glpe
												24.58		80.2									
												24.93	62.92	79.97	48.36								
									39.03							304.47							
									38.33							303.99							
																232.4							
																234							
										62	57												
										61.8	57.5												
			48.7	41.09	335.3												336.3						
		61.6	50.5	40.6	341.7																		
	169.1																	25.2	50.1				
a=65.13	15b=41.3	15c=30.59																					
	22.96																						
	24.31																						
	28.87																						
																				30.98	27.21	19.18	
																							50.38
																							49.03
						50.39	61.35	20.55															
																				30.52	26.85	19.19	
																							49.16
																							50.34

单位	鉴定号	标本	左/右	种属											
					Bp	Bd	GL	SD	CD	BPC	BT	DPA	SDO	LO	GLI
J23	⊕26	第2指节骨（内侧）	左	黄牛	24.46		32.76								
J23	⊕27	第2指节骨（外侧）	左	黄牛	23.61	19.85	35	19.76							
J23	⊕28	第3指节骨（外侧）	左	黄牛											
J23	⊕29	第3指节骨（内侧）	左	黄牛											
J23	⊕30	跟骨	左	黄牛			112.49								
J23	⊕31	距骨	左	黄牛		35.06									55.47
J23	⊕32	跖骨	左	黄牛		47.56		23.06							
J23	⊕33	第1趾节骨（内侧）	右	黄牛	24.34	27.6		22.34							
J23	⊕34	第1趾节骨（内侧）	左	黄牛	24.71	28.2		23.54							
J23	⊕35	第2趾节骨（内侧）	右	黄牛	27.66	18.73	34	21.47							
J23	⊕36	第2趾节骨（内侧）	左	黄牛	28.68	20.44	37.58	21.28							
J23	⊕37	第3趾节骨（内侧）	右	黄牛											
J23	⊕38	第3趾节骨（内侧）	左	黄牛											
J23	⊕39	跟骨	右	黄牛			113.35								
J23	⊕40	踝骨	右	黄牛											
J23	⊕41	距骨	右	黄牛		35.24									56.34
J23	⊕42	跖骨	右	黄牛		45.79		24.21							
J23	⊕43	第1趾节骨（外侧）	左	黄牛	23.54	20.89		20.95							
J23	⊕44	第1趾节骨（外侧）	右	黄牛	23.42	21.27		20.36							
J23	⊕45	第2趾节骨（外侧）	右	黄牛	23.92	19.7	31.73	20.41							
J23	⊕46	第3趾节骨（外侧）	右	黄牛											
J23	⊕47	第3趾节骨（外侧）	左	黄牛											

注：⊕代表同一个体；各测量项详见《考古遗址出土动物骨骼测量指南》（2007）。

续表

		测量																				
Dm	GB	GLP	LG	BG	DHA	Ld	DLS	MBS	DC	BFp	BFd	SB	LA	Lfo	LAR	GLC	HS	HFCr	BFCr	Dp	Dd	DD	Glpe
						46.18	53.26	20.14															
						50.14	59.87	20.88															
	36.21																						
29.45																							
																							52.51
																							52.32
						49.5	59.35	20.07															
						47.13	54.59	20.08															
	40.6																						
31.34																							
																							52.29
																							52.87
						48.49	58.58	19.86															
						49.11	61.48	19.29															

附表7　荥阳后真村墓地汉代墓葬登记表

墓号	方向	形制	墓道			封门		甬道		墓室			墓主	性别	年龄	头向	面向	葬具	葬式	随葬品	备注
			平面	结构	长×宽（米）	结构	方法	结构	规格（米）	平面	结构	规格（米）									
M4	188°	单室墓	圆角长方形	带阶梯的长斜坡	3.3×0.8～1	拱形，仅余土圹	不详	顶坍塌	进深0.2、宽0.72、高1.24	圆角长方形	砖室	3.4×2.24	不详	不详	壮	不详	不详	不详	不详	铜帽钉1，灶1	
M5	188°	单室墓	圆角长方形	带阶梯的长斜坡	3.91×0.84～0.89	砖封门，错缝叠层放置	错缝叠放，外鼓呈弧形	顶坍塌	进深0.99、宽0.78、高0.96	长方形	砖室	2.68×1.78	不详	不详	壮	不详	不详	木棺	不详	铜镜1，罐5	

附表8　荥阳后真村墓地唐代墓葬登记表

墓号	方向	墓道		墓室		墓主	性别	年龄	头向	面向	葬具	葬式	随葬品（件/枚/副）	备注
		形制	规格（米）	结构	规格（米）									
M21	180°	长方形竖井	2.7×0.53～0.7	长方形土洞，直壁，弧顶	2.39×1	1	男	壮	南	上	木棺	仰身直肢	瓷罐1，瓷瓶1，瓷盏1，陶马1，陶骆驼1，男俑1，女俑1	墓室东壁近墓门处有一壁龛
M25	190°	长方形竖井	2.2×0.8	长方形土洞，顶坍塌	2×1	2	东：男 西：女	老 老	南	上	木棺	仰身直肢	瓷罐1	迁葬墓

附表9　荥阳后真村墓地宋金墓葬登记表

墓号	方向	墓道		墓门		甬道		墓室		墓主	性别	年龄	头向	面向	葬具	葬式	随葬品（件/枚/副）	备注
		形制	规格	结构（米）	方法	结构	规格（米）	结构	规格（米）									
M1	184°	近梯形，阶梯	1.96×0.72～1			不详	进深0.8、宽1～1.3	六边形，砖室	2.54×1.16	1	男	壮	不详	不详	不详	不详	砺石1	棺床平面呈倒“凹”字形
M2	170°	长方形，阶梯	1.7×0.8	不详，残高0.15	砖封门	不详	进深0.6、宽0.8	近方形，砖室	1.96×1.8	不详	不详		不详	不详	不详	不详	未见	棺床平面呈倒“凹”字形
M3	170°	长方形，阶梯	1.42×0.84			不详	进深0.64、宽0.84	近方形，砖室	2.1×1.9	不详	不详		不详	不详	木棺	不详	未见	棺床平面呈倒“凹”字形
M12	172°	圆角长方形，竖井	1.3×0.42～0.63					弧壁，拱顶，土洞	0.6×0.6	1	不详	幼	北	上	不详	仰身直肢	瓷枕1，粉盒1，瓷瓶1，骑马俑1，瓷罐1，瓷盏1，开元通宝2，咸平元宝1，大观通宝2	墓道底部南端有一壁龛
M22	184°	长方形，竖井	2.6×0.44～0.62	不详，高0.7，宽0.52	不详			长方形，弧顶，土洞	2×0.8～0.86	不详	不详		不详	不详	木棺	不详	至道元宝1	
M23	184°	长方形，竖井	1.9×0.66					长方形，直壁，拱顶，土洞	1.92×0.44	1	男	中年	北	上	木棺	仰身直肢	开元通宝1，政和通宝1，元祐通宝1，熙宁元宝1	
M24	186°	近长方形，竖井	2×0.52～0.64					近长方形，近直壁	2×0.48	1	男	老	北	上	草席	仰身直肢	未见	
M26	190°	长方形，竖井	1.85×0.8～0.95					长方形，拱顶，土洞	1.86×0.8	1	男	老	南	上	木棺	仰身直肢	瓷罐1，瓷碗3	

附表10　荥阳后真村墓地清代墓葬登记表

墓号	方向	墓道		墓室		墓主	性别	年龄	头向	面向	葬具	葬式	随葬品（件/枚/副）	备注
		形制	规格（米）	结构	规格（米）									
M6	147°			长方形土坑，竖穴袋状	口：3.1×0.95～1.06 底：3.1×1.8～2.2	2	东：女 西：男	老 中	皆东南	女：左 男：上	皆为木棺	仰身直肢	银耳坠1，铜扣14，铜烟具1，嘉祐通宝1，元祐通宝1，康熙通宝6，雍正通宝1，乾隆通宝73，嘉庆通宝35，道光通宝1，钱文不详12，镇墓瓦2	同穴合葬
M7	10°	长方形，竖井	2.52×0.8	不规则椭圆形，土洞	3.21×2.33	1	女	不详	南	左	木棺	仰身直肢	康熙通宝3	
M8	172°			长方形土坑，竖穴	口：2.6×0.98～1.1 底：2.6×1.2～1.52	2	东：女 西：男	中 中	皆南	上	皆为木棺	仰身直肢	铜烟具1，铜环1，铜扣11，铜带扣1，乾隆通宝3，嘉庆通宝1	同穴合葬
M9	350°	梯形，竖井斜坡	1.6×0.5～0.94	圹：长方形土坑 墓室：近方形砖室	圹：3.4×3.4 墓室：2.6～2.7×2.6	3	东：女 中：女 西：男	中 少 中	皆南	上	皆为木棺	仰身直肢	铜扣2，康熙通宝3，乾隆通宝82，嘉庆通宝37，道光通宝9，钱文不详6	同穴合葬
M11	108°			长方形土坑，竖穴	2.7×0.68～0.84	1	女	中	东偏南	上	木棺	仰身直肢	道光通宝2，钱文不详2，镇墓瓦1	
M13	170°			长方形土坑，竖穴	2.6×0.66～0.78								押圹砖1	未见人骨
M15	190°			梯形土坑，竖穴	口：2.5×1.4～1.8 底：2.5×1.42～1.92	2	西：男 东：女	中 老	皆南	男：上 女：下	皆为木棺	仰身直肢	康熙通宝1，乾隆通宝13，嘉庆通宝9，道光通宝9，钱文不详6，镇墓瓦1	同穴合葬
M16	176°			梯形土坑，竖穴	口：2.68×0.8～1.05 底：2.78×0.96～1.38	2	西：男 东：女	老 中	皆南	上	皆为木棺	仰身直肢	铜扣12，铜烟具1，元祐通宝1，乾隆通宝3，镇墓瓦2	西：二次葬
M17	175°			梯形土坑，竖穴	口：2.8×0.92～1.02 底：2.72×1.25～1.45	2	东：女 西：男	老 中	皆南	上	皆为木棺	仰身直肢	小瓷瓶1，铜扣10，顺治通宝1，康熙通宝5，乾隆通宝8，嘉庆通宝2，镇墓瓦2	西：二次葬
M18	167°			梯形土坑，竖穴	2.55×0.6～0.8	1	男	壮	南	上	木棺	仰身直肢	铜扣14，嘉庆通宝1，钱文不详1，镇墓瓦1，押圹砖1	
M19	158°			梯形土坑，竖穴	口：2.5×0.7～0.9 底：2.34×0.6～0.8	1	女	老	东南	上	木棺	仰身直肢	铜扣3	

续表

墓号	方向	墓道		墓室		墓主	性别	年龄	头向	面向	葬具	葬式	随葬品（件/枚/副）	备注
		形制	规格（米）	结构	规格（米）									
M20	150°			梯形土坑，竖穴	2.4×0.72～0.88	2	东：男 西：女	青 青	东南	男：左 女：上	木棺	仰身直肢	未见	合葬墓
M27	325°			梯形土坑，竖穴	2.65×0.72～0.8	1	男	中	西北	上	木棺	仰身直肢	乾隆通宝3，嘉庆通宝2，道光通宝3，钱文不详1，镇墓瓦1，押扩砖1	
M28	140°			长方形土坑，竖穴	2.6×1.6	2	西：男 东：女	老 壮	东南	男：上 女：左	皆为木棺	仰身直肢	铜扣3，元丰通宝1，康熙通宝2，乾隆通宝5，镇墓瓦2	同穴合葬
M29	206°			长方形土坑，竖穴	2.56×0.56～0.96	1	男	中	南偏西	上	木棺	仰身直肢	铜扣3，乾隆通宝2	
M31	305°			长方形土坑，竖穴	口：2.6×0.72～0.76 底：2.5×0.78～0.85	不详	不详	不详	不详	不详	木棺		未见	未见人骨
M32	330°			梯形土坑，竖穴	2.6×0.7～0.8	1	女	老	西北	上	木棺	仰身微曲肢	乾隆通宝4，嘉庆通宝2，道光通宝2，咸丰通宝1，同治通宝5，钱文不详6，镇墓瓦1	
M33	300°			梯形土坑，竖穴	2.5×0.52～0.7	1	男	中	西北	上	木棺	仰身直肢	铜扣1，康熙通宝2，乾隆通宝1，嘉庆通宝2，钱文不详1	
M34	300°			不规则长方形土坑，竖穴	口：2.1～2.45×0.66～0.75 底：2.1～2.4×0.65～0.9	1	女	老	北	上	木棺	仰身屈肢	铜扣2，乾隆通宝15，嘉庆通宝3，钱文不详24，镇墓瓦1	
M35	183°			长方形土坑，竖穴	2.66×1.8～1.92	2	西：男 东：女	不详 老	南	男：上 女：下	皆为木棺	仰身直肢	铜扣1，康熙通宝12，雍正通宝1，钱文不详1	东：二次葬
M36	182°			长方形土坑，竖穴	2.5×0.88～0.92	1	女	老	南	上	木棺	仰身直肢	铜扣7，铜耳环1，钱文不详1，镇墓瓦1	
M37	160°			梯形土坑，竖穴	2.64×0.86	1	男	中	东南	左	木棺	仰身直肢	铜扣2，钱文不详2，押扩砖1	

续表

墓号	方向	墓道		墓室		墓主	性别	年龄	头向	面向	葬具	葬式	随葬品（件/枚/副）	备注
		形制	规格（米）	结构	规格（米）									
M38	170°			梯形土坑，竖穴	2.65×1.9～2.3	2	西：男 东：女	壮 壮	皆南	男：左 女：不详	皆为木棺	仰身直肢	金耳坠1，铜扣2，瓷碗1，康熙通宝9，钱文不详1	同穴合葬
M39	172°			长方形土坑，竖穴	口：2.6×0.56～0.68 底：2.2×0.5～0.62	1	男	老	东南	左	草席	仰身直肢	铜扣2，押圹砖1，镇墓瓦1	
M40	175°			长方形土坑，竖穴	2.1×0.46～0.56	1	男	壮	南	右	草席	仰身直肢	铜扣3，镇墓瓦1	
M41	168°			圆角长方形土坑，竖穴	2.5×0.68～0.7	1	女	老	南	上略偏左	草席	仰身直肢	铜扣8，乾隆通宝1	
M42	190°			长方形土坑，竖穴	2.8×0.6～0.66	1	男	中	南	左	草席	仰身直肢	铜扣4，铜镊子1，镇墓瓦1	
M43	150°			长方形土坑，竖穴	口：2.5×1.6～1.7 底：2.4×1.4～1.5	2	西：男 东：女	中 老	东南	男：右 女：左	皆为木棺	仰身直肢	铜扣3，康熙通宝4，乾隆通宝2	

附表11　荥阳后真村墓地时代不详墓葬登记表

墓号	方向	形制	规格（米）	墓主	性别	头向	面向	葬具	葬式	随葬品	备注
M10	100°	梯形土坑，竖穴	2.7×1.12～1.26	不详	不详	不详	不详	不详	不详	馒头形器1	未见人骨
M14	110°	梯形土坑，竖穴	口：2.7×0.6～0.9 底：2.62×0.6～0.9	不详	不详	不详	不详	不详	不详	未见	未见人骨
M30	142°	圆角长方形土坑，竖穴	2.6×0.8	不详	不详	不详	不详	木棺	不详	未见	未见人骨，有生土二层台

附表12　荥阳后真村墓地水井登记表

编号	方向	层位关系	形状、结构	长×宽、深（米）	填土颜色	包含物（件）	时代	备注
J1	50°	②→J1→生土	长方形，直壁，平底	口：1.8×0.64 底：1.6×0.42 深：7.8	土色较杂	少量板瓦碎片	汉	
J2	90°	②→J2→生土	椭圆形，向下弧状内收，近底部外扩呈袋状	井口：2.87×2.76 井体：2.9~3.1 深：2.4（发掘深度）	褐色土	出土少量陶片，可辨认器形有板瓦、筒瓦和罐等。	宋、金	条件所限未发掘到底
J3	90°	②→J3→生土	井坑：椭圆形 井体：不规则圆形	井坑：2.88×2.4 深1.8 井体：0.72～0.82 深：2.76（发掘深度）	浅黄色	罐1，壶1	汉	条件所限未发掘到底
J4	195°	②→J4→生土	不规则形，直壁，平底，由水井和井池两部分组成	井口：2.6×2.15 井体：1.25～1.3 深：1.8（发掘深度）	黄褐色	少量碎砖块	不详	条件所限未发掘到底
J5	90°	②→J5→生土	椭圆形，中部有二层台，平底，距井口0.78、2.8米处两次起台内收	口：3.7×3.08 底：1.6×1.44 深：4	第1层：棕黄色 第2层：褐色 第3层：灰黄色	陶球1，筒瓦，砖块	汉	
J6	0°	②→J6→生土	不规则圆形，中部有二层台，上部较直，下部弧收至底	口：4.4×4 底：2.5×2.3 深：8	黄色	少量碎青花瓷片	清	
J7	0°	②→J7→生土	圆形，直壁，0.7米处有生土二层台	口：3.75 二层台处：1.9～2.1 深：2.92（发掘深度）	第1层：黄褐色 第2层：浅黄色	少量陶片、瓷片、砖块	宋、金	条件所限未发掘到底
J8	0°	②→H18→生土	不规则圆形，直壁，平底，中部有熟土二层台	口：2.9×2.8 底：1.65×1.45 深：4.5	黄色	少量碎青花瓷片	清	
J9	90°	②→J9→生土	近圆形，口大底小，斜壁，平底	口：5.09 底：2 深：9.8	第1层：灰色 第2层：褐色 第3层：灰褐色	瓷罐1，陶罐1	宋、金	

续表

编号	方向	层位关系	形状、结构	长×宽、深（米）	填土颜色	包含物（件）	时代	备注
J10	90°	②→J10→生土	近圆形，直壁，平底	口：3.74×3.44 底：2.84×2.3 深：7.2	第1层：浅灰色 第2层：红褐色 第3层：黄褐色	瓷碗1，器底1，陶罐1，陶盆1	宋、金	
J11	180°	②→J11→生土	圆角方形，口略大，底稍小，斜壁，底近平	口：2.24×1.6 底：1.7×1.24 深：6	第1层：浅黄色 第2层：灰色 第3层：黄色	少量瓷片，可辨器形为碗	宋、金	
J12	90°	②→J12→生土	圆形，上部3.4米处为斜壁，下部为直壁，平底	上部井口：4.98 下部井口：3.6 底：3.6 深：8.6	第1层：灰色 第2层：褐色 第3层：红褐色	瓷碗2	宋、金	
J13	180°	②→J13→生土	圆形，上部5米处为斜壁，下部为直壁，平底	口：4.4 底：1.9×2 深：9.9	第1层：灰色 第2层：褐色 第3层：浅黄色	罐1，少量瓷片	宋、金	
J14	90°	②→J14→生土	近圆形，4.2米上部为弧壁，下部为直壁，平底	口：4.28 底：1.8 深：9.35	第1层：浅灰色 第2层：浅褐色 第3层：浅黄色	少量碎瓷片	宋、金	
J15	90°	②→J15→生土	近圆形，5.6米上部为斜壁，下部为直壁，平底	口：5.28×4.94 底：2 深：9.35	第1层：灰色 第2层：浅褐色 第3层：黄色	少量碎陶片	宋、金	
J16	90°	②→H2→J16→生土	近椭圆形，5.6米上部为斜壁，下部为直壁，平底	口：5.2×4.68 底：1.4 深：9.5	第1层：灰色 第2层：浅褐色 第3层：黄色	少量陶瓷片，可辨器形有碗、罐	宋、金	
J17	0°	②→J17→生土	近圆形，4.4米上部为斜壁，下部为直壁，平底	口：3.92×3.5 底：1.2×1.12 深：9.1	第1层：灰色 第2层：褐色 第3层：浅黄色	无文化遗物	宋、金	
J18	90°	②→J8→生土	近圆形，上壁斜收，有两级小台，下部为直壁，平底	口：6.05×5.5 底：2.5 深：10	第1层：灰色 第2层：浅褐色 第3层：黄色	瓷片，可辨器形有碗、罐、瓶等；还出有水车部件	宋、金	

续表

编号	方向	层位关系	形状、结构	长×宽、深（米）	填土颜色	包含物（件）	时代	备注
J19	0°	②→J19→生土	圆形，5.2米上部为斜壁，下部为直壁，平底	口：4 底：2 深：9.9	第1层：灰色 第2层：浅褐色 第3层：浅黄色	无文化遗物	宋、金	
J20	180°	②→H11→J20→生土	近圆形，斜壁，底近平	口：2.6 底：0.9 深：6	第1层：浅灰色 第2层：褐色	陶盆1，瓷碗1	宋、金	
J21	180°	②→J20→J21→生土	近圆形，直壁微斜，底近平	口：2.6 底：2.46 深：7.02	第1层：浅灰色 第2层：红褐色 第3层：褐色	少量陶、瓷片，可辨器形有罐、碗等	宋、金	
J22	90°	②→J22→生土	圆形，直壁平底	口：4 底：2 深：8.5	第1层：灰色 第2层：褐色 第3层：黄色	少量陶瓷片，可辨器形有碗等	宋、金	
J23	90°	②→J23→生土	圆形，上部5.2米处为斜壁内收，下部为直壁，平底	上部井口：5.2 下部井口：1.98 底：1.98 深：9.2	第1层：灰色 第2层：浅褐色 第3层：浅黄色	瓷盅1，瓷罐2，瓷碗4，另有少量夹砂灰陶罐残片	宋、金	
J24	90°	②→J24→生土	圆形，5.8米处上部为斜直壁，下部为直壁，平底	井口：5.8 井底：3.4 中央井圈：3.86 深：9.5	第1层：灰色 第2层：浅褐色 第3层：浅黄色	盆1	汉	
J25	90°	②→J25→生土	近圆形，近壁直，平底	口：4.74×4.4 底：2.9×2.8 深：9.3	第1层：浅灰色 第2层：褐色 第3层：浅黄色	无文化遗物	宋、金	
J26	90°	②→J26→生土	近圆形，4.5米上部为斜壁，下部为直壁，平底	口：6.58×4.92 底：2.86×2.7 深：9	第1层：浅灰色 第2层：褐色 第3层：浅黄色	无文化遗物	宋、金	

续表

编号	方向	层位关系	形状、结构	长×宽、深（米）	填土颜色	包含物（件）	时代	备注
J27	180°	②→J27→生土	圆形，4米上部为斜壁，下部为直壁，平底	口：5 底：1.8 深：9	第1层：浅灰色 第2层：褐色 第3层：浅黄色	无文化遗物	宋、金	
J28	90°	②→J28→生土	近圆形，5米上部为斜壁，下部为直壁，平底	口：5.25×4.75 底：1.5 深：9.3	第1层：浅灰色 第2层：浅褐色 第3层：黄色	无文化遗物	宋、金	
J29	0°	②→J29→生土	椭圆形，4米处上部为斜壁，下部为直壁，平底	上部井口：5×4 下部井口：1.5	第1层：灰色 第2层：褐色	无文化遗物	宋、金	

附表13　荥阳后真村墓地陶窑登记表

编号	方向	层位关系	形状、结构（米）						填土颜色	包含物	时代
			操作坑	窑门	火膛	窑室	火道	烟道			
Y1	170°	③→Y1→生土	不规则形，南窄北宽，口大底小，长2.2、宽0.55～1.42，深0～0.72米	残宽0.5、残高0.56	半圆形，平底，宽0.52～2.4，进深1.7	长方形，长2.2、宽2.4、深1、烧结面厚0.1	破坏严重，情况不明	长方形，三个，大小不一	红色烧土	少量陶片，板瓦	汉
Y2	190°	②→Y2→生土	不规则形，南窄北宽，斜壁内收，缓坡，长5.84、宽1～2.38，南端有五级台阶	不规则圆形，宽1.22、高1.1	底呈半圆形，宽2.44、进深1.3	长方形，直壁，长2.74、宽2.32～2.44	位于窑室东西两壁下，已残	中间的为方形，东西两侧已残	黄褐色	盆2，瓮2，壶1，转筒1，筒瓦，板瓦	汉
Y3	10°	②→Y3→生土	不规则形，南宽北窄，斜壁内收，圜底，长2.22、宽2.48，南端有三级台阶	半圆形，宽0.64、高0.48	底呈梯形，宽0.74～1.76，进深1.64	长方形，长2.32、宽2.2～2.22	位于窑室东西两壁下，已残	方形，一个	红褐色	瓮1，纺轮1，铁铲1，板瓦，筒瓦	汉
Y4	183°	②→Y4→生土	圆角方形，斜壁内收，圜底，长3.05、宽2.76	近圆形，宽0.48、高0.5	底呈梯形，宽0.27～1.7、进深1.17	方形，边长1.66～1.76	位于窑室东西两壁下，已残	长方形，三个	浅褐色	筒瓦，板瓦	汉
Y5	275°	②→Y5→生土	不规则形，西窄东宽，斜壁内收，圜底，长4.22、宽1.85，西端有四级台阶	拱顶，宽0.44～0.45、高1	底呈梯形，宽0.68～1.53、进深1.26	方形，边长2.2～2.42	位于窑室南北两壁下，已残	半椭圆形，三个	浅褐色	筒瓦，板瓦	汉
Y6	10°	②→Y6→生土	圆角方形，斜壁内收，圜底，长3.24、宽2.9	长方形，宽0.46、残高1.3	底呈漏斗状，宽0.56～2.4、进深1.45	方形，边长2.3～2.32	位于窑室东西两壁下，已残	方形，一个	浅褐色	壶1，瓮1，筒瓦2，五铢1	汉

附表14　荥阳后真村墓地灰坑登记表

编号	方向	层位关系	形状、结构	长×宽、深（米）	填土颜色	包含物	时代
H1	10°	②→H1→生土	长方形，直壁，底部剖面呈“凸”字形	口：2.5×0.98～1.08 深：0.34～0.6	黄褐色	未发现	不详
H2	8°	②→H1→生土	长方形，直壁，底部剖面呈“凸”字形	口：2.5×1 深：0.5～0.8	黄褐色	未发现	不详
H3（窑穴）	355°	②→H3→生土	不规则圆角长方形。口部向下1米处向南北两侧各延伸一个洞室，洞室壁面略呈弧形，拱顶，平底	口：1.6×0.88～1.22 底：5.8×0.8～1.4 深：2.3 北室：2.1×0.8～1.3 南室：2.1×0.8～1.4 洞高：0.6～1.26	黄色	瓷碗4，瓷罐1，瓷盆1，瓷缸1	清
H4	90°	②→H4→生土	近圆形，斜壁外扩呈袋状，平底	口：4.8 底：5.2 深：2.6	土色较杂，有红土，灰土等	少量残碎瓷片	宋金
H5	157°	②→H5→生土	不规则形，斜壁，平底	口：4×3.1 底：2.6×2.54 深：1.2	第1层：褐黄色 第2层：浅灰色 第3层：深灰色	盆5，钵1，瓮1，壶1，空心砖1	汉
H6	0°	②→H6→生土	椭圆形，坑壁内收倾斜，平底	口：2.88×2.35 底：2.4×2.03 深：1.78	浅灰色	盆8，瓮1，泥饼装饰1，转筒1，铁斧1，板瓦，筒瓦	汉
H7	0°	②→H7→生土	不规则形，斜壁，底近平	口：1.34×1.64 底：1.08×0.8 深：0.5～0.58	浅褐色	少量碎砖瓦块	汉
H8	90°	②→H8→生土	圆角长方形，直壁，平底	口：1.9×1～1.34 深：1.8	褐色	砖块，板瓦，筒瓦	汉
H9	90°	②→H9→生土	圆形，直壁，平底	口：3.16 深：2.2	褐色	铁锛1，铁铲1，铁镰1，铁削1，铁犁铧冠1，板瓦，筒瓦	汉

续表

编号	方向	层位关系	形状、结构	长×宽、深（米）	填土颜色	包含物	时代
H10	90°	②→H10→生土	略呈圆形，口大底小，斜壁内收，底部不平	口：3.88×3.7 底：3.19×3.18 深：0.8～0.86	灰褐色	盆7，甑1，瓮1，壶1，筒瓦2	汉
H11	90°	②→H11→生土	近椭圆形，斜壁，底近平	口：4.44×2.82 底：2.92×2.41 深：1.37	灰色	瓷碗1	宋金
H12	10°	②→H12→生土	长方形，直壁，平底	口：1.8×1 深：3.3	浅灰色	少量黑釉瓷片	宋金

附表15　荥阳后真村墓地灰沟登记表

编号	方向	层位关系	形状、结构	长×宽、深（米）	填土颜色	包含物	时代
G1	0°	②→G1→生土	长条形，直壁，平底	口：9×0.4 深：0.4	褐色	少量板瓦碎片	汉
G2	50°	②→G2→生土	长条形，斜直壁，底较平	口：40×2.5 深：3	灰色	少量黑釉碎瓷片	宋金

附　　录

附录1　荥阳后真村墓地人骨鉴定报告

马　钊　王永奎　张振华　徐高磊

（郑州大学基础医学院）

后真村墓地位于郑州荥阳市高村镇后真村与前真村之间的两处岗地上，地理坐标为北纬34°51′28.88″，东经113°20′37.54″，海拔120米。为配合南水北调中线工程总干渠的建设，郑州大学历史学院考古系受河南省文物管理局南水北调文物保护办公室委托，经报请国家文物局批准，于2010年10月开始对该墓地进行考古勘探与发掘。共发现各时期墓葬43座，其中汉代墓葬2座，唐代墓葬2座，宋金时期墓葬8座，清代墓葬28座，时代不详墓葬3座。其中部分墓葬没有出土人骨，现将可兹鉴定的人骨情况报告如下。

一、汉代墓葬

M5：人骨保存差，仅余两段胫骨和一片顶骨，骨干中等，壁厚质密，推测墓主为壮年，性别不详。

二、唐代墓葬

M21：人骨保存差，颅骨：乳突小，道上嵴显著，枕外隆突不显著；下颌骨：咬肌粗隆显著，体低支宽，右上颌7颗牙齿，磨牙3～4级；躯干骨：长骨粗大，坐骨大切迹深且窄。墓主为壮年男性。

M25（东侧）：人骨保存差，颅骨：外缝愈合，额顶结节不显著，眉弓显著，眶上缘钝，乳突大，道上嵴显著；下颌骨：颏结节显著，下颌角呈直角，咬肌粗隆显著，体低支宽，颏肌突大，右侧下颌6、7、8脱落，躯干骨：长骨粗大，股骨粗大，坐骨大切迹深窄，推测墓主为中老年男性。

M25（西侧）：人骨保存差，颅骨：外缝愈合，额顶结节显著，眉弓不显著，眶上缘钝，乳突中，道上嵴显著，枕外隆突显著；躯干骨：长骨干中等，推测墓主为老年女性。

三、宋金时期墓葬

M1：人骨保存较差，下颌骨：颏结节显著，下颌角直角，咬肌粗隆显著，下颌骨体高支宽，双侧上颌8颗牙，左侧下颌8颗牙，磨牙3级，未见龋齿；骨盆：坐骨大切迹深，无耳前沟，骶髂关节增生。推断该墓主为壮年男性。

M12：人骨保存差，仅余部分颅骨及长骨，恒牙6未萌出，推断墓主为少年4～5岁。

M23：人骨保存差，颅骨：乳突大，道上嵴显著，枕外隆突显著；下颌骨：颏结节显著，下颌角呈钝角，咬肌粗隆显著，体低支宽，双侧上、下颌8颗牙齿，磨牙4级；躯干骨：股骨头大，闭孔三角形，坐骨大切迹深窄，耳前沟无，骶髂关节增生，骶骨长弯。墓主为中年男性。

M24：人骨保存差，躯干骨：长骨壁厚，坐骨大切迹深窄，耳前沟无，骶髂关节无增生；推测墓主为青年男性。

M26：人骨保存中等，颅骨：外缝愈合，额顶结节不显著，眉弓显著，乳突大，枕外隆突显著；下颌骨：颏结节不显著，下颌角呈直角，咬肌粗隆显著，体高支宽，颏肌突大，左侧下颌6～8脱落，磨牙5级；躯干骨：长骨粗大，坐骨大切迹深且窄，耳前沟无，骶髂关节增生，左侧胫骨骨长370毫米，左侧肱骨325毫米，推测身高：1726.1毫米±50毫米。墓主为老年男性。

四、清代墓葬

M6（东棺）：人骨保存较好，颅骨：颅缝愈合，额顶结节不显著，眉弓不显著，眶上缘锐，梨状孔窄，乳突大，道上嵴显著，枕外隆突不显著；下颌骨：颏结节显著，下颌角钝角，咬肌粗隆不显著，下颌骨体高支宽，颏肌突小，双侧双颌8颗牙，磨牙4级；四肢骨：长骨干细，左侧股骨380毫米，右侧股骨385毫米，左侧胫骨305毫米，右胫骨均310毫米，右肱骨290毫米，左肱骨295毫米，左侧桡骨210毫米，推测身高：1459.8毫米±50毫米。推断该墓主为中年女性。

M6（西棺）：人骨保存较好，颅骨：外缝愈合，额顶结节不显著，眉弓显著，眶上缘钝，梨状孔窄，乳突中等，道上嵴显著，枕外隆突显著；下颌骨：颏结节显著，下颌角近似直角，咬肌粗隆显著，下颌骨体高支宽，两侧下颌8颗牙齿，磨牙3～4级；四肢骨：长骨粗壮，粗线明显，股骨头大，左、右侧股骨均435毫米，左侧胫骨370毫米，右胫骨均360毫米，左肱骨295毫米，右肱骨300毫米，左、右侧桡骨230毫米，左、右侧尺骨230毫米，推测身高：1642.1毫米±50毫米。墓主为中老年男性。

M7：人骨保存差，颅骨：颅缝愈合，额顶结节显著，眉弓稍显著，乳突小，道上嵴不显著，枕外隆突不显著；四肢骨：长骨干细，骨壁薄。推断该墓主为女性，年龄不详。

M8（东棺）：人骨保存较差，颅骨：颅缝愈合，额顶结节显著，乳突小，道上嵴不显著，枕外隆突稍显著；下颌骨：颏结节显著，下颌角钝角，咬肌粗隆不显著，下颌骨体低支窄，颏肌突小，双侧下颌8颗牙，磨牙4级；四肢骨：长骨干粗，左侧股骨395毫米、右侧股骨400毫米，右胫骨均315毫米，左侧尺骨215 毫米，左、右侧桡骨200毫米，推测身高：1534毫米±50毫米。推断该墓主为中年女性。

M8（西棺）：人骨保存较好；颅骨：外缝愈合，额顶结节不显著，眉弓显著，眶上缘钝，梨状孔窄，乳突大，道上嵴显著，枕外隆突显著；下颌骨：颏结节显著，下颌角近似直角，咬肌粗隆不显著，下颌骨体高支宽，颏肌突大，两侧上颌及右侧下颌7颗牙齿，第7牙牙槽吸收，左侧下颌8颗牙齿，磨牙4～5级；四肢骨：长骨粗壮，粗线明显，股骨头大，耻骨下角锐角，闭孔卵圆形，坐骨大切迹深窄，无耳前沟，骶髂关节增生，骶骨长弯；左、右侧股骨均435毫米，左、右侧胫骨380毫米，左侧桡骨248毫米，左、右侧尺骨260毫米，推测身高：1642.1毫米±50毫米。墓主为中年男性。

M9（东棺）：人骨保存较好，颅骨：颅缝愈合，额顶结节不显著，眉弓稍显著，眶上缘锐，梨状孔宽，乳突大，道上嵴显著，枕外隆突不显著；下颌骨：颏结节稍显著，下颌角钝角，咬肌粗隆显著，下颌骨体高支宽，颏肌突小，右侧下颌7、左侧下颌7、8吸收，磨牙4级；四肢骨：长骨干细，左侧股骨405毫米、右侧股骨400毫米，双侧胫骨330毫米，双侧肱骨275毫米，双侧尺骨225毫米，双侧桡骨205毫米，推测身高：1534毫米±50毫米。推断该墓主为中年女性。

M9（中棺）：人骨保存较好，颅骨：颅缝未愈合，额顶结节不显著，眉弓稍显著，眶上缘锐，梨状孔宽，乳突中等，道上嵴显著，枕外隆突不显著；下颌骨：颏结节显著，下颌角直角，咬肌粗隆不显著，下颌骨体高支宽，颏肌突小，双侧下颌8颗牙，双侧上颌7颗牙，磨牙1级；四肢骨：耻骨下角锐角，闭孔卵圆形，坐骨大切迹深宽，无耳前沟，骶髂关节无增生，骶骨长；长骨干细，体端未愈合。推断该墓主为少年女性。

M9（西棺）：人骨保存较好；颅骨：外缝愈合，额顶结节不显著，眉弓显著，眶上缘钝，梨状孔窄，乳突大，道上嵴显著，枕外隆突显著；下颌骨：颏结节显著，下颌角近似直角，咬肌粗隆显著，下颌骨体高支宽，颏肌突大，两侧上颌7吸收，右侧下颌7颗牙齿，左侧下颌8颗牙齿，磨牙4级；躯干骨：腰椎增生，腰4—腰5椎体侧缘增生融合，椎上韧带增生；四肢骨：长骨粗壮，粗线明显，股骨头大，坐骨大切迹深窄，无耳前沟，骶髂关节增生，骶骨长弯；左、右侧股骨均425毫米，右侧胫骨365毫米，双侧肱骨315毫米，双侧桡骨230毫米，左、右侧尺骨255毫米，推测身高：1605.5毫米±50毫米。墓主为中年男性。

M11：人骨保存较差，颅骨：额顶结节显著，眉弓不显著，眶上缘锐，乳突小，道上嵴不显著，枕外隆突不显著；下颌骨：颏结节不显著，下颌角钝角，咬肌粗隆不显著，下颌骨体低支窄，颏肌突小，磨牙4级；四肢骨：长骨干细，双侧股骨400毫米，右侧胫骨330毫米，推测身高：1534毫米±50毫米。推断该墓主为中年女性。

M15（东棺）：人骨保存较好，颅骨：颅缝愈合，额顶结节不显著，眉弓稍显著，眶上缘锐，乳突大，道上嵴不显著，枕外隆突稍显著；下颌骨：颏结节稍显著，下颌角钝角，咬肌粗隆显著，下颌骨体低支宽，颏肌突小，双侧下颌4～8吸收；四肢骨：长骨干细，左侧股骨385

毫米、右侧股骨380毫米，双侧胫骨300毫米，推测身高：1459.8毫米 ± 50毫米。推断该墓主为老年女性。

M15（西棺）：人骨保存较好；颅骨：外缝愈合，额顶结节不显著，眉弓显著，眶上缘钝，乳突大，道上嵴显著，枕外隆突显著；下颌骨：颏结节显著，下颌角近似直角，咬肌粗隆显著，下颌骨体高支宽，颏肌突大，两侧下颌6 ~ 7牙槽吸收；四肢骨：长骨粗壮，粗线明显，股骨头大，耻骨下角锐角，闭孔卵圆形，坐骨大切迹深窄，无耳前沟，骶髂关节增生，骶骨长弯；左、右侧股骨均445毫米，左、右侧胫骨370毫米，左、右侧肱骨330毫米，推测身高：1678.7毫米 ± 50毫米。墓主为中年男性。

M16（西棺）：人骨保存较好，颅骨：颅缝愈合，额顶结节不显著，眉弓显著，眶上缘钝，乳突大，道上嵴显著，枕外隆突显著；下颌骨：颏结节显著，下颌角直角，咬肌粗隆显著，下颌骨体高支宽，颏肌突大，左侧下颌5脱落牙槽吸收，右侧下颌6脱落牙槽吸收，双侧下颌7颗牙，磨牙4 ~ 5级；四肢骨：粗大，粗线显著，耻骨下角锐角，闭孔卵圆形，坐骨大切迹深窄，无耳前沟，骶骨长弯。推断该墓主为老年男性。

M16（东棺）：人骨保存较好，颅骨：颅缝愈合，额顶结节显著，眉弓不显著，眶上缘锐，乳突小，道上嵴不显著，枕外隆突不显著；下颌骨：颏结节不显著，下颌角钝角，咬肌粗隆不显著，下颌骨体低支宽，颏肌突小，双侧下颌8颗牙，磨牙3 ~ 4级；四肢骨：长骨干细，右侧股骨385毫米，双侧胫骨305毫米，右侧桡骨214毫米，推测身高：1478.4毫米 ± 50毫米。推断该墓主为中年女性。

M17（东棺）：人骨保存中等，颅骨：颅缝愈合，额顶结节显著，眉弓不显著，乳突小，道上嵴不显著，枕外隆突不显著；下颌骨：颏结节不显著，下颌角直角，咬肌粗隆不显著，下颌骨体低支宽，颏肌突小，左侧下颌6、7、8脱落牙槽吸收，右侧下颌6、7脱落牙槽吸收，四肢骨：长骨干细，右侧股骨400毫米，右侧胫骨335毫米，左侧胫骨330毫米右侧桡骨215毫米，推测身高：1534毫米 ± 50毫米。推断该墓主为老年女性。

M17（西棺）：人骨保存较好，颅骨：颅缝愈合，额顶结节不显著，眉弓显著，眶上缘钝，梨状孔窄，乳突大，道上嵴显著，枕外隆突显著；下颌骨：颏结节显著，下颌角直角，咬肌粗隆显著，下颌骨体高支宽，颏肌突大，双侧下颌7、8吸收；四肢骨：长骨粗大，粗线显著，闭孔卵圆形，坐骨大切迹深窄，无耳前沟，骶髂关节增生，双侧股骨455毫米，右侧胫骨375毫米，左侧胫骨370毫米，双肱骨330毫米，推测身高：1710.8毫米 ± 50毫米。推断该墓主为中年男性。

M18：人骨保存较好，颅骨：颅缝愈合，额顶结节不显著，眉弓显著，眶上缘钝，梨状孔窄，乳突大，道上嵴显著，枕外隆突显著；四肢骨：长骨粗大，粗线显著，耻骨下角锐角，闭孔卵圆形，坐骨大切迹深窄，无耳前沟，骶髂关节轻度增生，骶骨长弯，双侧股骨455毫米，双侧胫骨375毫米，右侧肱骨325毫米，推测身高：1710.8毫米 ± 50毫米。推断该墓主为壮年男性。

M19：人骨保存差，颅骨：眉弓不显著，眶上缘钝，乳突小，道上嵴不显著；下颌骨：颏结节不显著，下颌角钝角，咬肌粗隆稍显著，下颌骨体低支窄，髁肌突小，右侧上颌第6 ~ 8及左侧下颌7牙槽骨吸收，左侧下颌7颗牙齿，磨牙5级；四肢骨：长骨干细，坐骨大切迹浅宽，耳前沟显著。推断该墓主为老年女性。

M20（东侧）：人骨保存较好，颅骨：外缝愈合，额顶结节不显著，眉弓不显著，眶上缘锐，梨状孔宽，乳突小，道上不显著，枕外隆突不显著；下颌骨：颏结节不显著，下颌角呈直角，咬肌粗隆不显著，体低支窄，双侧上、下颌7颗牙齿，磨牙1～2级；躯干骨：长骨体端未合，耻骨下角锐角，坐骨大切迹深且宽，闭孔卵圆形，骶髂关节无增生；长骨粗壮股骨头大，左侧股骨长395毫米，推测身高：1495.7毫米±50毫米。墓主为青年男性。

M20（西侧）：人骨保存中等，颅骨：颅缝开始愈合，额顶结节不显著，眉弓不显著，眶上缘锐，乳突小，道上嵴不显著，枕外隆凸不显著；下颌骨：颏结节不显著，下颌角直角，咬肌粗隆不显著，下颌骨体低支窄，颏肌突小，右侧上颌及下颌7颗牙，磨牙1～2级；四肢骨：长骨干细小，坐骨大切迹浅宽，无耳前沟。推断该墓主为青年女性（16岁）。

M27：人骨保存较好；颅骨：外缝愈合，额顶结节不显著，眉弓显著，眶上缘钝，乳突大，道上嵴显著，枕外隆突显著；下颌骨：颏结节显著，下颌角钝角，咬肌粗隆显著，下颌骨体高支宽，颏肌突大，双侧下颌7颗牙齿，磨牙4级；四肢骨：长骨粗壮，粗线明显，股骨头大，耻骨下角锐角，闭孔卵圆形，坐骨大切迹深窄，无耳前沟，骶髂关节轻度增生，骶骨长弯；左侧股骨460毫米，右侧股骨465毫米，左侧胫骨375毫米，双侧肱骨330毫米；推测身高：1729毫米±50毫米。墓主为中年男性。

M28（东棺）：人骨保存好，颅骨：颅缝愈合，额顶结节显著，眉弓不显著，眶上缘锐，梨状孔宽，乳突小，道上嵴显著，枕外隆突显著；下颌骨：颏结节不显著，下颌角直角，咬肌粗隆不显著，下颌骨体低支宽，颏肌突小，双侧上下颌8颗牙，磨牙3级，未见龋齿；长骨干细，耻骨下角钝角，闭孔三角形，坐骨大切迹浅宽，耳前沟显著；骶髂关节轻度增生，骶骨短弯，双侧股骨375毫米，右肱骨270毫米，左肱骨265毫米，推测身高：1411.3毫米±50毫米。推断该墓主为壮年女性。

M28（西棺）：人骨保存中等，颅骨：颅缝愈合，额顶结节不显著，眉弓稍显著，眶上缘钝，乳突大，道上嵴显著，枕外隆突稍显著；下颌骨：颏结节显著，下颌角直角，咬肌粗隆显著，下颌骨体中支中，颏肌突大，双侧上下颌8颗牙，磨牙4级；长骨粗大，耻骨下角锐角，闭孔卵圆形，坐骨大切迹深窄，无耳前沟，骶骨长弯。推断该墓主为老年男性。

M29：人骨保存中等，颅骨：颅缝愈合，额顶结节不显著，眉弓显著，乳突大，道上嵴显著，枕外隆突显著；下颌骨：颏结节不显著，下颌角直角，咬肌粗隆显著，下颌骨体低支宽，颏肌突大，右侧上颌7脱落吸收，左侧下颌5～7脱落吸收，右侧上下颌8颗牙，磨牙4级；长骨粗大，耻骨下角锐角，闭孔卵圆形，坐骨大切迹深窄，无耳前沟，骶髂关节增生。右侧股骨435毫米；左侧肱骨320毫米；推断身高1633.9毫米，该墓主为中老年男性。推断身高1642.1毫米±50毫米，该墓主为中年男性。

M32：人骨保存中等，颅骨：颅缝愈合，额顶结节显著，眉弓不显著，眶上缘锐，梨状孔宽，乳突小，道上嵴不显著，枕外隆突不显著；下颌骨：颏结节显著，下颌角直角，咬肌粗隆显著，下颌骨体低支宽，颏肌突大，右侧上下颌6、7脱落牙槽吸收，左侧下颌7、8吸收，双侧下颌8颗牙；耻骨下角钝角，闭孔三角形，坐骨大切迹浅宽，耳前沟显著，骶髂关节增生。右肱骨均265毫米，左肱骨均255毫米，推测身高：1433.3毫米 ± 50毫米。推断该墓主为老年女性。

M33：人骨保存好，颅骨：颅缝愈合，额顶结节显著，眉弓显著，眶上缘锐角，梨状孔窄，乳突大，道上嵴显著，枕外隆突显著；下颌骨：颏结节不显著，下颌角直角，咬肌粗隆显著，下颌骨体低支窄，颏肌突大，牙槽全部吸收，长骨粗大，耻骨下角锐角，闭孔卵圆形，坐骨大切迹深窄，无耳前沟，骶髂关节轻度增生。右侧股骨470毫米，左侧股骨460毫米，左侧胫骨390毫米，右胫骨均385毫米，右肱骨335毫米，左肱骨330毫米，推断身高1770.2毫米 ± 50毫米，该墓主为中老年男性。

M34：人骨保存较好，颅骨：颅缝愈合，额顶结节显著，眉弓不显著，眶上缘钝，梨状孔宽，乳突小，道上嵴不显著，枕外隆突不显著；下颌骨：颏结节不显著，下颌角钝角，咬肌粗隆不显著，下颌骨体低支窄，颏肌突小，右侧下颌5、6脱落牙槽吸收，左侧下颌3 ~ 6吸收，双侧下颌7颗牙，磨牙4 ~ 5级；长骨干细，耻骨下角钝角，闭孔三角形，坐骨大切迹浅宽，耳前沟显著，骶髂关节增生，骶骨短平。右股骨均395毫米，左股骨均400毫米，右胫骨均310毫米，左胫骨均315毫米，双侧肱骨均275毫米，推测身高：1515.5毫米 ± 50毫米。推断该墓主为老年女性。

M35（东棺）：人骨保存中等，颅骨：颅缝愈合，额顶结节显著，眉弓显著，眶上缘钝，乳突小，道上嵴不显著；下颌骨：颏结节稍显著，下颌角钝角，咬肌粗隆显著，下颌骨体低支宽，颏肌突小；长骨干中，耻骨下角钝角，闭孔三角形，坐骨大切迹浅宽，耳前沟显著，骶髂关节增生。推断该墓主为老年女性。

M35（西棺）：人骨保存差，颅骨：颅缝愈合，额顶结节不显著，眉弓显著，乳突大，道上嵴显著；下颌骨：颏结节显著，下颌角钝角，咬肌粗隆显著，下颌骨体低支窄，颏肌突大，左侧下颌7颗牙；长骨干粗大，坐骨大切迹深窄，无耳前沟。推断该墓主为男性，年龄不详。

M36：人骨保存中等，颅骨：颅缝愈合，额顶结节不显著，眉弓不显著，眶上缘钝，梨状孔宽，乳突中等，道上嵴不显著，枕外隆突不显著；下颌骨：颏结节不显著，下颌角钝角，咬肌粗隆不显著，下颌骨体低支窄，颏肌突小，双侧下颌及左侧上颌6 ~ 7吸收，右侧上颌7吸收；坐骨大切迹浅宽，有耳前沟，骶髂关节增生，推断该墓主为老年女性。

M37：人骨保存较好；颅骨：外缝愈合，额顶结节不显著，眉弓显著，眶上缘钝，乳突大，道上嵴显著，枕外隆突显著；下颌骨：颏结节不显著，下颌角近似直角，咬肌粗隆显著，下颌骨体高支宽，颏肌突大，右侧下颌7吸收，双侧下颌7颗牙齿，磨牙5级；四肢骨：长骨粗壮，粗线明显，股骨头大，耻骨下角锐角，坐骨大切迹深窄，无耳前沟，骶髂关节增生，骶骨长弯；左、右侧股骨均460毫米，双侧胫骨375毫米，双侧肱骨330毫米；推测身高：1729毫米 ± 50毫米。墓主为中年男性。

M38（东棺）：人骨保存差，下颌骨：颏结节显著，下颌角钝角，咬肌粗隆不显著，下颌骨体高支宽，右侧下颌7颗牙齿，左侧下颌8颗牙齿，磨牙3级；四肢骨：长骨中等。推断墓主为壮年女性。

M38（西棺）：人骨保存中等；颅骨：外缝愈合，额顶结节不显著，眉弓显著，眶上缘钝，梨状孔窄，乳突大，道上嵴显著，枕外隆突显著；下颌骨：颏结节显著，下颌角近似直角，咬肌粗隆显著，下颌骨体高支宽，颏肌突大，牙槽无吸收，双侧下颌7颗牙齿，磨牙3级；四肢骨：长骨粗壮，粗线明显，股骨头大，耻骨下角锐角，坐骨大切迹深窄，无耳前沟；推测墓主为壮年男性。

M39：人骨保存较好；颅骨：外缝愈合，额顶结节不显著，乳突大，道上嵴显著；下颌骨：颏结节显著，下颌角近似直角，咬肌粗隆显著，下颌骨体高支宽，颏肌突大，左侧上颌7颗牙齿，磨牙5级；四肢骨：长骨粗壮，粗线明显，股骨头大，坐骨大切迹深窄，骶髂关节增生；左侧股骨均455毫米，左侧胫骨390毫米，左侧肱骨330毫米；推测身高：1710.9毫米±50毫米。墓主为老年男性。

M40：人骨保存较好；颅骨：外缝愈合，额顶结节不显著，眉弓显著，眶上缘钝，梨状孔窄，乳突大，道上嵴显著，枕外隆突显著；下颌骨：颏结节不显著，下颌角近似直角，咬肌粗隆显著，下颌骨体高支宽，颏肌突大，牙槽双侧上颌7吸收，双侧下颌8颗牙齿，双侧下颌7颗牙齿，磨牙3级；四肢骨：长骨粗壮，粗线明显，股骨头大，坐骨大切迹深窄，无耳前沟，骶髂关节无增生；左、右侧股骨均470毫米，双侧胫骨395毫米，双侧肱骨345毫米；推测身高1765.5毫米±50毫米，墓主为壮年男性。

M41：人骨保存中等，颅骨：颅缝愈合，额顶结节显著，眉弓不显著，眶上缘锐，梨状孔宽，乳突中等，道上嵴不显著，枕外隆突不显著；下颌骨：颏结节不显著，下颌角钝角，咬肌粗隆显著，下颌骨体高支宽，颏肌突大，右侧下颌7、左侧下颌7、8吸收，磨牙5～6级；四肢骨：长骨干细，坐骨大切迹深宽，有耳前沟，骶髂关节增生；左侧肱骨295毫米，左侧尺骨250毫米，推测身高：1589.9毫米±50毫米。推断该墓主为老年女性。

M42：人骨保存较好；颅骨：外缝愈合，额顶结节不显著，眉弓显著，眶上缘钝，乳突大，道上嵴显著，枕外隆突显著；下颌骨：颏结节不显著，下颌角钝角，咬肌粗隆不显著，下颌骨体高支宽，颏肌突小，双侧下颌8颗牙齿，磨牙3～4级；四肢骨：长骨粗壮，粗线明显，股骨头大，耻骨下角锐角，坐骨大切迹深窄，无耳前沟，骶髂关节无增生，骶骨长弯；左、右侧股骨均460毫米，左侧胫骨370毫米，双侧肱骨330毫米；推测身高：1729毫米±50毫米。墓主为中年男性。

M43（东棺）：人骨保存较好，颅骨：颅缝愈合，额顶结节显著，眉弓不显著，眶上缘锐，梨状孔宽，乳突中等，道上嵴不显著，枕外隆突不显著；下颌骨：颏结节不显著，下颌角钝角，咬肌粗隆显著，下颌骨体低支窄，颏肌突小，双侧双颌4以后吸收；四肢骨：长骨干细，耻骨下角钝角，坐骨大切迹深宽，有耳前沟，骶髂关节增生；左、右侧股骨均415毫米，左、右侧胫骨335毫米，左侧肱骨290毫米，右侧肱骨295毫米，右侧尺骨235毫米，推测身高：1589.7毫米±50毫米。推断该墓主为老年女性。

M43（西棺）：人骨保存较差；颅骨：外缝愈合，额顶结节不显著，眉弓显著，眶上缘钝；下颌骨：颏结节显著，下颌角钝角，咬肌粗隆显著，下颌骨体高支宽，颏肌突大，右侧下颌7吸收，双侧下颌7颗牙齿，磨牙4级；四肢骨：长骨粗壮，粗线明显，股骨头大；推测墓主为中年男性。

五、结　　论

汉代墓葬：共清理墓葬2座，其中采集人骨可鉴定者1座，共计人骨1副，保存较差，性别无法鉴定，年龄经鉴定为壮年。

唐代墓葬：共清理墓葬2座，墓葬内发现人骨3副，保存较差，经鉴定壮年男性1人，中老年男性1人，老年女性1人。

宋金时期墓葬：共清理墓葬8座，其中采集人骨可鉴定者5座，共计人骨5副，保存较差，性别经鉴定：男性4人，无法鉴定者1人；年龄经鉴定：老年2人，中年1人，壮年1人，无法鉴定1人。

清代墓葬：共清理墓葬28座，其中采集人骨可鉴定者26座，共计人骨38副，保存较完整，性别经鉴定：男性19人，女性19人；年龄经鉴定：老年12人，中老年2人，中年14人，壮年5人，青年2人，少年1人，无法鉴定者2人。

相关数据详见表1～表3。

表1　荥阳后真村墓地人骨鉴定分析表

时代	墓号	保存状况	性别	年龄	身高（毫米）	骨病
汉代	M5	破坏严重	不详	壮年		
唐代	M21	破坏严重	男	壮年		
	M25（东侧）	破坏严重	男	中老年		
	M25（西侧）	破坏严重	女	老年		
宋金时期	M1	破坏严重	男	壮年		骶髂关节增生
	M12	破坏严重	无法鉴定	幼儿		
	M23	破坏严重	男	中年		骶髂关节增生
	M24	破坏严重	男（？）	青年		
	M26	较完整	男	老年	1726.1 ± 50	骶髂关节增生
清代	M6（东棺）	完整	女	中年	1459.8 ± 50	
	M6（西棺）	完整	男	中老年	1642.1 ± 50	
	M7	破坏较严重	女	不详		
	M8（东棺）	完整	女	中年	1534 ± 50	
	M8（西棺）	完整	男	中年	1642.1 ± 50	骶髂关节增生
	M9（东棺）	完整	女	中年	1534 ± 50	
	M9（中棺）	较完整	女	少年		
	M9（西棺）	完整	男	中年	1605.5 ± 50	躯干骨：腰椎增生，腰4—腰5椎体侧缘增生融合，椎上韧带增生；骶髂关节增生
	M11	残缺	女	中年	1534 ± 50	
	M15（东棺）	完整	女	老年	1459.8 ± 50	
	M15（西棺）	完整	男	中年	1678.7 ± 50	骶髂关节增生

续表

时代	墓号	保存状况	性别	年龄	身高（毫米）	骨病
清代	M16（西棺）	完整	男	老年		
	M16（东棺）	完整	女	中年	1478.4 ± 50	
	M17（东棺）	完整	女	老年	1534 ± 50	
	M17（西棺）	完整	男	中年	1710.8 ± 50	骶髂关节增生
	M18	完整	男	壮年	1710.8 ± 50	骶髂关节轻度增生
	M19	较完整	女	老年		
	M20（东侧）	完整	男	青年		
	M20（西侧）	较完整	女	青年		
	M27	较完整	男	中年	1729 ± 50	骶髂关节轻度增生
	M28（东棺）	完整	女	壮年	1411.3 ± 50	骶髂关节轻度增生
	M28（西棺）	较完整	男	老年		
	M29	完整	男	中年	1642.1 ± 50	骶髂关节增生
	M32	完整	女	老年	1433.3 ± 50	骶髂关节增生
	M33	完整	男	中老年	1770.2 ± 50	骶髂关节轻度增生
	M34	完整	女	老年	1515.5 ± 50	骶髂关节增生
	M35（东棺）	较完整	女	老年		骶髂关节增生
	M35（西棺）	较完整	男	不详		
	M36	较完整	女	老年		骶髂关节增生
	M37	完整	男	中年	1729 ± 50	骶髂关节增生
	M38（东棺）	破坏严重	女	壮年		
	M38（西棺）	较完整	男	壮年		
	M39	完整	男	老年	1710.9 ± 50	骶髂关节增生
	M40	完整	男	壮年	1765.5 ± 50	
	M41	完整	女	老年	1589.9 ± 50	骶髂关节增生
	M42	完整	男	中年	1729 ± 50	
	M43（东棺）	完整	女	老年	1589.7 ± 50	骶髂关节增生
	M43（西棺）	破坏较严重	男	中年		

表2　荥阳后真村墓地人骨年龄分析统计表

时代	老年	中老年	中年	壮年	青年	少年	幼儿	无法鉴定	总计
汉代								1	1
								100%	
唐代	1	1		1					3
	33.33%	33.33%		33.33%					
宋金时期	1		1	1	1		1		5
	20%		20%	20%	20%		20%		
清代	12	2	14	5	2	1		2	38
	31.58%	5.26%	36.84%	13.16%	5.26%	2.63%		5.26%	

表3　荥阳后真村墓地人骨性别构成分析统计表

时代	男性	女性	无法鉴定	总计
汉代			1	1
			100%	
唐代	2	1		3
	66.67%	33.33%		
宋金时期	4		1	5
	80%		20%	
清代	19	19		38
	50%	50%		

附录2　荥阳后真村墓地出土动物骨骼鉴定报告

侯彦峰

（河南省文物考古研究院）

后真村墓地位于郑州荥阳市高村镇后真村与前真村之间的两处岗地上，地势较周围略高，所在地属黄淮平原的西部边缘地带。墓地北约12千米为黄河河道，向西约13千米进入浅山区，向南约16千米为丘陵地带，枯河自西南流向东北，并从墓地中东部穿过。地理坐标为北纬34°51′28.88″，东经113°20′37.54″，海拔120米。

为配合南水北调中线工程总干渠的建设，郑州大学历史学院考古系受河南省文物管理局南水北调文物保护办公室委托，经报请国家文物局批准，于2010年10月开始对该墓地进行考古勘探与发掘。通过发掘，共清理各类遗迹92个，包括墓葬43座，水井29眼，陶窑6座，灰坑12个，沟2条。出土文化遗物有陶、瓷、金、银、铜、铁器等大批文化遗物。在发掘过程中，发掘者严格按照出土单位对动物骨骼进行了收集，但没有进行筛选和浮选。其中仅在M5、H6和J23三个单位内出土了少量的动物骨骼，我们对其进行了鉴定与分析。

我们在鉴定时参照的对比标本是河南省文物考古研究院动物骨骼标本库内的现生动物骨骼标本，同时还参考了《动物骨骼鉴定图谱》[①]和《哺乳动物骨骼和牙齿鉴定方法指南》[②]等书目。骨骼测量主要参考《考古遗址出土动物骨骼测量指南》[③]一书。

一、M5

M5为带有斜坡墓道的土圹砖券墓，时代为东汉晚期至魏晋时期，墓室底部近甬道处发现兽骨两具。经整理鉴定两具骨架皆为狗獾（Meles meles），但骨架并不完整，共发现27块较为完整的骨头，主要为头骨、下颌骨、肩胛骨、肱骨、桡骨、尺骨、盆骨、股骨和胫骨（部分骨头见图版九），根据骨骼测量数据（详见附表2、附表3）、骨与骨的连接情况、上下颌咬合情况和出土时所处位置初步判断这些骨头属于2个体，根据股骨、桡骨和肱骨骨骺愈合情况判断这两只狗獾的年龄相近，各骨的表面均未见明显的人工痕迹如划痕、砍痕等。由于狗獾的一个生态特征为挖洞而居，洞道长达几米至十余米不等[④]，推测该墓出土的两只狗獾可能不是随葬动物，是后来打洞进入的。

---

① 伊丽莎白·施密德著，李天元译：《动物骨骼鉴定图谱》，中国地质大学出版社，1991年。

② 西蒙·赫森著，侯彦峰、马萧林译：《哺乳动物骨骼和牙齿鉴定方法指南》，科学出版社，2012年。

③ 安格拉·冯登德里施著，马萧林、侯彦峰译：《考古遗址出土动物骨骼测量指南》，科学出版社，2007年。

④ 高耀亭：《中国动物志——兽纲第八卷食肉目》，科学出版社，1987年。

二、H6

H6时代为汉代，平面略呈椭圆形。坑内堆积不分层，土色浅灰，土质较硬，结构较致密，包含有少量炭屑及陶片。H6共出土动物骨骼30块（详见附表4），重约1439克，其中可鉴定标本5件，重1160.3克。可鉴定动物的种属有牛（Bos sp.）和马（Equus sp.）两种（图版一〇，1、2、4）。动物的种群分类关系见表1。荥阳后真村墓地H6出土动物骨骼的可鉴定标本数（NISP=number of identified specimens）、最小个体数（MNI=minimum number of individuals）和重量（Wt=weight）的统计见表2。

表1　荥阳后真村墓地动物分类

脊索动物门 Phylum Chordata
哺乳纲 Mammalia
偶蹄目 Artiodactyla
牛科 Bovidae
牛 Bos sp.
奇蹄目 Perissodactyla
马科 Equidae
马 Equus sp.

表2　荥阳后真村墓地H6出土动物鉴定分析表

名称	种属	可鉴定标本数（NISP）	最小个体数（MNI）	重量（Wt）/g
马	Equus sp.	1	1	23.8
牛	Bos sp.	4	1	1160.3
合计	2种	5	2	1136.5

H6共出土4件牛骨，最小个体数为1。发现比较完整的牛下颌骨1块，其左右侧下颌骨都保留得相对完整，测量数据详见表3，虽然其下颌联合处残，但我们根据其P2、P3、P4、M1、M2和M3的磨损情况，以及两个下颌骨的相关测量数据判断其为同一个体。牛的游离下颌犬齿1枚。牛肩胛骨2件。根据下颌支的形状判断该牛为黄牛，其下颌第三臼齿已完全萌出，并有轻微磨损，判断其死亡年龄为3～4岁。

H6内仅出土了1件马骨，为1枚左侧游离上颌第二前臼齿。

该灰坑内还出土了一些大型动物的肋骨碎片。

表3　荥阳后真村墓地H6出土牛下颌骨测量值

单位	H6	H6
时代	汉代	汉代
鉴定号	4（1）	4（2）
标本	下颌P2+P3+P4+M1+M2+M3	下颌P2+P3+P4+M1+M2+M3
左\右	右	左

续表

破碎度		3	3
种属		牛	牛
测量项单位（mm）	3*	96.45	94.78
	5*	253.14	246.66
	6*	311.51	308.92
	7*	160.42	154.70
	8*	98.88	94.02
	9*	60.47	58.24
	12*	163.73	172.77
	13*	152.29	161.14
	14*	219.21	225.05
	15a*	78.41	79.50
	15b*	49.66	52.22
	15c*	36.76	36.44

＊测量标号详见《考古遗址出土动物骨骼测量指南》，科学出版社，2007年。

三、J23

J23时代为宋金时期，口部形状呈圆形，剖面状似漏斗。填土可粗略分为3层，其中第1层出土有动物骨骼。共出土153块动物骨骼（详见附表5），重6744.9克。可鉴定标本数为60，其中有1件为猪的右侧肱骨（近端未愈合，年龄小于3.5岁），1件为马的右侧第4跖骨，其余58件可鉴定标本为黄牛的骨骼（图版一〇，3、5）。根据出土情况推测该58块黄牛骨骼可能属于同一个体（出土时的状况见彩版六，2），保存相对完整的58块黄牛骨骼上遗留有跗关节骨骼疾病、屠宰剔肉的痕迹和较为系统的骨骼测量值。

在该牛左右侧的跗关节处，其中央跗骨、第1跗骨、第2跗骨、第3跗骨、第4跗骨，除跟骨和距骨外都已与跖骨近端愈合，外部有明显的骨质赘疣（图版一一）。该骨病疑似为“跗节内肿（spavin）”，主要发生在马和牛中。严重的骨病导致这头牛在其生前很长一段时间内就发生了严重的运动障碍，即跛行，这也可能是其被屠宰的主要原因。

在头骨、下颌骨、肩胛骨、肱骨、桡骨、荐椎、盆骨等骨头的表面都留有因剔肉而产生的划痕，根据划痕的走向和所处部位，能够初步勾勒了出当时屠夫剔肉的一些习惯，如在下颌骨的左右侧下颌髁下方外侧面都留有数道划痕，形成这些划痕的原因可能是从头骨上剥离下颌骨所致；在左右侧肩胛骨的肩胛颈外侧面，肩峰下方都留有平行的划痕，从远端向近端方向运刀，其目的可能是为了切断冈上肌和冈下肌的肌腱，从而剔掉覆盖在肩胛骨上的大块肌肉。第3腰椎的前面留有一个整齐、平的砍断面，根据所留茬口和腹侧的另外两个小的砍痕，推测该砍断是从腹侧向背侧的方向，该砍断可能是为了更方便剔掉臀部和后腿上的肌肉（图版一二）。

该牛的四肢骨保存基本完好，从而获得了较为系统的测量值（详见附表6），宋金时期虽然有一些关于该时期黄牛体质特征的描述，但能够从遗址获得较为完整牛骨的情况甚少，所以这头牛的骨骼测量数据对研究宋金时期该地区黄牛的体质特征也尤为重要。

四、结　语

荥阳后真村墓地本次发掘M5、H6和J23三个单位内出土了少量的动物遗存，可鉴定的动物种属有狗獾、牛、马和猪四种动物。其中J23内出土了一具被剔过肉的牛骨架，其患有严重的骨病，各骨表面留有剔肉时产生的划痕，并获得了较为系统的四肢骨测量数据，这些为研究宋金时期牛的疾病、屠宰肢解过程和体质特征等提供了基础资料。

附录3　荥阳后真村出土铁器检测报告

唐　静

（河南省文物考古研究院）

为配合南水北调中线工程干渠建设，2010年10月至2011年1月，郑州大学历史学院考古系对荥阳后真村墓地和遗址进行考古发掘，其中在汉代陶窑和灰坑发掘出土一批铁器，器形有铲、犁铧冠、锛、镰和削等。

这些铁器长期埋藏在地下，由于受到土壤中压力和各种物质的浸蚀和氧化，铁器大部分表面都覆盖有一层锈蚀与泥土混合成的棕黄色钙化土，未被覆盖的部位有些表层生有棕色的锈蚀，有的结构酥松，轻轻触碰，有层状脱落的现象。

进行分析检测的铁器标本共有6件（表1），本实验根据这6件铁器的现状，利用金相显微镜对铁器的金相组织进行观察分析；利用体视显微镜、环境扫描电镜、X射线衍射光谱仪和拉曼光谱仪对铁锈进行微观观察及成分检测分析，为铁器的进一步保护提供科学数据。

一、实验仪器及分析检测方法

1. 实验仪器及条件

金相显微镜 DM4000M：德国Leica。

体式显微镜 M205A：德国Leica。

环境扫描电子显微镜Quanta 650：美国FEI；实验条件：高真空；加速电压20kV，工作距离10mm，同时配备能谱仪进行无标样合金元素测定。

X射线衍射仪D8 ADVANCE：德国布鲁克；实验条件：阳极Cu靶，管压和管流分别为40KV和40mA，扫描范围2θ为5°~70°，扫描步长0.010°。

共聚焦显微拉曼光谱仪Incia-reflex：英国雷尼绍；实验条件：激光器633nm；光栅1800/mm。

2. 分析检测方法

6件铁器文物进行分析检测如表1所示。

表 1　铁器文物分析检测方法

序号	样品名称	时代	器物编号	器物照片	金相组织分析	表面锈蚀分析			
1	铁铲	汉	Y3：2		金相显微镜	体式显微镜	环境扫描电镜	X射线衍射仪	拉曼光谱仪
2	铁铲（刃部缺失）	汉	H9：8						
3	铁犁铧冠	汉	H9：9						
4	铁锛	汉	H9：10						
5	铁镰	汉	H9：11						
6	铁削	汉	H9：12						

二、分 析 检 测

1. 金相组织分析与检测

将6件铁器的残片侵蚀后观察金相组织，结果见表2。

表 2　铁器样品的金相组织观察结果

序号	器名与器号	金相组织	金相照片
1	铁铲（Y3：2）	铁素体+石墨	图二，1
2	铁铲（H9：8）	莱氏体+碳化体	图二，2
3	铁犁铧冠（H9：9）	珠光体+铁素体	图二，3
4	铁锛（H9：10）	莱氏体	图二，4
5	铁镰（H9：11）	莱氏体+碳化体	图二，5
6	铁削（H9：12）	珠光体	图二，6

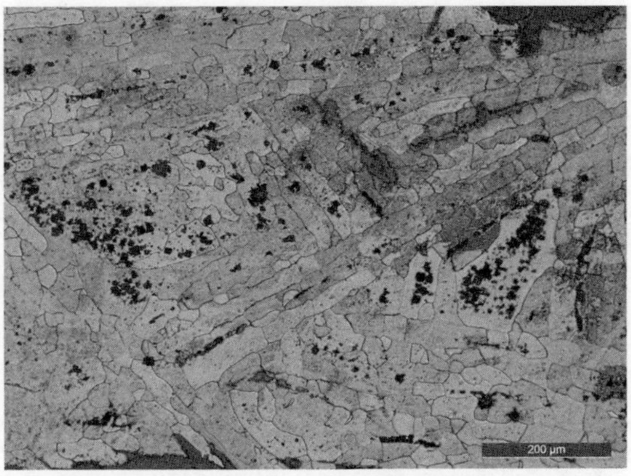

1. 铁铲（Y3：2）金相组织照片

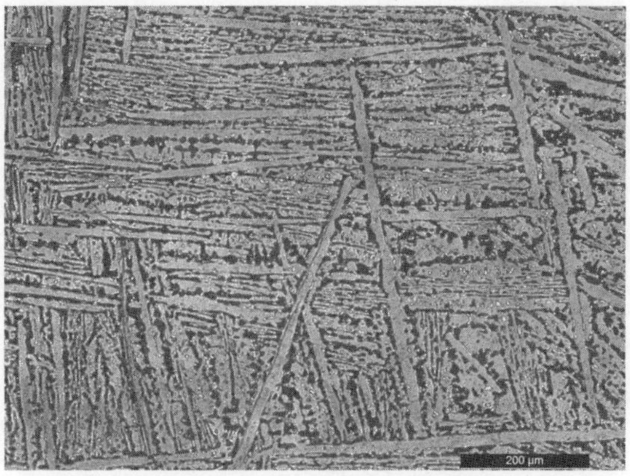

2. 铁铲（H9：8）金相组织照片

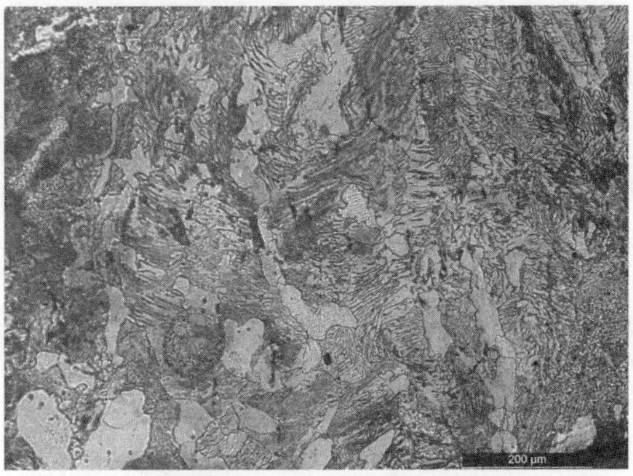

3. 铁犁铧冠（H9：9）金相组织照片

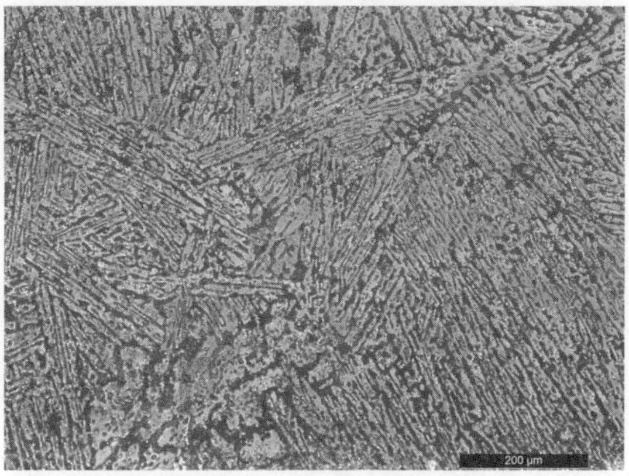

4. 铁锛（H9：10）金相组织照片

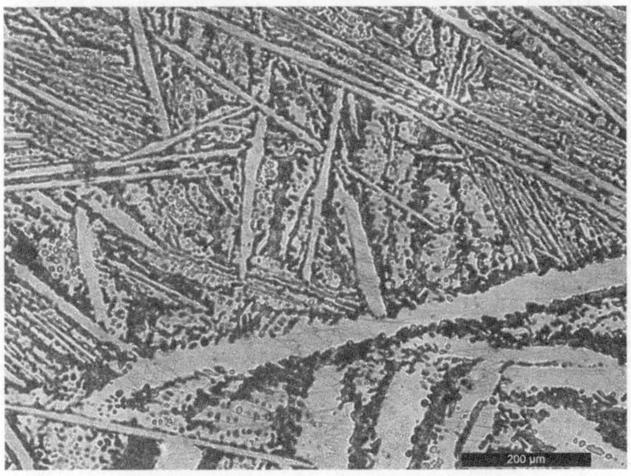

5. 铁镰（H9：11）金相组织照片

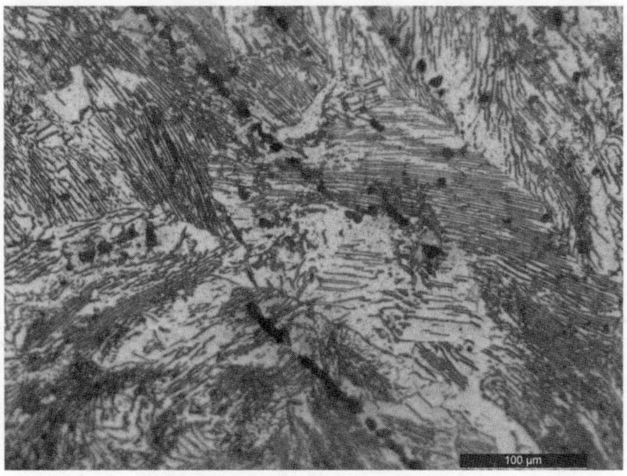

6. 铁削（H9：12）金相组织照片

图一

2. 铁器锈蚀分析与检测

（1）铁锈体视显微镜形貌观察

利用体视显微镜对这6件铁器锈蚀产物进行显微形貌观察，如图一所示，从图片观察可知该批铁器的锈蚀产物形态各异，Y3出土的铁铲（Y3：2）锈蚀为生长垂直于器物表面的簇形片状锈蚀，颜色深棕色；H9出土的铁铲（H9：8）和铁犁铧冠（H9：9）锈蚀为棕红色的小颗粒

1. 铁铲（Y3：2）锈蚀体视照片

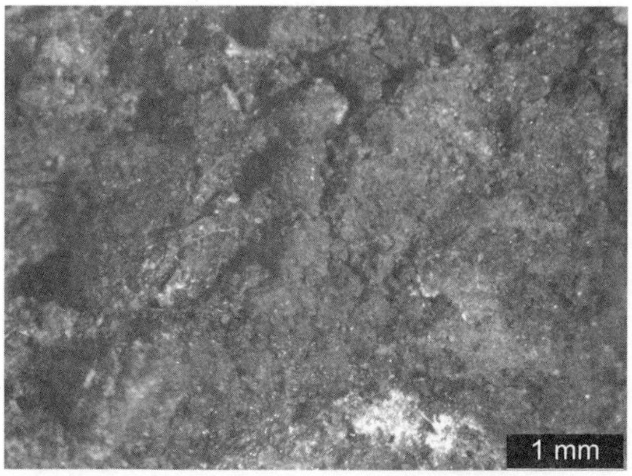

2. 铁铲（H9：8）锈蚀体视照片

3. 铁犁铧冠（H9：9）锈蚀体视照片

4. 铁锛（H9：10）锈蚀体视照片

5. 铁镰（H9：11）锈蚀体视照片

6. 铁削（H9：12）锈蚀体视照片

图二

附着在铁器表面，分布不均，器物表面裂隙较多；铁锛（H9：10）和铁削（H9：12）主要锈蚀主要出现在孔洞处；铁镰（H9：11）锈蚀比较均匀的覆盖在铁器表面，表面较平坦，夹杂白色结晶物。

（2）铁器锈蚀物扫描电镜显微形貌观察及能谱检测

利用扫描电镜对铁器锈蚀产物进行进一步的显微形貌观察，如图三所示：从Y3出土的铁铲（Y3：2）扫描图片可看出，铁器表面的锈蚀物形态为片状，簇形覆盖于铁器表面，尺寸有大

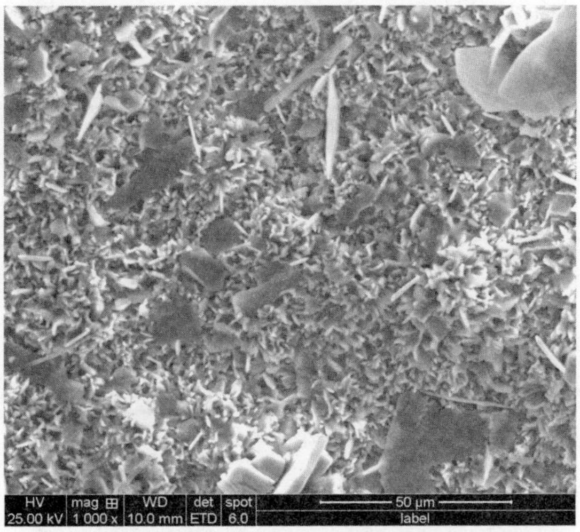

1. 铁铲（Y3：2）锈蚀扫描电镜照片

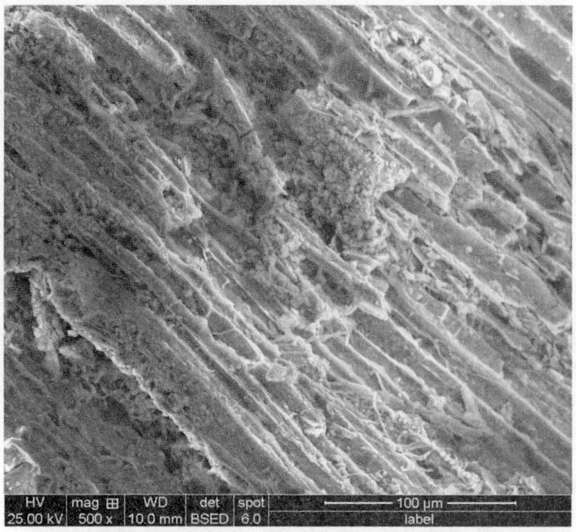

2. 铁铲（H9：8）锈蚀扫描电镜照片

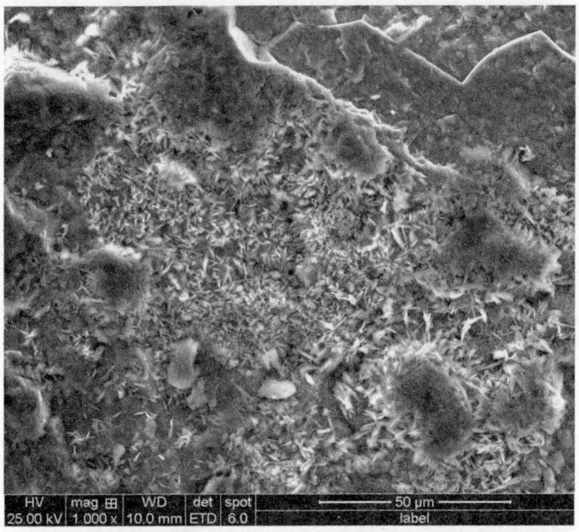

3. 铁犁铧冠（H9：9）锈蚀扫描电镜照片

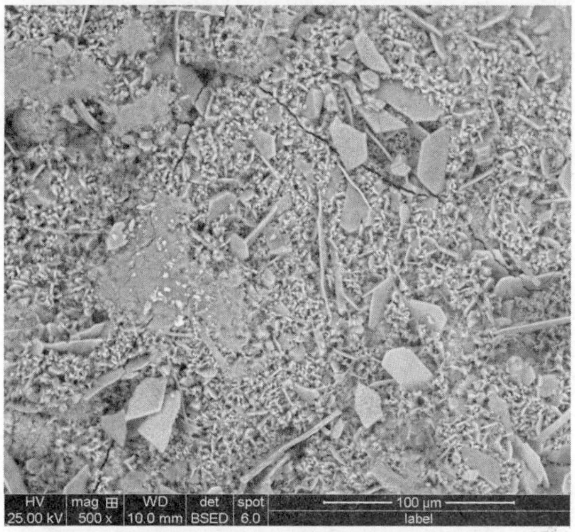

4. 铁锛（H9：10）锈蚀扫描电镜照片

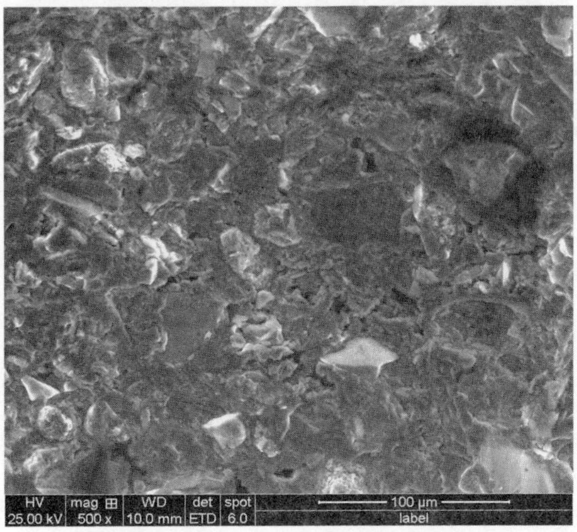

5. 铁镰（H9：11）锈蚀扫描电镜照片

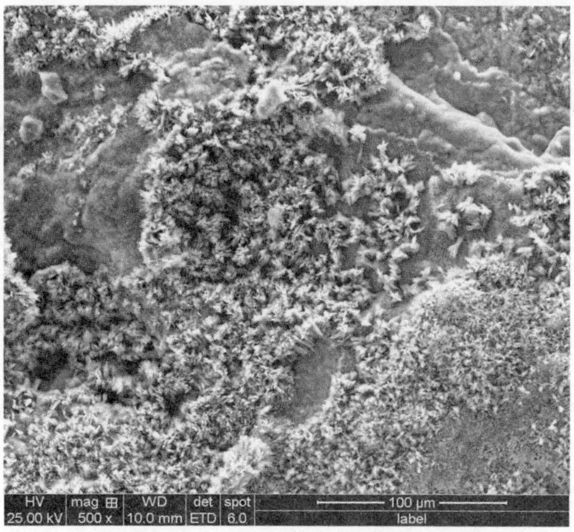

6. 铁削（H9：12）锈蚀扫描电镜照片

图三

有小；H9出土的铁铲（H9：8）锈蚀呈现出类似冲刷的沟槽形态，表面结构较为紧致；铁犁铧冠（H9：9）锈蚀形态为竹叶状覆盖于铁器表面，分布不均；铁锛（H9：10）的锈蚀形态为片状与铁铲（Y3：2）锈蚀有点相似；铁镰（H9：11）锈蚀为颗粒状，分布不均，有空洞；铁削（H9：12）为细小的针状锈蚀物覆盖铁器表面，分布不均。

利用扫描电镜能谱分析仪对锈蚀部位进行扫描，分析测定表面锈蚀物的元素成分及含量，分析检测结果见表3。由表可以看出，所检测的锈蚀物的主要元素为Fe和O；根据原子个数推测，可能为针铁矿、纤铁矿。在个别铁器锈蚀中检测出有害元素Cl、S和P，但含量都很低，在铁铲（Y3：2）、铁犁铧冠（H9：9）和铁削（H9：12）中检测出Cl，含量为0.11%～4.59%，铁削（H9：12）的Cl含量较其他铁器大，为2.95%～4.59%；在铁铲（Y3：2）和铁犁铧冠（H9：9）两件铁器中检测出S，含量比较低，为0.2%～0.96%；P只在H9出土的铁铲（H9：8）和铁锛（H9：10）检测出，含量为0.26%～2.73%。铁锛（H9：10）和铁镰（H9：11）中有三个扫描点处铁含量较低，而Si的含量却很高，分别为44.18%、27.99%和53.29%，造成这种结果可能是因为铁器在埋藏过程中黏土颗粒逐渐填充在锈蚀空洞所致；其余元素Si、Ca、Mg、Al和K应该来自埋藏的土壤。

表3　铁器锈蚀物能谱检测结果

序号	器名与器号	区域编号	元素含量（Wt%）										能谱检测区域
			O	Fe	S	Cl	Si	P	Ca	Mg	Al	K	
1	铁铲（Y3：2）	点扫1	38.05	58.02	0.96	2.97	—	—	—	—	—	—	图四，1
		点扫2	28.62	70.89	0.38	0.11	—	—	—	—	—	—	
		点扫3	29.53	69.58	0.43	0.46	—	—	—	—	—	—	
2	铁铲（H9：8）	点扫1	56.98	33.49	—	—	4.93	2.73	1.87	—	—	—	图四，2
		点扫2	55.51	35.39	—	—	4.35	2.66	2.09	—	—	—	
		点扫3	50.56	39.6	—	—	4.98	2.55	2.31	—	—	—	
3	铁犁铧冠（H9：9）	点扫1	33.29	66.24	0.2	0.27	—	—	—	—	—	—	图四，3
		点扫2	35.47	63.41	0.5	0.62	—	—	—	—	—	—	
		点扫3	27.75	70.92	0.23	0.74	0.36	—	—	—	—	—	
4	铁锛（H9：10）	点扫1	36.47	31.43	—	—	18.98	—	—	2.68	7.49	2.95	图四，4
		点扫2	52.11	3.45	—	—	44.18	0.26	—	—	—	—	
		点扫3	34.26	41.89	—	—	17	—	0.47	—	5.34	1.04	
5	铁镰（H9：11）	点扫1	38.35	55.79	—	—	3.29	—	—	—	2.57	—	图四，5
		点扫2	37.91	6.05	—	—	27.99	—	—	—	8.94	19.11	
		点扫3	45.29	1.42	—	—	53.29	—	—	—	—	—	
6	铁削（H9：12）	点扫1	29.72	65.69	—	4.59	—	—	—	—	—	—	图四，6
		点扫2	19.46	77.59	—	2.95	—	—	—	—	—	—	
		点扫3	37.12	58.9	—	3.98	—	—	—	—	—	—	

“—”表示未检测出。

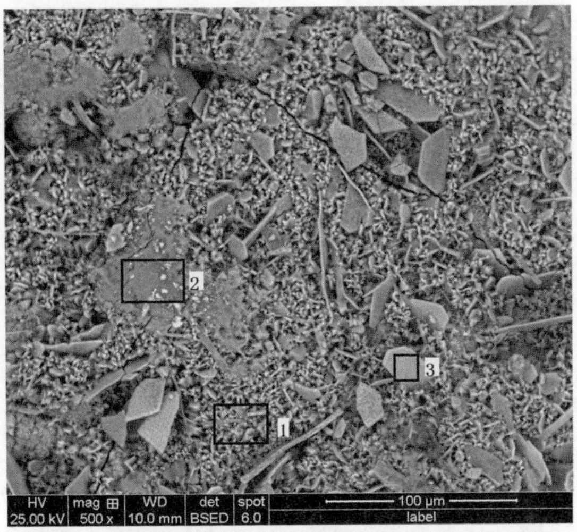

1. 铁铲（Y3：2）锈蚀能谱检测区域

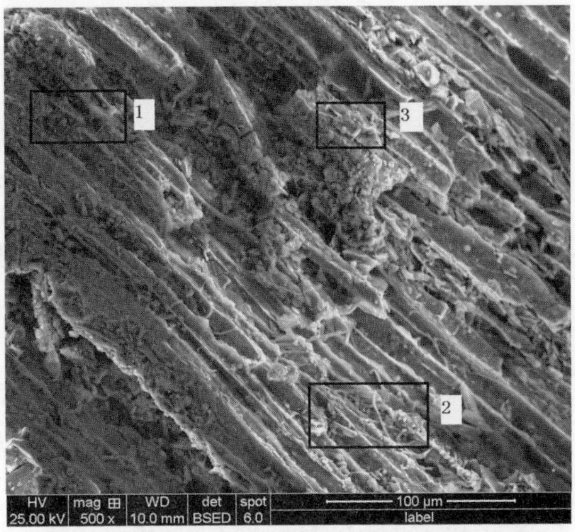

2. 铁铲（H9：8）锈蚀能谱检测区域

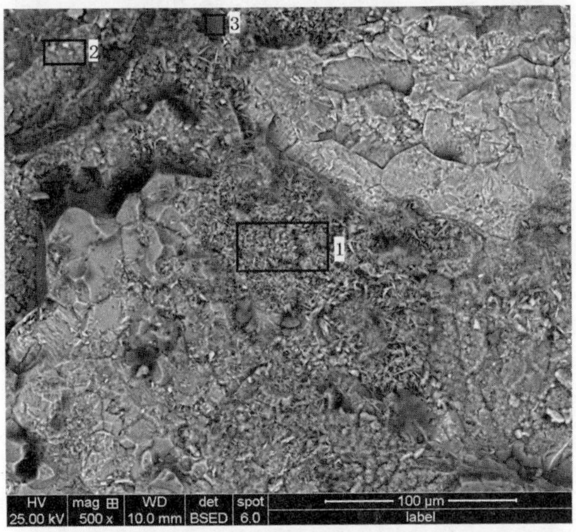

3. 铁犁铧冠（H9：9）锈蚀能谱检测区域

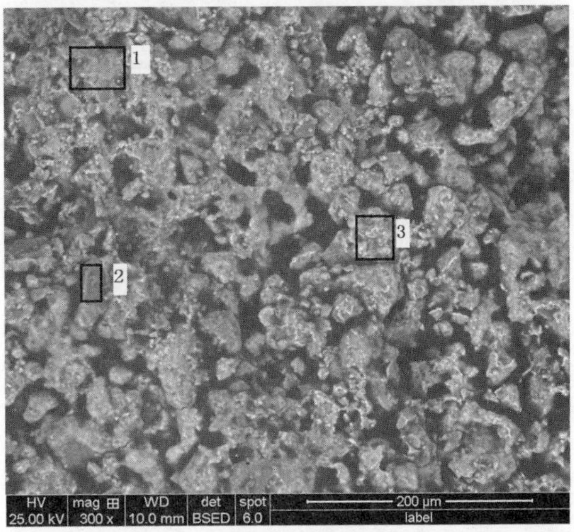

4. 铁锛（H9：10）锈蚀能谱检测区域

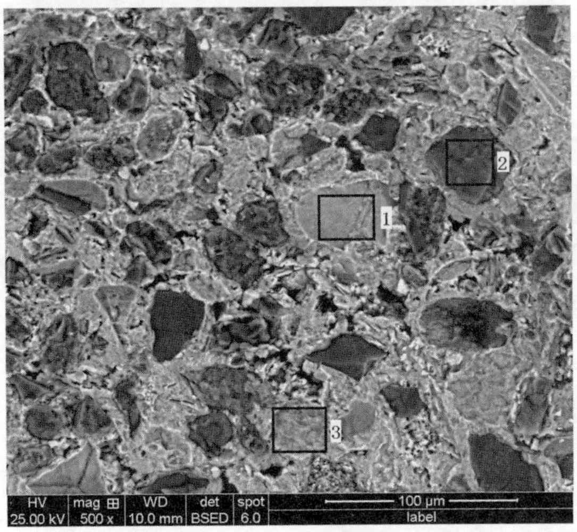

5. 铁镰（H9：11）锈蚀能谱检测区域

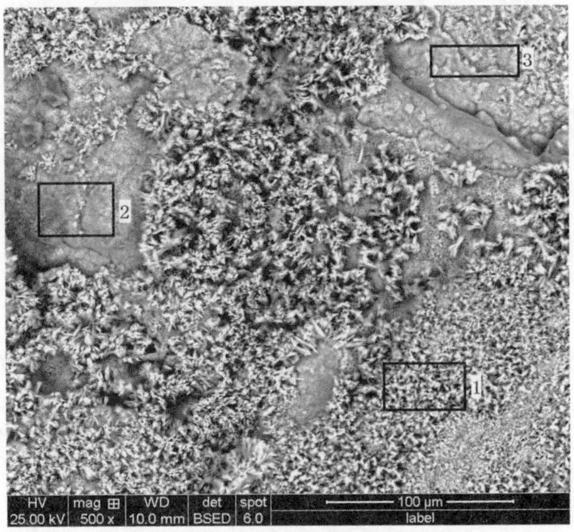

6. 铁削（H9：12）锈蚀能谱检测区域

图四

（3）铁器锈蚀物X射线衍射分析检测

利用X射线衍射仪对铁器锈蚀物进行检测分析，结果如表4。6件铁器的锈蚀产物主要是α-FeO（OH）、Fe3O4 和γ-Fe2O3，这些锈蚀均为稳定锈蚀；在H9出土的铁铲（H9：8）和铁削（H9：12）中检测出有不稳定的γ-FeO（OH）；检测出的CaCO3和SiO2为土壤带入所致。

表4　铁器锈蚀产物X射线衍射结果

序号	器物编号	样品描述	物相	矿物名	X射线衍射图
1	铁铲（Y3：2）	红棕色锈蚀	α-FeO（OH）　$CaCO_3$	针铁矿、方解石	图五
2	铁铲（H9：8）	深棕色锈蚀	α-FeO（OH）　γ-FeO（OH）　Fe_3O_4	针铁矿、纤铁矿、磁铁矿	图六
3	铁犁铧冠（H9：9）	深棕色锈蚀	α-FeO（OH）　Fe_3O_4	针铁矿、磁铁矿	图七
4	铁锛（H9：10）	红棕色锈蚀	α-FeO（OH）　Fe_3O_4　SiO_2　$CaCO_3$	针铁矿、磁铁矿、石英、方解石	图八
5	铁镰（H9：11）	红褐色锈蚀	γ-Fe_2O_3　α-FeO（OH）　$CaCO_3$	磁赤铁矿、针铁矿、方解石	图九
6	铁削（H9：12）	红棕色锈蚀	α-FeO（OH）　Fe_3O_4　γ-FeO（OH）	针铁矿、磁铁矿、纤铁矿	图一〇

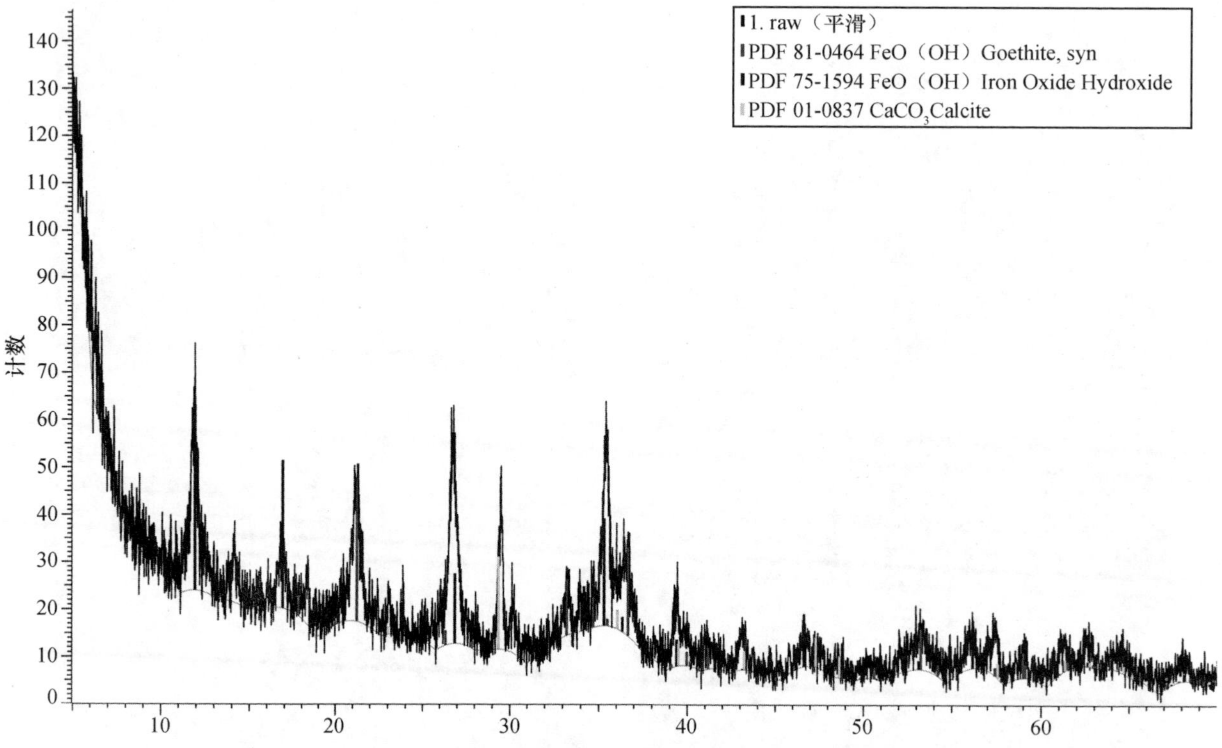

图五　铁铲（Y3：2）锈蚀XRD图

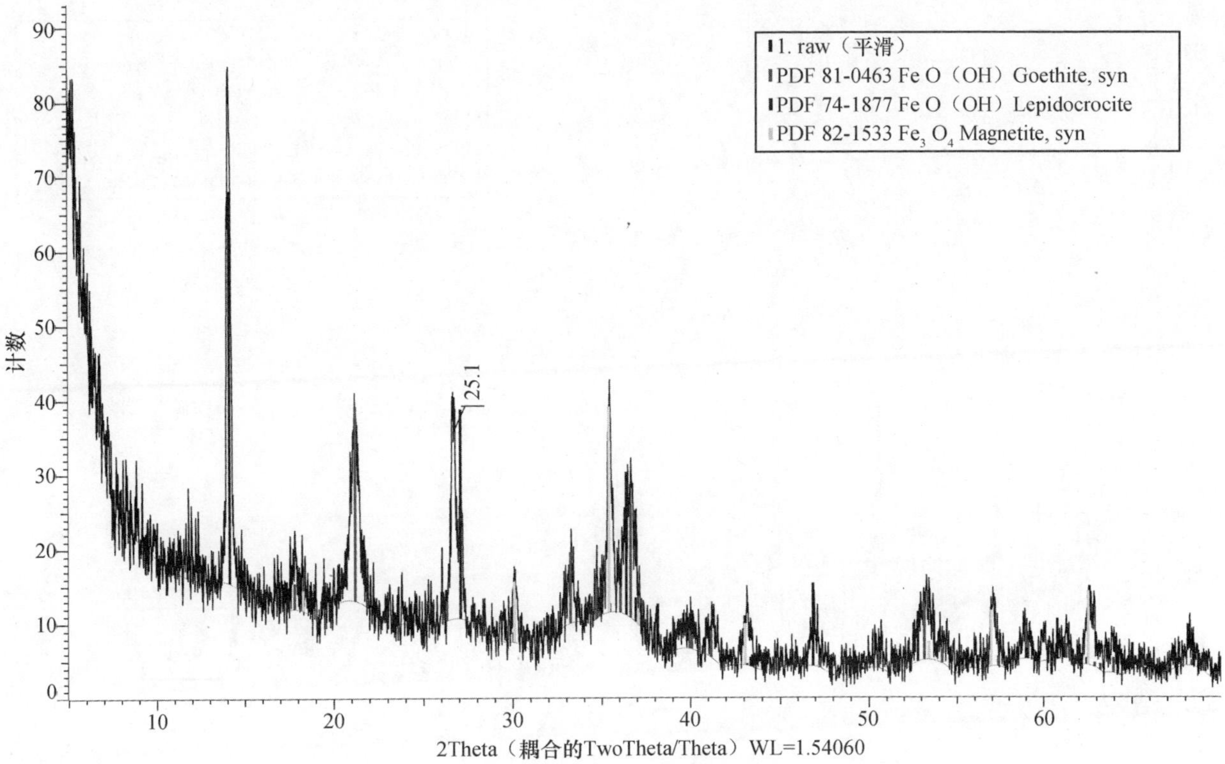

图六　铁铲（H9：8）锈蚀XRD图

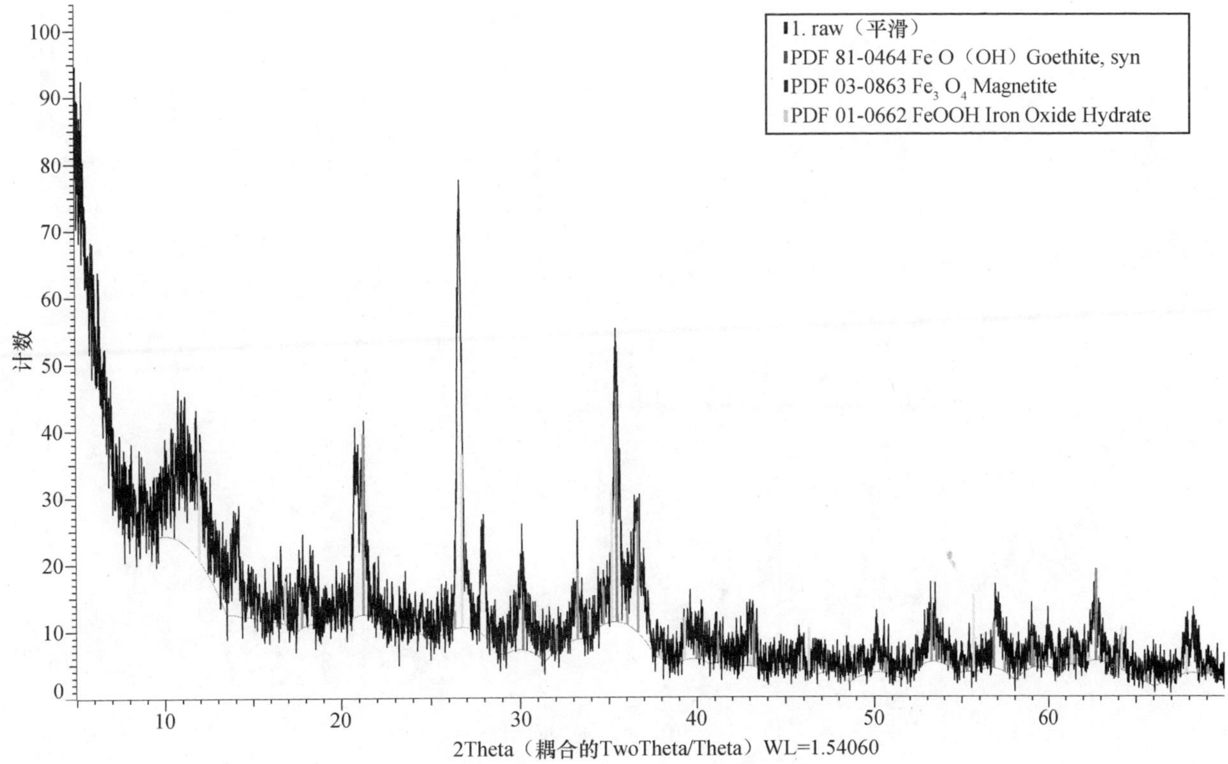

图七　铁犁铧冠（H9：9）锈蚀XRD图

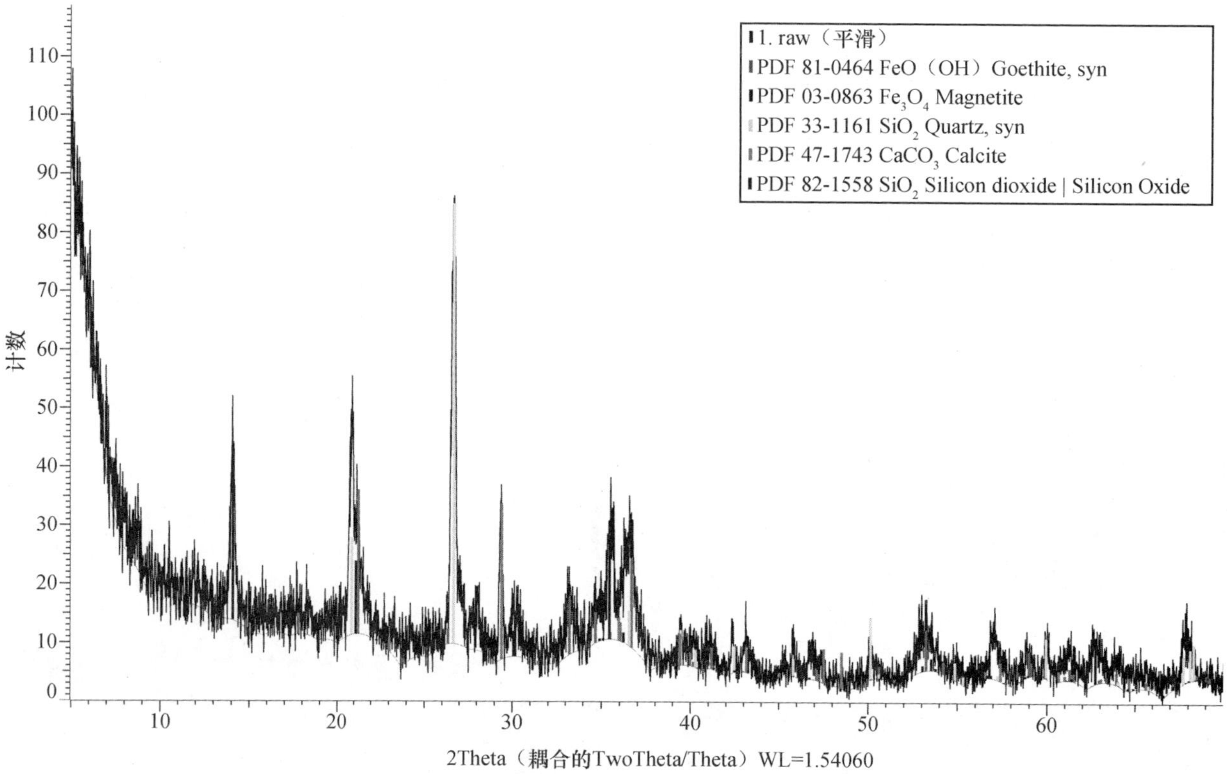

图八　铁锛（H9：10）锈蚀XRD图

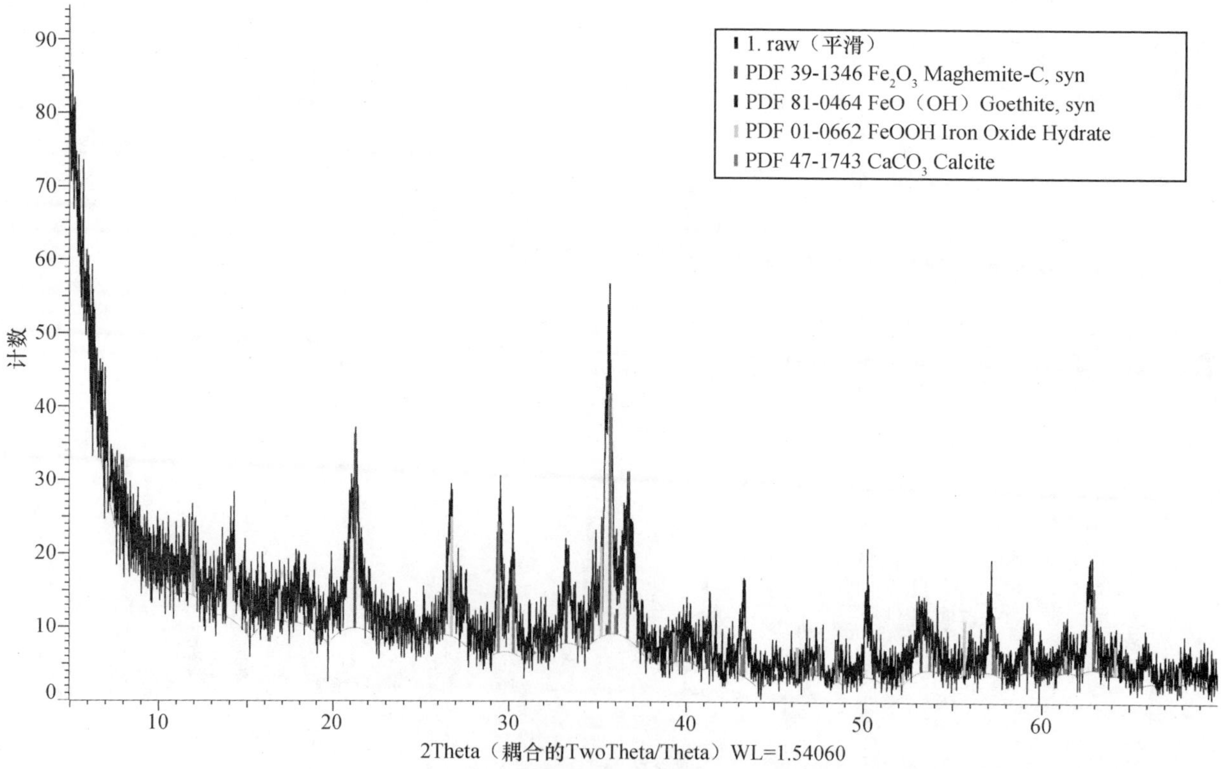

图九　铁镰（H9：11）锈蚀XRD图

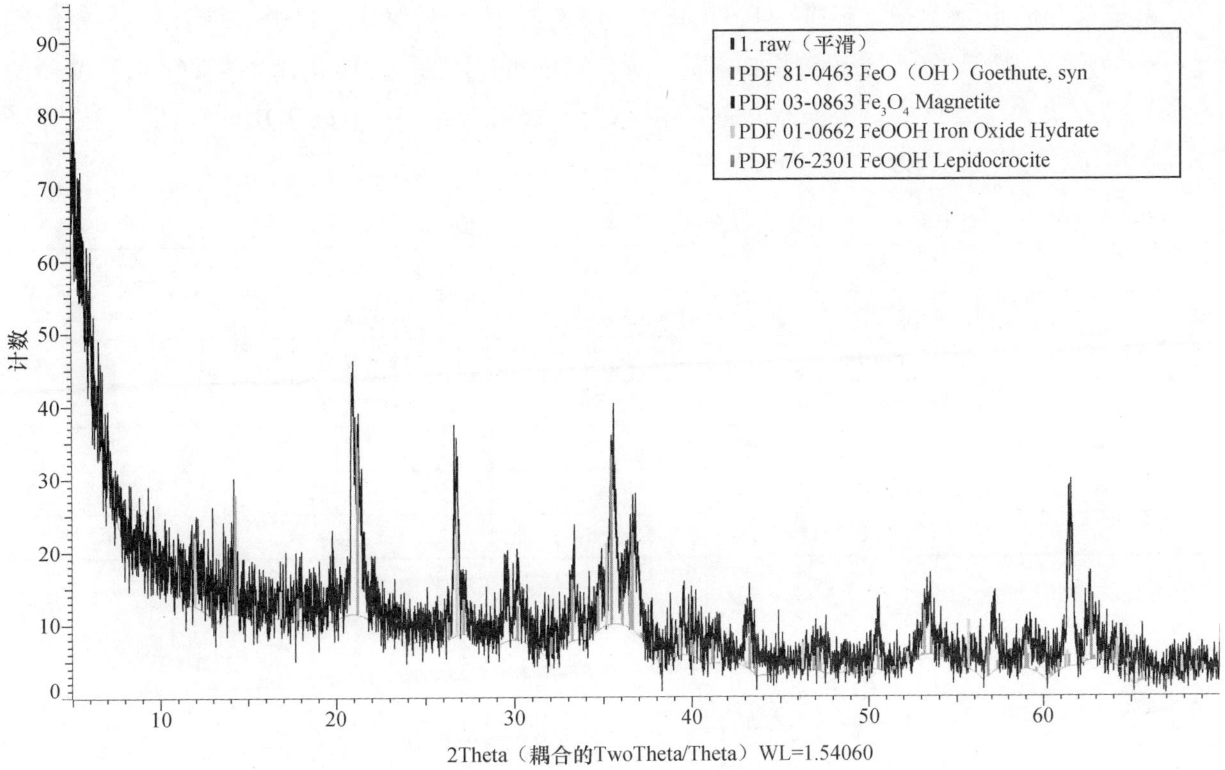

图一〇　铁削（H9：12）锈蚀XRD图

（4）铁器锈蚀物拉曼光谱分析检测

利用拉曼光谱仪对这6件铁器锈蚀物进行检测分析，结果如表5所示，拉曼检测结果铁的锈蚀物主要为α-FeO（OH）、Fe_3O_4和α-Fe_2O_3，其中H9出土的铁铲（H9：8）中检测出有不稳定的γ-FeO（OH）与X射线衍射结果相符。

在潮湿空气中和土壤中，铁质文物就会迅速生锈，在铁质文物外表盖上一层褐色的氢氧化铁，在氧存在的条件下，形成三种不同构相的α-FeOOH、β-FeOOH、γ-FeOOH同分异构体，其中正交结构的有α型和γ型，α型的α-FeOOH成为针铁矿，γ型γ-FeOOH称为纤铁矿，β型为四方体结构称为方针铁矿。由于γ-FeOOH的疏松及毛细管作用可以使含有一定氧的水分子深入铁质文物内部，不仅使铁质文物发生化学腐蚀，而且会发生速度更快的电化学腐蚀。反应机理应为：

$$Fe-2e \rightarrow Fe^{2+}$$

$$O_2+2H_2O+4e \rightarrow 4OH^-$$

总反应：$2Fe+O_2+2H_2O \rightarrow 2Fe(OH)_2$

$Fe(OH)_2$进一步被氧化并部分脱水变成疏松的铁锈FeOOH。其变化过程如下列化学反应所示：

$$4Fe(OH)_2+O_2 \rightarrow 4FeOOH+2H_2O$$

由于水和氧不断渗入，新的γ-FeOOH又会不断产生，导致铁质文物不断锈蚀，铁锈的厚度不断增加，腐蚀产物仍是疏松吸水物质，所以腐蚀可以不断进行。因此γ-FeOOH对铁器的稳定性存在很大的威胁，属于铁器的有害锈蚀，当发现铁器中有γ-FeOOH时，就应该立即采取保护措施，避免进一步对铁器进行危害。

表5　铁器锈蚀产物拉曼光谱分析结果

序号	器物编号	检测点描述	拉曼光谱分析结果	拉曼光谱图
1	铁铲（Y3：2）	红色锈蚀	α-Fe_2O_3	图一一
2	铁铲（H9：8）	浅棕色锈蚀	γ-FeO（OH）	图一二
3	铁犁铧冠（H9：9）	红色锈蚀	α-FeO（OH）	图一三
4	铁锛（H9：10）	红棕色锈蚀	α-FeO（OH）	图一四
5	铁镰（H9：11）	棕色锈蚀	α-FeO（OH）	图一五
6	铁削（H9：12）	棕色锈蚀	Fe_3O_4	图一六

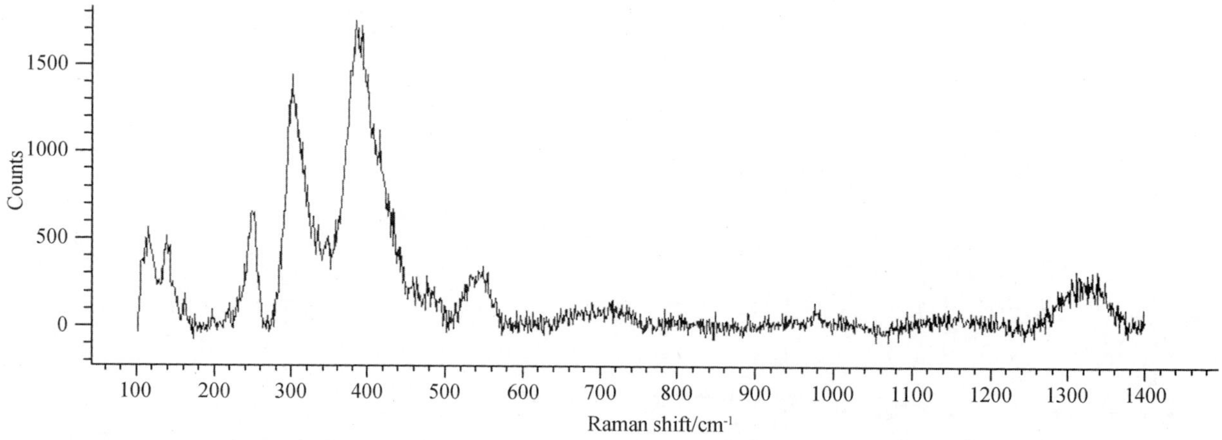

图一一　铁铲（Y3：2）锈蚀拉曼光谱图

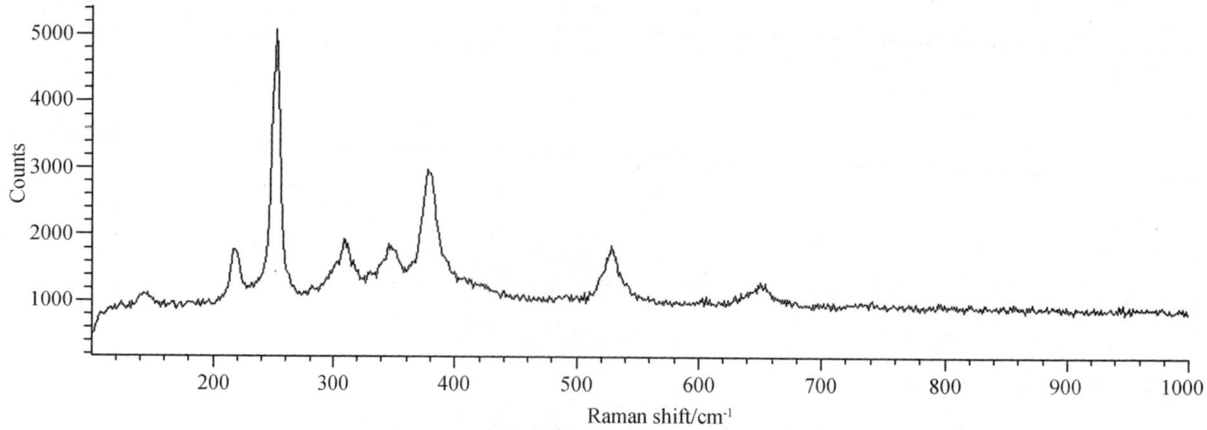

图一二　铁铲（H9：8）拉曼光谱图

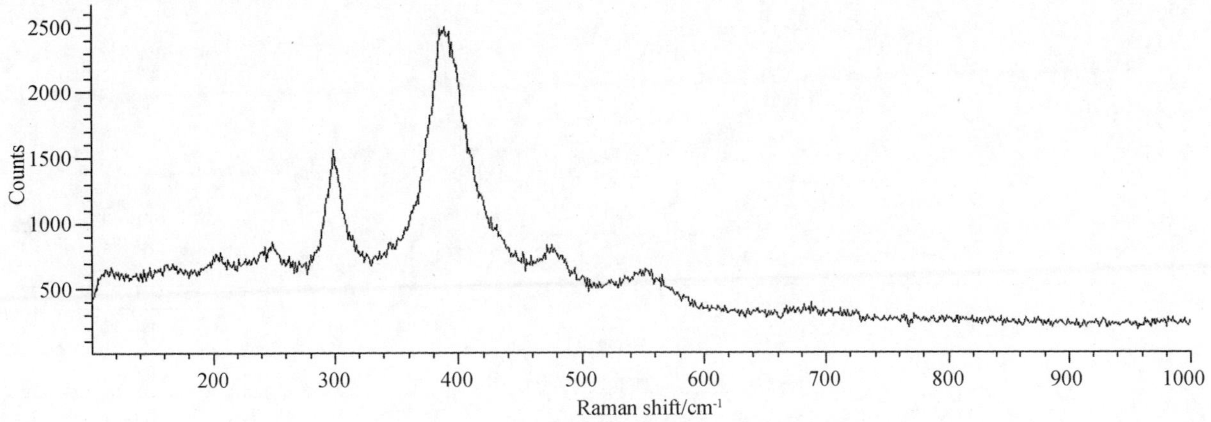

图一三　铁犁铧冠（H9：9）拉曼光谱图

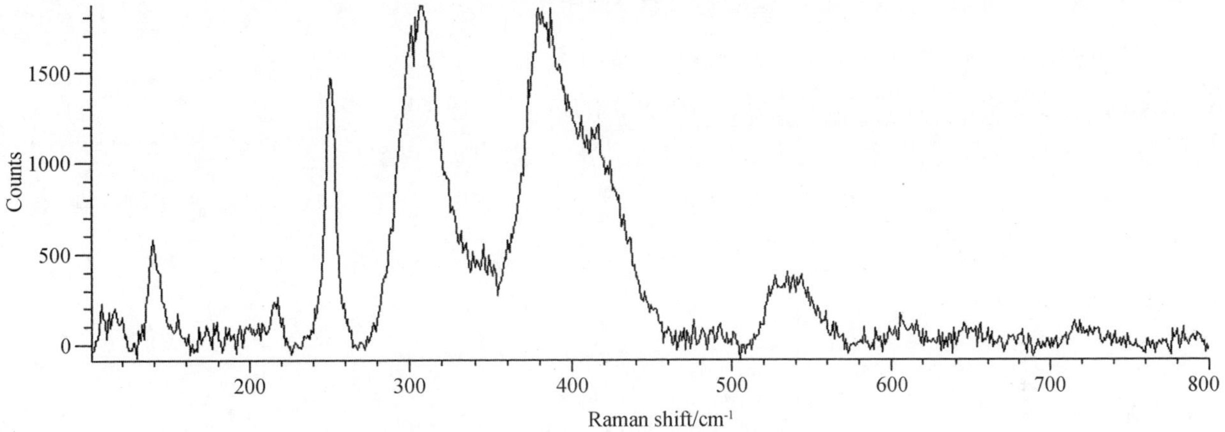

图一四　铁锛（H9：10）拉曼光谱图

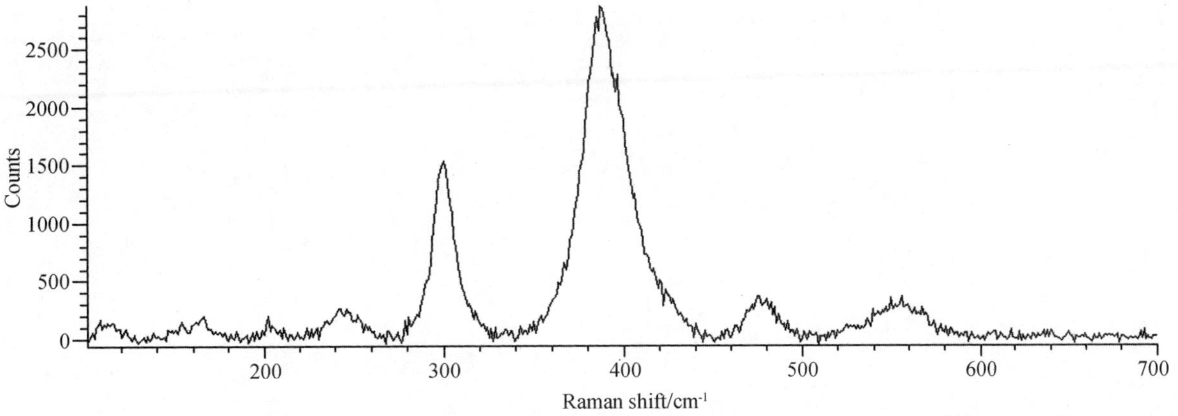

图一五　铁镰（H9：11）拉曼光谱图

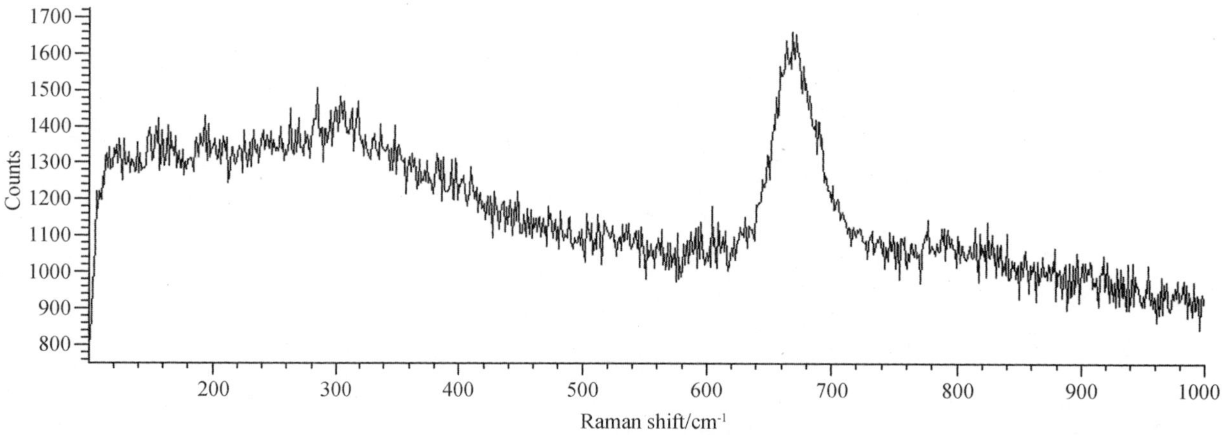

图一六　铁削（H9：12）拉曼光谱图

三、结　论

荥阳后真村墓地和遗址的6件铁器虽然都出现不同程度的锈蚀，但大多是无害锈，以α-FeO（OH）和Fe的氧化物为主，其中H9出土的铁铲（H9：8）和铁削（H9：12）检测出有害锈γ-FeOOH，因此对于沾染有害锈的铁器文物应该及时进行处理。

周围的环境是铁器文物能否安然存放的关键因素，要改善保存环境，将铁器文物保存在干燥无水、缺氧、无S和Cl的洁净的环境中。

附录4　荥阳后真村墓地出土清代铜钱的除锈方法

葛　龙

（涿州市旅游文物局）

铜钱除锈方法一般在学术界不大涉及，主要原因有两方面：一是铜钱通常出土量较大，每个墓葬总能拣选出对墓葬断代定性的钱文较为清晰的铜钱，对其他锈蚀较重的铜钱一般不会进行处理；二是前代较为珍贵的铜钱一般出土量少，后代铜钱又出土量过大。目前所能看到关于铜钱除锈方法有以下几种，《古钱币除锈技术》一文提到的方法有：醋泡法；开水浸泡法；干刷法；加热法；刀刮法。《古代铜钱币的除锈保养》一文提到的方法主要为：柠檬酸浸泡；碱性酒石酸钾钠加过氧化氢浸泡 。

荥阳后真村墓地清代铜钱出土于一个范围较广的墓群之中，由于不同墓葬所受的外界污染，加之铜钱本身所含铜、铅、锌的比例不同，导致了铜钱本身生锈、腐蚀程度不同，因此对这批铜钱除锈采取了不同的方法。

一、实　验　一

通过观察，M9出土的铜钱大体可分为两类：一类是铜钱本身铜质保存较好，铜锈较轻；另一类是铜钱本身铜质较好，但钱体外边包裹一层较厚的土锈结合层。由于铜质较好，对M9出土铜钱皆采取用盐酸浸泡法，而两类铜钱的除锈方法则根据实际情况的不同稍有差别。

1. 盐酸浸泡法（彩版一三，1、2）

（1）将两枚生锈较轻的铜钱先用蒸馏水进行清洗，清洗掉铜钱表面的土质。

（2）放入2%的盐酸溶液中，铜钱在与盐酸接触后会进行剧烈反应，浸泡时间为25分钟左右。

（3）用镊子取出铜钱，然后用蒸馏水清洗三次，然后用棉签沾酒精进行擦拭，干燥即可。

2. 醋酸加盐酸浸泡法（彩版一三，3、4）

（1）将两枚锈层较厚的铜钱放入5%的醋酸溶液中进行浸泡，因为锈层极厚的铜钱表面有一层十分坚硬的土锈结合层，通过稀释的酸性较弱的醋酸进行浸泡，一方面可以导致土锈层酥软，易去除；另一方面可以减少铜钱铜质金属的流失。

（2）浸泡大约1个小时之后取出，清洗干净。用小锉刀对表面已经酥软的土锈层进行清理，力量要轻，原则上只用刀去掉土锈层，切不可用力导致金属实体露出，对铜钱本体造成伤害。

（3）在放入溶液时可采取两种不同的浓度，一种为1.8%，时间为25分钟；另一种依然为2%，时间降为20分钟。原因是在经历上述两个阶段后，少量的锈层已经脱落，因此浓度不变的情况下时间相对要进行缩短，这样不会对铜钱本体造成伤害。

（4）用镊子取出铜钱，然后用蒸馏水清洗三次，然后用棉签沾酒精进行擦拭，干燥即可。

此批墓葬群中，铜质较好、锈层薄或者厚的铜钱皆可以采取此种方式。另外还有一种铜质较好，但是表面土锈结合层几乎和铜钱本体粘连在一起，单纯用醋酸泡难以分离，需要采用加热的方法进行，以M6男棺出土铜钱（彩版一三，5、6）为例，具体操作方法如下：

（1）在烧杯中导入浓度为2.5%的盐酸溶液，将清洗干净的三枚铜钱放入，然后固定加热。

（2）加热时间不超过5分钟，在观察烧杯中盐酸溶液变得较为浑浊，且铜钱实体表面锈层变得较薄，铜钱字体轮廓大体显露出来之后，停止加热。待冷却5分钟之后，用镊子取出。

（3）由于铜锈本身结合紧密，取出之后，铜钱表面依然有少量块状残锈粘在钱体上面，用锉刀轻轻刮去即可。

（4）用蒸馏水清洗三次，然后用棉签沾酒精进行擦拭，干燥即可。

二、实　验　二

在这批墓葬中，还大量存在一种炭化较为严重甚至完全炭化的铜钱，原则上不予除锈。但是一些可用于墓葬年代推定的典型铜钱，可根据铜钱本身炭化程度的不同采取两种不同的方法进行除锈：一类是内部已经完全炭化，但铜钱和铜锈结合的表面尤其是字体处仍保存少量铜实体；另一类是表面和内部完全炭化，不含有铜质。

1. 盐酸浸泡法（彩版一四，1、2）

（1）在M38中挑选表面尚存铜质的铜钱一枚，拣选方法主要根据声音，铜钱落地声音沉闷，质量较轻者为完全炭化，而铜钱落地有声音沉闷但有金属声者为半炭化，上述两种情况均为拣选的对象。

（2）盐酸浓度根据表面生锈情况调制1.8%～2%，原因是浓度高了容易酥脆。以M38拣选的康熙通宝为例，表面锈蚀较厚，盐酸浓度调至2%。

（3）以下步骤同M9出土铜钱盐酸浸泡法，但要注意的是，由于铜钱实体半炭化，时间尽量控制在20分钟以内，且对于浸泡过但铜钱表面仍存有残锈者需用竹签进行剥离。

2. 氨水浸泡法（彩版一四，3、4）

在M15中拣选一枚完全炭化且在锈层侧面可见铜钱本体已经开裂的铜钱，放入14%的氨水溶液里，浸泡12小时，拿出清理即可。

三、结　语

上述内容是对荥阳后真村墓地清代墓葬出土铜钱采取的除锈方法，虽然效果明显，但同时必须注意以下事项：

（1）盐酸适合浓度在1.8%～2.5%。且随着浓度的升高，浸泡时间都要随之减少。对于处理已炭化铜钱，浓度不可超过2%。

（2）碳化铜钱原则是不进行除锈，必要进行除锈的，避免用金属或者坚硬东西对铜钱实体造成破坏。

（3）关于溶液加热，虽然除锈速度较快，但是除了适用于难以除锈且铜质好者之外，其他铜钱应避免采用加热法，原因是加热会加速酸性溶液对铜体的腐蚀，造成二次破坏。

（4）对于不同墓葬之间不同材质的铜钱要采用不同的方法，切不可一概而论。

附录5　荥阳现代丧葬习俗调查简况

韩朝会[1]　刘其山[2]

（1. 河南省文物考古研究所；2. 荥阳市文物保护管理中心）

丧葬习俗包括互相渗透的丧葬礼仪制度与民间丧葬风俗。中国丧葬习俗自史前时期一直延续至今，经过古圣先贤制礼作乐，形成完整而系统的丧礼、丧服制度，后来又经历代大儒墨客根据时局加以变革，不仅被后世士大夫所遵奉，同时渗透到民间丧葬习俗中，至今影响犹存。随着改革开放和现代化建设以及殡葬制度的改革，丧葬礼俗不断被简化，目前只有各地农村还或多或少的保留着一些传统习俗。鉴于后真村遗址发现了大批量的清代墓葬，为了搞清当地当代农村对古礼的保留现状和受现代殡葬制度的影响，笔者对荥阳境内的丧葬习俗进行采访性调查，调查简况如下。

一、丧前准备工作

一般来讲，长辈在世之时，子女要为其准备好后事所用的寿材，如棺木和寿衣之类。

棺材，当地又称“活（音huo，四声）”。一般上年纪的老年人在世的时候即让晚辈要准备好寿材，覆以红布，叫做“喜活”。棺木的材料现在一般用桐木、柏木、松木、杉木等，不用榆木、槐木等寓意不佳的木材，如榆木经常被比喻成“榆木疙瘩”，寓意子孙愚钝，槐木带有“鬼”字，较为避讳，因此舍弃不用。较为殷实的大户人家一般以柏木、松木为之，封建社会有功名的家庭不仅有棺，还要有椁。富者先以桐油髹刷多次，然后将棉布张贴于棺外，最后多次髹漆，贫者髹漆较薄，抑或白茬无漆。关于髹漆的颜色多为朱、黑两种，年长者多髹朱漆，年轻者多为黑漆。棺材各部位的厚度有相应的制度，如“二、三、四”、“二、四、六”等，三个数字分别是棺材的底部、两梆及棺盖的厚度，计量单位则用“寸”来表示。另外，有些部位的名称也有避讳之词，如底部叫做“地”，棺盖叫做“天”等（图一）。

寿衣，当地俗称“送老衣”。亡人的衣服穿戴、下铺上盖，无论贫富都比较讲究，首先要新，里外均要新，旧衣不能装殓。其次要全，衣裤鞋帽均有，并且夏穿冬衣，被褥亦如此。寿衣一般不用皮毛和绸缎做，怕来生变成兽类和断子绝孙，多用绢棉做成，取“眷恋”、“缅怀”之意。外衣里子用红布做，帽子上缀红顶子，寓意子孙后人日子红火，衣服的图案多绣五蝠捧寿。衣裤的件数，忌双喜单。一般说来，寿衣都是奇数，至少三套。上衣和下衣相差二，如“上五下三”、“上七下五”或“上九下七”，最多是“上十一下九”，即穿十一件上衣，九条裤子（女的可用裙代裤）。夭亡者，亦即不到二十多岁去世的人，一般只能穿三件。死者的年龄越大，越可多穿，表示有福有寿。寿衣颜色一般为蓝、褐色，年轻妇女用红、粉或葱白

图一 寿材

色。被褥，通常铺黄、盖白，意为铺金盖银，被面常绣“八仙”。此外，寿衣无论内外衣，一律不用纽扣，只用小条布带。以带子代替纽扣，暗喻会带来儿子，后继有人。

二、丧葬礼仪

当地的传统葬俗是土葬，丧礼一般持续三天、五天、七天或九天，停灵天数均为单数，现以五天丧期为例介绍如下。

（1）第一天

老人生命垂危之时，子女等直系亲属守护在其身边，听取遗言，直到亲人去世，称为“送终”。送终是一件大事，能为老人送终是表明子女尽了最后的孝心，未能为老人送终常常成为人们一生中的一大憾事。在农村，有无子女送终，是否所有的子女都来送终又是老人得福与否的一个判别标准。在老人生命迹象全无时，家人要将其从卧房移到正庭中临时铺设的尸床上，这种尸床以高粱杆和稻草捆绑而成，当地俗称“草铺”。如果死者尚有长辈存活于世，就不能移入正庭。人死在正厅的尸床上就叫做“寿终正寝”。人死之后，家人即要烧纸，俗称“烧倒头纸”，有的称“烧落气纸”。此外，还要鸣放鞭炮，一是表示亡人归西，二是向邻里报丧。

报丧首先是到娘家（男、女丧皆然），报丧之人基本为死者的长子，报丧的时候不能进门，有人出门迎接，无论长幼，都要叩首，然后告知。其次是姑、姨、女婿、外甥、干亲等其他的亲戚（报丧之人多为死者的子侄），告知亲友何时小殓、大殓、祭吊、出殡，以便其如期前来行礼。

小敛，亡人咽气之后，要放一枚铜钱在死者的口中，俗谓之“噙口钱”，钱孔穿入两条红绳，将红绳的两个套环挂在亡人耳朵之上，待合棺时取出，由长子扔在正房之上，此俗与古时“饭含”之礼相合。传说人死之后会变成了鬼，鬼还要投胎转生成人，有了“噙口钱”，来世就不会受穷。同时还要给亡人手里攥一块馒头，意味着在黄泉路上有饭吃，不挨饿，来生转生也不缺口粮，也有一说是在黄泉路上打恶狗之用。上述程序完成之后，要以一张轻薄的黄裱纸或白纸将亡人的脸盖上，曰“苦脸纸”，此俗与古时“覆面”相似。一种说法是因为人死之后脸色会变得难看，亲人看见亡人的面容，未免有些伤感或害怕，所以用“苦脸纸”遮住；另一种说法是观察死者是否假死，若是假死，气出纸动，尚可抢救复生。此时还要将亡人的双脚并拢，用红绳拴住，以防惊尸游魂。另外，要将正厅供奉“天地全神”或“考妣神主”的地方用粉红色纸盖上，以免惊动尊神。

为亡人穿寿衣之前需为之整容，如理发、刮脸、擦洗身体等，这期间还有一些禁忌，如不能给死者穿皮衣、皮裤或皮鞋，认为死者来世会投胎呈禽兽。另外，为亡人穿寿衣时，不能将眼泪滴到死者身上，否则日后做梦就见不到死者。男性穿裤戴帽，女性穿短衫和裙子。死者若为男性，通常由儿子和女儿来料理，死者为女性，则由女儿和儿媳来料理。以上过程被称作小殓。

小殓之后，即停灵在尸床上，头向门外，此时要在尸床前的供桌上点一盏“长明灯”，此灯一直到亡人安葬之后才能熄灭。供品在死者大殓前后有别，小殓时摆三碗或五碗素供，供上斜插筷子，素供之前放三块烙饼，并将其卷成锥状；大殓即入棺之后，摆素供如前，唯将烙饼换成五个小馒头，摆放方法是先将三个馒头摆成三足鼎立状，另外两个对置架于其上成山形。供前还要放一烧纸盆，俗谓之“老（音lao，俗音二声）盆”，烧纸盆底部有圆形钻孔，凡是死者亲属在“五服”之内者每人要在底部钻一孔洞，钻孔越大越好，正中为死者长子所钻，其余子孙则按照辈辈分围绕其外。在老盆底部钻孔的目的有一种较为普遍的说法，传说亡人到达阴曹地府之后需要将生前糟蹋的水喝掉，孝子为了不让亡亲喝下脏水，就把盛水用的老盆底部钻孔，使其盛之即漏。也有人认为是漏掉孟婆汤，使之人不忘阳上亲人（图二）。吊唁者行礼之时以及三餐之前均要在盆中烧纸拜祭。

图二　灵柩前的素供和烧纸盆

大殓，当地俗称“入殓”，亡人入殓时先在棺材内部底面上铺一层草木灰，晚辈依齿序辈份依次放入铜钱，称之为“垫背钱”，垫背钱要放一个留一个。普通人家放铜钱、铜元或者硬币，富有者放银元、纸币无定数。旧时的大户人家则在死者身下铺满铜钱，以示殷实富有。放完垫背钱之后，铺黄色褥子，亡人遗体入棺，死者遗体在棺内的姿势为仰身直肢，意在让死者平稳安睡。另外亡人要头顶鸡鸣枕，足踩莲花形“脚蹬”，右手执打狗鞭（以细木棍和麻绳为之），左手执打狗饼（烙饼），还要放入事先准备好的“饭食罐”（多是瓷罐，内装馒头、饭菜或者五谷，以锡纸封口）。遗体入棺之后，众子女到齐向遗体告别，经娘家人（多指舅父）过目认可，方能盖棺钉口。盖棺封钉时死者子女必需大呼“躲钉、躲钉……”，意即告诉亡者躲过钉子，以免被钉子所伤。现在该地均实行火化政策，但仍二次装棺埋葬，将骨灰放在棺材之中，其他铺盖、衣帽等物仍和以往土葬时相同。

灵柩放于正厅，头端朝向门外，足端朝向屋内。另外，棺材不能直接放在地上，原来多架放在长凳之上，现在多为在棺下铺垫土砖。并且架棺的土砖在移灵之后不得随意乱动，要等阴阳先生算好亡人出殃（出魂）时间之后方可移动。

大殓之后孝子要日夜守灵。守灵时孝子要将孝服穿戴整齐，男孝子一般穿长孝衫，腰系麻，头戴孝帽，孝帽由正方形白布对角折成三角形，然后三个角缀在一起即成（图三）。另，死者儿子的孝帽还要用白线垂下两个棉花球，俗谓“孝顺疙瘩”。女孝子身穿白衫，头顶孝巾，一般是五尺（图四）。男女均穿不缝边的白布鞋。死者子孙均穿戴如上，与子女不同的是，孙辈孝帽有蓝布缝缀的帽正，曾孙辈一般只戴孝帽，不穿孝衫，帽正则为红色，玄孙辈戴红色孝帽，不穿孝衫。

图三　男孝穿戴

所有告丧入殓事宜完成之后，由执事者以死者子女名义撰写讣告张贴于丧家门外，文中涉及死者年龄、死亡时间、发丧时间以及出殡时间，以此告知街坊邻居，众街坊则根据讣告内容安排吊唁时间。在以上事情进行的同时，丧家还要请执事者、傧相、厨子、响器等，开始筹办丧事。

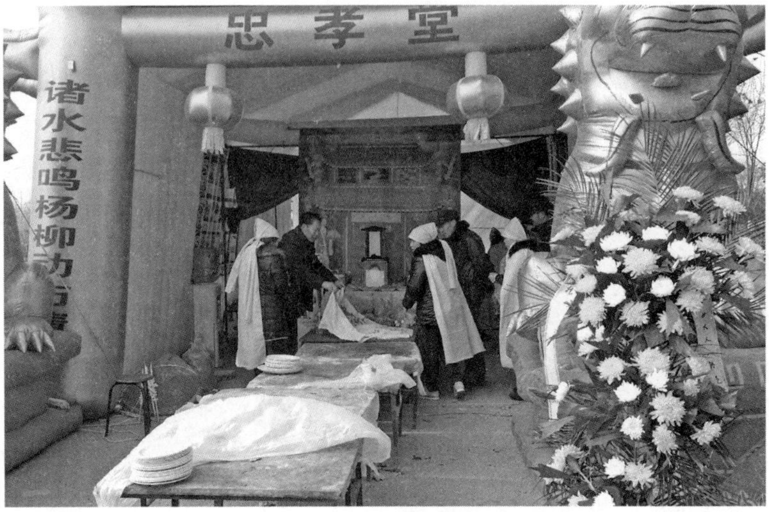

图四　女孝穿戴

（2）第二至第四天

亡者亲属请来众人帮忙料理丧事，诸如挖墓圹（当地曰“打墓”）、排墓位、制幡、做哀杖、画瓦书符、买纸扎（当地曰社火）、移灵等事。

挖墓圹时先由死者长子引阴阳先生到祖坟烧纸、鸣炮告丧，告知先祖本家有新丧。告丧事宜完成之后，由阴阳先生根据丧家祖茔坟向定死者坟向，并依亡人齿序安排墓位次序。挖墓穴时由死者长子动第一锨土，后由众人帮忙再挖。挖墓穴一般在出殡前日完成，并有一个规矩，当天不能挖完，必须留一点土，等待第二天下葬前由亡人长子清理干净。墓穴深度一般是九尺，现在多由丧家和阴阳先生议定。但不管怎样，墓穴内必须挖到黄土才算可以，如果因为土质问题，不能见到黄土，也要从他处运来黄土撒到墓穴底部。至于墓圹的形制则因地区而异，荥阳东部地处平原，一般为竖穴土坑墓，荥阳西部地处低矮丘陵地带，一般为带竖穴墓道的洞室墓，荥阳中部则流行先挖竖穴墓道，然后在墓道长端一侧掏挖墓室，可容一棺即可。现在由于多为水浇地，洞室墓被水浸过之后容易坍塌，加之掏挖不便，多数地方已改为竖穴土坑墓。

在中国传统观念里，墓葬风水的好坏，直接影响着子孙后代的吉凶祸福。若是新茔则需要请阴阳先生来根据地势相地卜穴。若是祖茔，同样请阴阳先生按照该家族使用的墓葬排序方法安排墓位，并择吉破土开穴。

就调查所见，墓葬的方向均是根据地形地势来确定，择墓所采用的堪舆术是以托名晋代郭璞《葬书》为代表的一套理论。《葬书》主张：“夫葬，以左为青龙，右为白虎，前为朱雀，后为玄武。玄武垂头，朱雀翔舞，青龙蜿蜒，白虎驯俯”，即要求墓后为玄武山，左、右两侧分别有青龙、白虎两山（砂），是为“护砂”，墓穴正前方还要有一山相对，为朱雀山，亦称“朝（案）山（砂）”，这是指墓穴周围的山势而言。除山势形局俱全以外，还要得水，即《葬书》所云：“风水之法，得水为上，藏风次之。”整个墓址就处于这样山环水绕的环境内（图五）。但事实上，所择墓地不一定必须山环水绕，只要头枕高处，足蹬低处，两侧有高地环抱，基本符合《葬书》的相关理论即可。但不论如何，墓葬的方向绝少使用“子午”向者，即正南北向，一般认为正南北向为王侯墓向，如选择此种葬法，生怕子孙难以消受此种富贵，带来灾祸。

墓葬的排列方法一般按照《三元总录》记载的昭穆葬，即俗谓之“扯子抱孙”葬法（图六），但实际操作则略有更易（长子居昭位，次子、三子等同居穆位，孙辈、曾孙辈亦然，即同辈者均在一排，仅长房居昭位，其余居穆位）。祖坟在中央，下一排为子辈，子辈若仅有一个儿子则埋在祖坟下位，即所谓的“父蹬子肩”，若有两个儿子，则按昭穆之序排列，如祖坟为南北向，即头北脚南，长子夫妇要葬在昭位即东侧，次子葬穆位即西侧，但此时要注意的是，虽然夫妇二人通常按照“男左女右”方式排列，但位居昭位的男性一定要葬在其夫人右侧，即男性墓位要成为距离其父母墓位最近者。若子辈为三人或三人以上者，则子辈墓位要从左到右依次排列，其中墓位居于

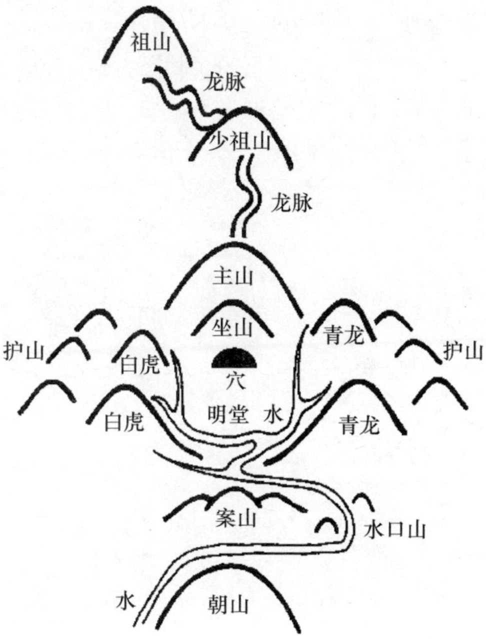

图五　理想风水形势图

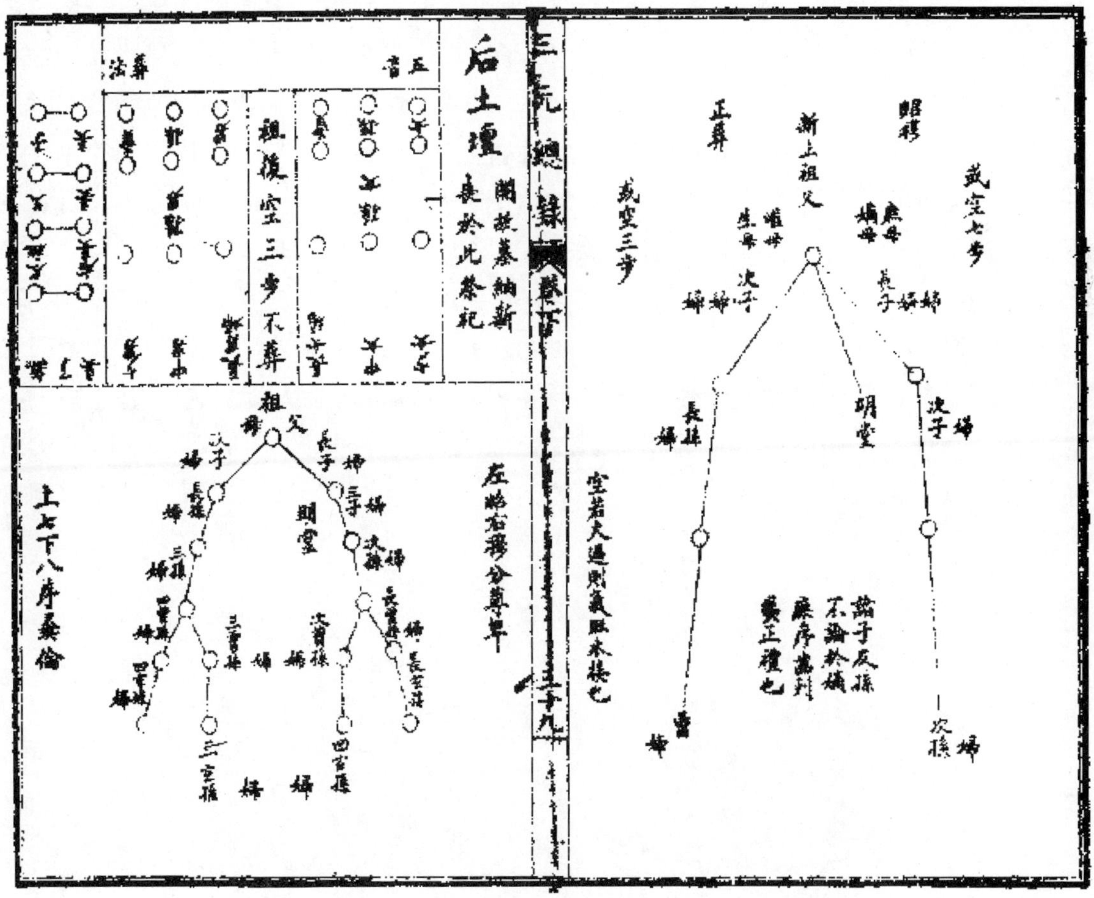
图六　《三元总录》记载的墓位排序（部分）

祖坟中心线左侧者（即昭位），男性墓位同样要在其夫人之右。以后历世子孙埋葬方法皆如是。当然，还有其他排葬方法，如完全按昭穆葬制，依照同辈中人员多少亦有所不同（图七、图八）。

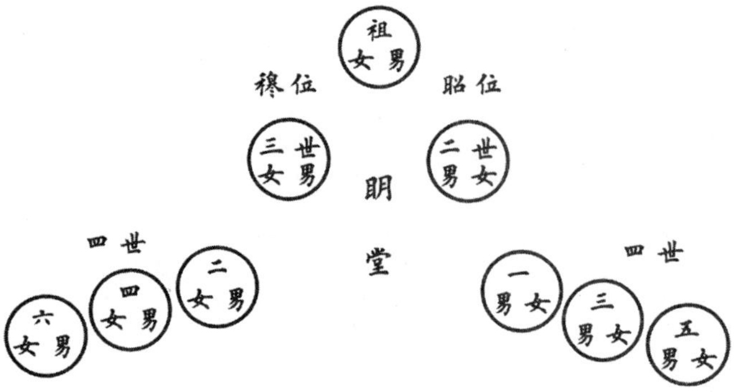

图七　昭穆葬制（一）

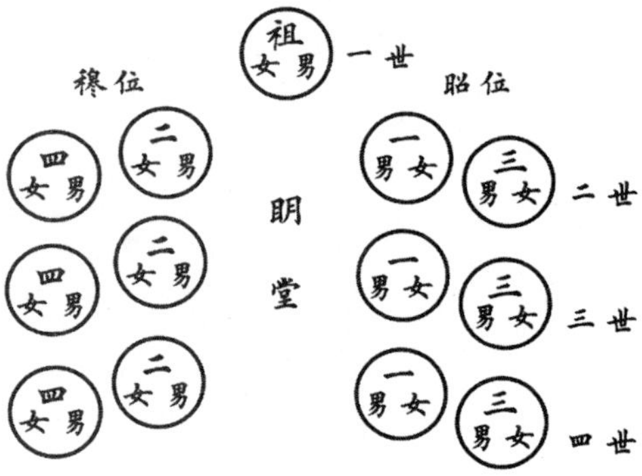

图八　昭穆葬制（二）

至于夫妻之间的棺位排序方法一般为男左女右，若一夫多妻者则有排祔葬和夹祔葬两种，排祔葬即男棺居左，妻妾之棺居右，并依长房、次房为序；夹祔葬即男棺居中，正妻居左，妾棺居右。

出殡时孝子手中要执引魂幡、哀杖等物，这些均有专人制作，引魂幡和哀杖一般以白纸为之，如果亡人年龄较大，抑或夫妇二人均为二次葬者被称之为“喜丧”，上述物品则需要用粉红色纸制作，若一个新丧一个旧丧（指人死未葬，权殡某处抑或二次葬，当地将暂未埋葬称为“坵”于某处）则粉红和白纸夹杂使用。纸幡有两种，一种为亡人长子所执的引魂幡，一种为亡人外长孙（无外孙者，外甥辈男子皆可）所执的柳枝幡。前者以高粱秆为之，后者则将纸幡悬于柳树枝上（图九）。引魂幡写有相关文字，柳枝幡则无，所书内容正面为“普唵先考（妣）×公（孺人）讳×之灵位”，背面为“宝幡接引进入祖茔”，左右两侧有小副对联，联曰“金童前引路，玉女送夕桥”、“阴阳相隔两茫茫，送终尽孝保安祥”或“金童引入天堂路，玉女送入莲花宫”等。此外，引魂幡的形制男女有别，若亡人为男性，引魂幡下摆剪为尖首状，若为女性，下摆则剪为燕尾形，若二者双双亡故，同时发丧时其下摆则有尖首和燕尾两种。哀杖以柳条或高粱秆为之（现多用高粱秆），上缠花形纸条（图一〇），用纸颜色制同引魂幡。

图九　柳枝幡及引魂幡

图一〇　哀杖及纸扎明器

画瓦书符是指阴阳先生书写的镇墓瓦和押圹砖，二者需以新砖新瓦为之，镇墓瓦拱面中间上部以朱砂绘出三点，寓意“三台”，其下墨书“敕令”二字，下边以朱砂绘符箓抑或文字，瓦之两侧有墨书文字，如“镇墓灵符，用之大吉”、“镇墓灵符，生安亡稳”、“生安亡稳，用之大吉”等吉祥语，所有墨书文字均需朱砂点缀，以示灵验。押圹砖仅在夫妇二人先亡故者使用，以象征其夫或其夫人。成书于明代的《三元总录》有相关记载并绘有图录（图一一），“凡人家单葬妻丧，单葬夫丧，古有阳待阴阴待阳之说，若不押镇，必生重丧，宜用新砖一个，磨青做平，上书神符，左边写身披北斗头带（戴）三台，右边写寿山永远石朽人来，背书长命富贵，葬后十年大吉”。此时，阴阳先生还用桑木做成弓一张、箭三尾，以备下葬时使用。制作弓箭的材质有讲究，阴阳先生根据亡者的卒时进行一系列推算，若犯重（音chong，二声）丧用桑木弓、柳木箭，不犯一般用竹木即可，弦用五色线，但忌白黑二色。

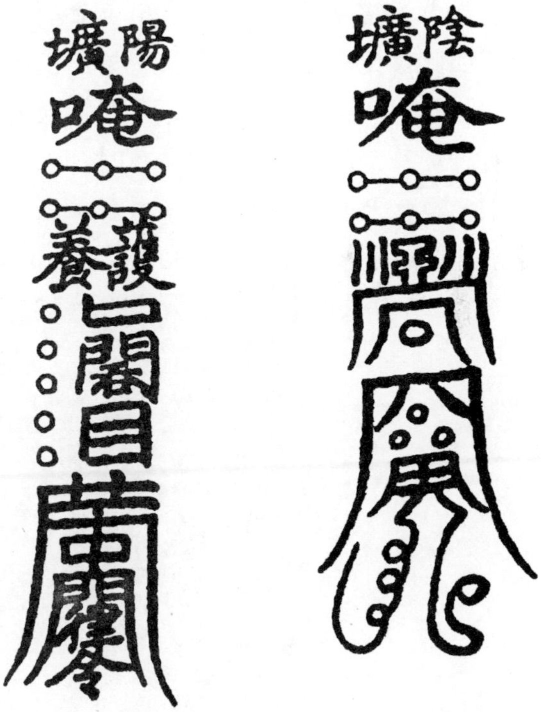

图一一　《三元总录》记载的押圹砖符箓

各样纸扎明器也需要在这时购回，在过去各地有纸扎匠，以高粱杆或竹竿做出骨架，然后以彩纸裱糊，常见的内容有开路神、门楼、院墙、厢房、正房、铭旌楼、影亭、摇钱树、桌子、椅子、柜子、箱子、金童玉女、金山银山、劈山人、轿子、车马、仙人骑鹤等与生产生活

图一二　纸扎明器

相关的各类物品。现在有专门厂家生产此类物品，制作简单，随着时代的发展，纸扎明器的内容也极具时代特色，如加入电视机、冰箱、空调、笔记本电脑、豪车、手机等（图一二）。

移灵，即将灵柩抬出丧家门外，放在街道上搭好的灵棚中，移灵时间在出殡前日的傍晚，移灵时鸣炮奏乐，众孝子披麻戴孝，手执哀杖，男孝在棺前，女孝随于棺后，此时长子手执引魂幡并端老（lao，俗音二声）盆前引，众人抬棺随后来至灵棚之内，将灵柩放置于条凳上，如此移灵礼便告成。当灵柩抬出正厅之后，需将一块青石压在停灵之处，谓之“青龙压白虎”。此时，女孝留在灵棚下举哀，众男孝返家将亡人遗像请出安放在棺前的供桌之上，供桌放有香炉一个，烛台两个，各色时令水果或点心多样，以及酒壶一把、酒盏三个。香炉之后有亡人灵位，上书“先考（妣）×公（孺人）讳×之灵位”，遗像则置于灵位之前（图一三）。桌前地下放草席一张，供吊唁者行礼使用。

图一三　供桌及牌位

晚上响器动乐演奏，演奏前要在灵柩前烧纸告灵并鸣放鞭炮，女眷举哀。众孝在灵柩周围守灵至翌日早晨。

（3）第五天

主要为亲朋吊唁、出殡等仪。

当天，吹鼓手一般坐在灵棚外专门搭设的简易棚舍内，当看到有人前来吊唁时，吹鼓手便自动起乐，执事者命炮手鸣炮，并由女执事者接礼让客。以往，吊唁者一般带竹篮一个，内放十五个大馒头，由毛巾盖上，上边放鞭炮一串、烧纸一刀，死者至亲来吊唁时，除上述内容以外再放十斤长条形猪肉以及布匹十尺，现在多已无此繁缛礼节，多以现金代之，但亡人娘家人吊唁时必须带肉和供品。

与亡人关系的远近不同，吊唁的礼数、方式也不同。当吊唁人来至灵棚下，傧相吆喝一声“客到，鸣炮奏乐，孝子烧纸”，众人听令，响器动乐，炮声隆隆，灵棚内由亡人家眷烧纸并举哀如仪。吊唁人双膝跪地，先作揖，再叩首，四叩之后，由傧相端白酒三盅，交与吊唁者，双手端酒盅，由左至右撒酒在地，起，吊唁者向傧相作揖还礼，亡人之子便跪地谢孝。如此，礼成。傧相招呼众人将吊唁者供品撤下，若供品有猪肉，则将猪肉切去一半放回吊唁者所带的竹篮中，此举称之为“回礼”，然后由女执事者引领吊唁者至丧家用饭。以后前来吊唁者一般均行上述礼节，现在除了死者至亲行此大礼之外，一般吊唁者来时只鸣炮奏乐并鞠躬致哀即可。

亡者女儿、侄女、孙女通常要摆供，常见的内容有花圈或花篮两个以及各色时令水果等供品，根据经济实力，供桌数量不等，少则数桌，多则二十余桌。一般摆放的顺序如下，第一桌：烧纸一刀、布匹十尺、鞭炮一串、白酒两瓶；第二桌：猪一头（多数仅有猪头、尾、四肢及背部，少数为整头）；第三桌：羊一腔；第四桌：鸡两只；第五桌：活鱼两尾；第六桌：时令水果八味（若为十六抑或二十四味则放在两个或三个桌子之上，总之一个桌子只放八味）；第七桌：干果八味（制度同水果）；第八桌：各样点心八味（制度亦同水果）；第九桌：各色花供八味（以面粉捏制并上笼蒸熟，如十二生肖、鲤鱼跳龙门、众仙捧寿等等）（图一四）。供品摆放之后，由执事者引厨子用食用油“破供”，当地曰“浇供”，即亡人可以食用之意。此时吹鼓手奏乐前行，众人抬供桌随后，女婿跪地叩头行礼，每前行一步即叩首如前，直至亡人灵前，待供桌抬至灵棚之下时，女婿要行二十四叩或九叩大礼（详后），供前铺草席，供桌置酒一壶、酒盏三个，女婿跪地叩首，撒酒至地，仪同前述吊唁者。女儿则由女执事者搀扶哭泣前行，不叩头行礼，至棺前举哀即可。

图一四　供桌及抬供者

上午多为一般的亲朋好友前来吊唁，亡人娘家一般都是最后才来，一般在中午11点至12点之间，这样便显得娘家人尊贵。娘家人来到之后不能直接到灵棚下行礼，所有男女孝子需披麻戴孝，手执哀杖，由亡人长子带领在村口迎接，亡者长子手执托盘，托盘内放置孝服，见到娘家人之后，所有孝子先跪地叩首行礼，之后执事者将托盘内的孝服按“五服”之制为娘家人发放。吊唁的人员穿戴好孝服、孝帽之后，前来迎接的男女孝子即可起身哭返至灵棚下。娘家人来吊唁时带有供品，供品要放在供桌上由众人抬至灵棚之前，娘家人只随供而行即可。此时，娘家子侄向亡人牌位行礼，并至棺前举哀。

所有亲朋都来吊唁过之后，由执事者引领吊唁者用饭。饭毕，根据阴阳先生所定时辰安排出殡，一般都是在下午，极少有在上午者。此时，执事者召集所有参与帮忙的人在一起召开会议，事无巨细，均有专人司管。所有男女孝子则要在灵棚下守灵，等待起灵时间（图一五）。

图一五　起灵前的情景

正式出殡之前一般有“祭灵”之仪，即吹鼓手选择一位女性演员身披丧家所给的十尺白布在灵棚下向亡人歌功颂德，演唱一般用豫剧，也有曲剧者；祭灵之后，死者长子抱亡人灵位或遗像，以吹鼓手为前导，众孝随行，将灵位、遗像送回家中并置于正厅，跪地叩头行礼后返至灵棚。此时，准备行“大祭”、“请幡”和“路祭”之礼。

大祭，即起灵前亡人娘家子侄、女婿等人向亡灵行告别之礼，此礼在灵棚下举行，一般为二十四叩拜礼（叩是磕头，拜是作揖）。行礼方法有多种，并且各地不一，常见的行礼方法如下：

行礼者先向傧相施礼，然后面对香案，三上香（由傧相甲将香分三次递给行礼者，行礼者接香后，双手把香竖直由下而上举至胸口略停，再上举到与双眉平，稍停后，往下放至胸口略停，之后向左递给傧相乙，如此共三次）；跪，三献爵，起。后退站在祭席上从祭席中部边缘开始行礼，一拜，四叩，起；左脚向左前方跨一步，一拜，四叩，起；右脚向右前方跨一步至香案前，一拜，四叩，起。右脚向右后方退一步，一拜，四叩，起；左脚向左方跨一步站至祭席中部，一拜，四叩，烧纸，起；后退一步站至祭席中部边缘，一拜，四叩，起。如此，礼成。

“大祭”礼成，随后即可安排出殡事宜，起灵时间到，孝子烧纸，众人伏哭于地，执事者命杠夫（当地曰“抬重”）将灵柩捆绑扎实并抬出灵棚。此时，男孝在棺前引行，女孝随于棺后，灵柩抬出灵棚之后，陈供桌于棺前，桌上陈设供品、香烛、酒盏等物，桌前铺祭席一张，开始行“请幡”礼，此时要在棺与供桌之间放圈椅一个，所有男孝均有“请幡”的权利，此礼可一人，亦可多人，每次行礼必须一人，但首先行礼者是亡人娘家子侄，其次为女婿、外甥等人。相关礼仪如下：

“请幡”者先在祭席上向灵柩作揖，然后转至亡人长子处向其所执引魂幡作揖，亡人长子将引魂幡交至“请幡”者手中并作揖还礼，“请幡”者将引魂幡倚靠在圈椅上，还位退至祭席处，此时“请幡”者在傧相的引导下向引魂幡行二十四叩大礼（抑或九叩），礼毕之后行礼者将引魂幡取回，交予亡人长子手中并作揖行礼，如此，礼成。行礼时要鸣炮奏乐，行礼者每叩首一次即要鸣炮一响，俗谓之“磕响头”。“请幡”之后为“路祭”，所有男孝均可行“路祭”之礼，此礼可一人，亦可多人同时进行，多人行礼时同辈者站在一排，在祭席上者行四叩首礼，敬香、焚纸、奠酒三循，余众则站于其后鞠躬即可。礼成之后，行礼者均需向傧相作揖还礼。

上述礼仪完成后，将供桌、圈椅、祭席撤去（供桌上所有供品装入容器由专人司管并带至墓地，待下葬完毕悉数倒入墓圹之中），随后烧纸鸣炮，吹鼓手开始围绕灵柩“跑灵”，此俗不知起于何时，亦不知何意，据说20世纪80年代由豫东地区传入，“跑灵”时有唢呐、笙、梆、钹、小锣各一，开始以慢步或花形步伐围绕灵柩奏乐，而后即奔跑于灵柩四周，最后乐止礼成。执事者一声令下，众人起棺，鸣炮奏乐，孝子举哀如仪，长子手执引魂幡，并引众男眷在前，在棺前烧纸告灵，伴随起棺，还要“摔老盆”，即把灵前祭奠烧纸所用的瓦盆摔碎。摔盆者一般是死者的长子，如果无儿无孙，则由承嗣者代行。摔盆象征起棺命令，盆碎杠夫即可起棺，正式出殡。送葬队伍的顺序一般为：烧纸引路人在前（此人为引路者，手提竹篮，内放烧纸、押圹砖、镇墓瓦以及弓箭等物，凡走至路口、桥、祠、庙等地均要烧纸，意为祭祀各路神仙），吹鼓手随后，次为执事者差人用拖盘端五碗素供，再次为各样纸扎、花圈和花篮，亡人外长孙扛柳枝幡随行，后面依次是男孝、棺、女孝、送葬亲友。在出殡路上，还要扬撒纸钱，纸钱是由白纸或烧纸做成的状如铜钱的冥物，一般由专人在孝子前面扬撒。以往，途中遇有路祭或茶桌，众孝子要叩首致谢。茶桌和路祭棚多为丧家的亲朋摆设，对丧家表示哀悼和慰问。茶桌供孝子和亲友饮水，路祭是指在出殡队伍所经之路设供桌或祭棚，祭奠亡灵，遇有路祭，送葬队伍一般要停柩进行祭奠和答谢，祭奠完毕即起棺继续前行，现在皆无此俗。

当送葬队伍来到墓地时（图一六），落棺于地，由长子在棺前烧纸祭告后土之神，众人将灵柩捆绑好等待下葬时辰，时辰到，鸣炮奏乐，众孝子跪地烧纸举哀，然后由杠夫把棺材放到墓圹之中。安放好之后，将一条红线拉扯在墓圹口部正中（即按照阴阳先生所定墓穴方向）（图一七），请娘家人（一般是亡人的兄弟或子侄）到墓前验视（图一八），看灵柩是否放置错位，如果没有问题，亡人长子入墓，脱去孝帽，用孝帽在棺盖上从前向后擦拭，净棺拂尘，然后将桑木弓箭摆放在棺木正中，三支箭所指的方向即为当日“凶煞”活动之向，放五谷于其上（凡能生根发芽的五样粮食即可），以黄土压之，最后将镇墓瓦覆于五谷之上；如果是单人葬，则将押圹砖侧置于灵柩一旁，随后，亡人长子将吊唁所用的祭席盖于棺上，若祭席较短，一定要将棺首盖上，俗谓之“紧头不紧尾”。如果是合葬，死者长子用白布横搭再两棺之上，表示夫妻生死相连。

图一六　送葬队伍（来至墓穴前的情景）

图一七　正墓向

图一八　验视墓穴

上述事宜完成，众孝子开始转墓，正反各三圈，皆由亡人长子为首，转墓时孝子将手中所拿碎馒头块不时的扔到墓坑中（馒头块在起灵时由女执事者发放到孝子手中），扔馒头时要先咬一口，然后随手抓土连同馒头一起扔进墓坑。正反三圈过后，长子将引魂幡放在墓地，其他孝子所持哀杖则需带回放在丧家门口，待次日圆坟带到坟地。随后，执事者安排封土，坟成后，将引魂幡、柳枝幡插在坟尾，烧纸竹篮底部铲破悬挂于柳枝幡上，花圈、花篮等物插埋在封土上，最后焚烧各样纸扎明器。柳枝幡的插埋位置有讲究，一般单葬者将其插放在尾端的一角，以便日后开圹合葬提供边界依据，如男丧插在右下角，女丧插在左下角，如果是夫妇双双亡故，则将其插在两棺之间（图一九）。

图一九　葬仪结束之后的坟墓

葬礼结束之后，所有孝子脱去孝服，手执哀杖沿送葬原路返回至丧家门口，此时，执事者安排专人在门口等候，门口放水盆一个，内盛清水并放置一把菜刀，执事者每见一位孝子就要往水盆中扔一枚硬币，孝子先将菜刀翻转一下，然后将硬币取出，每位皆是，直至最后一位，此举谓之“发财”。随后，众女执事者安排“回礼”，即将吊唁者拿来的礼品取出部分，剩余部分则仍由吊唁者带回。最后，丧家安排餐宴答谢前来帮忙的众乡亲，随着宴席散去，一场葬礼也随之结束。

上述葬礼过程是单人葬，旧时大户人家遇丧葬之事，停灵数月至数年不等，停灵期间若又有新丧，则一同殡埋，谓之“数丧并举”，有夫妻二人同葬者，有父子二人同葬者，亦有同门之内数代人并葬者。在过去，荥阳东部三十里铺孙氏家族曾流行一句谚语：“三十里铺赶车买老盆——要办大事”，办丧事时要赶马车买很多老盆，此谚即指“多丧并举”。现在由于实行火化政策，时间充裕，仍可见到“数丧并举”之事。葬礼过程基本和单人葬相同，只不过亲友行礼的礼数略有不同罢了。

三、葬后礼仪

葬后第二天要复祭，汜水镇曰“复土”，荥阳以东称为“荐汤”（俗音“捡”），众孝子穿戴孝服如前，手执哀杖，带上祭品、饺子（以死者年龄为限，饺子均为半熟，其中五个为生饺子，内包五谷）、葱等，到坟前再行添土复祭之礼。其中五个生饺子和葱要埋在封土的四个角和正中，意即后世子孙聪明伶俐。祭祀完之后，将哀杖插埋在封土上，用腰间的麻绳捆绑封土上的土块拴绑在丧家附近的树木之上，当地人谓之“拴马驹儿”。复祭圆坟后，孝子要到舅父家谢孝还礼，一般谢孝时仅有亡人儿女，此时仍要将孝服穿戴整齐。到了舅父家，不论男女辈分，逢人便叩头行礼。还礼回来就可以脱去孝服。

死者下葬之后，还有“烧七”、百天祭和周年祭等。

烧七即“过七”，从老人死亡之日算起（夫妇二人先亡故者，则要从出殡之日开始算起），每七天作一个祭奠的日期，称作“烧七”。第一个七天叫“头七”，第二个七天叫“二七”，第五个七天曰“五七”，以此类推，直至“十七”。烧七时，孝子们要到墓前焚烧冥纸冥钱，恸哭一场，以示哀悼，此为小祭。一般过七时，亡人之女则仅在单七祭奠，即“一七”、“三七”、“五七”、“七七”、“九七”；亡人之子则要十次均要参与。其中“五七”最为隆重，此时，亡者的亲朋好友均要到墓前祭奠，不仅要带烧纸、鞭炮、供品，重点还要带上烧鸡，传说阎王在“五七”时要吃烧鸡才能为亡人放行。

死者亡故后100天，孝子要上坟烧化冥纸冥钱，或将死者亡灵请回家中祭奠。此亦为小祭，也称“百日”。

周年分一周年、二周年和三周年。一周年、二周年皆为小祭，只是一周年规模稍大一些，但均只限于本家和出嫁的女儿等极近的亲属之间。届时，丧家将亡灵请回家中，设立灵位，焚化纸钱，以表纪念。往时，三周年之祭最为隆重，一般要搭设祭棚，请吹鼓手、敬献纸扎、花圈等。如今只在墓地烧纸祭奠即可。旧时，家中有长者亡故时，子孙三年内不准身着彩衣，不行娱乐，不能酗酒，不许欢笑，表示有重孝在身，待三年孝满后方可恢复正常。现在，除三年内本家不贴红对联外，其他多不甚讲究。三年祭之后，死者亲属则可以在清明或周年时为死者立碑或墓志（在时间允许的情况下，可将墓志在出殡当天埋入墓中），碑文或志文一般请当地文豪和书法名家撰写并书丹，书写的格式以及镌刻内容基本和古制相同（图二〇～二三）。

烧七（做七）、烧百天、烧周年、烧三周年等祭祀的原因是，人们认为，人死后到阴曹地府后，共有十位王官和四位审判官，其职是提询亡者，以生前所作所为，善善恶恶，加以侦讯。十位王官掌理十殿，人死后首先要过前七殿：第一殿秦广明王、第二殿楚江明王、第三殿宋帝明王、第四殿伍官明王、第五殿阎罗明王、第六殿卞城明王、第七殿泰山明王。儿女烧七，正是希望父母在阴间能安然舒适，过王顺利。过了七七四十九天后移送阴曹法院经四审。这四审以每十日为一旬，调审一次：一审，（头旬，第五十九天）崔氏判官；二审，（二旬，第六十九天）李氏判官；三审，（三旬，第七十九天）韩氏判官；四审，（四旬，八十九天）杨氏判官；再过一旬就是九十九天烧百天（叫做短百天，长周年）。之后过第八殿平政明王，

图二〇　镌刻墓志

图二一　镌刻完成的墓志盖

图二二　埋入墓志

图二三　周年立碑

烧一周年纸；第九殿都市明王，烧三周年纸，过第十殿转轮明王后，死者即被决定如何投生，转入来世。

当然，丧葬有简有繁，相差甚远，一切主要是根据丧家经济条件而定，而且随着时代的发展，丧葬礼俗也在不断的发生变化。至于各村礼俗则不尽然相同，正所谓“三里不同风，十里不同俗”。上述内容仅是将我们在荥阳东部的所见所闻汇集而成，附录于此，以备参考，不当之处，敬请指正。

（附记：文中照片拍摄地点为荥阳市豫龙镇瓦屋孙村，因其族人惠允，则有是文，在此谨向孙氏族人表示感谢！）

后　记

荥阳后真村墓地系南水北调中线工程干渠文物保护项目。2010年10月至2011年1月，郑州大学历史学院考古系对其进行了考古勘探与发掘，取得了比较重要的考古发现。发掘期间，河南省文物局南水北调文物保护管理办公室张志清主任、孔祥珍副主任和郑州大学历史学院韩国河院长等领导多次莅临发掘现场检查指导工作，郑州市文物局和荥阳市旅游与文物局以及当地镇政府、村委会等相关部门也给予发掘工作以大力支持，在此一并表示衷心的感谢。

墓地测绘工作由河南省文物考古研究院丁新功完成。出土人骨由郑州大学基础医学院马钊、王永奎、张振华和徐高磊鉴定研究。出土动物骨骼和铁器分别由河南省文物考古研究院侯彦峰和唐静鉴定研究。出土遗物修复工作由刘俭、靳辰龙完成。葛龙对出土铜钱进行了除锈。韩佳佳、于沛华、李世伟、刘亚玲、武欣、高慧娟等参与了部分文字的录入和校订工作。出土遗物拓片由孙凯拓制，田野照片由王富国拍摄，器物照片由孙凯和张建拍摄，遗迹遗物线图由孙广贺绘制。

墓地发掘报告由靳松安拟出提纲。其中第一章由靳松安执笔，第二章由孙凯、王富国、杨剑执笔，第三章和第四章第一节由张建、王富国、孙凯执笔，第四章第二、三、四节由杨剑、王洪领、郑龙龙执笔，第五章由王富国、张建、孙凯执笔，第六章由孙凯、郑龙龙、王洪领执笔，第七章由靳松安、孙凯执笔。全书由靳松安统一修改定稿。需要说明的是，该墓地发现的汉代遗存和唐、宋、金墓葬已先期发表，如有谬误，皆以本报告为准。

科学出版社的张亚娜女士为本报告的出版付出了辛勤劳动，执此以表诚挚的谢意！

编　者

2016年6月

彩版与图版

1. 钻探场景

2. 宋金时期井群

荥阳后真村墓地钻探场景及宋金时期井群

1. M5墓室局部

2. Y2全景

荥阳后真村墓地M5墓室局部及Y2全景

1. Y3全景

2. Y4全景

荥阳后真村墓地Y3、Y4全景

1. Y5全景

2. Y6全景

荥阳后真村墓地Y5、Y6全景

1. M21随葬品出土情况

2. M12随葬品出土情况

荥阳后真村墓地M21、M12随葬品出土情况

1. J18出土水车

2. J23出土黄牛骨架

荥阳后真村墓地J18出土水车及J23出土黄牛骨架

1. 铜镜（M5：6）

2. 瓷罐（M21：1）

3. 瓷瓶（M21：2）

4. 瓷盏（M21：3）

5. M21出土器物组合

荥阳后真村墓地M5、M21出土器物

彩版八

1. 男俑（M21：7）

2. 女俑（M21：4）

3. 陶马（M21：5）

4. 陶骆驼（M21：6）

荥阳后真村墓地M21出土器物

1. 瓷罐（M25：1）

2. 瓷罐（M26：1）

3. 银耳坠（M6：1）

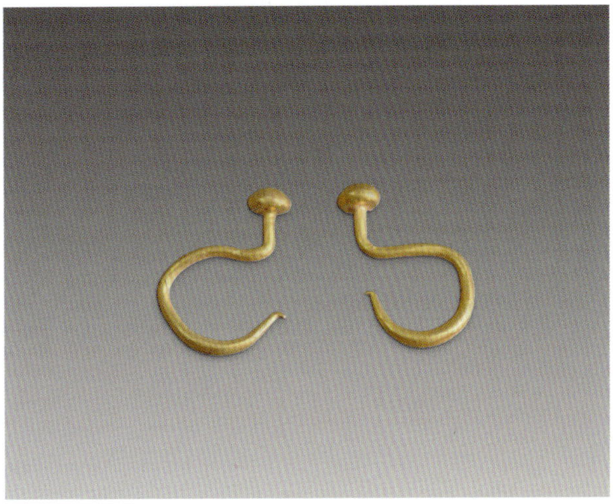

4. 金耳坠（M38：1）

5. M12出土器物组合

荥阳后真村墓地M25、M26、M6、M38、M12出土器物

1. 骑马俑（M12：4）

2. 粉盒（M12：2）

3. 瓷瓶（M12：3）

4. 瓷罐（M12：5）

5. 瓷盏（M12：6）

荥阳后真村墓地M12出土器物

1. 瓷枕背面（M12：1）

2. 瓷枕顶面（M12：1）

3. 瓷枕局部（M12：1）

4. 瓷枕底面（M12：1）

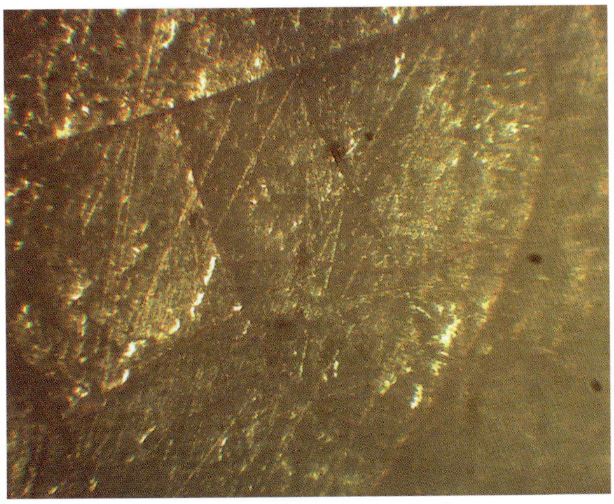

5. 瓷枕釉面划痕（M12：1）

6. 瓷枕釉面开片（M12：1）

荥阳后真村墓地M12出土瓷枕

1. 镇墓瓦（M17：4）

2. 镇墓瓦（M17：5）

3. 押圹砖（M18：4）

4. 押圹砖（M39：2）

荥阳后真村墓地M17、M18、M39出土器物

1. 除锈前

2. 除锈后

3. 除锈前

4. 除锈后

5. 除锈前

6. 除锈后

荥阳后真村墓地出土铜钱除锈实验

［1、2. 盐酸浸泡法；3、4. 醋酸加盐酸浸泡法；5、6. 醋酸加盐酸浸泡法（加热）］

1. 除锈前

2. 除锈后

3. 除锈前

4. 除锈后

荥阳后真村墓地出土铜钱除锈实验

（1、2. 盐酸浸泡法；3、4. 氨水浸泡法）

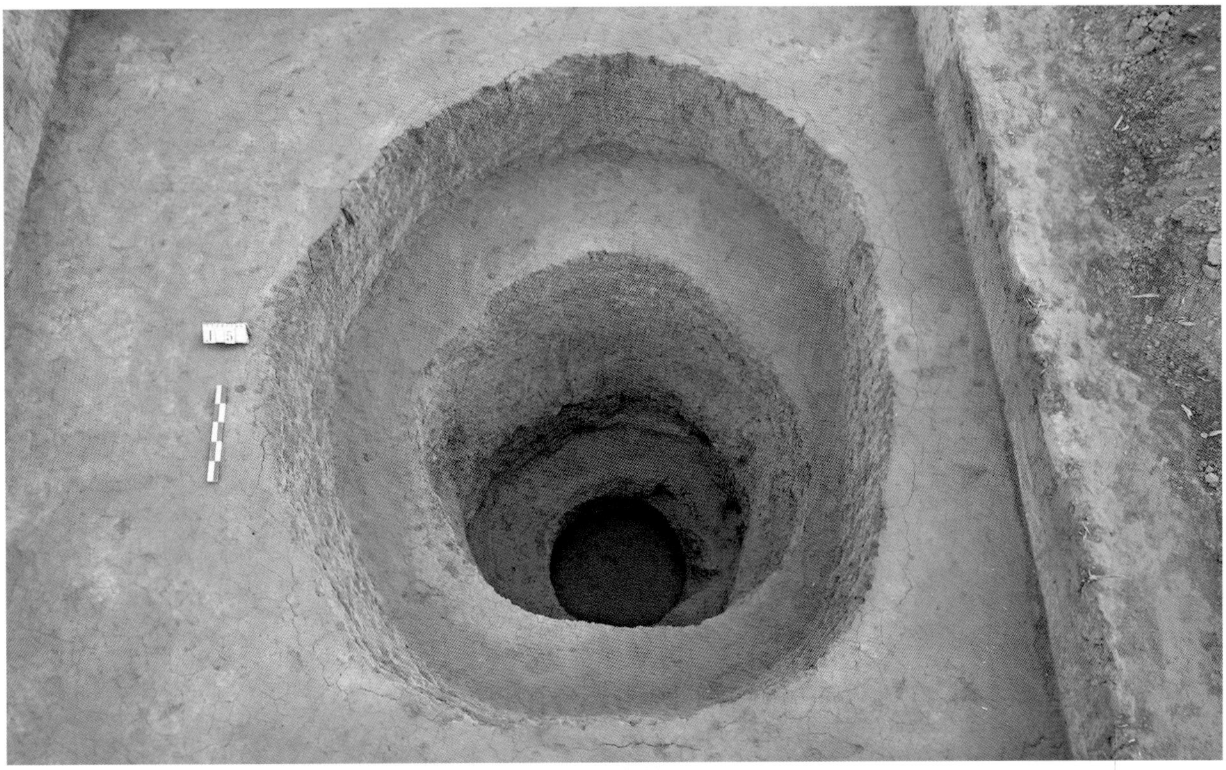

1. J5全景

2. H9全景

荥阳后真村墓地J5、H9全景

图版二

1. M25全景

2. M26全景

荥阳后真村墓地M25、M26全景

图版三

1. M2全景

2. M39、M40、M41、M42全景

荥阳后真村墓地M2、M39、M40、M41、M42全景

图版四

1. M9全景

2. M9墓室局部

荥阳后真村墓地M9全景及墓室局部

1. 陶罐（M5：1）

2. 陶罐（M5：2）

3. 陶罐（M5：3）

4. 陶罐（M5：4）

5. 陶罐（M5：5）

6. 陶壶（J3：3）

荥阳后真村墓地M5、J3出土陶器

图版六

1. 陶盆（H5：1）

2. 陶盆（H5：2）

3. 陶盆（H6：11）

4. 陶盆（H6：2）

5. 陶盆（H10：1）

6. 陶筒瓦（Y5：1）

荥阳后真村墓地H5、H6、H10、Y5出土陶器

1. 铁斧（H6：1）

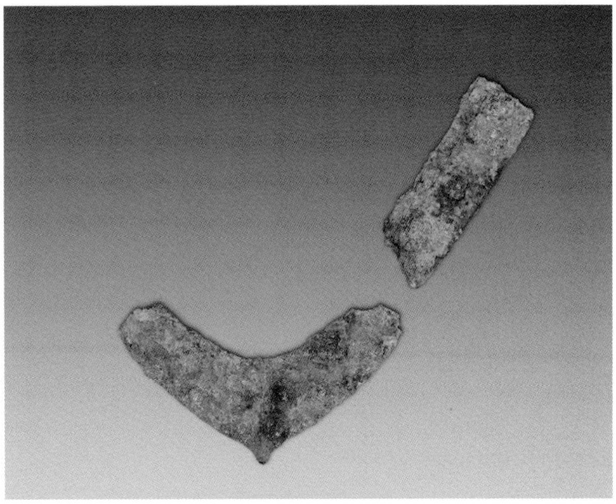

2. 铁犁铧冠（H9：9）

3. 铁锛（H9：10）

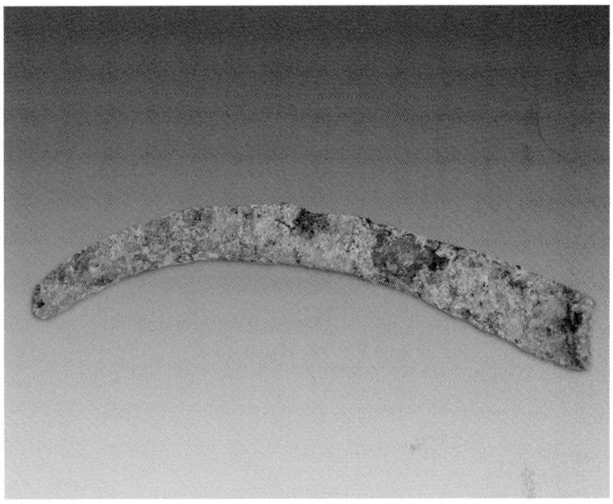

4. 铁镰（H9：11）

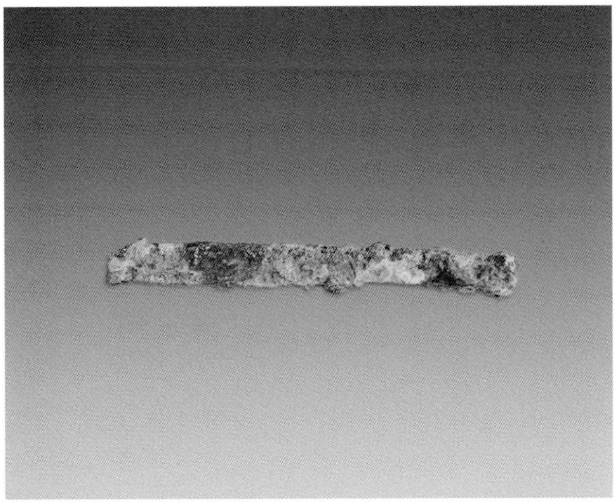

5. 铁削（H9：12）

6. 铁铲（Y3：2)

荥阳后真村墓地H6、H9、Y3出土铁器

图版八

1. 瓷碗（J12：1）

2. 陶盆（J20：1）

3. 铜扣（M6）

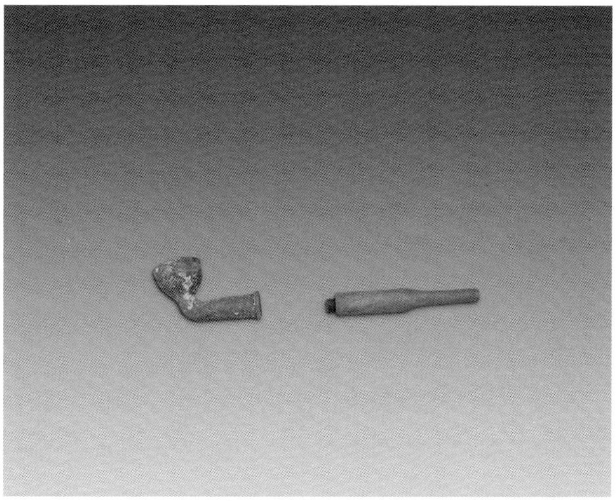

4. 铜烟具（M6：4）

5. 陶馒头形器（M10：1）

6. 铜镊子（M42：2)

荥阳后真村墓地J12、J20、M6、M10、M42出土器物

图版九

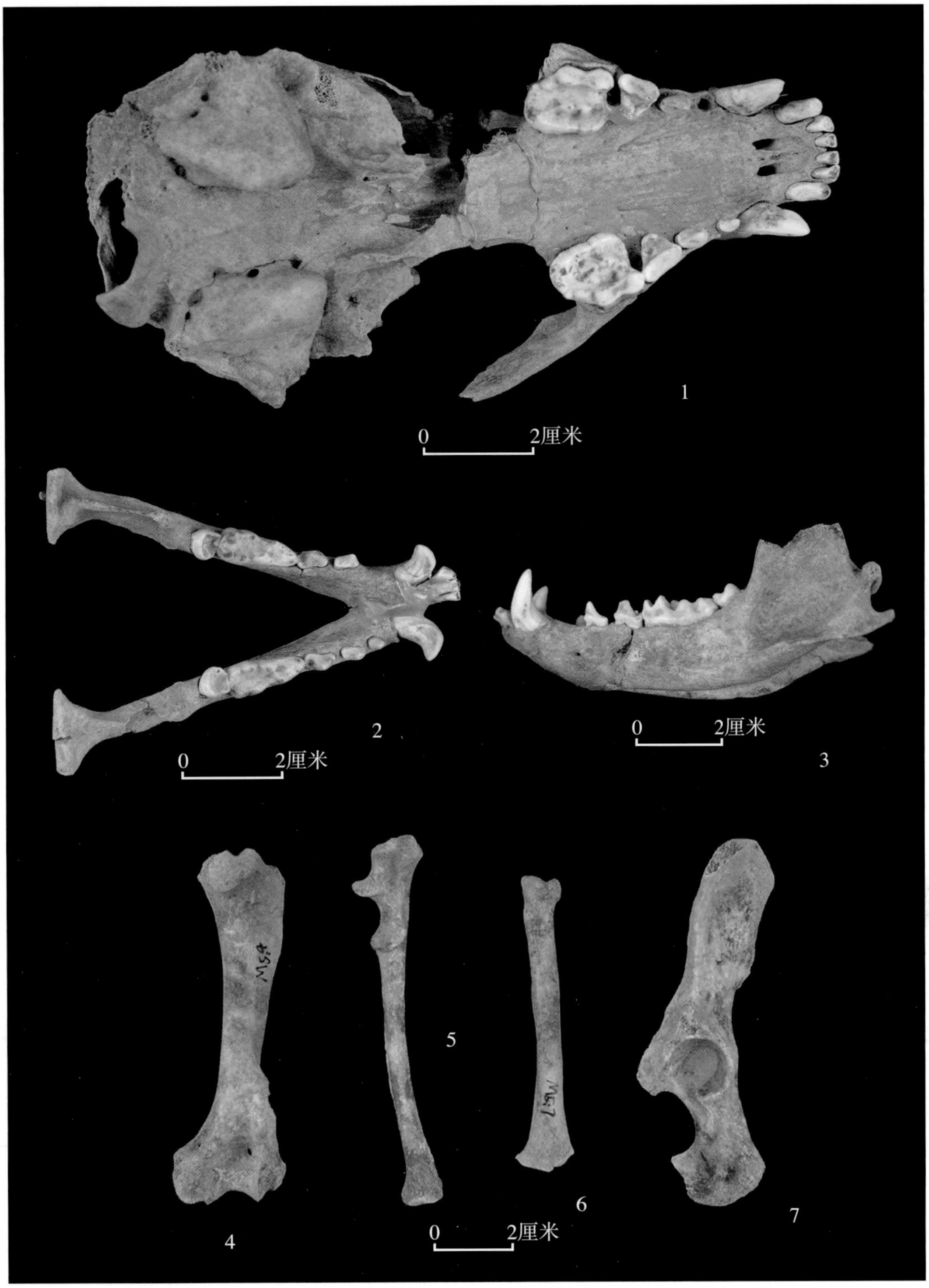

荥阳后真村墓地M5出土狗獾（Meles meles）骨骼

1. 标本M5：2狗獾头骨腹侧观　2. 标本M5：11狗獾下颌骨背侧观　3. 标本M5：11狗獾下颌骨外侧观　4. 标本M5：4狗獾左侧肱骨　5. 标本M5：9狗獾左侧尺骨　6. 标本M5：7狗獾右侧桡骨7. 标本M5：3狗獾左侧盆骨

图版一○

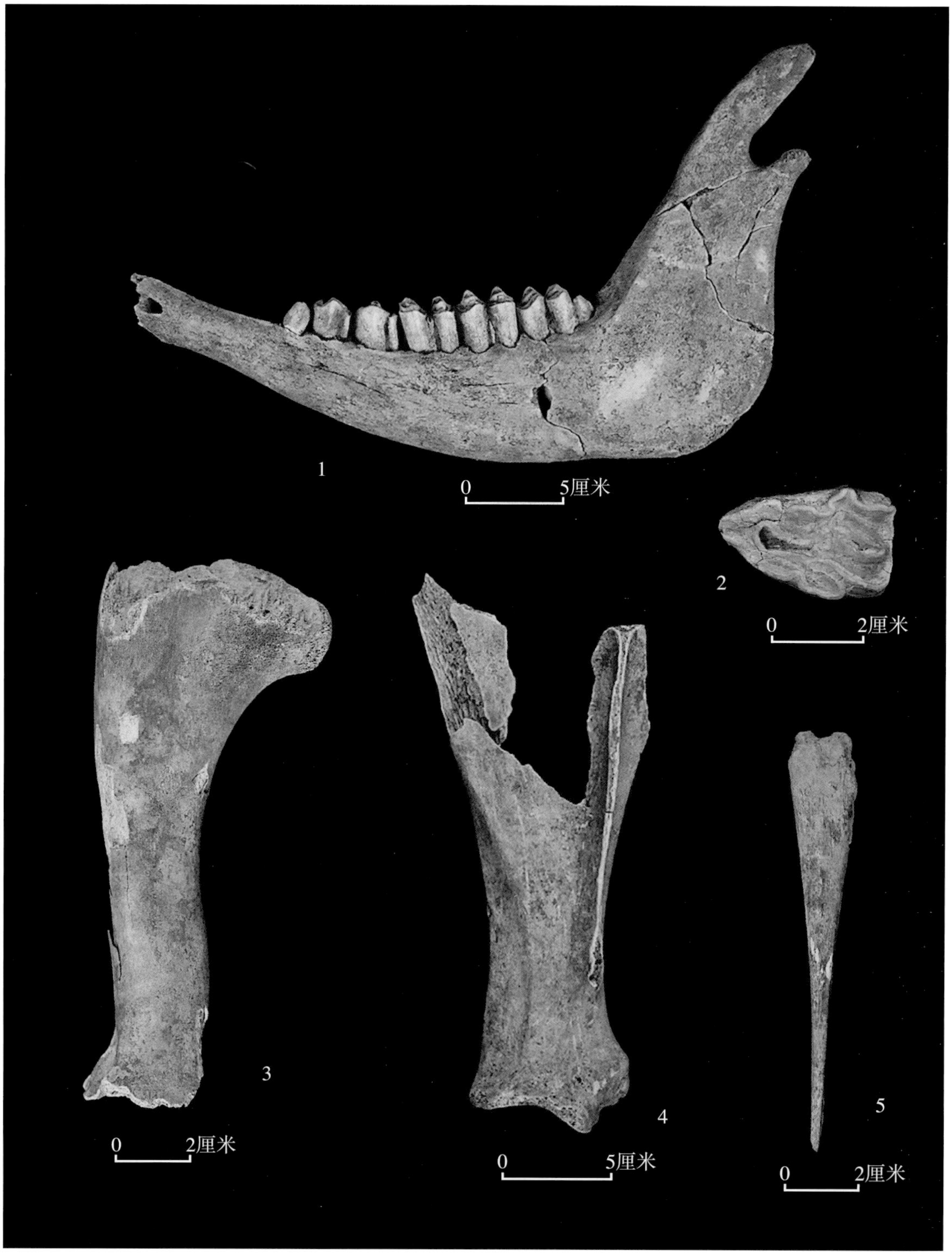

荥阳后真村墓地出土动物骨骼

1. 标本H6：4（2）牛左侧下颌骨　2. 标本H6：7马左侧上颌第二前臼齿　3. 标本J23：60猪右侧肱骨　4. 标本H6：3牛右侧肩胛骨　5. 标本J23：61马右侧第4跖骨

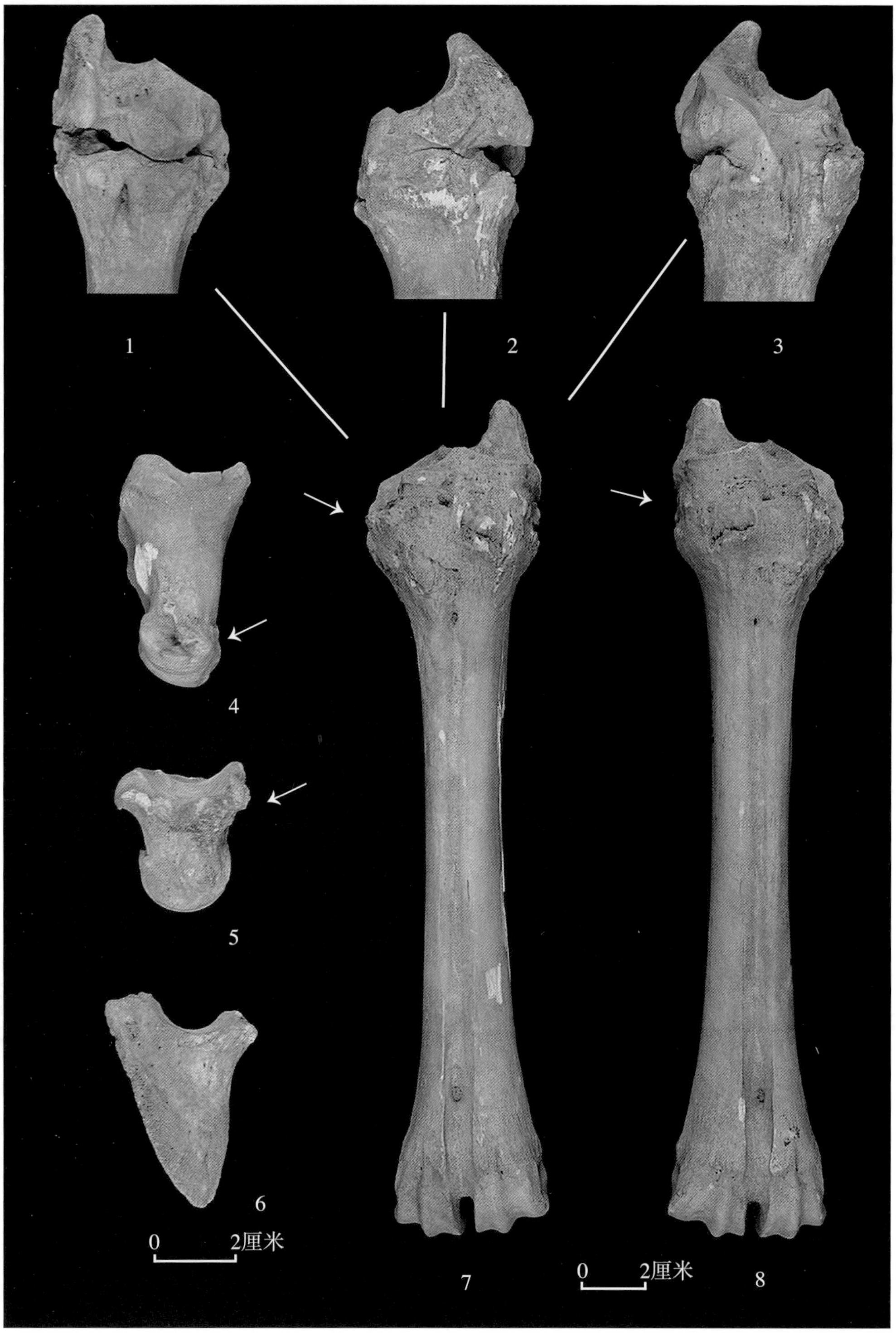

荥阳后真村墓地J23出土黄牛的骨骼疾病图

1. 标本J23：42黄牛右侧跖骨近端跖侧观　2. 标本J23：42黄牛右侧跖骨近端内侧观　3. 标本J23：42黄牛右侧跖骨近端内侧观标本J23：42黄牛右侧跖骨近端内侧观　4. 标本J23：33黄牛右跖骨的第1趾节骨（内侧）　5. 标本J23：35黄牛右跖骨的第2趾节骨（内侧）　6. 标本J23：37黄牛右跖骨的第3趾节骨（内侧）　7. 标本J23：42黄牛右侧跖骨　8. 标本J23：32黄牛左侧跖骨

图版一二

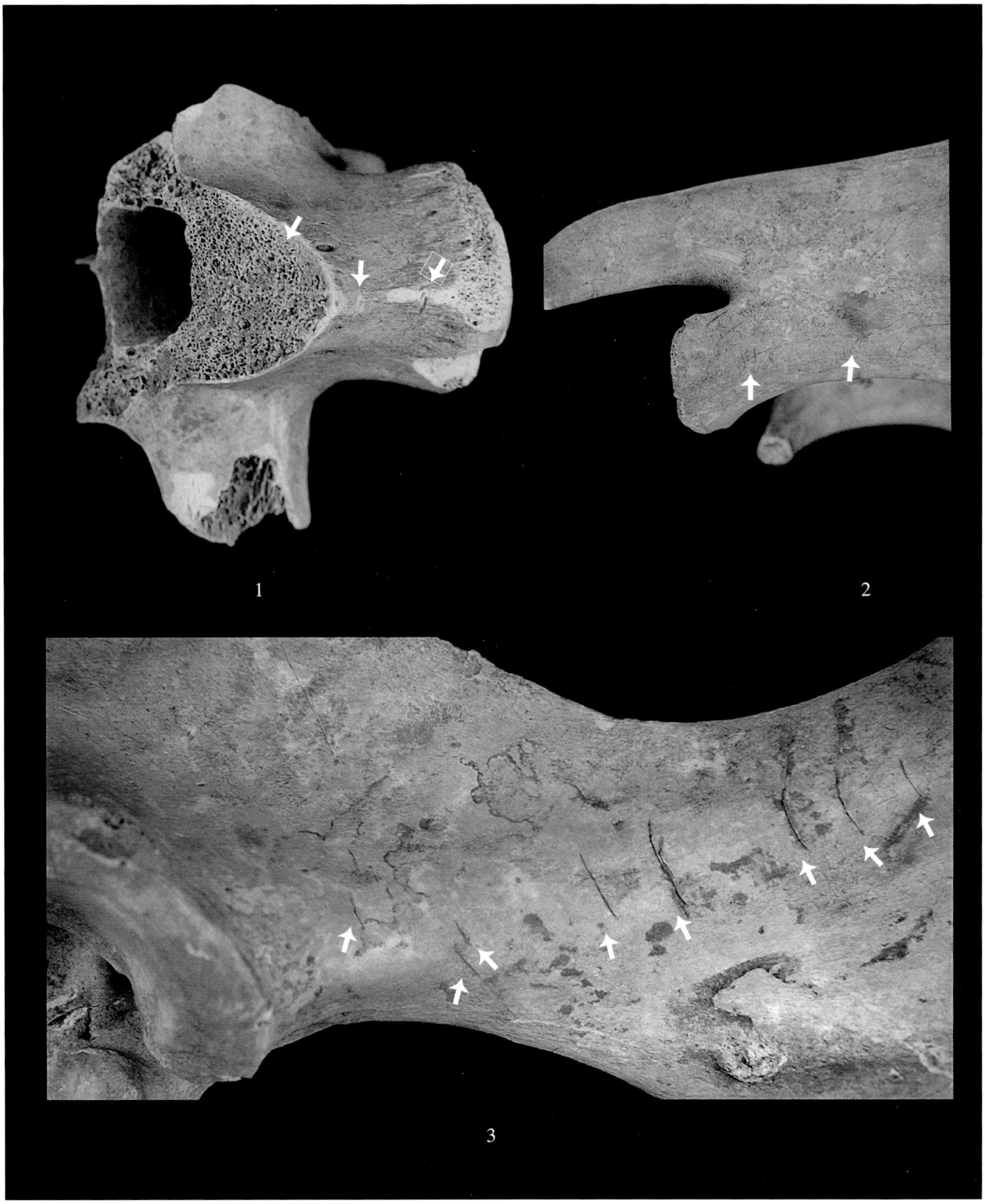

荥阳后真村墓地J23出土黄牛骨骼上的屠宰痕迹

1. 标本J23：48黄牛第3腰椎上的砍断面和砍痕　2. 标本J23：14黄牛下颌骨下颌髁下方外侧面的划痕　3. 标本J23：2黄牛右侧盆骨上的划痕（剔痕）